Chengshi Daolu Gongcheng

城市道路工程

王替 主编

人民交通出版社

内 容 提 要

本书主要包含城市道路工程的概念、类型、构造、施工及施工管理4方面的学习内容。对城市道路工程的特点、构造、路基、路面、排水管道及人行道施工及城市道路工程施工方案的编制（配备实际施工方案）及现场施工管理等进行了详细的阐述。

本书在编写过程中所采用的是我国目前新颁布、实施的国家及行业有关城市道路工程的技术标准、规范、规程。本书内容系统全面，讲解深入浅出，是一本实用性和可操作性都很强的书。

本书可作为高等职业技术教育道路工程、市政工程、工程造价管理专业系列教材使用，也可供从事城市道路工程的施工人员、设计人员、监理人员和管理人员参考。

图书在版编目（CIP）数据

城市道路工程／王替主编.--北京：人民交通出版社，2012.7
ISBN 978-7-114-09853-6

Ⅰ.①城… Ⅱ.①王… Ⅲ.①城市道路-道路工程 Ⅳ.①U415

中国版本图书馆 CIP 数据核字（2012）第 137611 号

书　名：	城市道路工程
著 作 者：	王　替
责任编辑：	崔　建　张一梅
出版发行：	人民交通出版社
地　　址：	(100011) 北京市朝阳区安定门外外馆斜街 3 号
网　　址：	http://www.ccpress.com.cn
销售电话：	(010) 59757973，59757969
总 经 销：	人民交通出版社发行部
经　　销：	各地新华书店
印　　刷：	北京鑫正大印刷有限公司
开　　本：	787×1092　1/16
印　　张：	22.75
字　　数：	545 千
版　　次：	2012 年 8 月　第 1 版
印　　次：	2012 年 8 月　第 1 次印刷
书　　号：	ISBN 978-7-114-09853-6
定　　价：	45.00 元

（有印刷、装订质量问题的图书由本社负责调换）

前言

随着我国城市道路工程建设的飞速发展，城市道路工程建设的职工队伍不断扩大，部分其他行业的建设人员也开始从事城市道路工程建设，从业人员的技术素质和业务水平参差不齐。考虑到目前图书市场上关于城市道路工程施工方面的书籍较少，而广大的从业人员又非常需要进行系统的专业技术学习，为此，特编写本书。

本教材是高等职业技术教育道路工程、市政工程、工程造价管理专业系列教材之一。其主要包含城市道路工程的概论、构造，施工及施工管理4方面的学习情景。本教材对城市道路的特点、构造、施工及施工方案的编制及管理等进行了详细的阐述，内容系统全面，讲解深入浅出，是一本实用性和可操作性都很强的书。

本书在编写过程中所采用的是我国目前新颁布、实施的国家及行业有关城市道路工程的技术标准、规范、规程。在编写过程中，本书着重系统性和实用性，以便广大读者阅读和掌握。

本书由王喾主编，李娇娜参与了第二章的编写，李维俊参与了第三章的编写。由中交公路规划设计院有限公司的王梓夫主审。在编写过程中，得到了董志峰、戴虎、焦敏峰、沈龚、薛龙源、杜永军、李荣、陈晓、唐志强等的大力支持和帮助，在此表示衷心的感谢。由于编写时间仓促和经验不足，本书还存在不足之处，敬请大家指教。

编　者

2012年3月

目 录

第一章 城市道路工程概论 ... 1
第一节 城市道路工程的定义和特点 ... 1
第二节 城市道路的功能、分类和分级 ... 4
本章练习 ... 7

第二章 城市道路工程构造 ... 8
第一节 城市道路线形设计简介 ... 8
第二节 城市道路路基构造 ... 29
第三节 城市道路路面构造 ... 35
第四节 城市道路排水设施构造 ... 53
第五节 城市道路附属设施构造 ... 58
本章练习 ... 72

第三章 城市道路工程施工 ... 73
第一节 城市道路工程施工的内容和基本要求 ... 73
第二节 城市道路施工开工准备 ... 77
第三节 城市道路排水管线施工 ... 81
第四节 城市道路路基施工 ... 103
第五节 城市道路路面施工 ... 121
第六节 城市道路附属设施施工 ... 190
本章练习 ... 204

第四章 城市道路工程施工方案的编制与施工管理 ... 215
第一节 城市道路工程施工方案编制的内容和要求 ... 215
第二节 城市道路工程施工方案编制案例 ... 218
第三节 城市道路工程施工管理 ... 288
本章练习 ... 310

附录1 建设工程质量管理条例 ... 315
附录2 房屋建筑工程和市政基础设施工程竣工验收暂行规定 ... 325
附录3 房屋建筑工程和市政基础设施工程竣工验收备案管理暂行办法 ... 327

附录4　城市道路工程所涉及的主要规范标准 ……………………………… 329
附录5　城市道路挖掘工程审批程序 …………………………………………… 330
附录6　油榨街、小碧城市道路工程初步设计调整概算案例分析……………… 332
附录7　城市道路工程质量通病预防措施 ……………………………………… 336
参考文献 …………………………………………………………………………… 356

第一章 城市道路工程概论

> **能力目标**
>
> 通过本章学习
> 1. 能描述城市道路与公路的区别；
> 2. 能描述城市道路工程的特点；
> 3. 能确定城市道路的类别；
> 4. 能描述城市道路路基与路面的性能和要求。

第一节 城市道路工程的定义和特点

一、城市道路工程概述

1. 城市道路的定义

道路是供各种车辆和行人等通行的工程设施。按其所处位置、交通性质、使用特点分为公路、城市道路、厂矿道路、林区道路及乡村道路等。它主要承受车辆荷载的重复作用和经受各种自然因素的长期影响。根据道路的不同组成和功能特点，把道路分为两大类：公路与城市道路。位于城市郊区及城市以外、连接城市与乡村，主要供汽车行驶的具备一定技术条件和设施的道路，称为公路。而在城市范围内，供车辆及行人通行的具备一定技术条件和设施的道路，称为城市道路。城市道路示意图参见图1-1。

2. 城市道路发展简史

中国古代营建都城，对道路布置极为重视。当时都城有纵向、横向和环形道路以及郊区道路，并各有不同的宽度。中国唐代(618～907年)都城长安，明、清两代(1368～1911年)都城北京的道路系统皆为棋盘式，纵横井井有条，主干道宽广，中间以支路连接便利居民交通。

巴基斯坦信德省印度河右岸著名古城遗址摩亨朱达罗城(Mohenjo Daro,公元前15世纪前)有排列整齐的街道，主要道路为南北向，宽约10m，次要道路为东西向。古罗马城(公元前15～公元前6世纪)贯穿全城的南北大道宽15m左右，大部分街道为东西向，路面分成三部分，两侧行人，中间行车马，路侧有排水边沟。公元1世纪末的罗马城，城内干道宽25～30m，有些宽达35m，人行道与车行道用列柱分隔，路面用平整的大石板铺砌，城市中心设有广场。随着历史的演进，世界各大城市的道路都有不同程度的发展，自发明汽车以后，为保证汽车快速安全行驶，城市道路建设起了新的变化。除了道路布置有了多种形式外，路面也由土路改变为石板、块石、碎石以至沥青和水泥混凝土路面,以承担繁重的车辆交通,并设置了各种控制交通的设施。

1949年以来,我国城市道路建设取得了巨大成就。全国许多大城市改建、兴建了大量城市道路,铺筑了多种类型的沥青路面和水泥混凝土路面,新兴的中小工业城镇也新建了大批整洁的干道。北京市展宽了狭窄的旧街道,修建了环路及通达卫星城镇的放射性道路,并修建了大量互通式立体交叉及机动车、非机动车分行的三幅车行道的道路,既改善了市内交通状况,又便利了对外联系,改变了旧北京的交通面貌。又如上海市,新中国成立以来,也新建、改建了大批道路,并建成横跨黄浦江的大桥和黄浦江打浦路隧道,两岸交通得到进一步的改善。

图1-1 城市道路示意图

3. 城市道路与公路的区别

城市道路一般较公路宽阔,为适应复杂的交通工具,多分为机动车道、公共汽车优先车道、非机动车道等。道路两侧有高出车行道路面的人行道和房屋建筑,人行道下多埋设公共管线。城市道路为美化城市还布置绿化带、雕塑艺术品。公路则在车行道外设路肩,两侧种行道树,边沟排水。

4. 城市道路的要求

现代的城市道路是城市总体规划的主要组成部分,它关系到整个城市的有机活动。为了适应城市人流、车流的顺利运行,城市道路要具有:

①适当的路幅以容纳繁重的交通。

②坚固耐久,平整抗滑的路面以利于车辆安全、舒适、迅捷的行驶。

③少扬尘、少噪声以利于环境卫生。

④便利的排水设施以便将雨雪水及时排除。

⑤充分的照明设施以利于居民晚间活动和车辆运行。

⑥道路两侧要设置足够宽的人行道、绿化带、地上杆线、地下管线。

城市各重要活动中心之间要有便捷的道路连接,以缩短车辆的运行距离。城市的各次要部分也要有道路通达,以利于居民活动。城市道路繁多又集中在城市的有限面积之内,纵横交错形成网状,出现了许多影响着相交道路的交通流畅的交叉路口,所以需要采取各种措施,如设置色灯信号管制、环形交叉、渠化交通、立体交叉等以利于交通流畅。城市交通工具种类繁多,速度快慢悬殊,为了避免互相阻碍干扰,要组织分道行驶,用隔离带、隔离墩、护栏或画线方法加以分隔。城市公共交通乘客上下须设置停车站台,还须设置停车场以备停驻车辆。要为行人横过交通繁忙的街道设置过街天桥或地道,以保障行人安全又避免干扰车辆交通;在交通不繁忙的街道上可画过街横道线,行人伺机沿横道线通过。此外,城市道路还为城市地震、火灾等灾害提供隔离地带、避难处所和抢救通道(地下部分也可作人防之用);为城市绿化、美化提供场地,配合城市重要公共建筑物前庭布置,为城市环境需要的光照通风提供空间;为市民散步、休息和体育锻炼提供方便。

5. 城市道路展望

随着汽车工业的发展,各国汽车保有量飞速增加,各国城市道路为适应汽车交通的需要在数量上有大幅度增长,在质量上有大幅度提高,如世界大都市伦敦、巴黎、柏林、莫斯科、纽约、东京等,均建有完善的道路网为汽车交通运输服务,其他各国的城市道路也均有不同程度的发展。

由于城市的发展,人口集中,各种交通工具大量增加,城市交通日益拥挤,公共汽车行驶速度缓慢,道路堵塞,交通事故频繁。人民生活环境遭到废气、噪声的严重污染。解决日益严重的城市交通问题已成为当前重要课题。目前已开始实施或正在研究的措施有:

①改建地面现有道路系统,增辟城市高速干道、干路、环路以疏导、分散过境交通及市内交通,减轻城市中心区交通压力,以改善地面交通状况。

②发展地上高架道路与路堑式地下道路,供高速车辆行驶,减少地面交通的互相干扰。

③研制新型交通工具,如气垫车、电动汽车、太阳能汽车等速度高、运量大的车辆,以加大运输速度和运量。

④加强交通组织管理,如利用电子计算机建立控制中心,研制自动调度公共交通的电子调度系统、广泛采用绿波交通(汽车按规定的速度行驶至每个平交路口时,均遇绿灯,不需停车而连续通过)、实行公共交通优先等。

⑤开展交通流理论研究,采用新交通观测仪器以研究解决日益严重的交通问题。

二、城市道路工程的特点

1. 准备期短,开工急

城市道路工程通常由政府出资建设,出于减少工程建设对城市日常生活的干扰这一目的,对施工周期的要求十分严格,工程只能提前,不准推后,施工单位往往根据工期,倒排进度计划,难免缺乏周密性。

2. 施工场地狭窄,动迁量大

由于城市道路工程一般是在市内的大街小巷进行施工,旧房拆迁量大,场地狭窄,常常影响施工路段的环境和交通,给市民的生活和生产带来了不便,也增加了对道路工程进行进度控制、质量控制的难度。

3. 地下管线复杂

城市道路工程建设实施当中,经常遇到供热、给水、煤气、电力、电信等管线位置不明的情况,若盲目施工极有可能挖断管线,造成重大的经济损失和严重的社会影响,而且也对道路工程进度带来负面影响,增加额外的投资费用。

4. 原材料投资大

城市道路工程材料使用量极大,在工程造价中,所占比例达到50%左右,如何合理选材,是工程监理工作质量控制的重要环节。施工现场的分布,运距的远近都是材料选择的重要依据。

5. 质量控制难度大

在城市道路施工过程中,往往会出现片面追求施工进度,不求质量,只讲施工方效益的情况,给施工监理工作带来了很大困难。

6. 地质条件影响大

城市道路工程中雨水、污水排水工程,往往受施工现场地质条件的影响,如遇现场地下水位高,土质差,就需要采取井点或深井降水措施,待水位降至符合施工条件,才能组织沟槽的开挖,如管道埋设深,土质差,还需要沟槽边坡支护,方能保证正常施工。

第二节 城市道路的功能、分类和分级

一、城市道路的功能

城市道路是指通达城市的各地区,供城市内交通运输及行人使用,便于居民生活、工作及文化娱乐活动,并与市外道路连接负担着对外交通的道路。

城市作为区域性的文化、政治和经济中心,是在与它周围地区(空间)进行密切不断的联系中存在的。因此,一个城市对外交通的运输是促使这个城市产生、发展的重要条件,也是构成城市的主要物质要素。城市对外交通的方式是多种多样的。例如,航空、水运、铁路、道路等交通运输。而道路是"面"的交通运输,它比"点"和"线"的交通运输方式具有更大的机动灵活性,能够深入到各个领域。

在城市里,道路交通的运输功能更加明显。以汽车为主要工具的道路运输,无论在时间上或地区上都能随意运行。一方面,在货物品种、运输地段、运距以及包装形式等方面,其有较高的机动、迅速、准确、直接到位的机能;另一方面,随着人们生活方式的变化,其具有快捷、舒适、直达家门、机动评价高、尊重私人生活等优点。城市道路的实例如图1-2～图1-5所示。

图1-2 北京市南中轴快速公交工程

图1-3 北京市平安大街

图1-4 北京市三环路

图1-5 北京市学院路

道路按空间论,有四种功能:一是把城市的各个不同功能组成部分,例如,市中心区、工业区、居住区、机场、码头、车站、货物、公园、体育场(馆)等,通过城市道路加以连接起来的联系功能;二是把不同的区域,按用地分区,使其形成具有不同使用要求区域的区划功能;三是敷设各种设施的容纳功能;四是由城市道路网构成的美化城市功能。把这些功能有机地组合,道路空间便有不同的作用。按道路空间的作用可分为四种:交通空间、环境空间、服务设施的容纳空间和防灾空间。

城市的各个功能组成部分,通过道路的连接,形成城市道路网(包括快速路、主干路、次干路和支路),构成统一的有机体,表现城市建筑各个方位的立面,以及建筑群体之间组合的艺术。把建筑这种"凝固的音符"通过在道路上律动的视点,变为"有节奏的乐章",可以使人获得丰富而生动的环境感受。因此,城市道路在承担最基本的交通运输任务以外,同时还成为反映城市面貌与建筑风格的重要手段。

二、城市道路分类

城市道路的功能是综合性的,为发挥其不同功能,保证城市中的生产、生活正常进行,交通运输经济合理,应对道路进行科学地分类。

分类方法有多种,例如根据道路在城市规划道路系统中所处的地位划分为主干路、次干路及支路;根据道路对交通运输所起的作用分为全市性道路、区域性道路、环路、放射路、过境道路等;根据承担的主要运输性质分为客运道路、货运道路、客货运道路等;根据道路所处环境划分为中心区道路、工业区道路、仓库区道路、文教区道路、行政区道路、住宅区道路、风景游览区道路、文化娱乐性道路、科技卫生性道路、生活性道路、火车站道路、游览性道路、林荫路等。在以上各种分类方法中,主要是为了满足道路在交通运输方面的功能。《城市道路设计规范》(CJJ 37—90)中以道路在城市道路网中的地位和交通功能为基础,同时也考虑对沿线的服务功能,将城市道路分为四类,即快速路、主干路、次干路与支路。

1. 快速路

快速路完全为交通功能服务,是解决城市大容量、长距离、快速交通的主要道路。快速路要有平顺的线形,与一般道路分开,使汽车交通安全、通畅和舒适。与交通量大的干路相交时应采用立体交叉,与交通量小的支路相交时可采用平面交叉,但要有控制交通的措施。两侧有非机动车时,必须设完整的分隔带。横过车行道时,需经有控制的交叉路口或地道、天桥。快速路实例如图1-6所示。

2. 主干路

主干路为连接城市各主要分区的干路,是城市道路网的主要骨架,以交通功能为主。主干路上的交通要保证一定的行车速度,故应根据交通量的大小设置相应宽度的车行道,以供车辆通畅地行驶。线形应顺捷,交叉口宜尽可能少,以减少相交道路上车辆进出的干扰。平面交叉要有控制交通的措施。交通量超过平面交叉口的通行能力时,可根据规划采用立体交叉。机动车道与非机动车道应用隔离带分开。交通量大的主干路上快速机动车如小客车等也应与速度较慢的货车、公共汽车等分道行驶。主干路两侧应有适当宽度的人行道。应严格控制行人横穿主干路。主干路两侧不宜建设吸引大量人流、车流的公共建筑物如剧院、体育馆、大商场等。主干路实例如图1-7所示。

3. 次干路

次干路是城市区域性的交通干道,为区域交通集散服务,兼有服务功能,配合主干路组成道路网。次干路是一个区域内的主要道路,是一般交通道路兼有服务功能,配合主干路共同组成干路网,起广泛联系城市各部分与集散交通的作用,一般情况下快慢车混合行驶。条件许可时也可另设非机动车道。道路两侧应设人行道,并可设置吸引人流的公共建筑物。次干路实例如图1-8所示。

4. 支路

支路为次干路联系各居住小区的连接线路,主要解决局部地区交通问题,可以直接与两侧建筑物出入口相接,以服务功能为主,也起集散交通的作用,两旁可有人行道,也可有商业性建筑。支路实例如图1-9所示。

图1-6 国内首条城市快速路(北京市二环路)

图1-7 主干路

图1-8 次干路

图1-9 支路

三、城市道路分级

大、中、小城市现有道路行车速度、路面宽度、路面结构厚度、交叉口形式等都有区别,为了使道路既能满足使用要求,又节约投资及土地,《城市道路设计规范》(CJJ 37—90)中规定:除快速路外,每类道路按照所占城市的规模、设计交通量、地形等分为Ⅰ级、Ⅱ级、Ⅲ级。大城市应采用各类道路中的Ⅰ级标准;中等城市应采用Ⅱ级标准;小城市应采用Ⅲ级标准。有特殊情况需变更级别时,应做技术经济论证,报规划审批部门批准。

《中国中小城市发展报告(2010年)》中指出,近年来,中国城市飞速发展,城乡人口流动频繁,农业人口、非农业人口之间的界限模糊化,城市人口规模迅速膨胀,许多县级城市(包括县级建制市和规模较大的县的中心城镇)的市区常住人口已经达到或超过20万、50万的临界值。城市化的高速发展使原有的城市划分标准已经不适应现实的需要。为此,绿皮书依据中国城市人口规模现状,提出的全新划分标准为:市区常住人口50万以下的为小城市,50万～100万的为中等城市,100万～300万的为大城市,300万～1 000万的为特大城市,1 000万以上的为巨大型城市。

本 章 练 习

1. 城市道路工程按其主体工程结构可以分为土基工程、路基工程、路面工程、(　　)等。
   A. 沿线的桥梁工程　　　　B. 雨水管道工程
   C. 排水管道工程　　　　　D. 公用管线
   E. 污水管道工程

2. 城市道路分类方法有多种形式,主要是满足道路的(　　)功能。
   A. 服务　　　　　　　　　B. 交通运输
   C. 生活　　　　　　　　　D. 货运

3. 《城市道路设计规范》(CJJ 37—90)将城市道路分为四类,它们是(　　)、主干路、次干路与支路。
   A. 快速路　　　　　　　　B. 放射路
   C. 环路　　　　　　　　　D. 过境路

4. 城市道路高级路面的要求是路面强度高、刚度大、(　　),适用于城市快速路、主干路。
   A. 养护费用高　　　　　　B. 修建成本大
   C. 车速高　　　　　　　　D. 稳定性好

5. 城市道路路面按力学特性分类可分为刚性路面和(　　)。
   A. 弹性路面　　　　　　　B. 柔性路面
   C. 塑性路面　　　　　　　D. 脆性路面

第二章 城市道路工程构造

> **能力目标**
>
> 通过本章学习
> 1. 能描述城市道路工程设计的主要内容；
> 2. 能描述城市道路工程的基本构造；
> 3. 能识读城市道路工程的图纸。

第一节 城市道路线形设计简介

城市道路线形设计是城市道路总体设计、总体布局的关键。线形作为城市道路的骨架，其设计合理与否，不仅直接关系到城市道路建设项目的质量好坏、里程长短、投资多少、效益高低，更直接影响到城市道路运行安全。道路线形必须符合汽车行驶特性的要求，线形设计中应注重线形指标的选取和平、纵线形合理组合，保证城市道路线形指标的均衡性、一致性和线形的连续性，以满足汽车高速及安全行驶的需要。

一、城市道路线形设计的相关概述

1. 城市道路线形设计定义

城市道路线形包括城市道路平面线形和城市道路纵断面线形。城市道路平面线形是城市道路线路在平面上的投影；城市道路纵断面线形是城市道路线路空间位置在立面上的投影。根据城市道路线路所处的地形、水文、地质条件，设计符合各种行车条件的城市道路平面线形和纵断面线形的工作，即为城市道路线形设计。城市道路线形对行车速度、行车安全和舒适性的影响极大。因此，城市道路工程技术对城市道路线形制订了一系列技术指标。

2. 城市道路线形设计基本原则

城镇地区干线城市道路的选线和线形设计，除上述事项外，还必须注意以下各点：

(1) 考虑沿途的土地利用类型。当进行城镇地区干线城市道路的线形设计时，特别要考虑路线经过地区的文化区和日常生活区。当干线城市道路割断沿途居民的居民区时，必然要给居民造成生活上和习惯上的不便，还影响到安全，有时不能发挥干线城市道路本身的性能。

(2) 要考虑与既有城市道路网的关系，选定不形成多路交叉和变形交叉的线形。不得不采用这种线形时,也必须对交叉城市道路做一些调整和改善。

(3)从保证安全和提高通行能力的角度出发,应避免采用在立体交叉的端部或道口、城市高速道路的驶出驶入匝道的近处,设置平面交叉的线形。

(4)当设计城市道路时,为了保证行车的安全和顺适,必须尽量使各种线形要素达到均衡,设计车速便是使各项线形要素能达到均衡的一个指标。

二、城市道路横断面设计

城市道路的横断面形式一般分为单幅路、双幅路、三幅路和四幅路四种类型。

1. 单幅路

车行道上不设分车带,以路面画线标志组织交通,或虽不作画线标志,但机动车在中间行驶,非机动车在两侧靠右行驶的称为单幅路。单幅路适用于机动车交通量不大,非机动车交通量小的城市次干路、大城市支路以及用地不足,拆迁困难的旧城市道路。当前,单幅路已经不具备机非错峰的混行优点,因为出于交通安全的考虑,即使混行也应用路面画线来区分机动车道和非机动车道。单幅路横断面形式如图2-1所示,单幅路实例如图2-2所示。

图2-1 单幅路横断面形式示意图(尺寸单位:m)

图2-2 单幅路实例图

2. 双幅路

用中间分隔带分隔对向机动车车流,将车行道一分为二的,称为双幅路。它适用于单向两条机动车车道以上,非机动车较少的道路。有平行道路可供非机动车通行的快速路和郊区风景区道路以及横向高差大或地形特殊的路段,亦可采用双幅路。机非混行双幅路横断面形式如图 2-3 所示。双幅路实例图如图 2-4 所示。

图 2-3 机非混行双幅路横断面形式示意图(尺寸单位:m)

图 2-4 双幅路实例图

城市双幅路不仅广泛使用在高速公路、一级公路、快速路等汽车专用道路上,而且已经广泛使用在新建城市的主、次干路上,其优点体现在以下几个方面:

(1)其可通过双幅路的中间绿化带预留机动车道,以利于远期流量变化时拓宽车道的需要。可以在中央分隔带上设置行人保护区,保障过街行人的安全。

(2)其可通过在人行道上设置非机动车道,使得机动车和非机动车通过高差进行分隔,避免在交叉口处混行,影响机动车通行效率。

(3)其有中央分隔带使绿化带比较集中地生长,同时也利于设置各种道路景观设施。

3. 三幅路

用两条分车带分隔机动车和非机动车流,将车行道分为三部分的,称为三幅路。它适用于机动车交通量不大,非机动车多,红线宽度大于或等于 40m 的主干道。

三幅路虽然在路段上分隔了机动车和非机动车,但把大量的非机动车设在主干路上,会使平面交叉口或立体交叉口的交通组织变得很复杂,改造工程费用高,占地面积大。新规划的城市道路网应尽量在道路系统上实行快、慢交通分流,既可提高车速,保证交通安全,还能节约非机动车道的用地面积。三幅路横断面形式如图 2-5 所示。三幅路实例图如图 2-6 所示。

4. 四幅路

用三条分车带使机动车对向分流、机非分隔的道路称为四幅路。它适用于机动车量大,速度高的快速路，其两侧为辅路；也可用于单向两条机动车车道以上，非机动车多的主干路。四幅路还可用于中、小城市的景观大道，以宽阔的中央分隔带和机非绿化带为衬托。四幅路横断面形式如图2-7所示。四幅路实例图如图2-8所示。

图2-5　三幅路横断面形式示意图（右半幅）

图2-6　三幅路实例图

图2-7　四幅路横断面形式示意图

图 2-8 四幅路实例图

一条道路宜采用相同形式的横断面。当道路横断面形式或横断面各组成部分的宽度变化时,应设过渡段,宜以交叉口或结构物为起止点。为保证快速路汽车行驶安全、通畅、快速,要求道路横断面选用双幅路形式,中间带留有一定宽度,以设置防眩、防撞设施。如有非机动车通行时,则应采用四幅路横断面,以保证行车安全。

城市道路为达到机非分流,通常采用三幅式断面,随着车速的提高,为保证机动车辆行驶安全,满足快速行车的需要,多采用四幅式断面,但三幅式、四幅式断面均不能解决快速干道沿线单位车辆的进出及一般路口处理。

为使城市快速干道真正达到机非分流、快速专用、全封闭、全立交、快速畅通,同时又为两侧地方车辆出入主线提供尽可能方便,并与路网能够较好的连接,必须建立机非各自的专用道系统。

三、纵断面线形设计

1. 坡度和坡长

汽车在长大纵坡路段上行车,上坡容易因动力受限,行驶速度下降而影响车辆行驶的连续性,下坡会因制动器发热导致制动失灵,这都是很不安全的。因此,设计中作好坡度、坡长限制和缓和坡段的应用是十分重要的。

设计速度为 120km/h、100km/h、80km/h 的高速城市道路受地形条件或其他特殊情况限制时,经技术经济论证,最大纵坡值可增加 1%。城市道路改建中,设计速度为 40km/h、30km/h、20km/h 的利用原有城市道路的路段,经技术经济论证,最大纵坡值可增加 1%,越岭路线连续上坡(或下坡)路段,相对高差 200~500m 时,平均纵坡不应大于 5.5%;相对高差大于 500m 时,平均纵坡不应大于 5%。任意连续 3km 路段的平均纵坡不应大于 5.5%。

2. 竖曲线半径和视距

过小的竖曲线半径将导致视距不足。凹形竖曲线过小还会引起离心加速度过大及排水问题;凸形竖曲线太小还会引起跳车,这都是不安全因素。应逐个检查竖曲线半径和长度是否符合标准要求。对夜间交通量较大、沿线有跨路桥的路段,其半径和曲线长度应进行验算。

3. 特殊路段纵坡设计

桥梁、隧道、立交桥等设施都是城市道路的组成部分,它们应当和路基一起构成一条平顺而连续的线形,才有利于汽车快速安全行驶。但是,桥梁由于受设计洪水位和桥下通航净空的限制,桥面设计高程可能高于桥头引线路基高程,这就造成纵断面不平顺;隧道由于受地形限制和为了缩短洞长、减少投资,可能使纵坡过大、引线连接不平顺;洞内坡大,会使汽车排放有害气体增多;洞内湿度大,会降低路面抗滑能力,这些都不利于行车安全。

特殊路段纵坡必须满足以下几点要求:

(1)桥梁及其引道的平、纵、横技术指标应与路线总体布设相协调。桥上纵坡不宜大于 4%,桥头引道纵坡不宜大于 5%。位于市镇混合交通繁忙处,桥上纵坡和桥头引道纵坡均不得大于3%。桥头两端引道线形应与桥上线形相配合。

（2）隧道内的纵坡应小于3%，但短于100m的隧道不受此限。城市道路、一级城市道路的中、短隧道，当条件受限制时，经技术经济论证后最大纵坡可适当放大，但不宜大于4%。

（3）隧道洞口的连接线应与隧道线形相协调。隧道两端洞口连接线的纵坡应有一段距离与隧道纵坡保持一致。

（4）检查设计是否满足上述标准要求，并使桥、隧及其两端引线之平、纵线形尽可能平顺，与周围环境相协调，使之视眼开阔、视线诱导良好。

4. 爬坡和避险车道

载货汽车在长上坡段行驶时，车速随坡长增大将明显下降，妨碍跟驰轻型车辆行驶，不但降低城市道路的通行能力，而且导致事故增加，需要为慢速车辆设置爬坡车道。对于已设置爬坡车道的路段，应对爬坡车道的长度、宽度以及标志、标线等进行评价。在长大下坡路段，连续4km以上路段未设置停车区、加水冷却区等服务设施时，应根据沿线地形条件和交通组成特点，评价在下坡路段设置紧急避险车道的必要性。对于已设置紧急避险车道的路段，应评价设置间距能否满足行车安全要求，并对紧急避险车道的平纵面线形、长度、横断面宽度、路面材料、排水系统以及防撞护栏、标志、标线等进行评价。

5. 平纵线形组合

优良的道路几何线形组合设计应为：宽阔连续的视野能使驾驶员自觉地保持随时对车辆行驶状态进行及时的调整，并为驾驶员在遇到紧急情况时采取安全措施赢得时间。因此，设计时应注意以下几点：

（1）为了保证具有明显的立体曲线形体和排水优势，在设计时应该尽量做到平曲线与竖曲线相重合，平曲线稍长于竖曲线，即所谓的"平包竖"，取凸形竖曲线的半径为平曲线半径的10~20倍。应避免将小半径的竖曲线设在长的直线段上。

（2）保持平曲线和竖曲线两种线形大小的均衡，在平纵线形组合设计中极为重要。几何线形的均衡性是保证安全的重要前提。相关文献表明：若平曲线半径小于1 000m，竖曲线半径为平曲线半径的10~20倍时，便可达到均衡的目的。

（3）不良的线形组合。行车安全性的大小与不同线形之间的组合是否协调有密切的关系。下列线形组合往往是导致交通事故发生的重要原因，在线形设计中应予以避免并加以检查。如：线形的骤变，如长直线的末端设置急转弯曲线，尤其是长下坡（大于1km）接小半径曲线是有危险倾向的设计；纵断面反复凹凸，即形成只能看见脚下和前头，而看不见中间凹陷的线形；在凸形竖曲线与凹形竖曲线的顶部或底部插入急转弯的平曲线，前者因为没有视线引导而必须急打方向盘；后者在超出汽车设计速度的地方仍然要急打转向盘等。

四、平面线形设计

道路平面线形是指道路中心线和边线等在地表面上的垂直投影，是由直线、曲线、缓和曲线、加宽等组成。道路平面布置反映了道路在地面上所呈现的形状和沿线两侧地形、地物的位置，以及道路设备、交叉、人工构筑物等的布置。它包括路中心线、边线、车行道、路肩和明沟等。城市道路包括机动车道、非机动车道、人行道、路缘石（侧石或道牙）、分隔带、分隔墩、各种检查井和进水口等。城市道路平面布置图如图2-9所示。

图2-9 城市道路平面布置图

道路的平面线形力求平顺，转折不要过多、过急。否则，路线走向曲折，往往限制人的视野，影响行车所必须保持的视距，使驾驶员操纵困难，行车不稳定。明确了道路走向后，在合乎交通要求并适应地形、地物的情况下，确定道路在平面上的直线、曲线、缓和曲线，使线形平顺地衔接，组成道路平面线形设计，以满足汽车行驶安全与迅速、使人的感觉舒适，以及运输和工程合乎经济等要求。

1. 城市道路平面设计原则

(1) 线形应尽可能直捷，且与周围地形环境相适应。
(2) 尽量采用大半径而缓和的曲线，避免急弯。
(3) 线形各部分应保持协调，如避免在长直线尽头有急弯或弯道突然由缓变急。
(4) 高、长填方路段应采用直线或缓弯。
(5) 在复曲线中，应避免采用曲率相差过多的曲线。
(6) 应避免设置断背曲线，即不要在两同向曲线间连以短的直线。
(7) 平面线形应与纵断面相协调。
(8) 路线遇到山坡陡峭起伏，上下两控制点的高差大，靠自然展线无法取得必要的距离以克服高差时，可利用地形设置回头曲线，展长距离，以便不超过最大纵坡。

2. 道路平面线形设计内容

道路平面线形最基本的是直线和曲线。直线最短捷，但为了适应地形、地物条件，避开路线上的障碍物，并满足某些技术上和经济上的要求，往往插入曲线，以便车辆能够平顺地改变方向。这些曲线多用圆曲线，也称弯道或平曲线。

1) 平曲线半径与超高

汽车在平曲线路段上行驶时，将产生离心力。由于离心力作用，汽车将产生侧向滑移。车辆在曲线上稳定行驶的必要条件是横向力系数要小于路面提供的极限摩阻系数。圆曲线半径越大，横向力系数就越小，汽车就越稳定。所以从汽车行驶稳定性出发，圆曲线半径越大越好。但有时因受地形、地质、地物等因素的限制，圆曲线半径不可能设置得很大。因此，在路线设计中采取设置超高来减轻或消除横向力的影响。圆曲线半径应该尽可能大些，由于地理、地形条件等的限制，曲半径往往不能太大，这就需要研究曲线半径的最小值，以保证行车的安全与舒适，必须对曲线行车的横向力的大小加以限制。横向力的大小是与圆曲线的半径成反比的，要想降低车辆弯道行驶时所受的横向力，就应采用较大的圆曲线半径。

另外还需注意：

(1) 检查采用的圆曲线半径是否与城市道路等级及行车速度相适应、超高与路面横向摩阻系数相协调。
(2) 当采用极限半径时，是否采取了相应的交通安全措施，如设立"急弯"警告标志、车道中心线标画实线等。
(3) 对于高等级城市道路应以运行速度进行验算。

2) 最小曲线半径

它是保证汽车在设置超高的曲线部分行驶时所产生的离心力不超过轮胎和路面的摩阻力所允许的界限，其中应考虑使乘车人感觉良好和驾驶员操纵方便。确定最小曲线半径时，必须综合考虑以下各项因素：汽车在曲线上行驶的速度与平稳性、乘客的舒适程度、车辆和轮胎的损耗、燃料的消耗以及修建费用等。

3) 加宽

汽车在平曲线上行驶时，各个车轮的轨迹不相同，靠平曲线内侧后轮的曲线半径最小，而靠平曲线外侧前轮行驶的半径最大，即在平曲线路段上行车部分宽度比直线路段为大。为了汽车在转弯中不侵占相邻车道，平曲线路段的车行道必须靠曲线内侧加宽。加宽值根据车辆对向行驶时两车之间的相对位置，以及行车摆动幅度在平曲线上的变化，综合确定，它又与平曲线半径、车型以及行车速度有关。

4) 超高

在设计平曲线时，由于受地形、地理等因素的影响，往往不可能都采用较大的平曲线半径，当采用较小的平曲线半径时，为使汽车转弯时不致倾覆和滑移，保证车辆行驶的稳定性，需将路面外侧提高，把原来的双面坡改成向内侧倾斜的单面坡。

5) 缓和曲线

当汽车从直线地段驶入曲线时，为了缓和行车方向的突变和离心力的突然发生和消失，并能使汽车不减速而平稳地通过，在平曲线两端采用适应汽车转向和离心力渐变的缓和曲线，用来连接直线和平曲线。

缓和曲线主要有三种线形，即回旋线（辐射螺旋线）、双纽线和三次抛物线。较理想的缓和曲线是汽车从直线段驶入一定半径的平曲线时，在不降低车速又能徐缓均匀转向的情况下，即汽车转弯的曲率半径从无穷大，有规律地逐渐减小至平曲线半径，其中回旋线较能符合上述要求。

按照等速行驶、等角速度转动方向盘的条件，求得的曲线称为回旋曲线。在回旋线方程中，如果近似地以曲线弦长代替弧长，就成为双纽线。如果近似地以曲线沿切线的长度代替弧长，就成为三次抛物线。

6) 长直线

直线具有最短距离连接两控制点以及线形布设方便、容易施工等优点，但线形呆板，过长的直线会使驾驶员行车单调乏味、分散注意力、增加疲劳感，有时急于加速行驶往往对车距失去判断造成恶性交通事故，对行车安全不利。一般来说，直线长度不应大于设计速度的20倍，当采用时应采取弥补景观单调缺陷的技术措施。必须检查是否有大于设计速度20倍直线，若存在，考虑是否有能弥补景观单调的技术措施，并判断采取的技术措施是否合理。

7) 短直线

同向曲线之间插入长度不够的直线，称为断背曲线。此类曲线容易产生把直线和两端曲线看成反向弯曲的错觉，整个线形缺乏连续性，容易导致驾驶失误。曲线间直线不够，对于有超高、加宽的反向曲线，将不能实现反向变化的平稳过渡，行车也是不安全的。两同向曲线间应设有足够长度的直线，不得以短直线相连，否则应调整线形使之成为一个单曲线或复曲线或运用回旋线组合成卵形、凸形、复合形等曲线。两反向曲线间夹有直线段时，以设置不小于最小直线长度的直线段为宜，否则应调整线形或运用回旋线而组合成S形曲线。

8) 城市道路桥隧两端的路线等特殊路线的设计

通常称桥梁引道路线为桥头路线。路线设计中，当桥位和隧道位置确定了以后再来考虑"接线"时,引线的技术标准一般偏低,有时甚至增加了路线不必要的长度。使用时事故多,运输效率低,在汽车燃料消耗上也造成浪费。

桥梁一般要高于最高洪水位,在通航的水流上有时要加上一个大于通航船只高度的净空。一方面引道纵坡要平缓,或坡度不能太大,使其不致造成上、下桥的困难。另一方面为了满足净空上的要求,引道路线不得不拉得很长。在水流的岸边,桥梁的引道或引桥与岸边的城市道路或街道设计成立体交叉,但是不宜直接相连。这时,从路线布设来说,着重考虑引道纵坡的大小,平面上的线形就是桥梁路线与水流直交的线形。

9)城市道路路线与水流方向斜交

城市道路路线的方向与水流的方向在相当多的情况下是斜交的。通常的做法是使桥梁与水流正交,并在桥头设有相当长的直线段,然后再与城市道路路线相连接。这样的布置既有利于行车,也有利于桥梁的建造。在这种情况下,从路线布设上讲,就要注意桥头直线段要保持一定的长度,以免过桥就要转弯。在上述两种情况下,水流的方向在一定的范围内大体上是不变的。

道路的平面线形设计,除应符合相关技术标准的规定外,并要满足驾驶员的视觉要求。随着汽车车速的提高,对高速道路则逐渐趋向于以曲线为主的设计,以满足车速与地形相适应的要求。直线具有最短捷的距离和线形容易选定的优点,但从驾驶人员的感觉进行分析,行进的前方过分地一目了然,景观一般全是静的,就显得单调乏味,容易导致疲劳而丧失安全的警惕性。因此,应该避免使用过长的直线。在曲线上行驶的时候,从掌握道路的两侧景观和逐渐变化的全景来衡量,采用平缓的曲线,可引起驾驶人员的注意,促使他们自然握紧方向盘,而且由于从正面看到了路侧的景观,就起了诱导视线的作用。曲线越连续,就越增大视觉的平顺性。因此,以缓和曲线为主要线形加以灵活运用,既有利于获得良好的行驶效果,也为利用地形设置线形提供了更多的选择机会,能够作出既经济而又优美的平面线形。

五、城市道路交叉口设计

两条或两条以上道路的相交处。车辆、行人汇集、转向和疏散的必经之地,为交通的咽喉。因此,正确设计道路交叉口,合理组织、管理交叉口交通,是提高道路通行能力和保障交通安全的重要方面。

1. 道路交叉的分类及其选择

城市道路交叉宜分为平面交叉和立体交叉两类,应根据道路交通网规划、相交道路等级及有关技术、经济和环境效益的分析合理确定。道路交叉口分为平面交叉口、环形交叉口和立体交叉口。

1)平面交叉口

平面交叉口是道路在同一个平面上相交形成的交叉口。通常有T形、Y形、十字形、X形、错位、环形等形式。车辆通过无交通管制的平面交叉口时,因驶向不同,相互交叉形成冲突点。机动车通过交叉口时的冲突点,在三岔路口如T形交叉口有3个;在四岔路口如十字形交叉口有16个;在五岔路口有50个。当非机动车也同时通过路口时,则冲突点就更多了。事实上每一个冲突点都是一个潜在的交通事故点。

平面交叉口的交通安全和通行能力,在很大程度上取决于交叉口的交通组织。通常用各种交通信号灯组织交通,环行组织交通,用各种交通岛(分车岛、中心岛、导向岛和安全岛)、交通标志、道路交通标线等渠化路口交通。

平面交叉口应按交通组织方式分类,并应满足下列要求:

(1) A 类:信号控制交叉口

① 平 A_1 类:交通信号控制,进口道展宽交叉口。

② 平 A_2 类:交通信号控制,进口道不展宽交叉口。

(2) B 类:无信号控制交叉口

① 平 B_1 类:干路中心隔离封闭、支路只准右转通行的交叉口(简称右转交叉口)。

② 平 B_2 类:减速让行或停车让行标志管制交叉口(简称让行交叉口)。

③ 平 B_3 类:全无管制交叉口。

(3) C 类:环形交叉口

平 C 类:环形交叉口。

平面交叉口的选用类型,应符合表 2-1 的规定。

平面交叉口选型表　　　　　　　　　　　　　表 2-1

平面交叉口类型	选 型	
	推荐形式	可用形式
主干路—主干路	平 A_1 类	—
主干路—次干路	平 A_1 类	—
主干路—支路	平 B_1 类	平 A_1 类
次干路—次干路	平 A_1 类	—
次干路—支路	平 B_2 类	平 A_1 类
支路—支路	平 B_2 类或平 B_3 类	平 C 类或平 A_2 类

2) 立体交叉口

立体交叉口是道路不在同一个平面上相交形成的立体交叉。它将互相冲突的车流分别安排在不同高程的道路上,既保证了交通的通畅,也保障了交通安全。立体交叉主要由立交桥、引道和坡道 3 部分组成。立交桥是跨越道路的跨路桥或下穿道路的地道桥。引道是道路与立交桥相接的桥头路。坡道是道路与立交桥下路面连接的路段。互通式立体交叉还有连接上、下两条相交道路的匝道。

早在马车时代就出现了道路立体交叉口,如 1858 年美国在纽约中央公园建成跨路桥。20 世纪初,美国、德国出现了沿线限制的道路,这种道路与其他道路相交采用了立体交叉。1928 年美国在新泽西州伍德布里奇修建了每昼夜平均通行 6.25 万辆汽车的完全互通的首个苜蓿叶式立体交叉。1930 年美国在芝加哥修建了 1 座拱形立体交叉。20 世纪 30 年代,随着高速公路的出现,美国、瑞典、德国、加拿大等国先后在高速公路上修建了各种形式的立体交叉。20 世纪 60~70 年代,前苏联在莫斯科花园环路上修建了 19 座立体交叉,在公路环路上修建了 43 座立体交叉。法国于 1980 年前在巴黎林荫环路上修建了 9 座立体交叉。中国于

1963年在广州修建了1座立体交叉,20世纪70年代在北京二环路上修建了9座立体交叉,并且首次修建了机动车与自行车分行的城市道路立体交叉。目前道路立体交叉的形式和结构繁多,已发展到120种以上。

立体交叉主要由以下三部分组成。

①立交桥:跨越道路的跨路桥或下穿道路的地道桥。

②引道:道路与立交桥相接的桥头路。

③坡道:道路与立交桥下路面连接的路段。

互通式立体交叉如苜蓿叶式立体交叉还有匝道。它是连接上、下两条相交道路的道路。车辆从匝道进入干道的路口为进口,从干道进入匝道的路口为出口。上跨式立交、下穿式立交和分离式立交如图2-10~图2-12所示。

图2-10 上跨式立交

图2-11 下穿式立交

立体交叉口应根据相交道路等级、直行及转向(主要是左转)车流行驶特征、非机动车对机动车干扰等分类,主要类型划分及功能特征宜符合表2-2的规定,分类应满足下列要求:

(1) A类:枢纽立交

①立A_1类:主要形式为全定向、喇叭形、组合式全互通立交,宜在城市外围区域采用。

②立A_2类:主要形式为喇叭形、苜蓿叶形、半定向、定向—半定向组合的全互通立交,宜在城市外围与中心区之间区域采用。

图2-12 分离式立交

(2) B类:一般立交

立B类:主要形式为喇叭形、苜蓿叶形、环形、菱形、迂回式、组合式全互通或半互通立交,宜在城市中心区域采用。

(3) C类:分离式立交

立C类:分离式立交。

立体交叉口类型划分及工程特征表　　　　　　　　　　　　　　表 2-2

立交类型	主线直行车流行驶特征	转向(主要指左转)车流行驶特征	非机动车及行人干扰情况
立 A_1	快速或按设计速度连续行驶	经定向匝道或经集散、变速车道行驶	机非分行、无干扰;车辆与行人无干扰
立 A_2	快速或按设计速度连续行驶	一般经定向匝道或经集散、变速车道行驶,或部分左转车减速行驶	机非分行、无干扰;车辆与行人无干扰
立 B	快速或按设计速度连续行驶;次要主线受转向车流交织干扰或受平面交叉口左转车冲突影响,为间断流	减速交织行驶,或受平面交叉口影响减速交织行驶,间断流	机非分行或混行、有干扰;主线车辆与行人无干扰
立 C	快速或按设计速度连续行驶	—	—

城市道路立交类型选择,应根据交叉节点在城市道路网中的地位、作用、相交道路的等级,并应结合城市性质、规模、交通需求及立交节点所在区域用地条件按表2-3选定。

立体交叉选型表　　　　　　　　　　　　　　表 2-3

立体交叉类型	选　型	
	推荐形式	可用形式
快速路—高速公路	立 A_1 类	—
快速路—快速路(一级公路)	立 A_1 类	—
快速路—主干路	立 B 类	立 A_2 类、立 C 类
快速路—次干路	立 C 类	立 B 类
快速路—支路	—	立 C 类
主干路—高速公路	立 B 类	立 A_2 类、立 C 类
主干路—主干路	—	立 B 类
主干路—次干路	—	立 B 类
次干路—高速公路	—	立 C 类
支路—高速公路	—	立 C 类

城市立交按交通功能立体交叉可分为分离式和互通式。

①分离式立体交叉:无匝道的立体交叉,仅修建立交桥,保证直行交通互不干扰,但不能互相连通。这种立交构造简单,占地少,工程量和投资少,适用于直行交通量大,转弯车辆少或被限制的路口。分离式立交如图 2-12 所示。

②互通式立体交叉:设有连接上、下相交道路的匝道,可使各路车辆转向。根据车辆互通的完善程度又可分为完全互通式和部分互通式两种。完全互通式立体交叉能保证相交道路上每个方向的车辆行驶到其他方向,但其交通组织复杂,占地大,建设投资多。完全互通式立体交叉类型繁多,有苜蓿叶形、喇叭形、定向形、迂回形和环形等。苜蓿叶形立体交叉外形美观,占地大,左转车辆须穿过立交桥后沿环形匝道右转270°,绕行距离长,适宜于高速公路或城市外围市郊环路上。喇叭形立体交叉适用于三岔路口,行车安全便利,占地较少。定向形立体交叉是各方向均设有专用车道,行驶路线短捷、便利,但立交桥多,结构复杂,费用

大，主要用于高速公路上。这种形式的立交有两层、三层和四层之分。迂回形立体交叉是延长左转弯车辆行驶路线的一种类型，左转弯车辆须远引迂回绕行，转弯车辆均须交织行驶，但占地较少。环形立体交叉由平面环形交叉发展而来，是将直行道与环行道交叉，可确保主干道直行方向交通通畅。环形立交占地少，适宜于主干道直行交通量大的多岔路口，但环行道的通行能力有限。当相交干道直行交通量都很大时，可建成三层式或四层式，即上、下两层为直行道，中间层为环行道，供转弯车辆环行。如中国 1983 年在广州建成的 1 座四层式环形立体交叉，上、下层为直行车道，中间两层分别为机动车环行道和自行车环行道。互通式立交如图 2-13 所示。

若路口某方向的交通量很少，为限制该方向的交通，或该方向交通仍作平面交叉处理，则可修建成部分互通式立体交叉。常见类型是菱形（亦称钻石形）立交和部分苜蓿叶形立交。菱形立交占地面积小，构造简单，建设投资少，可保证主干道直行交通畅通，但相交的主干道上尚有两处平面交叉口。部分苜蓿叶形立交多用于主要的转弯交通流集中在 1 个或数个象限内的情况，也有占地面积小，建设投资少的优点。其缺点是限制了某个方向或某几个方向上车流转弯。

图 2-13　互通式立交

立体交叉的布设，应考虑相交道路的性质、设计交通量及通行能力，交叉口交通性质与交通量分配。立体交叉的间距应能保证足够的交织段和视见交通标志的距离。

3）环形交叉口

环形交叉口是在路口中间设置一个面积较大的环岛（中心岛），车辆交织进入环道，并绕岛单向行驶。这样，既可使车辆以交织运行的方式来消除冲突点，同时又可通过环岛绿化美化街景。适宜采用环形交叉口的条件是地形开阔平坦；交叉口为四岔以上的路口；相交道路交通量均匀；左转弯交通量大；路口机动车总交通量每小时不大于 3 000 辆轿车。当有非机动车通过时，机动车交通量还要降低。其缺点是占地面积大，车辆须绕行，交通量增大时易阻塞，行人交通不便。英国采用环形交叉口比较多。英国运输与道路研究实验室研究认为：缩小环岛尺寸可以提高通行能力。因此，1963 年英国开始将环形交叉口的环岛直径缩小至环交外缘的内切圆直径的 1/3 左右，同时设置偏向出口的导向岛，以增宽进口车道，并规定出环车辆优先等，从而形成一种新型的环形交叉口——微型环岛交叉口。

平面环形交叉口又称环交、转盘，在交叉口中央设置一个中心岛，车辆绕中心岛作逆时针单向行驶，连续不断地通过交叉口，这也是渠化交通的一种形式，使所有直行和左、右转弯车辆均能在交叉口沿同一方向顺序前进，避免发生周期性交通阻滞（相对于信号灯来管制），消灭了交叉口上的冲突点，提高了行车安全和交叉口的通行能力。

平面环形交叉口多适用于多条道路交汇的交叉口和左转交通量较大的交叉口，一般不适用于快速路和主干路。当相交道路总数超过 8 条时，就应当考虑道路适当合并后再接入交叉口。

(1) 中心岛形状和尺寸的确定

环形交叉口中心岛多采用圆形,主次干路相交的环行交叉口也可采用椭圆形的中心,并使其长轴沿主干路的方向,也可采用其他规则形状的几何图形或不规则的形状。

中心岛的半径首先应满足设计车速的需要,计算时按路段设计行车速度的0.5倍作为环道的设计车速,依此计算出环道的圆曲线半径,中心岛半径就是该圆曲线半径减去环道宽度的一半。

(2) 环道的交织要求

环形交叉是以交织方式来完成直行同右转车辆进出路口的行驶,一般在中等交通密度,非机动车不多的情况下,最小交织距离最好不应小于4s的运行距离。

车辆沿最短距离方向行驶交织时的交角称为交织角,交织角越小,交通越安全。一般交织角在20°~30°之间为宜。

(3) 环道宽度的确定

环道即环绕中心岛的车行道,其宽度需要根据环道上的行车要求确定。环道上一般布置3条机动车道,1条车道绕行,1条车道交织,1条作为右转车道;同时还应设置1条专用的非机动车道。车道过多会造成行车的混乱,反而有碍安全。一般环道宽度选择18m左右比较适当,即相当于3条机动车道和一条非机动车道,再加上弯道加宽值。

2. 道路交叉口设计原则

1) 平面交叉口设计

平面交叉口设计范围应包括该交叉口各条道路相交部分及其进出口道(展宽段和渐变段)以及行人、自行车过街设施所围成的空间。

(1) 类型

平面交叉口按几何形状可分为十字形、T形、Y形、X形、多叉形、错位及环形交叉口。

(2) 设计原则

新建平面交叉口不得出现超过4叉的多路交叉口、错位交叉口、畸形交叉口以及交角小于70°(特殊困难时为45°)的斜交叉口。已有的错位多叉口、畸形交叉口应加强交通组织与管理,并尽可能加以改造。

平面交叉口间距应根据城市规模、路网规划、道路类型及其在城市中的区域位置而定;干路交叉口间距宜大致相等;各类交叉口最小间距应能满足转向车辆变换车道所需最短长度,满足红灯期车辆最大排队长度,以及满足进出口道总长度的要求,且不宜小于150m。

交叉口附近设置公交停靠站应根据公交线路走向、道路类型、交叉口交通状况,结合站点类别、规模、用地条件合理确定,应保证乘客安全,方便候乘、换乘、过街,有利于公交车安全停靠、顺利驶出,且不影响交叉口的通行能力。

交叉口范围内有轨道交通时,应做好轨道交通与地面交通换乘设计。

建筑物机动车出入口不得设在交叉口范围内,且不宜设置在主干路上,宜经支路或专为集散车辆用的地块内部道路与次干路相通。

桥梁、隧道两端不宜设置平面交叉口。

2) 立体交叉口设计

立体交叉口设计范围应包括相交道路中线交点至各进出口变速车道渐变段的起终点间

(包括道路主线、各条匝道及其加减速车道、集散车道、辅道、立体交叉范围内的平面交叉和行人、自行车通道和公交站点)所围成的空间。

交叉口设计应节约用地,合理拆迁。

交叉口平面设计应与交通组织设计、交通信号控制及交通标志、标线等管理设施设计同步进行。

平面交叉口设计时,应使进出口道通行能力与其上游路段通行能力相匹配,并注意与相邻交叉口之间的协调。立体交叉口的通行能力应与相交道路断面通行能力相匹配。

交叉口设计应使行人过街便捷、安全,并适应残疾人、儿童、老人等弱势群体的通行要求。

交叉口设计应妥善处理机动车与非机动车之间的相互干扰。

交叉口范围内的平面与竖向线形设计应尽量平缓,满足行车安全通畅,排水迅速,环境美观的要求。

交叉口的设计高程应与周围建筑物高程协调,便于布设地下管线和地上设施。立体交叉口宜采用自流排水,减少泵站的设置。

六、城市道路线形设计中应注意的问题

线形是道路的骨架,它对行车的安全、舒适、经济及道路的通行能力起决定性的影响,还直接影响道路构造物设计、排水设计、土石方数量、路面工程及其他构造物,同时对沿线的经济发展、土地利用、工农业生产、居民生活以及自然景观、环境协调也有很大影响。城市道路线形是由直线与曲线连接而成的空间立体线形形状,也就是道路中心线的空间描绘。线形设计不好,轻者乘客会感到不舒服,严重则影响车辆行驶的安全性,甚至造成交通事故。究其原因,道路设计规范只对某些技术指标,如:平曲线半径、竖曲线半径、纵坡坡度、坡长等分别做了规定,而对这些指标之间的组合以及特殊性考虑甚少,如果设计人员不从行驶车辆的安全性上考虑,那么,设计出的道路就不一定会是一条好的道路。一条线形好的道路,应该首先保证车辆安全、迅速、舒适的行驶。

1. 平面线形设计原则

通常,平面线形设计应遵循以下原则:

(1)道路平面位置应按城市道路总体规划道路网布置。

(2)道路平面线形应与地形地质、水文等结合,并且符合各级道路的技术指标。

(3)道路平面设计应处理好直线与平曲线的衔接,合理的设置缓和曲线、超高和加宽等。

(4)道路平面设计应根据道路等级合理设置交叉口,沿线建筑物出入口,停车场出入口,分隔带断口,公共交通停靠站位置等。

(5)平面线形设计应少占耕地,少与水系、交通、电力、通信网交错,尽量避免穿过居民区。

(6)路线布设应尽可能地平顺,一般采用较长的直线,较大半径的曲线,中间加入缓和曲线的线形,转向处偏角要少且线形要平顺。

(7)平面线形需分期进行时,应该满足近期使用要求,兼顾远期发展。

2. 小偏角的设计

其特指道路上偏角≤7°的情形。道路出现小偏角时,平曲线的长度看上去会比实际的短,驾驶员容易产生急转弯的错觉而急忙操作方向盘,造成行车事故,偏角愈小愈明显。实际上,小偏角是设计中平面定线最常采用的方法,因为它大多时候可以解决定线中遇到的困难。这种情形在城市道路设计中非常普遍。要取消一个小偏角常常很困难,有时还要增加一些工程量或拆迁。对于设计速度较低的道路,小偏角对行车安全影响不大,在工程任务艰巨路段设置小偏角还是可以的。但是对于高速城市道路等设计速度较高的道路设置小偏角一定要慎重。在城市道路上,不可避免地每隔若干距离会有一个交叉口,因此宜尽量利用交叉口使路线作必要的转折。如果路线在交叉口处不作较大的转折时(一般为3°~5°),可不需作专门的弯道设计,仅需在交叉口进行处理,这是避免采用小偏角的一种有效办法。

3. 最小纵坡

城市道路纵断面设计时应尽量避免小于0.3%的纵坡。小于0.3%的纵坡,将造成路面排水不良,雨天行车溅水成雾,影响行车安全。同时,在路面上积水到一定厚度后,高速行车时,在车轮与路面间产生"水膜"现象,使轮胎与路面间的摩擦阻力大大降低,这时如果有情况需要制动减速,往往会酿成行车事故。最小纵坡要求仅是为了满足最小排水要求,也是车辆安全行驶的需要。

4. 超高及加宽的运用

对城市道路的超高问题,多年来在城市道路设计中颇有争论。我们从实践中认识到,在城市道路设计时,尽量不要用设置小半径加超高段手法来满足设计行车速度的要求,特别是在靠近交叉口附近路段上更不能这样做。因此,在需要设置圆曲线时,如条件允许应尽量选用不设超高的曲线半径,不得已时,其超高坡度一般不宜大于1.5%,即不超过路面的设计横坡。对城市道路的加宽问题,加宽值应按车道数加在道路机动车道的内侧,当内侧加宽有困难时,可在车道的内外侧同时加宽;其长度均采用缓和曲线或超高缓和段长度。如在迎宾大道工程设计中对JD3、JD5两个弯道,其规划道路中线平曲线半径分别为155m、100m,均小于不设超高的曲线半径。因为在路边已修建了大型公共建筑,道路红线已不能改变。鉴于它们均根据其设计行车速度采用相应的缓和曲线值和1.5%的超高横坡度及相应加宽值,我们认为在有条件的情况下,在圆曲线两端应该尽量采用缓和曲线,而且这样的设计对快速行车也特别有利。

七、城市道路几何设计与交通安全

1. 概论

1)城市道路几何设计的重要性

道路几何线形设计要考虑平面线形、纵断面线形以及横断面的组成,还要考虑平面、纵断面线形与横断面的组成相协调,同时应注意保证视线的畅通等。确定道路几何线形时,在考虑地形、地物、土地的合理利用及环境保护因素的同时,还要充分利用道路几何组成部分的合理尺寸和线形组合。线形的好坏,对交通的安全具有极其重要的作用,如果道路线形不合理,则会降低道路通行能力。

2）城市道路几何设计的先决性

合理、优质的城市道路设计，可以提供清晰醒目的行车方向，提供足够的视距及其他信息，能够达到驾驶人员普遍期望的设计效果。在道路设计中，影响交通安全的因素虽然是多方面的，而道路几何设计对道路的安全性则起到先决的作用，一旦通过选线确定道路走向并由此确定几何线形，则其他项目几乎都随之得以确定，其他如桥涵构造物的位置、安全设施设计等就更趋于合理了。

3）城市道路几何设计需要将安全放在首位

作为勘察设计者，在工程设计中，一定要综合考虑道路功能、行车安全、自然环境等因素，既要坚持地形选线、地质选线，更要做到安全选线；既要充分考虑道路设施的自身安全和运营安全，又要消除道路事故多发点和安全隐患；要尽量采用改善平纵线形的措施，从根本上解决行车安全问题，尤其是对长、陡纵坡行车安全问题要给予足够的重视。总之，在道路几何设计等各种方案中要将安全放在首位，采取一切有效措施，为道路使用者提供安全保障和人性化的服务，切实提高道路交通的安全水平和服务水准。

2. 城市道路几何设计对交通安全的影响

1）平面设计与交通安全

在平面线形设计中，直线是最常用的线形，其优点是勘测方便、设计简单、方向明确、距离短捷，但直线单调，易使驾驶员产生乏味感，降低集中力，不利于行车安全。在选用直线线形时，一定要十分慎重。我国规定最小直线长度为：当设计速度为60km/h，同向曲线间最小直线长度（以 m 计）以不小于行车速度（以 km/h 计）的6倍为宜；反向曲线间最小直线长度（以 m 计）以不小于行车速度（以 km/h 计）的2倍为宜。

在实际设计中，要充分利用地形，尽量采用直线，特别在平原地区，不能有过多的人为改变直线线形，但也要注意适当引入曲线，以便吸引驾驶员的注意力，一般直线最大长度为 $20(v+\Delta v)$，其中 v 为设计行车速度，Δv 为通常在直线段的实际行驶速度与设计行车速度的差值，一般取 $\Delta v = 15 \sim 20$km/h。

曲线线形要适应地形的变化，并能圆滑地将前后线形连接以保持线形的连续性。圆曲线的曲率半径尽可能大些，一般避免采用极限最小半径。缓和曲线通常采用回旋线，对于设计车速较高的道路，在计算缓和曲线时，横向加速度变化率宜采用 0.45m/s^3，并相应增加缓和曲线的长度。

在较小半径弯道上，应该设置超高，超高不能太小，也不能太大，应该根据弯道半径以及道路等级、所在地区的寒冷积雪程度、地形状况等综合考虑。对超高、加宽值的进行计算，必须足够大，以满足使用要求，超高、加宽不足往往是引发交通事故的直接原因。

曲线转角对道路交通安全也有影响。大量资料表明，小偏角曲线容易使驾驶员产生急弯错觉，不利于行车安全。因此，在道路设计中合理确定路线转角十分重要。

2）纵面设计与交通安全

纵面线形应注意纵向坡度和变坡点处的竖曲线。道路原则上按同一车速路段保持同一行驶状态来进行设计，纵向坡度和别的线形不同，受车辆和行驶性能的影响较大。爬坡能力明显不同的车辆混在一起，不采用适当纵向坡度，不设置爬坡车道，就会使道路通行能力降低，从而引发交通事故。

纵向坡度的标准值,要在经济允许范围内按较少的降低车辆速度的原则来确定。在连续下坡时,车速越来越快,不安全,因此必须减小纵向坡度控制坡长。

一般,凸曲线段事故率要比水平段高,小半径凸曲线往往成为事故的诱因。竖曲线频繁变换会影响行车视距,严重降低城市道路安全性。

3) 横断面设计与交通安全

道路的横向分布即路幅宽的布置方式对交通安全也有一定的影响,车行道、人行道、绿化带和中央分隔带的形状和尺寸,都应根据使用功能、交通量的大小、交通流的组成以及安全行车要求进行合理设计,做到连续性和一致性。交通事故数的相对值与车行道宽度有直接关系,机动车道过宽,易形成非机动车抢占机动车道的现象,导致交通事故发生;机动车道过窄,车流不畅,易发生交通堵塞,出现刮蹭情况。因此,一般车行道的宽度:单车道 3.5 ~ 4.0m,双车道 7 ~ 8.0m,三车道 11 ~ 12m。机动车道宽度的有效利用,在很大程度上取于绿化带和中央分隔带的状况,如果中央分隔带、绿化带的植物过高,枝叶旁伸,就会妨碍驾驶员的视线,迫使车辆居中行驶,从而使道路变窄,分隔带的作用是诱导驾驶员,有利于安全行驶。非机动车道、人行道的宽度应根据所在地区的车辆构成,人流量等综合考虑,过宽,不经济;过窄,交通不畅,抢占机动车道引发交通事故。路口布置不要太密,一来影响行车速度,二来也容易形成事故隐患,在设计过程中,对此类问题要高度重视。

4) 平纵横组合设计与交通安全

平纵线形的组合,对视觉诱导起重要作用,违背自然诱导的线形组合是导致事故多发的主要原因。在平纵线形设计中,要避免竖曲线与回旋曲线重合,特别是凹形竖曲线与平面上反向回旋线的拐点重合;避免竖曲线顶部有急弯,以免驾驶员靠近顶部来不及判断,造成速度过高,从而引发交通事故。在平曲线的组合中,尽量少采用反向曲线、背曲线和复曲线。

扭曲的路段,破坏了线形的一致性,造成驾驶员心理、视觉不舒服,对线形变化不适应,使视觉诱导紊乱,往往是容易出危险的路段。特别是行车速度较高时,道路粗线条的轮廓成了驾驶员判断方向的重要因素,因此特别应该注意线形的配合与视觉效果。

5) 视距设计与交通安全

视距是驾驶员在道路上能够清楚看到前方道路某处的距离,是道路几何设计的重要因素。足够的视距对保证行车安全,提高通行能力将起到重要作用。在行驶过程中,路况信息要有足够的时间来处理,就要选择足够的行驶距离来完成。在视距设计过程中,反应时间的取值要大于所有驾驶员的正常平均值,特别在复杂情况下,如交叉口、立交匝道处、车道变化处、交通标志等设施处,在确定反应时间时,应增加判断时间,该值应大于 2.5s。

八、参考案例——广州城市道路旧路改造设计

城市道路是城市社会活动、经济活动的纽带和动脉,对城市经济发展和人民生活水平的提高起着极其重要的作用。对于广州这样一个国际化大都市来说,城市道路又是广大市民及世界各地朋友公共生活与旅游活动必经的场所,是体现城市精神面貌,感受城市景观特色与社会风土人情的重要通道。为了塑造一个良好的城市形象,广州市政府加大投入,自 1998 年起先后对标志性道路广州大道,样板路中山路、快速通道东风路等多条旧有道路进行了改造,2001 年,为了迎接九运会及花博会的胜利召开,对于新体育馆周边道路新广从路、广园路,又进行了彻

底整治,城市面貌焕然一新。城市道路旧路改造不仅仅是道路交通使用功能的改善,更重要的是城市道路要成为观赏城市风景、城市景观的良好场所。这样给设计人员提出更高、更新的要求。设计人员在进行城市道路旧路改造设计时,不仅要考虑道路的基本功能,亦要考虑其与周边环境的协调,做到功能性、人文性、景观性的统一。根据作者近年来参加广州市城市道路旧路改造设计的实践与经验,根据道路构成要素,下面从平面线形、断面设计、道路绿化、路面铺装、配套设施这几方面阐述了怎样进行精心设计,做好城市道路旧路改造设计。

1. 平面线形

在对现有道路进行改造设计时,不宜大拆大建,拓宽拉直,应本着整齐规则的原则,中线应有明显的曲线要素,曲线半径不单纯追求大,而应基本保持原有中线的特性,也不宜小,应满足最小行车速度的要求,通常最小行车速度为40km/h,最小曲线半径250m。边线设计应充分考虑地形条件顺应沿线商铺房屋的布置,人行道边线不应有折角出现,原有尖突位置均应用小半径圆弧圆顺,通常圆弧半径不应小于5m。

随着车辆和人口密度的不断增长,在旧路改造时,对交通量较大的主干交叉口,为了提高交叉口的车速和通行能力,保障交通安全,通常在道路交叉口进行渠化交通,导向分流,各行其道,这样同时也达到美化城市景观的作用。通常采用展宽式渠化交通,主要以增加进口道路的车道条数,使交叉口进口的通行能力与路段通行能力相协调。交叉口中设置交通岛兼作行人安全通过和绿化的功能,尽可能将岛面积做得大些,岛的周边采用高侧石50cm×60cm×20cm砌筑,高于路面40cm为宜。岛内设置人行安全通过和暂停的区域,其进出口处的侧石应相对降低至高出路面2~3cm为宜,区域采用彩色人行砖铺砌。

2. 道路断面、道路绿化、空间尺度

道路横断面就是垂直于道路中心线方向的断面,是由车行道、人行道和绿化等部分组成。城市道路横断面布置图如图2-14所示。

图2-14　城市道路横断面布置图(尺寸单位:m)

机动车道宽度的确定,在理论上是需要的车道数和一个车道标准宽度的乘积。主干道其道路横断面一般较宽,通常为60m、40m、20m、15m宽道路,主干道一般40m宽以上设置非机动车道。广州在城市道路旧路改造时,考虑到人流的不断增长,非机动车道逐步被淘汰或失去现在的作用,将其改为公共汽车专用通道或快车道,考虑到交通量的不断增大,车道划分也较规范标准有所减窄,大车道通常为3.3m,小车道为3.15m,通常也设置摩托车道2m,自行车道1.5m。

人行道设置及绿化布置:人行道是城市道路中仅次于自行车道的基本组成部分,它既是保障安全行人的通道也是市区绿化的一个过渡带。人行道宽度通常为5m,一般不少于2m。为了方便盲人和残疾人步行,广州市在旧路改造中,人行道上均设置盲人通道及残疾人无障碍坡道。盲人通道通常设置距侧石边2.2m位置或较宽的人行道(一般5m以上)上靠近侧石边设置,当旧路扩建时,可考虑在道路中心设置。绿化布置有多种形式,通常在原有快慢车道分隔带上设置。道路绿化要根据周围建筑物的特色来考虑,这种特色可通过绿化带在断面上不同布置,或采用不同的花色、树种搭配来实现,同一条道路上的乔木、灌木种植也可以成组变化,不一定局限于通常人行道树种植时采用的等距离、单一品种布置的方法。道路的纵断面是道路中心线的剖面,道路中线控制高程根据地形建筑物的地面高程及邻近道路情况确定,通常较建筑物地台高程低30cm为佳,旧路改造时混凝土路面加铺沥青其高程控制在原路高程10cm左右,沥青路面挖铺路面高程基本维持原路面高程不变。道路纵坡不宜作大幅度调整。路中心的转折点坡差大于0.8%时设置竖曲线。道路交叉口竖向设计应遵循以主干道为主,次干道、支干道为辅,先实施为主,后实施为辅的原则。线形设计不仅应注意个别部分的尺寸大小,而且要考虑各部分之间的组合情况,也就是要综合考虑平、纵、横三个投影,尽量避免平曲线和竖曲线重叠在一起。

3. 路面铺装

城市道路路面铺装在旧路改造时,为了创造整洁干净的市容市貌,要如室内地面装修一样重视。沥青路面具有吸尘、降噪、行车舒适平稳的优点,因而得到广泛应用。沥青路面挖铺结构通常采用20cm三层式沥青面层+30cm6%水泥石屑稳定基层,混凝土路面加铺沥青厚度按每年磨耗2.5cm,四年大修时间考虑,通常采用10cm。为了减轻混凝土路面纵横裂缝反射,应对原有混凝土板块进行病害处理,老化剥落的纵横填缝料要更换,烂板要处理。沥青上面层通常采用改性沥青。

人行道铺装通常在旧路改造时全新翻新改造,其结构考虑到摩托车、小车的临时停放,一般采用15cm 6%水泥石屑稳定层+粗砂调平2cm+挤压式人行道块5cm。人行道块一般有枫叶形、工字形、波浪形、四方形、六角形这几种,颜色图案可多样化,盲道通常为黄色,人行道块花色一般为红、白、绿、本色,其中两种相配,这样既有花色点缀,给人以自然淳朴亲切的感觉,又不至于花哨,使人眼花缭乱。

4. 配套设施

配套设施包含很多内容,如服务、交通、照明设施等,在旧路改造的同时必须对它们进行补充完善与规范。沿线的路口、残疾坡道、排水系统都要补充完善,沿线各类供水、煤气、电信等井环及井盖均要更换成统一规格,并且各类井井框高程要随着路面的坡度及高程进行调平。侧平石均要采用广州市统一规格:平石100mm×25mm×12mm,低侧石100mm×15mm×30mm,绿化带高侧石50mm×20mm×60mm。

广州市城市道路管理在旧路整治过程中已经向更新、更高的标准综合治理。进行旧路整治,不仅改善该路段的交通环境和生态环境,而且要达到美化沿线城市景观,完善配套设施的作用。沿线属于各个部门的如电信电缆等管线设施均在人行道上实行同沟同井,交通设施包括港湾式停靠站500~800m设置一个,行人设施设置人行天桥或过街斑马线,并在斑马线处设置信号灯。照明设施在立交桥和体育馆路段设置高杆灯,其余路段布设新颖美观统一的路灯,与高杆灯相协调。服务设施包括公厕 500~800m 设置一个,果皮箱 80~100m 一个,电话亭、消火栓、交通标线、各类标志、标牌、灯箱均应统一规范设置。

应该指出,城市道路旧路改造设计不单纯是工程技术设计,还必须作为城市景观设计综合考虑,才能体验到道路更畅顺,景色更优美的旧貌换新颜的城市变化。

第二节 城市道路路基构造

一、路基的特点

城市道路路基是路面的基础,也是道路结构层的重要组成部分。路基的强度和稳定性是保证路面强度和稳定性的基本条件。如果保证了路基的强度和稳定性,对路面结构的稳定性将起到根本性的保证作用,否则尽管路面结构做得再好,也会出现早期破坏,缩短维修周期,造成经济上的浪费和社会效益的损失。

路基是按照路线位置和一定技术要求修筑的带状构造物,是路面的基础,主要承受路面的重力及由路面传递下来的行车荷载与行人荷载,是城市道路的重要组成部分。它贯穿城市道路全线,与桥梁、隧道相连,构成城市道路的主体。

作为城市道路建筑的主体,它除承受路面的重力、行车和行人荷载以外,还受水流、雨雪、冰冻、风沙的侵袭。因此,路基本体必须坚实、稳固,具有足够的强度和耐久性,能抵抗各种自然因素的侵害。

此外,由于城市道路地下管线多,故路基不仅为路面及道路附属设施施工提供场地,而且为地下管线施工提供场所,并对各种地下管线设施起重要的保护作用。

城市道路路基工程除具有城市道路工程,还具有工程施工中情况十分复杂,关系到各个方面的特点。特别是拆迁工作经常滞后,多头管理,众口难调,随之而来的"扯皮"、"踢球"现象并不鲜见,不但影响了工期,也使原本就很困难的质量管理工作更难进行。

二、路基的要求

1. 路基的基本要求

路基作为承受行车荷载的结构物,除断面尺寸和高程应符合设计标准的要求外,还应满足以下基本要求:

1)具有足够的强度

路基承受由路面传递下来的行车荷载,还要承受路面和路基的自重,势必对路基土产生一定的压力。这些压力都可能使路基产生一定的变形,直接损坏路面的使用品质。因此,要求路基应具有足够的强度,以保证在车辆荷载、路面及路基自重作用下,变形不超过允许值。

2)具有足够的整体稳定性

路基是直接在地面上填筑或挖去一部分地面构成的。路基修筑后改变了原地面的天然平衡状态。在某些地形、地质条件下,路堑边坡可能滑塌,路堤可能沿陡坡下滑。为使路基具有抵抗自然因素侵蚀的能力,必须采取一定的技术措施,保证路基整体结构的稳定性。

3) 具有足够的水温稳定性

路基在地面水和地下水的作用下,其强度将显著地降低。特别是在季节性冰冻地区,由于水温状况的变化,路基将发生周期性冻融作用,使路基强度急剧下降。因此,对于路基,不仅要求有足够的强度,而且还应保证在最不利的水温状况下,保持其强度特性,即强度不显著降低,这就要求路基应具有一定的水温稳定性。

2. 路基稳定性的影响因素

城市道路路基是一种线形结构物,具有距离长、与大自然接触面广的特点。其稳定性在很大程度上由当地自然条件决定。因此,需深入调查道路沿线的自然条件,从整体到局部,从地区到具体路段去分析研究,掌握各有关自然因素的变化规律、水温情况及人为因素对路基稳定性的影响,从而因地制宜地采取有效工程技术措施,以确保路基具有足够的强度和稳定性。

路基稳定性主要与下列因素有关:

1) 地理条件

道路沿线的地形、地貌和海拔高度不仅影响路线的选定,也影响路基设计。平原、丘陵、山岭各地势不同,水温情况各异。平原区地势平坦,地表易积水,地下水位相应较高,排水困难,因而加强排水设计至关重要;丘陵区地势起伏,山岭区地势陡峻,如排水设计不当,或地质情况不良,会降低路基的强度和稳定性,出现各种变形和破坏现象。

2) 地质条件

沿线的地质条件,如岩石的种类、成因、节理、风化程度和裂隙情况,岩石走向、倾向、倾角、层理和岩层厚度,有无夹层或遇水软化的岩层,以及有无断层或其他不良地质现象(岩溶、泥石流、地震等)都对路基的稳定性有一定的影响。

3) 气候条件

气候条件,如气温、降水、湿度、冰冻深度、日照、蒸发量、风向、风力等都会影响道路沿线地面水和地下水的状况,并且影响路基路面的水温状况。

4) 水文与地质条件

水文条件,如地面径流,河流洪水位、常水位及其排泄条件,有无地表积水和积水时期的长短,河流的淤积情况等。水文地质条件,如地下水位,地下水移动情况及其流量,有无泉水、层间水、裂隙水等。所有这些地面水及地下水都会影响路基的稳定性,如处理不当,常会导致路基的各种病害。

5) 土的类别

土是建筑路基的基本材料,不同的土类具有不同的工程性质,直接影响路基的形状、尺寸和稳定性。不同的土类含有不同粒径的土颗粒。砂粒成分多的土,强度构成以内摩擦力为主,强度高,受水影响小,但施工时不易压实。较细的砂,在渗流情况下,容易流动,形成流砂。黏粒成分多的土,强度以形成黏聚力为主,其强度随密实程度不同变化较大,并随湿度的增大而降低。粉土类土毛细现象强烈,路基的强度随着毛细水的上升和湿度的增大而下降。在负温度坡差作用下,水分通过毛细作用移动并积聚,使局部土层湿度大幅度增加,造成路基冻胀,最后导致路基翻浆、路面结构层断裂等各种破坏。

三、路基的形式

路基承受着本身的岩土自重和路面重力,以及由路面传递而来的行车荷载,是整个道路构造的重要组成部分。为了满足行车的要求,路基有些部分高出原地面,需要填筑;有些部分低于原地面,需要开挖。因此,路基横断面形状各不相同。典型的路基横断面有全填式(路堤)、全挖式(路堑)、半填半挖式及不填不挖式四种类型。

1. 全填式(路堤)

高于原地面的填方路基称全填式(路堤)。路床以下的路堤分上、下两层,路床底面以下80~150cm 范围内的填方部分为上路堤,上路堤以下的填方部分为下路堤。图 2-15 是填方路基横断面的基本形式。按其所处的条件及加固类型的不同还有沿河路堤、陡坡护脚路堤及挖渠填筑路等。全填式路基(路堤)实例图如图 2-16 所示。

图 2-15 全填式路基(路堤)示意图

图 2-16 全填式路基(路堤)实例图

2. 全挖式(路堑)

低于原地面的挖方路基称为全挖式(路堑)。图 2-17 是挖方路基的基本形式。全挖式路基(路堑)实例图如图 2-18 所示。

图 2-17 全挖式路基(路堑)示意图

图 2-18 全挖式路基(路堑)实例图

3. 半填半挖式

在一个断面内,部分为路堤、部分为路堑的路基称为半填半挖式路基。图 2-19 是半填半挖式路基横断面的基本形式。若处理得当,路基稳定可靠,这种形式是比较经济的。但由于开挖部分路基为原状土,而填方部分为扰动土,往往这两部分密实程度不相同,若处理不当,这类路基会在填挖交界面处出现纵向裂缝等病害。因此,应加强填挖交界面结合处的压实。半填半挖式路基实例如图 2-20 所示。

图 2-19　半填半挖式路基示意图

图 2-20　半填半挖式路基实例图

4. 不填不挖式

若原地面高程与路基高程基本相同,即构成不填不挖的路基断面形式,如图 2-21 所示。不填不挖式路基实例如图 2-22 所示。

图 2-21　不填不挖式路基示意图

图 2-22　不填不挖式路基实例图

四、路基的设计要求

路基设计应因地制宜,合理利用当地材料与工业废料。路基必须密实、均匀、稳定。路槽底面土基设计回弹模量值宜大于或等于 20MPa。特殊情况不得小于 15MPa。不能满足上述要求时应采取措施,提高土基强度。

1. 路基设计调查

路基设计应进行下列调查工作:

(1)查明沿线的土类或岩石类别,并确定其分布范围。选取代表性土样测定颗粒组成、天然含水率及液限、塑限;判断岩石的风化程度及节理发育情况。

(2)查明沿线古河道、古池塘、古坟场的分布情况及其对路基均匀性的影响。

(3)调查沿线地表水的来源、水位、积水时间与排水条件。

(4)调查沿线浅层地下水的类型、水位及其变化规律,判断地下水对路基的影响程度。

(5)调查该地区的降水量、蒸发量、冰冻深度、气温、地温与土基的天然含水率变化规律,确定土基强度的不利季节。

(6)调查邻近地区原有道路路基的实际情况,作为新建道路路基设计的借鉴。

(7)调查沿线地下管道回填土的土类及密实度。

(8)调查道路所在地区的地震烈度。

2. 路基土的分类

自然界的土往往是各种不同大小颗粒的混合物。在道路工程的勘察、设计与施工中,需要对组成路基土的混合物进行分析、计算与评价。因此,对地基土进行科学的分类与定名十分的必要。

我国道路用土依据土的颗粒组成特征、土的塑性指标和土中有机质存在的情况,分为巨粒土、粗粒土、细粒土、有机土和特殊土5类。分类体系如图2-23所示,土的颗粒组成特征用不同粒径粒组在土中的百分含量表示。

图 2-23 路基土分类体系图

注:粗粒土与细粒土的分类以 <60mm 颗粒为100%

路基土分类体系中的粒组划分见表2-4。

粒组划分表 表2-4

巨粒组		粗粒组						细粒组	
漂石（块石）	卵石（碎石）	砾 粒			砂 粒			粉粒	黏粒
		粗粒	中粒	细粒	粗砂	中砂	细砂		
200	60	20	5	2	0.5	0.25		0.074	0.002
粒径界限值(mm)									

3. 路基设计的基本要求

路基设计之前,应做好全面调查研究,充分收集沿线地质、水文、地形、地貌、气象、地震等设计资料,查明沿线的土类或岩石类别,并确定其分布范围;选取代表性土样测定颗粒组成、天然含水率及液限、塑限;判断岩石的风化程度及节理发育情况;查明沿线古河道、古池塘、古坟场的分布情况及其对路基均匀性的影响;调查沿线地表水的来源、水位、积水时间与排水条件;调查沿线浅层地下水的类型、水位及其变化规律,判断地下水对路基的影响程度;调查该地区的降水量、蒸发量、冰冻深度、气温、地温与土基的天然含水率变化规律,确定土基强度的不利季节;调查邻近地区原有道路路基的实际情况,作为新建道路路基设计的借鉴;调查沿线地下管道回填土的土类及密实度;调查道路所在地区的地震烈度等。改建道路设计时,还应收集历年路况资料及当地路基的翻浆、崩塌、水毁、沉降变形等病害的防治经验。

为保证路基的强度和稳定性,在进行路基设计时应符合下列要求:

(1) 路基必须密实、均匀、稳定。

(2) 路槽地面土基设计回弹模量值宜大于或等于20MPa,特殊情况下不得小于15MPa。不能满足上述要求时应采取措施提高土基强度。

(3) 路基设计应因地制宜,合理利用当地材料和工业废料。

(4) 对特殊地质、水文条件的路基,应结合当地经验按有关规范设计。

路基设计应根据当地自然条件和工程地质条件,选择适当的路基横断面形式和边坡坡度。河谷地段不宜侵占河床,可视具体情况设置其他的结构物和防护工程。

4. 路基的基本构造

1) 路基宽度

城市道路具有不同功能的各组成部分,如机动车行道、非机动车行道、人行道、分隔带、路缘带和设施带等。供各种车辆在同一路面宽度内混合行驶的路幅,统称为车行道;其宽度称为车行道宽度,又称为单幅路宽度。如设有分隔带(墩或线)把机动车和非机动车分开行驶,道路由多幅路构成,其车行道宽度应从机动车道与非机动车道的横向排列组合来确定。道路路幅宽度应使道路两侧的临街建筑物有足够的日照和良好通风,还应使行人、车辆穿越时能有较好视野看到沿街建筑物的立面造型,感受良好街景。而路基宽度应结合道路横断面上的交通组织特点及其布置的路幅形式,对道路上各组成部分所占用的宽度求和。即路基宽度为道路上各组成部分所占用的宽度之和。

2) 路基高度

城市道路横断面设计关系到交通、环境、城市景观与市政公用设施的协调安排,不仅涉及综合经济问题,而且与环境、社会效益直接相关。因此,在设计中除交通外,还要综合考虑环境、沿街建筑以及路上、路下各种管线、杆柱设施的协调合理安排。

城市道路的路基高度是指路基设计高程与路中线原地面高程之差,又称为路基填挖高度或施工高度。

城市道路纵断面的设计线通常为车行道中心线,一般以与车行道中心线相应的路基中心线的设计高程作为路基设计高程,当道路横断面为双幅路(两块板),或不在同一高程上时,则应分别定出各个不同车行道中心线的设计高程。

城市道路纵断面设计线的受控因素较多,立面控制点主要指相交道路中心线交叉点高程、铁路平交道口铁轨顶高程、已有立体交叉的净空规定所得出的设计控制高程、临街重要大型公共建筑的底层地坪高程、跨河桥梁桥面的设计高程、现状主要工程管线的埋设高程以及滨河路设计洪水位等。在城市道路纵断面设计线上,必须标出两侧永久性建筑物的地坪高程,它一般高于相应路面的设计高程。

路基高度是影响路基稳定性的重要因素。它也直接影响到路面的强度和稳定性、路面厚度和结构及工程造价。为此,在取土困难、用地受到限制、地质或水文地质条件不良,不能满足要求时,则应采取相应的排水、防护或加固等处治措施,以确保路基的强度和稳定性。

第三节 城市道路路面构造

一、路面的分类与分级

1. 路面分类

路面类型从路面结构的力学特性和设计方法的相似性出发,将路面划分为柔性路面、刚性路面和半刚性路面三类。

1) 柔性路面

柔性路面的总体结构刚度较小,弯沉变形较大,抗弯拉强度较低,它通过各结构层将车辆荷载传递给土基,使土基承受较大的单位压力。路基路面结构主要靠抗压强度和抗剪强度承受车辆荷载的作用。柔性路面主要包括各种未经处理的粒料基层和各类沥青面层、碎(砾)石面层或块石面层组成的路面结构。

2) 刚性路面

刚性路面主要指用水泥混凝土作面层或基层的路面结构。它的抗弯拉强度高,弹性模量高,故呈现出较大的刚性。路面结构主要靠水泥混凝土板的抗弯拉强度承受车辆荷载,通过板体的扩散分布作用,传递给基础上的单位压力较柔性路面小得多。

3) 半刚性路面

用水泥、石灰等无机结合料处治的土或碎(砾)石及含有水硬性结合料的工业废渣修筑的基层,在前期具有柔性路面的力学性质,后期的强度和刚度均有较大幅度的增长,但是最终的强度和刚度仍远小于水泥混凝土。由于这种材料的刚性处于柔性路面与刚性路面之间,因此把这种基层和铺筑在它上面的沥青面层统称为半刚性路面。这种基层称为半刚性基层。

2. 路面分级

通常按路面面层的使用品质、材料组成类型以及结构强度和稳定性,将路面分为四个等级,见表2-5。

各等级路面所具有的面层类型及其所适用的道路表　　　表2-5

路面等级	面层类型	所适用的道路
高级	水泥混凝土、沥青混凝土、厂拌沥青碎石、整齐石块或条石、沥青灌入碎石(砾石)、沥青表面处治	快速路、主干路
次高级	路拌沥青碎石(砾石)、半整齐石块	次干路、支路
中级	泥结或级配碎石(砾石)、水结碎石、不整齐石块、其他粒料	支路
低级	各种粒料或当地材料改善土,如炉渣土、砾石土或砂砾土等	不采用

1）高级路面

高级路面的特点是强度高,刚度大,稳定性好,使用寿命长,能适应较繁重的交通量,路面平整,无尘埃,能保证高速行车。高级路面养护费用少,运输成本低,初期建设投资高。其适用于高速公路、一级公路、二级公路。

2）次高级路面

次高级路面与高级路面相比,强度和刚度较差,使用寿命较短,所适应的交通量较小,行车速度也较低,初期建设投资虽较高级路面低些,但要求定期修理,养护费用和运输成本也较高。其适用于二级、三级公路。

3）中级路面

中级路面的强度和刚度低,稳定性差,使用期限短,平整度差,易扬尘,仅能适应较小的交通量、行车速度低。初期建设投资虽然很低,但是养护工作量大,需要经常维修和补充材料,运输成本也高。其适用于三级、四级公路。

4）低级路面

低级路面的强度和刚度最低,水稳定性差,路面平整性差,易扬尘,能保证低速行车,所适应的交通量最小,在雨季有时不能通车。初期建设投资最低,但要求经常养护修理,而且运输成本最高。其适用于四级公路。

二、对路面的基本要求

现代化城市道路运输不仅要求道路能全天候通行车辆,而且要求车辆能以一定的速度,安全、舒适而经济地在道路上运行。这就要求路面具有良好的使用性能,提供良好的行驶条件和服务水平。

为了保证城市道路最大限度地满足车辆运行的要求,提高车速、增强安全性和舒适性、降低运输成本和延长道路使用年限,要求路面具有下述一系列基本性能:

1. 承载能力

行驶在路面上的车辆,通过车轮把荷载传给路面,由路面传给路基,在路基路面结构内部产生应力、应变及位移。如果路基路面结构整体或某一组成部分的强度或抗变形能力不足以抵抗这些应力、应变及位移,则路面会出现断裂,路基路面结构会出现沉陷,路面表面会出现波浪或车辙,使路况恶化,服务水平下降。因此要求路基路面结构整体及其各组成部分都具有与行车荷载相适应的承载能力。

结构承载能力包括强度与刚度两方面。路面结构应具有足够的强度以抵抗车轮荷载引起的各个部位的各种应力,如压应力、拉应力、剪应力等,保证不发生压碎、拉断、剪切等各种破坏。路基路面整体结构或各个结构层应具有足够的刚度,使得在车轮荷载作用下不发生过量的变形,不发生车辙、沉陷或波浪等各种病害。

2. 稳定性

在天然地表面建造的道路结构物改变了自然的平衡,在达到新的平衡状态之前,道路结构物处于一种暂时的不稳定状态。新建的路基路面结构袒露在大气之中,经常受到大气温度、降水与湿度变化的影响,结构物的物理、力学性质将随之发生变化,处于另外一种不稳定状态。路基路面结构能否经受这种不稳定状态,而保持工程设计所要求的几何形态及物理力学性质,称为路基路面结构的稳定性。

在地表上开挖或填筑路基,必然会改变原地面地层结构的受力状态。原来处于稳定状态的地层结构,有可能由于填挖筑路而引起不平衡,导致路基失稳。如在软土地层上修筑高路堤,或者在岩质或土质山坡上开挖深路堑时,有可能由于软土层承载能力不足,或者由于坡体失去支承,而出现路堤沉落或坡体坍塌破坏。路线如选在不稳定的地层上,则填筑或开挖路基会引发滑坡或坍塌等病害出现。因此在选线、勘测、设计、施工中应密切注意,并采取必要的工程措施,以确保路基有足够的稳定性。

大气降水使得路基路面结构内部的湿度状态发生变化,低洼地带路基排水不良,长期积水,会使得矮路堤软化,失去承载能力。山坡路基,有时因排水不良,会引发滑坡或边坡滑塌。水泥混凝土路面,如果不能及时将水分排出结构层,会发生唧泥现象,冲刷基层,导致结构层被提前破坏。沥青混凝土路面中水分的侵蚀,会引起沥青结构层剥落,结构松散。砂石路面,在雨季时,会因雨水冲刷和渗入结构层,而导致强度下降,产生沉陷、松散等病害。因此防水、排水是确保路基路面稳定的重要方面。

大气温度周期性的变化对路面结构的稳定性有重要影响,高温季节沥青路面软化,在车轮荷载作用下产生永久性变形,水泥混凝土结构在高温季节因结构变形产生过大内应力,导致路面压曲破坏。北方冰冻地区,在低温冰冻季节,水泥混凝土路面、沥青路面、半刚性基层由于低温收缩产生大量裂缝,最终失去承载能力。在严重冰冻地区,低温引起路基的不稳定是多方面的,低温会引起路基收缩裂缝,地下水源丰富的地区,低温会引起冻胀,路基上面的路面结构也随之发生断裂。春天融冻季节,在交通繁重的路段。有时引发翻浆,路基路面发生严重的破坏。

3. 耐久性

路基路面工程投资昂贵,从规划、设计、施工至建成通车需要较长的时间,对于这样的大型工程都应有较长的使用年限,一般的道路工程使用年限至少数十年。承重并经受车辆直接碾压的路面部分要求使用年限在20年以上,因此路基路面工程应具有耐久的性能。

路基路面在车辆荷载的反复作用与大气水温周期性的重复作用下,路面使用性能将逐年下降,强度与刚度将逐年衰变,路面材料的各项性能也可能由于老化衰变而引起路面结构的损坏。至于路基的稳定性也可能在长期经受自然因素的侵袭后,逐年削弱。因此,提高路基路面的耐久性,保持其强度、刚度、几何形态经久不衰,除了精心设计、精心施工、精选材料之外,要把长年的养护、维修、恢复路用性能的工作放在重要的位置。

4. 表面平整度

路面表面平整度是影响行车安全、行车舒适性以及运输效益的重要使用性能。特别是城市道路快速路,对路面平整度的要求更高。不平整的路表面会增大行车阻力,并使车辆产生附加的振动作用。这种振动作用会造成行车颠簸,影响行车的速度和安全、驾驶的平稳和乘客的舒适。同时,振动作用还会对路面施加冲击力,从而加剧路面和汽车机件的损坏和轮胎的磨损,并增大油料的消耗。而且,不平整的路面还会积滞雨水,加速路面的破坏。因此,为了减少振动冲击力,提高行车速度和增进行车舒适性、安全性,路面应保持一定的平整度。

优良的路面平整度,要依靠优良的施工装备、精细的施工工艺、严格的施工质量控制以及经常和及时的养护来保证。同时,路面的平整度同整个路面结构和路基顶面的强度和抗变形能力有关,同结构层所用材料的强度、抗变形能力以及均匀性有很大关系。强度和抗变形能力差的路基路面结构和面层混合料,经不起车轮荷载的反复作用,极易出现沉陷、车辙和推挤破坏,从而形成不平整的路面表面。

5. 表面抗滑性能

路面表面要求平整,但不宜光滑,汽车在光滑的路面上行驶时,车轮与路面之间缺乏足够的附着力或摩擦力。雨天高速行车,或紧急制动或突然起动,或爬坡、转弯时,车轮也易产生空转或打滑,致使行车速度降低,油料消耗增多,甚至引起严重的交通事故。通常用摩擦系数表征抗滑性能,摩擦系数小,则抗滑能力低,容易引起滑溜交通事故。对于城市快速路高速行车道,要求具有较高的抗滑性能。

路面表面的抗滑能力可以通过采用坚硬、耐磨、表面粗糙的粒料组成路面表层材料来实现,有时也可以采用一些工艺措施来实现,如水泥混凝土路面的刷毛或刻槽等。此外,路面上的积雪、浮冰或污泥等,也会降低路面的抗滑性能,必须及时予以清除。

6. 少尘性及低噪声

汽车在砂石路面上行驶时,车身后面所产生的真空吸引力会将表层较细材料吸出而飞扬尘土,甚至于导致路面松散、脱落和坑洞等破坏。扬尘还会加速汽车机件的损坏,减短行车视距,降低行车速度,而且对旅客和沿路居民的环境卫生以及货物和路旁农作物均带来不良影响。因此,要求路面在行车过程中尽量减少扬尘。

汽车在路面上行驶时,除发动机等噪声外,路面不平整引起车身的振动是噪声的又一来源。为降低噪声,应提高路面施工的平整度水平。

三、路面的结构组成

行车荷载和自然因素对路面的影响,随深度的增加而逐渐减弱。因此,对路面材料的强度、抗变形能力和稳定性的要求也随深度的增加而逐渐降低。为了适应这一特点,路面结构通常是分层铺筑的,按照使用要求、受力状况、土基支承条件和自然因素影响程度的不同,分成若干层次。通常按照各个层位功能的不同,如图2-24所示划分为三个层次,即面层、基层和垫层。城市道路路面结构参见图2-25、图2-26所示。

图2-24 路面结构示意图

图 2-25 某城市道路路面结构图
注：比例示意，单位：cm

图 2-26 某城市机动车道路面结构图

1. 面层

面层是直接同行车和大气接触的表面层次,它承受较大的行车荷载的垂直力,水平力即冲击力的作用,同时还受到降水的侵蚀和气温变化的影响。因此,同其他层次相比,面层应具有较高的结构强度、抗变形能力、较好的水稳定性和温度稳定性,而且应当耐磨、不透水,其表面还应有良好的抗滑性和平整度。

修筑面层所用的材料主要有水泥混凝土、沥青混凝土、沥青碎(砾)石混合料、砂砾或碎石掺土或不掺土的混合料以及块料等。

面层有时分两层或三层铺筑,如城市主干道沥青面层总厚度18~20cm,可分为上、中、下三层铺筑,并根据各分层的要求采用不同的级配等级。水泥混凝土路面也有分上、下两层铺筑,分别采用不同强度等级的水泥混凝土材料。水泥混凝土路面上加铺4cm沥青混凝土这样的复合式结构也是常见的。砂石路面上所铺的2~3cm厚的磨耗层或1cm厚的保护层,以及厚度不超过1cm的简易沥青表面处治,不能作一个独立的层次,应看作是面层的一部分。

2. 基层

基层主要承受由面层传来的车辆荷载的垂直力,并扩散到下面的垫层和土基中去,实际上基层是路面结构中的承重层,它应具有足够的强度和刚度,并具有良好的扩散应力的能力。基层遭受大气因素的影响虽然比面层小,但是仍然有可能经受地下水和通过面层渗入雨水的浸湿,所以基层结构应具有足够的水稳定性。基层表面虽不直接供车辆行驶,但仍然要求有较好的平整度,这是保证面层平整性的基本条件。

修筑基层的材料主要有各种结合料(如石灰、水泥或沥青等)稳定土或稳定碎(砾)石、贫水泥混凝土、天然砂砾、各种碎石或砾石、片石、块石或圆石,各种工业废渣(如煤渣、粉煤灰、矿渣、石灰渣等)和土、砂、石所组成的混合料等。

基层厚度太厚时,为保证工程质量可分为两层或三层铺筑。当采用不同材料修筑基层时,基层的最下层称为底基层,对底基层材料质量的要求较低,可使用当地材料来修筑。

3. 垫层

垫层介于土基与基层之间,它的功能是改善土基的湿度和温度状况,以保证面层和基层的强度、刚度和稳定性不受土基水温状况变化所造成的不良影响。另一方面的功能是将基层传下的车辆荷载应力加以扩散,以减小土基产生的应力和变形,同时也能阻止路基土挤入基层中,影响基层结构的性能。

修筑垫层的材料,强度要求不一定高,但水稳定性和隔温性能要好。常用的垫层材料分为两类,一类是由松散粒料,如砂、砾石、炉渣等组成的透水性垫层;另一类是用水泥或石灰稳定土等修筑的稳定类垫层。

四、常用的路面基层垫层

1. 碎石、砾石类结构层

1)碎、砾石类结构层的特性

碎石、砾石类结构层是用粗、细碎(砾)石、黏土(或不含黏土)按照嵌锁原理或级配原理铺筑而成的结构层。嵌锁型的碎石结构层包括泥结碎石、泥灰结碎石、水结碎石和填隙碎石等;级配型的碎石结构层包括级配碎石、级配砾石、符合级配要求的天然砂砾、部分砾石经轧制掺配而成的级配碎砾石等。

嵌锁原理是采用分层撒铺矿料(同层矿料的粒径大小基本相同)并经严格碾压而成的结构层(或采用开级配矿料进行拌和)。用这种方法修筑的路面结构,其强度构成主要依靠矿料之间相互嵌挤锁结作用而产生较大的内摩阻力。但黏结力较小,仅起着辅助作用,有时黏结力几乎为零。因此,采用嵌挤原理修筑的结构,必须使用强度比较高的石料(Ⅰ级、Ⅱ级),摊铺时每层矿料的颗粒尺寸必须大小均匀,形状近似立方体并有棱角、表面粗糙。各层矿料的尺寸自下而上逐渐减小,上、下层矿料的粒径比一般按1/2递减。粗料作主层料,细料作为嵌缝料。为了增加其联结强度,可在矿料中掺入不同的结合料,以使其产生一定的黏结力。

级配原理是采用颗粒大小不同的矿料按一定比例(连续或间断级配)配合,并掺入一定数量的结合料,拌和制成混合料,经过摊铺、碾压而形成的路面结构层。这种结构具有较大的密实度。按级配原则修筑的结构层,其强度来源于内摩阻力和黏结力,但由于矿料没有较强的嵌挤锁结作用,以及受结合料的影响,一般来讲内摩阻力较小。

碎、砾石路面结构强度形成的特点是:矿料颗粒之间的联结强度,一般都要比矿料本身的强度小得多。在外力作用下,材料首先将在颗粒之间产生滑动和位移,使其失去承载能力而遭到破坏。因此,对于这种松散材料组成的路面结构强度,矿料颗粒本身强度固然重要,但是起决定作用的则是颗粒之间的联结强度。总之,由材料的黏结力和内摩阻角所表征的内摩擦力所决定的颗粒之间的联结强度,即构成了松散材料组成的路面的结构强度。

碎、砾石类结构层既可作面层,也可作基层或底基层。由于碎、砾石类结构层作路面面层平整度较差,易扬尘,雨天泥泞,一般在城市道路使用很少。其中级配碎石适用于各级城市道路的基层和底基层。级配砾石、级配碎砾石以及符合级配、塑性指数等技术要求的天然砂砾,可用作城市道路次干道的基层,也可用作各级城市道路的底基层。填隙碎石适用于各级城市道路的底基层和支路的基层。

2)泥结碎石

泥结碎石结构层是以碎石作为集料,黏土作为填充料,经压实修筑成的一种结构。泥结碎石结构层的厚度一般为8~20cm;当总厚度等于或超过15cm时,一般分两层铺筑,上层厚度6~10cm,下层9~14cm。泥结碎石结构层的力学强度和稳定性不仅取决于碎石的相互嵌锁作用,同时也有赖于土的黏结作用。泥结碎石结构虽用同一尺寸石料修筑,但在使用过程中由于行车荷载的反复作用,石料会被压碎而向密实级配转化。

泥结碎石层所用的石料,其等级不宜低于Ⅳ级,长条、扁平状颗粒不宜超过20%。不产石料地区的次要道路,交通量少时,可采用礓石和碎砖等材料。碎砖粒径宜稍大,一般为路面厚度的0.8倍。泥结碎石层所用黏土,应具有较高的黏性,塑性指数以12~15为宜。黏土内不得含腐殖质或其他杂物。黏土用量一般不超过混合料总重的15%~18%。

泥结碎石结构层适用于四级公路的路面面层,并宜在其上设置砂土磨耗层和保护层。泥结碎石亦可作二级以下公路路面基层,但由于是黏土作结合料,其水稳性较差,如作沥青路面的基层时,只能用于干燥路段,不能用于中湿和潮湿路段。由于此类路面使用性能较差,尘多噪声大,所以在城市道路中很少使用。

3) 泥灰结碎石

泥灰结碎石路面是以碎石为集料,用一定数量的石灰和土作黏结填缝料的碎石路面。因为掺入石灰,泥灰结碎石路面的水稳定性比泥结碎石为好。泥灰结碎石路面的黏土质量规格要求与泥结碎石相同;石灰质量不低于3级。石灰与土的用量不应大于混合料总重的20%,其中石灰剂量为土重的8%~12%。泥灰结碎石结构因掺入石灰,其水稳定性要比泥结碎石好,故可用于潮湿与中湿路段作为次干路沥青路面的基层,亦可作为支路路面的基层。

4) 水结碎石

水结碎石结构层是用大小不同的轧制碎石从大到小分层铺筑,经洒水碾压后形成的一种结构层。此种结构层属于典型的嵌锁结构,它的强度是由碎石之间的嵌锁作用以及碾压时所产生的石粉与水形成的石粉浆的黏结作用而成的。考虑黏结力较强,所以经常用石灰岩碎石来铺筑。水结碎石结构的厚度一般为 10~16cm。

5) 填隙碎石

用单一尺寸的粗碎石作主集料,形成嵌锁作用,用石屑填满碎石间的空隙,增加密实度和稳定性,这种结构称为填隙碎石,但是由于其抗磨能力较差,宜在其上设置砂土磨耗层和保护层。

我国过去曾广泛采用的嵌锁型碎石基层,是用筛分成几种不同规格的大、中、小单一尺寸碎石分层摊铺、分层碾压而成的。通常首先铺大碎石,经碾压稳定后,撒铺嵌缝碎石,继续碾压稳定,然后再撒铺小碎石,并碾压成型。某些地区使用的干压碎石或"水结"碎石也属于这种类型。

填隙碎石上不能直接通车,上面必须有面层。填隙碎石基层质量好坏的两个关键是:一是从上到下粗碎石间的空隙一定要填满,即达到规定的密实度;二是表面粗碎石间既要填满,但填隙料又不能覆盖粗碎石自成一层,即表面应看得见粗碎石,其棱角可外露 3~5mm。这样要保证薄沥青面层与基层黏结良好,避免沥青面层在基层顶面发生推移破坏。

由于干法施工填隙碎石不需要用水,在缺水地区,采用这种基层结构,特别显示其优越性。填隙碎石适用于各级城市道路的底基层和次干路、支路的基层,其施工最小厚度为10cm,结构层适宜的厚度为 10~12 cm。

6) 级配碎(砾)石

级配碎(砾)石路面,是由各种集料(砾石、碎石)和土,按最佳级配原理修筑而成的路面层或基层。由于级配碎(砾)石是用大小不同的材料按一定比例配合、逐渐填充空隙,并用黏土黏结,故经过压实后,能形成密实的结构。级配碎(砾)石路面的强度是由摩阻力和黏结力构成,具有一定的水稳性和力学强度。

在实际工作中,对于级配集料,主要是控制颗粒的级配组成,特别是其中的最大粒径、4.75 mm 以下、0.6mm 以下、0.075 mm 以下的颗粒含量和塑性指数等。同时,在施工中要严格控制级配集料的均匀性和压实度。

级配碎石可用作各级城市道路路面的基层和底基层;级配碎砾石、级配砾石可用作Ⅱ级以下城市道路路面的基层,也可用作各级城市道路路面的底基层。其适宜用作面层的级配集料,不适宜用作沥青路面和水泥混凝土路面的基层和底基层。

级配碎(砾)石结构层的厚度一般为 8~16cm,当厚度大于 16cm 时应分两层铺筑,下层厚度为总厚度的 0.6 倍,上层厚度为总厚度的 0.4 倍。

2. 无机结合料稳定类结构层

1)无机结合料稳定土结构层的特性

在粉碎的或原状松散的土中掺入一定量的无机结合料(包括水泥、石灰或工业废渣等)和水,经拌和得到的混合料在压实与养生后,其抗压强度符合规定要求的材料称为无机结合料稳定材料,以此修筑的路面称为无机结合料稳定路面。

无机结合料稳定路面具有稳定性好、抗冻性能强、结构本身自成板体等特点,但其耐磨性差,因此广泛用于修筑路面结构的基层和底基层。

稳定土中的土按照土中单个颗粒(指碎石、砾石和砂颗粒)的粒径大小和组成,可将其分为下列 3 种:

①细粒土。颗粒的最大粒径小于 9.5 mm,且其中小于 2.36mm 的颗粒含量不少于 90%。

②中粒土。颗粒的最大粒径小于 26.5mm,其中小于 19mm 的颗粒含量不少于 90%。

③粗粒土。颗粒的最大粒径小于 37.5 mm,且其中小于 31.5 mm 的颗粒含量不少于 90%。

无机结合料稳定土种类较多,其物理、力学性质各有特点,使用时应根据结构要求、掺加剂量和原材料的供应情况及施工条件进行综合技术、经济比较后选定。

由于无机结合料稳定土的刚度介于柔性路面材料和刚性路面材料之间,常称为半刚性材料。以此修筑的基层或底基层称为半刚性基层或半刚性底基层。

无机结合料稳定土经拌和压实后,由于水分挥发和混合料内部的水化作用,混合料的水分会不断减少。由此发生的毛细作用、吸附作用、分子间力的作用、材料矿物晶体或凝胶体间层间水的作用和碳化收缩作用等,会引起无机结合料稳定土体积的收缩,严重时将产生干缩裂缝。

对于稳定细粒土,几种常用的半刚性材料的干缩特性的大小排列为:石灰土 > 水泥土和水泥石灰土 > 石灰粉煤灰土。

对于稳定粒料类,三种常用的半刚性材料的干缩特性的大小排列为:石灰稳定粒料 > 水泥稳定粒料 > 石灰粉煤灰稳定粒料。

无机结合料稳定土是由固相、液相和气相组成。因此,无机结合料稳定土的外观胀缩性是三相的不同温度收缩性综合效应的结果。气相一般与大气贯通,在综合效应中影响较小,可以忽略。原材料是砂粒以上颗粒的温度收缩系数较小,而粉粒以下的颗粒温度收缩性较大。

半刚性材料温度收缩的大小与结合料类型和剂量、被稳定材料的类别、粒料含量、龄期等因素有关。

无机结合料稳定土结构层一般在高温季节修筑,成形初期的基层内部含水率大,且尚未被面层所封闭,基层内部的水分必须要蒸发,从而主要发生由表及里的干燥收缩。同时,环境温度也存在昼夜温度差,修筑初期的半刚性基层也受到温度收缩的作用,因此,必须注重养生保护。经过一定龄期的养生,特别是半刚性基层上铺筑面层之后,基层内相对湿度略有增大,使材料的含水率趋于平衡,这时半刚性基层的裂缝变形以温度收缩为主。

2) 石灰稳定土

在粉碎的土和原状松散的土(包括各种粗、中、细粒土)中,掺入适量的石灰和水,按照一定技术要求,经拌和,在最佳含水率下摊铺、压实及养生,其抗压强度符合规定要求的路面基层称为石灰稳定类基层。用石灰稳定细粒土得到的混合料简称石灰土,所做成的基层称石灰土基层(底基层)。

石灰稳定土常用的种类有:石灰土(石灰稳定细粒土的简称)、石灰砂砾土、石灰碎石土、石灰砂砾、石灰碎石等。

3) 水泥稳定土

在粉碎的或原状松散的土(包括各种粗、中、细粒土)中,掺入适当水泥和水,按照技术要求,经拌和摊铺,在最佳含水率时压实及养护成型,其抗压强度符合规定要求,以此修建的路面基层称水泥稳定类基层。当用水泥稳定细粒土(砂性土、粉性土或黏性土)时,简称水泥土。

水泥稳定土常用的种类有:水泥土、水泥砂、水泥碎石、水泥砂砾等。

水泥稳定土能适应各种不同的气候条件与水文地质条件,特别是在潮湿寒冷地区的适应性较其他稳定土更强水泥稳定类基层具有良好的整体性、足够的力学强度、抗水性和耐冻性。其初期强度较高,且随龄期增长而增长,所以应用范围很广。

水泥稳定土的水温稳定性和抗冻性都较石灰稳定土好,暴露的水泥稳定土因干缩和冷缩也易产生裂缝。水泥土与水泥稳定砂砾、水泥稳定碎石相比有三个不利的特征:一是水泥土容易产生严重的收缩裂缝,并影响面层;二是水泥土的强度没有充分形成时其表层遇水会发生软化;三是水泥土的抗冲刷能力小,表面水由面层裂缝渗入后易产生唧泥现象。

近年来,在我国一些路面工程中,水泥稳定土可用于路面结构的基层和底基层,在保证路面使用品质上取得了满意的效果。但水泥土禁止作为城市快速路路面的基层,只能用作底基层。在高等级公路的水泥混凝土路面板下,水泥土也不应作基层。水泥稳定粗、中粒土可用于各级城市道路路面结构的基层和底基层。但水泥土禁止用作沥青路面的基层,只能用作底基层。

水泥稳定土结构层的施工最小厚度为15 cm,结构层适宜的厚度为16~20cm。

4) 石灰工业废渣稳定土

随着工业的发展,工业废渣逐渐增多,怎样综合利用工业废渣引起了国内外的重视。近年来,我国利用工业废渣铺筑路面基层,取得显著成效,不但提高了路面使用品质,而且降低了工程造价,变废为宝,具有很大的经济意义。

城市道路上常用的工业废渣有:火力发电厂的粉煤灰和煤渣,钢铁厂的高炉渣和钢渣,化肥厂的电石渣,以及煤矿的煤矸石等。工业废渣材料主要用石灰与之综合稳定,即石灰工业废渣材料,主要有石灰粉煤灰类及石灰其他废渣类。

一定数量的石灰和粉煤灰(或石灰和煤渣)与其他集料相结合,加入适量的水,通过拌和得到的混合料,经摊铺、压实及养生后,当其抗压强度符合规定要求时,称为石灰工业废渣稳定土。

石灰稳定工业废渣基层具有水硬性、缓凝性、强度高、稳定性好,成板体且强度随龄期不断增加,抗水、抗冻、抗裂而且收缩性小,适应各种气候环境和水文地质条件等特点。所以,近几年来,修筑高等级公路,常选用石灰稳定工业废渣作为高级或次高级路面的基层或底基层。结构层的施工最小厚度为15cm,结构层适宜的厚度为16~20cm。

五、沥青混凝土路面

1. 结构设计的一般原则

在沥青路面结构设计工作中,应该遵循下述的技术经济原则:
1)因地制宜、合理选材

路面各结构层所用的材料,尤其是用量最大的基层、垫层材料,应充分利用当地的天然材料、加工材料或工业副产品,以减少运输费用,降低工程造价。同时还要注意吸取和应用当地路面设计在选择材料方面的成功经验。

2)方便施工、利于养护

选择各结构层时还应考虑在现有机具设备和施工条件下,在可能的条件下,应尽量采用机械化施工,并考虑建成通车后的养护问题。特别是对于高等级公路来说,要求平时养护工作量越少越好,以免影响大交通量的通行。

3)分期修建、逐步提高

交通量是确定路面等级和路面类型的最主要的因素之一,而交通量是随时间而逐步增长的。当资金不足时,一般应按近期使用要求进行路面设计,先以满足近期需要为主。以后随着交通量的增长,车型的变化和投资的增多,逐步提高路面等级,增加路面厚度,但在建造时必须注意使前期工程能为后期工程奠定基础,即能为后期工程所充分利用。

4)整体考虑、综合设计

在路面结构设计时,对土基、垫层、底基层、基层和面层都应看作是一个有机的整体。按照土基稳定、基层坚实、面层耐久的要求,充分发挥各结构层的作用,合理选用路面材料,确定适当的结构层厚度,使路面设计既能在整体上满足强度和稳定性的要求,又能做到经济、合理和耐久。

5)考虑气候因素和水温状况的影响

路面结构设计要求保证在自然因素和车轮荷载反复作用下,路面整体结构具有足够的水稳性、干稳定性、冰冻稳定性和高温稳定性,应预测并要重视当地气候和水温状况可能对路面造成的不利影响。

2. 沥青路面各分层结构设计

1)路面等级和面层类型的选择

路面等级、面层类型应与道路等级、交通量相适应。确定路面等级和面层类型应以政治、经济、国防、旅游以及经济发展的需要和设计交通量为主要依据。此外,还应考虑使用需要、材料供应、施工机械设备、地区特点、施工养护工作条件等因素,参考表2-6确定。

路面类型的选择表 表2-6

道路等级	路面等级	面层类型	设计年限(年)	设计年限内累计标准轴次(万次/一车道)
城市快速路	高级路面	沥青混凝土	15	>400
主干路	高级路面	沥青混凝土	12	>200
主干路	次高级路面	热拌沥青碎石混合料、沥青贯入式	10	100~200
次干路	次高级路面	乳化沥青碎石混合料、沥青表面处置	8	10~100
支路及其他	中级路面	水结碎石、泥结碎石、级配碎石、半整齐石块	5	≤10
支路及其他	低级路面	粒料改善土	5	≤10

路面面层因直接承受行车和自然因素的反复作用,要求强度高(抗拉和抗剪切)、耐磨耗、抗滑、热稳性好和不透水,因而通常选用黏结力较强的结合料和强度高的集料作为面层材料。交通量越大,城市道路等级越高,则路面等级也应该越高,厚度也越大,相应的面层层次一般也越多。

在选择面层类型时,特别应考虑当地的气候特征。如在气候干旱地区、不宜采用砂砾路面,以免产生严重的搓板现象。在多雨地区,要特别重视路面结构层的水稳性和面层透水性问题。对于沥青路面,还要考虑寒冷地区的低温抗裂性和高温地区的热稳性问题,同时还要考虑抗滑性能等问题。

2) 基层类型的选择

基层是主要的承重层,应具有足够的强度、刚度和水稳定性。目前常用的基层类型有沥青、水泥及工业废渣稳定类、碎(砾)石嵌挤类和土、石级配类几种。每一类型都有各自的特点,沥青、水泥和二灰稳定类适用于交通量繁重的道路,其他类型可适用于一般交通道路。在选择基层类型时,首先要考虑充分利用当地材料这一原则。即使当地某些材料不能直接使用,也要从施工工艺、材料组成等方面采用适当措施加以改进,使之得到合理应用。如果所需基层厚度较大时,为了降低造价,可增设底基层,用成本较低、来源较广、性能稍差的当地材料铺筑底基层。

沥青类路面的基层水稳性问题应给予重视,以土作为结合料的基层,水稳定性较差,故在潮湿和中湿路段上,应选用碎石、片石、块石、工业废渣、不含土的天然砂砾、石灰土、二灰土及水泥稳定砂砾等水稳性好的基层。对于泥结碎(砾)石和级配碎(砾)石属于水稳定性差的基层,仅限用于干燥路段,不得用于中、潮湿路段,否则将会引起基层含水率增大而导致沥青路面的严重破坏。

3. 结构层组合设计

沥青路面结构层次的合理选择和安排,是整个路面结构是否能在设计使用年限里承受行车荷载和自然因素的共同作用的主要因素,同时又能发挥各结构层的最大效能,是整个路面结构经济合理的关键。根据理论分析和多年的使用经验,在路面结构组合设计中要遵循

下列原则:

1)适应行车荷载作用的要求

作用在路面上的行车荷载,通常包括垂直力和水平力。路面在垂直力作用下,内部产生的应力和应变随深度向下而递减。水平力作用产生的应力、应变,随深度递减的速率更快。路面表面还同时承受车轮的磨耗作用。因此,要求路面面层具有足够的强度和抗变形能力,在其下各层的强度和抗变形能力可自上而下逐渐减小。这样,在进行路面结构组合时,各结构层应按强度和刚度自上而下递减的规律安排,以使各结构层材料的效能得到充分发挥。

按照这种原则组合路面时,结构层的层数越多越能体现强度和刚度沿深度递减的规律。但就施工工艺、材料规格和强度形成原理而言,层数又不宜过多,也就是不能使结构层的厚度过小。表 2-7 是各种结构层的适宜厚度以及考虑施工因素的最小厚度,可供设计时参考。适宜的结构层厚度需结合材料供应、施工工艺并按表 2-7 的规定确定,从强度要求和造价考虑,宜自上而下,由薄到厚。

路面设计时,沥青面层厚度与道路等级、交通量及组成、沥青品种和质量有关,沥青面层推荐厚度列于表 2-8 和表 2-9。设计时应根据城市道路等级、交通量大小、重车所占的比例、选用沥青质量等因素,综合考虑确定沥青层厚度。基层、底基层厚度应根据交通量大小、材料力学性能和扩散应力的效果,发挥压实机具的功能以及有利于施工等因素选择各结构层的厚度。

各类结构层的最小厚度和适宜厚度表　　　　表 2-7

结构层类型		施工最小厚度(cm)	结构层的适宜厚度(cm)
沥青混凝土热拌沥青碎石	粗粒式	5.0	6~8
	中粒式	4.0	4~6
	细粒式	2.5	2.5~4
沥青石屑		1.5	1.5~2.5
沥青砂		1.0	1.0~1.5
沥青贯入式		4.0	4~8
沥青上拌下贯式		6.0	6~10
沥青表面处治		1.0	层铺1~3,拌和2~4
水泥稳定类		15.0	16~20
石灰稳定类		15.0	16~20
石灰工业废渣类		15.0	16~20
级配碎、砾石		8.0	10~15
泥结碎石		8.0	10~15
填隙碎石		10.0	10~12

沥青层推荐厚度表　　　　　表2-8

城市道路等级	推荐厚度(cm)	城市道路等级	推荐厚度(cm)
城市快速路、主干路	12~18	支路	2~4
城市次干路	10~15	小区道路、校园道路	1~2.5
次干路	5~10	—	—

沥青路面相邻结构层材料的模量比对路面结构的应力分布有显著影响,是合理确定结构层层数,选定适宜结构层材料的重要考虑因素。根据分析和经验,基层与面层的模量比应不小于0.3,土基与基层或底基层的模量比宜为0.08~0.40。

沥青混凝土面层常用厚度及适宜层位表　　　　　表2-9

面层类型	集料最大粒径(mm)	常用厚度(cm)	适宜层位
粗粒式沥青混凝土	30、35	6~8	双层式沥青混凝土面层的下层
中粒式沥青混凝土	20、25	4~6	1. 双层式沥青混凝土面层的上层 2. 单层式沥青混凝土的面层
细粒式沥青混凝土	13、15	2.5~3	双层式沥青混凝土面层的上层
	10	1.5~2	1. 沥青混凝土面层的磨耗层 2. 沥青碎石等面层的封层和磨耗层 3. 自行车车行道与人行道的面层
砂砾式沥青混凝土	5	1~2	

2) 在各种自然因素作用下的稳定性

如何保证沥青路面的水稳性,是路面结构层选择与组合需要解决的重要问题。在潮湿和某些中湿路段上修筑沥青路面时,由于沥青层不透气,使路基和基层中水分蒸发的通路被隔断,因而向基层积聚。如果基层材料中含土量多(如泥结碎石、级配砾石),尤其是土的塑性指数较大时,遇水变软,强度和刚度急剧下降,结果导致路面开裂破坏。所以沥青路面的基层一般应选择水稳性好的材料,在潮湿路段及中湿路段尤应如此。

在季节性冰冻地区,当冻深较大,路基土为易冻胀土时,常常产生冻胀和翻浆。在这种路段上,路面结构中应设置防止冻胀和翻浆的垫层。路面总厚度的确定,除满足强度要求外,还应满足防冻厚度的要求,以避免在路基内出现较厚的聚冰带,防止产生导致路面开裂的不均匀冻胀。防冻的厚度与路基潮湿类型、路基土类、道路冻深以及路面结构层材料热物理性有关。根据经验及试验观测,表2-10给出路面防冻最小厚度推荐值,可供生产使用。如按强度计算的路面总厚度小于表2-10所列厚度规定时,应增设或加厚垫层使路面总厚度达到要求。

在冰冻地区和气候干燥地区,无机结合料稳定土或粒料的基层常常产生收缩裂缝。如果沥青面层直接铺筑其上,会导致面层出现反射裂缝,为此可在其间加设一层粒料或优质沥青材料层,或者适当加厚面层。

3) 考虑结构层的特点

路面结构层通常是用密实级配、嵌挤以及形成板体等方式构成的,因而如何构成具有要求强度和刚度且稳定的结构层是设计和施工都必须注意的问题。影响结构层构成的因素,除材料选择、施工工艺之外,路面结构组合也是十分重要的。例如沥青面层不能直接铺筑在铺砌片石基层上,而应在其间加设碎石过渡层,否则铺砌片石不平稳或片石可能的松动都会反映到沥青面层上,造成面层不平整甚至沉陷开裂。这类片石也不能直接铺在软弱的路基上,而应在其间铺粒料层。又如沥青混凝土或热拌沥青碎石之类的高级面层与粒料基层或稳定土基层之间应设沥青碎石,并保证有一定的厚度,以提高其抗疲劳性能。常用结构层最小厚度表见表2-11。

为了保证路面结构的整体性和结构层之间应力传递的连续性,应尽量使结构层之间结合紧密、稳定。

在进行路面设计时,要按照面层耐久、基层坚实、土基稳定的要求,贯彻因地制宜、合理选材、方便施工、利于养护的原则以及上述结构组合原则,结合当地经验拟订几种路面结构方案,进行比较分析,并优先选用便于机械化施工和质量管理的方案,做到技术先进,经济合理。

沥青路面防冻最小厚度表　　　　　　　　　　　表2-10

冰冻深度（cm）	路基干湿类型	最小厚度(cm)	
		粉质土	粉质土含细粒土的砂
50～100	中湿 潮湿	30～50 40～60	30～40 35～50
100～150	中湿 潮湿	50～60 60～70	40～50 50～60
150～200	中湿 潮湿	60～70 70～80	50～60 60～70
>200	中湿 潮湿	70～80 80～110	60～70 70～90

常用结构层最小厚度表　　　　　　　　　　　表2-11

结 构 层 名 称		最小厚度(cm)
砂粒式沥青混凝土		1.0
细粒式沥青混凝土	d_{max}为10mm	1.5
	d_{max}为13mm、15mm	2.5
中粒式沥青混凝土或中粒式沥青碎石		4.0
粗粒式沥青混凝土或粗粒式沥青碎石		6.0
沥青贯入式碎石(砾石)		4.0
沥青表面处治		1.5

续上表

结 构 层 名 称		最小厚度(cm)
碎(砾)石石灰土、泥灰结碎(砾)石		12.0
无机结合料稳定土类及工业废渣类混合料		12.0
碎石		8.0
粒料	面层	8.0
	基层	12.0

六、水泥混凝土路面

1. 水泥混凝土路面构造

水泥混凝土路面,包括普通混凝土、钢筋混凝土、连续配筋混凝土、预应力混凝土、装配式混凝土和钢纤维混凝土等面层板和基(垫)层所组成的路面。目前采用最广泛的是就地浇筑的普通混凝土路面,简称混凝土路面。

所谓普通混凝土路面,是指除接缝区和局部范围(边缘和角隅)外不配置钢筋的混凝土路面。与其他类型路面相比,混凝土路面具有以下优点:

(1)强度高,混凝土路面具有很高的抗压强度和较高的抗弯拉强度以及抗磨耗能力。

(2)稳定性好,混凝土路面的水稳性、热稳性均较好,特别是它的强度能随着时间的延长而逐渐提高,不存在沥青路面的那种"老化"现象。

(3)耐久性好,由于混凝土路面的强度和稳定性好,所以它经久耐用,一般能使用20~40年,而且它能通行包括履带式车辆等在内的各种运输工具。

(4)有利于夜间行车,混凝土路面色泽鲜明,能见度好,对夜间行车有利。

但是,混凝土路面也存在一些缺点,主要有以下几方面:

(1)对水泥和水的需要量大,修筑0.2m厚、7m宽的混凝土路面,每1 000m要耗费水泥400~500t和水约250t,尚不包括养生用的水在内,这对水泥供应不足和缺水地区带来较大困难。

(2)有接缝,一般混凝土路面要建造许多接缝,这些接缝不但增加施工和养护的复杂性,而且容易引起行车跳动,影响行车的舒适性,接缝又是路面的薄弱点,如处理不当,将导致路面板边和板角处破坏。

(3)开放交通较迟,一般混凝土路面完工后,要经过28d的湿法养生,才能开放交通,如需提早开放交通,则需采取特殊措施。

(4)修复困难,混凝土路面损坏后,开挖很困难,修补工作量也大,且影响交通。

2. 结构组合设计

1)路基

(1)路基应稳定、密实、均质,对路面结构提供均匀的支承。

(2)地下水位高时,宜提高路堤设计高程。在设计高程受限制,未能达到中湿状态的路基临界高度时,应选用粗粒土或低剂量石灰或水泥稳定细粒土作路床或上路床填料;未能达到潮湿状态的路基临界高度时,除采用上述填料措施外,还应采取在边沟下设置排水渗沟等降低地下水位的措施。

(3)路基压实度应符合《城市道路路基工程施工及验收规范》(CJJ 44—91)的要求。多雨潮湿地区,对于高液限土及塑性指数大于 16 或膨胀率大于 3% 的低液限黏土,宜采用由轻型压实标准确定的压实度,并在含水率略大于其最佳含水率时压实。

(4)岩石或填石路床顶面应铺设整平层。整平层可采用未筛分碎石和石屑或低剂量水泥稳定粒料,其厚度视路床顶面不平整程度而定,一般为 100~500mm。

2)垫层

(1)遇有下述情况时,需在基层下设置垫层:

①季节性冰冻地区,路面总厚度小于最小防冻厚度要求,其差值应以垫层厚度补足。

②水文地质条件不良的土质路堑,路床土湿度较大时,宜设置排水垫层。

③路基可能产生不均匀沉降或不均匀变形时,可加设半刚性垫层。

(2)垫层的宽应与路基同宽,其最小厚度为 150mm。

(3)防冻垫层和排水垫层宜采用砂、砂砾等颗粒材料。半刚性垫层可采用低剂量无机结合料稳定粒料或土。

3)基层

(1)基层应具有足够的抗冲刷能力和一定的刚度。

(2)基层类型宜依照交通等级按表 2-12 选用。混凝土预制块面层应采用水泥稳定粒料基层。

混凝土路面交通等级及设计年限表　　　　　　　　　　表 2-12

交通等级	日标准轴载的轴数 $N_{li}(n/d)$	设计年限(a)
特重	≥1 500	40
重	1 500 > N_{li} ≥ 500	30
中等	500 > N_{li} ≥ 200	30
轻	<200	20

(3)湿润、多雨地区,路基为低透水性细粒土道路,宜采用排水基层。排水基层可选用多孔隙的开级配水泥稳定碎石、沥青稳定碎石或碎石,其孔隙率约为 20%。

(4)基层的宽度应比混凝土板每侧宽出 25~30cm。

(5)各类基层厚度和适宜范围见表 2-13。

各类基层厚度的适宜范围　　　　　　　　　　表 2-13

基层类型	厚度适宜的范围(mm)
贫混凝土或碾压混凝土基层	120~200

续上表

基层类型	厚度适宜的范围(mm)
水泥或石灰粉煤灰稳定粒料基层	150~250
沥青混凝土基层	40~60
沥青稳定碎石基层	80~100
级配粒料基层	150~200
多孔隙水泥稳定碎石排水基层	100~140
沥青稳定碎石排水基层	80~100

（6）碾压混凝土基层应设置与混凝土面层相对应的接缝。贫混凝土基层在其弯拉强度超过1.8MPa时，应设置与混凝土面层相对应的横向缩缝；一次摊铺宽度大于7.5m时，应设置纵向缩缝。

（7）基层下未设垫层，上路床为细粒土、黏土质砂或级配不良砂（承受特重或重交通时），或者为细粒土（承受中等交通时），应在基层下设置底基层。底基层可采用级配粒料、水泥稳定粒料或石灰粉煤灰稳定粒料，厚度一般为200mm。

（8）排水基层下应设置由水泥稳定粒料或者密级配粒料组成的不透水底基层，厚度一般为200mm。底基层顶面宜铺设沥青封层或防水土工织物。

4）面层

（1）水泥混凝土面层应具有足够的强度、耐久性、表面抗滑、耐磨、平整。

（2）面层一般采用设接缝的普通混凝土；面层板的平面尺寸较大或形状不规则，路面结构下埋有地下设施，高填方、软土地基、填挖交界段的路等有可能产生不均匀沉降时，应采用设置接缝的钢筋混凝土面层。其他面层类型可根据适用条件按表2-14选用。

其他面层类型选择　　表2-14

面层类型	适用条件
连续配筋混凝土面层	广场道路
沥青上面层与连续配筋混凝土或横缝设传力杆的普通混凝土下面层组成的复合式路面	特重交通的道路
碾压混凝土面层	服务区停车场
钢纤维混凝土面层	高程受限制路段、收费站、混凝土加铺层和桥面铺装
矩形或异形混凝土预制块面层	服务区停车场

(3) 混凝土、钢筋混凝土、碾压混凝土或钢纤维混凝土面层板一般采用矩形。其纵向和横向接缝应垂直相交，纵缝两侧的横缝不得相互错位。

(4) 纵向接缝的间距按路面宽度在 3.0~4.5 m 范围内进行确定。碾压混凝土、钢纤维混凝土面层在全幅摊铺时，可不设纵向缩缝。

(5) 横向接缝的间距按面层类型和厚度选定。

①普通混凝土面层一般为 4~6m，面层板的长宽比不宜超过 1.30，平面尺寸不宜大于 $25m^2$。

②碾压混凝土或钢纤维混凝土面层一般为 6~10m。

③钢筋混凝土面层一般为 6~15m。

第四节　城市道路排水设施构造

城市道路是车辆和行人的交通通道，但是没有城市道路排水系统予以保证，车辆和行人将无法正常通行。此外，城市道路排水系统还有助于改善城市卫生条件、避免道路过早损坏。因此，城市道路排水系统是城市道路的重要组成部分。

城市中需要排除的污水有雨水、雪水、生活污水和工业废水。

一、排水体制

生活污水是人们在日常生活中用过的水。它主要由厨房、卫生间、浴室等排出。生活污水含有大量的有机物，还带有许多病源微生物，经适当处理可以排入土壤或水体。

工业废水是工业生产过程中所产生的废水。它的水质、水量随工业性质的不同差异很大：有的较清洁，称为生产废水，如冷却水。有的污染严重含有重金属、有毒物质或大量有机物、无机物，称为生产污水，如炼油厂、化工厂等生产污水。

雨水、雪水在地面、屋面流过，带有城市中固有的污染物，如烟尘、有害气体等。此外，雨、雪水虽较清洁，但初期雨水污染较重。

由于各种污水水质不同，我们可以用不同的管道系统来排除，这种将各种污水排除的方式称为排水体制。排水体制分为分流制和合流制。

1. 分流制

用两个或两个以上的管道系统来分别汇集生活污水、工业废水和雨、雪水的排水方式称为分流制。在这种排水系统中有两个管道系统，污水管道系统排除生活污水和工业废水。雨水管道系统排除雨、雪水。当然有些分流制只设污水管道系统，不设雨水管道系统，雨、雪水沿路面、街道边沟或明沟自然排放。

分流制排水系统可以做到清、浊分流，有利于环境保护，降低污水处理厂的处理水量，便于污水的综合利用，但工程投资大、施工较困难。

2. 合流制

用一个管道系统将生活污水、工业废水、雨、雪水统一汇集排除的方式称为合流制。这种排水系统虽然工程投资较少、施工方便，但会使大量没经过处理的污水和雨水一起直接排入水体或土壤，造成了环境污染。

排水体制的应用应适合当地的自然条件、卫生要求、水质水量、地形条件、气候因素、水体情况及原有的排水设施、污水综合利用等条件。

二、道路排水系统分类

根据构造特点的不同，城市道路雨、雪水排水系统可分为以下几类：

1. 明沟系统

在街坊入口、人行过街等地方增设一些沟盖板、涵管等过水结构物，使雨、雪水沿道路边沟排泄。

纵向明沟可设在路面的一边或两边，也可以设在车行道的中间。在干旱少雨的地区可以将道路边的绿化带与排泄雨、雪水的明沟结合起来，这样既保证了路面不积水，又利用雨水进行了绿化灌溉。

2. 暗管系统

其包括结构、雨水口、连接管、干管、检查井、出水口等部分。

道路上及其相邻地区的地面水顺道路的纵坡、横坡流向车行道两侧的街沟，然后沿街沟的纵坡流入雨水口，再由连接管通向干管，最终排入附近的河滨或湖泊中。

雨水排除系统一般不设泵站，雨水靠重力排入水体。但某些地区地势平坦、区域较大的城市如上海、天津等，因为水体的水位高于出水口，常需设置泵站抽升雨水。

3. 混合系统

城市中排除雨水可用暗管，也可用明沟，在一个城市中，也不一定只采用单一的系统来排除雨、雪水。明沟造价低，但对于建筑密度高、交通繁忙的地区，采用明沟需增加大量的桥涵费的，并不一定经济，并影响交通和环境卫生。因此，这些地区采用暗管系统。而在城镇的郊区，由于建筑密度小、交通稀疏，应首先采用明沟。在一个城市中，即采用暗管又采用明沟的排水系统就是混合系统。这种系统可以降低整个工程的造价，同时又不至于引起城市中心的交通不便和环境卫生。

三、排水管道的布设要求

1. 雨水口的布置要求

雨水口是雨水管道或合流管道上汇集雨水的构筑物。街道上的雨、雪水首先进入雨水口，再经过连接管流入雨水管道。因此，雨水口的位置是否正确非常重要，如果雨水口不能汇集雨、雪水，那么雨水管道就失去了作用。

雨水口的设置应根据道路（广场）情况、街坊及建筑情况、地形情况（应特别注意汇水面积大、地形低洼的积水点）、土壤条件、绿化情况、降雨强度以及雨水口的泄水能力等因素确定。雨水口宜于设置在汇水点（包括集中来水点）上和截水点上。道路交叉口处应根据雨水径流情况布置雨水口。路口雨水口布置如图2-27所示。

图 2-27 路口雨水口布置图

2. 检查井的布置要求

检查井是雨水管道系统中用来检查、清通排水管道的构筑物,要求在排水管线的一定距离上设置检查井。此外,在排水管道的交汇处、转弯处、管径变化处、管道高程变化处都应设置检查井。

3. 雨水管道的布置要求

城市道路的雨水管线一般平行于道路中心线或规划红线。雨水干管一般设置在街道中间或一侧,并宜设在快车道以外,在个别情况下亦可以双线分置于街道的两侧。

在交通量大的干道上,雨水管也可以埋在街道的绿地下和较宽的人行道下,以减少由于管道施工和检修对交通运输产生较大的影响,但不可埋设在种植树木的绿化带下和灯杆线下。

雨水管应尽可能避免或减少与河流、铁路以及其他城市地下管线的交叉,否则会使施工复杂以致增加造价。在不能避免相交处应以直交,并保证相互之间有一定的竖向间隙。雨水管道与房屋及其他管道之间的最小距离应满足给排水设计规范的要求。

雨水管与其他管线发生平交时,其他管线一般可用倒虹管的办法,如雨水管与污水管相交,一般将污水管用倒虹管穿过雨水管的下方。

四、雨水管道及其附属构筑物的构造

1. 雨水口的形式及构造

雨水口一般由基础、井身、井口、井箅等部分组成。按照集水方式的不同,雨水口可分为平箅式、立箅式与联合式。

平箅式(图 2-28)就是雨水口的收水井箅呈水平状态设在道路或道路边沟上,收水井箅与雨水流动方向平行。平箅式雨水口又分成单箅和双箅。

立箅式(图 2-29)就是雨水口的收水井箅呈竖直状态设在人行道的侧缘石上。井箅与雨水流动方向呈正交。

联合式雨水口兼有上述两种吸水井箅的设置方式,其两井箅成直角,如图 2-30 所示。

图 2-28　平箅式雨水口图

图 2-29　立箅式雨水口图

2. 检查井的形式及构造

检查井的构造一般可以分为基础、井身、井口、井盖等几个部分,如图 2-31 所示。

图 2-30　联合式雨水口图

图 2-31　检查井构造示意图

下面是常见检查井的构造图,如图 2-32 所示。

图 2-32

图 2-32 雨水检查井构造图（尺寸单位：mm）

A-踏步距井底高度；D、D_1-检查井所连接管道的直径；h-检查井盖板的厚度；B-砖砌脚窝距井底的高度；t-管道的壁厚；n-踏步的个数

第五节　城市道路附属设施构造

城市道路的附属工程包括：路缘石安装、人行道(盲道)铺设、标志标线、路灯、道路绿化、交通工程、监控设施等。

按照施工习惯及工程施工资质的要求，路缘石安装、人行道(盲道)铺设两项工程属于路基施工单位完成的工作内容。标志标线、路灯安装、道路绿化、交通工程、监控设施另行招标安排有资质的单位施工。

一、人行道

人行道指的是道路中用路缘石或护栏及其他类似设施加以分隔的专供行人通行的部分。在城市里人行道是非常普遍的，一般街道旁均有人行道。有些地方的人行道与机动车道之间隔着草地或者树木。在乡村人行道比较少。在发达国家许多地区的法律要求人行道上移除所有不便利残疾人使用的设施，因此在过马路的地方人行道专门降低到马路同一个水平，以便轮椅过马路。人行道作为城市道路中重要的组成部分之一，随着城市的快速发展，其使用功能已不再单纯是行人通行的专用通道，它在城市发展中被赋予了新的内涵，对城市交通的疏导、城市景观的营造、地下空间的利用、城市公用设施的依托都发挥着重要的作用。人行道示意图如图 2-33 所示。人行道结构图如图 2-34 所示。透水人行道基本结构组合图如图 2-35 所示。

图 2-33　人行道示意图

a)有停车透水水泥混凝土基层人行道结构图(一)　　b)有停车透水水泥混凝土基层人行道结构图(二)

图 2-34　人行道结构图

1. 人行道的宽度

人行道的主要功能是满足行人步行交通的需要,还要供植树、地上杆柱、埋设地下管线以及护栏、交通标志宣传栏、清洁箱等交通附属设施。人行道总宽度既要考虑道路功能、沿街建筑性质、人流密度、地面上步行交通、种植行道树、立电线杆,还要考虑地下埋设工程管线所需要的密度。人行道的宽度必须满足行人通行的安全和顺畅,一般不小于表2-15的规定。

图 2-35　透水人行道基本结构组合图

人行道最小宽度表　　　　　　　　　　　表 2-15

项　　目	人行道最小宽度(m)	
	大城市	中、小城市
各级道路	3	2
商业或文化中心区以及大型商店或大型公共文化机构集中路段	5	3
火车站、码头附近路段	5	4
长途汽车站	4	4

目前我国旧城市以及若干新城市道路的人行道宽度,普遍显得不足,原因是多方面的。如在繁华市区的道路上,自行车停放的很多,常占用大量的人行道宽度;一些沿道路的居民住宅,往往由于内部庭院较小,有很多的居民,利用附近的人行道作为日常生活场所;此外,还有一些沿路旧建筑物出口,由于高于道路高程需要与道路接成顺坡,因而影响人行道宽度。因此,在具体设计时,需要结合实际情况,全面考虑,才能妥善地解决问题,切忌机械地搬用表2-15中的数值。根据我国国内部分城市的调查资料得知:大城市现有人行道宽度一般为3~10m;中等城市一般为2.5~8.0m;小城市一般为2~6m。

2. 人行道下的地下管线

地下管线和绿化布置与人行道宽度的关系:有的城市,如北京市,对于一般干道,一侧人行道宽度考虑至少不小于6m,这是考虑埋设电力线、电信线以及上水道三种基本管线所需要的,最小宽度为4.5m,加上绿化和路灯等最小占地1.5m,总共宽6m,如图2-36所示。上海市则布置得更为紧凑,因为在同样宽度内,除上述三种基本管线外,还埋设了煤气管道和电车电线。地下管线的布置要求及其所占的宽度,已成为一些城市确定人行道宽度的主要依据,而步行带宽度的设计成果,仅作校核参考用。

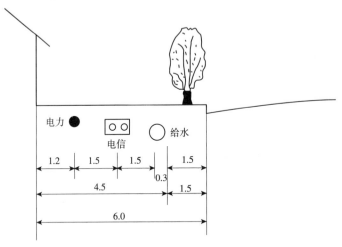

图2-36 按地下管线布置要求的人行道最小宽度示意图(单位:m)

综合上述各点,并根据我国多年来的城市建设经验,认为道路总宽度和其一边人行道宽度之比,在7:2～7:1的范围内较适当,根据北京市前些年的调查资料,一般为4:1～6:1。

3. 人行道在横断面上的布置

人行道通常在道路两侧都有布置,一般布置成对称并等宽。但在受到地形限制或有其他特殊情况时,不一定要成对称等宽布置,可按其具体情况作灵活处理。例如,上海北火车站附近的一条道路,考虑实际情况,其两侧人行道就成为一边窄,一边宽。此外,在比较特殊地形的地段,有将人行道只布置在道路的单侧,这种布置形式将造成居民和行人出入、过路和步行的很大不便,一般应尽可能避免。不过,单侧布置的人行道适用于傍山、傍河的狭窄道路上。

人行道布置的几种基本形式如图2-37所示:a)适用于人行道宽度不足,仅种植单行行道树,不能设置绿带。另外也比较适用于两边商店多、公共文化机关多的干道上。b)适用于行人与车行道之间用绿带(草地或灌木)隔开,在人行横道线处断开设出入口,适用于行人过路密度大,行车密度高的地段。一般认为此种形式较好,它既保障了行人的安全,有利于道路交通组织,又可以避免车行道上的灰尘和泥水侵袭行人,并且绿化布置也好。c)绿化带布置在建筑物前面,须沿房屋墙脚砌护坡,以免积水影响房基稳定。这种形式适用于住宅区的道路。d)、e)为人行道上布置两条步行地带的形式,靠近建筑线的一条系供沿建筑物附近活动的行人,如进出商店或其他文化娱乐场所使用,另外,靠近车行道的一条,则供一般直向行人和过路行人使用,这样可以分散往来行人,避免两者之间的干扰和影响。这种形式适用于城市中心地区设有很多大型商店和公共设施的路段。

人行道布置的几种基本形式实例图如图2-38所示。

图 2-37 人行道布置的几种基本形式示意图
a-人行道；b-绿化带；c-车行道；d-散水宽度

图 2-38 人行道布置的几种基本形式实例图

二、城市道路无障碍设计

1. 城市道路无障碍实施范围

目前,无障碍设计越来越成为城市道路研究的热点。从1974年联合国明确提出"无障碍环境"概念以来,国内外针对无障碍设计的研究一直方兴未艾。城市道路是人群通行的重要通道,不同的人群对其有不同的需求。它直接决定了人们在城市道路中出行的安全和舒适。随着残障人士社会活动的增加,人口老龄化的加剧,人们对生活质量要求的不断提高,全社会对城市无障碍设施建设要求与日俱增。城市道路无障碍设施建设,不但方便老、幼、弱、残疾人士等相对弱势人群的生活与出行活动,同时也会给广大普通人群的出行带来便利,提升人们的生活质量。

城市道路与桥梁无障碍设计的范围应符合表2-16的规定。

城市道路与桥梁无障碍设计的范围表　　　　表2-16

道路类别		设计部位
城市道路	(1)城市市区道路 (2)城市广场 (3)卫星城市道路、广场 (4)经济开发区道路 (5)旅游景点道路等	1. 人行道 2. 人行横道 3. 人行天桥、人行地道 4. 公交车站 5. 桥梁、隧道 6. 立体交叉

人行道路的无障碍设施与设计要求应符合表2-17的规定。

人行道路无障碍设施与设计要求表　　　　表2-17

序号	设施类别	设计要求
1	缘石坡道	人行道在交叉路口、街坊路口、单位出口、广场入口、人行横道及桥梁、隧道、立体交叉等路口应设置缘石坡道
2	坡道与梯道	城市主要道路、建筑物和居住区的人行天桥和人行地道,应设轮椅坡道和安全梯道;在坡道和梯道两侧应设扶手。城市中心地区可设垂直升降梯取代轮椅坡道
3	盲道	1. 城市中心区道路、广场、步行街、商业街、桥梁、隧道、立体交叉及主要建筑物地段的人行道应设盲道; 2. 人行天桥、人行地道、人行横道及主要公交车站应设提示盲道
4	人行横道	1. 人行横道的安全岛应能使轮椅通行; 2. 城市主要道路的人行横道宜设过街音响信号
5	标志	1. 在城市广场、步行街、商业街、人行天桥、人行地道等无障碍设施的位置,应设国际通用无障碍标志牌; 2. 城市主要地段的道路和建筑物宜设盲文位置图

2. 缘石坡道

缘石坡道设计应符合下列规定:

①人行道的各种路口必须设缘石坡道。
②缘石坡道应设在人行道的范围内,并应与人行横道相对应。
③缘石坡道可分为单面坡缘石坡道和三面坡缘石坡道。
④缘石坡道的坡面应平整,且不应光滑。
⑤缘石坡道下口高出车行道的地面不得大于20mm。
单面坡缘石坡道设计应符合下列规定:
①单面坡缘石坡道可采用方形、长方形或扇形。
②方形、长方形单面坡缘石坡道应与人行道的宽度相对应,如图2-39~图2-41所示。

图2-39 交叉路口单面坡缘石坡道示意图(尺寸单位:mm)

图2-40 街坊路口单面坡缘石坡道示意图

图2-41 人行横道单面坡缘石坡道示意图

③扇形单面坡缘石坡道下口宽度不应小于1.50m(图2-42)。
④设在道路转角处单面坡缘石坡道上口宽度不宜小于2.00m(图2-43)。

图2-42 扇形单面坡缘石坡道(尺寸单位:mm)

图2-43 转角处单面坡缘石坡道(尺寸单位:mm)

⑤单面坡缘石坡道的坡度不应大于1:20。

三面坡缘石坡道设计应符合下列规定：

①三面坡缘石坡道的正面坡道宽度不应小于1.20m(图2-44)。

②三面坡缘石坡道的正面及侧面的坡度不应大于1:12(图2-44)。

图2-44 三面坡缘石坡道示意图(尺寸单位：mm)

3. 盲道

盲道是为盲人提供行路方便和安全的道路设施。人行道设置的盲道位置和走向，应方便使残疾者安全行走和顺利到达无障碍设施位置。盲道一般由两类砖铺设，一类是条形引导砖，引导盲人放心前行，称为行进盲道，如图2-45所示；另一类是带有圆点的提示砖，提示盲人前面有障碍，应该转弯了，称为提示盲道，如图2-46所示。

图2-45 行进盲道图

图2-46 提示盲道图

人行道设置的盲道位置和走向，应方便视残者安全行走和顺利到达无障碍设施位置；盲道应连续，中途不得有电线杆、拉线、树木等障碍物；另外，盲道应避开井盖铺设。一般盲道的颜色宜为中黄色。

1)行进盲道

行进盲道的位置选择应按下列顺序,并符合下列规定:

(1)人行道外侧有围墙、花台或绿地带,行进盲道宜设在距围墙、花台、绿地带 0.25 ~ 0.50m 处(图 2-47)。

图 2-47 沿花台的行进盲道

(2)人行道内侧有树池,行进盲道可设在距树池 0.25 ~ 0.50m 处。
(3)人行道没有树池,行进盲道距立缘石不应小于 0.50m。
(4)行进盲道的宽度宜为 0.30 ~ 0.60m,可根据道路宽度选择低限或高限。
(5)人行道成弧线形路线时,行进盲道宜与人行道走向一致(图 2-48)。
(6)行进盲道触感条规格应符合表 2-18 的规定(见图 2-49)。

行进盲道触感条规格表　　　　表 2-18

部　位	设计要求(mm)	部　位	设计要求(mm)
面　宽	25	高　度	5
底　宽	35	中 心 距	62 ~ 75

图 2-48 弧线形盲道示意图

图 2-49 行进盲道规格示意图(尺寸单位:mm)
注:d 为中心距

2)提示盲道

提示盲道的设置应符合下列规定:

(1)行进盲道的起点和终点处应设提示盲道,其长度应大于行进盲道的宽度(图2-50)。

图2-50 盲道起点与终点提示盲道示意图

(2)行进盲道在转弯处应设提示盲道,其长度应大于行进盲道的宽度(图2-51)。

(3)人行道中有台阶、坡道和障碍物等,在相距0.25~0.50m处,应设提示盲道(图2-52)。

(4)距人行横道入口、广场入口、地下铁道入口等0.25~0.50m处应设提示盲道,提示盲道长度与各入口的宽度应相对应(图2-53、图2-54)。

(5)提示盲道的宽度宜为0.30~0.60m。

(6)提示盲道触感圆点规格应符合图2-55规定。

图2-51 盲道交叉提示盲道示意图

图2-52 人行道障碍物的提示盲道示意图(尺寸单位:mm)

图2-53 地下铁道入口提示盲道示意图(尺寸单位:mm)

图 2-54　人行横道入口提示盲道示意图

图 2-55　提示盲道触感圆点规格示意图（单位：mm）

三、绿化的作用和布置

道路上设置绿化带是城市道路不可缺少的组成部分，同时也是城市园林化建设中的重要组成部分。由于绿化对于城市的公共卫生、交通安全、文化生活、治安防火以及市容等方面都有重大意义，因此设计城市道路时，需要同时考虑道路绿化的布置问题。

1. 城市道路绿化的作用

道路绿化的主要作用在于改善道路的卫生条件，调节温度与湿度，减少道路上的灰尘、烟雾以及喧闹对居民的影响，并可利用绿带划分道路的主要组成部分或不同性质的车辆和行人交通，埋设地下管线和作为道路发展的后备地带。此外，道路绿化还为居民和行人提供散步休憩的场所，对建筑物有衬其美，藏其拙的作用，并能增添城市的景色。绿地或绿带还有能防止火灾蔓延，抵御风力、风沙的作用。

2. 城市道路绿化的布置

道路绿化应在保证交通安全的条件下进行设计，无论选择种植位置、种植形式、种植规模等均应遵守这项原则。如果绿化布置不当，树叶侵入道路建筑限界或视距三角形范围内，树顶高度超过驾驶员目高，都会遮挡驾驶员视线，影响交通安全，这都是不允许的。

道路绿化布置的内容包括行道树、灌木丛（绿篱）、草地和花坛等。道路绿化布置可由这些部分配合起来进行综合性的运用。道路的绿化根据城市性质、道路功能、自然条件以及环境等，因地制宜的进行布置，决不应片面地追求形式。一般在靠近中央广场或巨大的公共建筑道路上，可布置用花、草、灌木等组成的街心花园。例如，北京人民大会堂前面的绿地，即属于综合性绿化布置里各种各样绿化形式的结合，由此更加体现了我国首都北京庄严美丽的面貌。另外，当宽度大于40m的滨河路上或主要干道上，若交通条件许可时，可考虑沿道路两侧布置遮荫的乔木。当交通繁忙的道路宽度不足的路段，由于不宜减少必要的车行道和人行道宽度时，可考虑在建筑物墙上培植垂直绿化。道路上最常见的绿化形式是沿人行道种植的行道树和分隔带分隔道路各组成部分成行的树木。

行道树应选择树干挺直、树形美观、夏日遮阳、耐修剪、能抵抗病虫害、风灾及有害气体等树种。当前在树种选择方面存在的主要问题是：乡土树种少，外来树种试种成功少，以致从北方到南方以悬铃木为行道树的城市很多，有的城市只有一种树种的行道树，道路绿化单调无特色。因此各城市应及早组织技术人员有计划地进行试验，尽早地研究出适合当地自然条件的新品种。一般认为乡土树种适应性较强，费用较低，应优先选用。

1）行道树的占地宽度

行道树的最小布置宽度应以保证树种生长的需要为准，一般为1.5m，相当于圆形穴的直径或方形穴的边长。若采用矩形树池时，宜大于或等于1.2m×1.8m。路中分隔带兼作公共车辆停靠站台或供行人过路临时驻足用，最好为2m。绿化带的最大宽度取决于可利用的路幅宽度，除了保留备用地外，一般不宜大于4.5~6m（相当于种植2~3排树），这样局部地段还可兼作停车场地或港湾式的停靠站用。

各类绿化种植所需要的宽度（即绿化带净宽）见表2-19所列。绿化宽度宜为红线宽度的15%~30%，路幅窄的取低限，宽的取高限。有关绿化带宽度和路幅宽度的合适比例，表2-20所列资料可作为设计时参考。

各类绿化带净宽表　　　　　　　　　　　　　　　　　　　表2-19

绿化种植	绿化带净宽(m)	绿化种植	绿化带净宽(m)
灌木丛	0.8~1.5	双行乔木错列	2.5~4.0
单行乔木	1.5~2.0	草皮与花丛	0.8~1.5
双行乔木并列	5.0		

各种路幅宽度中绿化带宽度所占比例表　　　　　　　　表2-20

路面宽度(m)	绿带宽度所占路面比例(%)	路面宽度(m)	绿带宽度所占路面比例(%)
20	19~28	40	20~26
30	16~24	60	24~29

2）行道树的排列方式

一般沿道路两旁人行道外侧，可布置平行相对的两列；在较窄的道路也可采用斜对的行列式。不论单列或双列行道树的树冠则有相互交织或完全分开的两种形式，如图2-56所示。这样，行道树的株距，就需要视树木的布置方式及树木的品种与高度而定，一般单列种植树木的距离，在树冠交织时可采用4~5m（图2-56a），在树冠分开时可采用6~7m（图2-56b），在双列树位相互错列时，可采用4~7m（图2-56c）。

图2-56　树木种植间距示意图（尺寸单位：m）

四、分车带

分车带是指在多幅道路上，用于分隔车辆，沿道路纵向设置的带状非行车部分，有活动式和固定式两种，如图 2-57 所示。按分隔的是机动车和机动车，还是机动车和非机动车，还可以分为中央分车带和两侧分车带，如图 2-58～图 2-60 所示。

a)活动式

b)固定式

图 2-57　分车带

图 2-58　只设置中央分车带

图 2-59　只设置两侧分车带

图 2-60　设置了中央分车带和两侧分车带

分车带的功能主要是分隔交通,避免相互干扰,有利于安全运行。此外,它也作行人过街停留避车及安设交通标志、公用设施与绿化之用。分车带还可以在路段为设置港湾式停车站、在交叉口为增设候驶车道提供场地,同时为远期路面展宽留有余地。

分车带通常由分隔带和两侧路缘带组成。分隔带是由路缘石砌成的带状非行车部分,通常高出路面10~20cm,在人行横道及公交车停靠站处,分隔带上面应进行铺装以方便行人或乘客候车及上、下车。路缘带设于路面与分隔带之间,起导向、连接、排水、增加侧向余宽等作用。

分车带的宽度要与路幅及道路各组成部分的宽度比例协调。取值与道路设计车速有关,综合考虑行车分隔效果和城市用地紧张的现状,《城市道路设计规范》(CJJ 37—1990)对分车带最小宽度做了规定,见表2-21。

分车带最小宽度表　　　　表2-21

分车带类别		中央分车带			两侧分车带		
计算行车速度(km/h)		80	60、50	40	80	60、50	40
分隔带最小宽度(m)		2.00	1.50	1.50	1.50	1.50	1.50
路缘宽度(m)	机动车道	0.50	0.50	0.25	0.50	0.50	0.25
	非机动车道	—	—	—	0.25	0.25	0.25
侧向净宽(m)	机动车道	1.00	0.75	0.50	0.75	0.75	0.50
	非机动车道	—	—	—	0.50	0.50	0.50
安全带宽(m)	机动车道	0.50	0.25	0.25	0.25	0.25	0.25
	非机动车道	—	—	—	0.25	0.25	0.25
分车带最小宽度(m)		3.00	2.50	2.00	2.25	2.25	2.00

表2-21中分车带最小宽度系数按设施带宽1m考虑。如实际要求的设施带大于1m,则应增加分车带宽。

为确保安全、满足植物的种植绿化、设防眩网、便于在平面交叉口处加左转车道等,作为分向作用的中央分车带其宽度应选用较大的值;当计算行车速度较低时,可不设两侧带,但应考虑安全带的宽度。支路可不设两侧带,但应保留0.25m的侧向净宽;在我国北方一些城市,分车带的宽度还应考虑其临时堆放积雪的需要。两侧带的宽度可按临时堆放机动车道路面宽度之半的积雪量估算;中央分车带的宽度可按临时堆放路面全宽积雪量估算。

五、路缘石

路缘石指的是设在路面边缘的界石,简称缘石。它是作为设置在路面边缘与其他构造带分界的条石。它在路面上是区分车行道、人行道、绿地、隔离带和道路其他部分的界限,起到保障行人、车辆交通安全和保证路面边缘整齐的作用。其一般高出路面10cm。另外在交通岛，安全岛都设置缘石。

缘石按其材质不同，一般可以分为水泥混凝土路缘石和天然石材路缘石，如图2-61所示。

缘石按其截面尺寸不同，可以分为H形、T形、R形、F形、L形状的RA形路缘石和P形平面石，同时扩充有便于石材加工制作的TF形和TP形路缘石，如图2-62所示。

缘石按其线形不同，可以分为直线形路缘石和曲线形路缘石。

缘石按其铺设的位置不同，一般分为侧石和平石，如图2-63所示。

a)天然石材路缘石

b)水泥混凝土路缘石

图2-61 材料不同的路缘石实例图

图2-62 截面不同的路缘石示意图

图 2-63　侧石与平石实例图

本 章 练 习

1. 城市道路工程线形可以分为(　　)等。
   A. 平面线形　　　　　　　　B. 纵断面线形
   C. 横断面线形
2. 城市道路构造主要包括(　　)类型。
   A. 路基　　　　　　　　　　B. 路面
   C. 排水设施　　　　　　　　D. 附属结构
3. 《城市道路设计规范》(CJJ 37—1990)将城市道路路基分为四种类型,它们是(　　)。
   A. 路堤　　　　　　　　　　B. 路堑
   C. 半填半挖　　　　　　　　D. 不填不挖
4. 城市道路路面的类型是(　　)。
   A. 刚性路面　　　　　　　　B. 柔性路面
   C. 沥青混凝土路面　　　　　D. 水泥混凝土路面
   E. 块石路面
5. 城市道路附属结构包括人行道和(　　)等。
   A. 标志标线　　　　　　　　B. 路灯
   C. 道路绿化　　　　　　　　D. 交通工程
   E. 监控设施

第三章 城市道路工程施工

> **能力目标**
>
> 通过本章学习
> 1. 能描述城市道路工程施工的主要内容;
> 2. 能描述城市道路工程的施工准备;
> 3. 能确定城市道路施工的工艺流程;
> 4. 能描述城市道路工程排水、路基与路面的施工内容。

第一节 城市道路工程施工的内容和基本要求

一、概况

改革开放以来,我国许多大中城市迅速崛起,城市整体规划和基础设施建设逐步提升为政府行政管理工作的重要内容之一。伴随着城市经济的快速发展、居住人口的逐年增多,车辆的逐年增加,人们对出行质量的要求不断提高,城市道路工程建设项目也在不断地增加,投资额持续保持较高水平。而城市道路施工技术方面的研究却相对滞后。本章系统地梳理了城市道路建设的施工流程、施工技术、质量控制、新工艺、新方法,为今后的施工建设提供借鉴。

二、城市道路施工分类

城市道路根据项目建设的性质分为新建和改建两类。

(1)新建道路:新建道路是城市规划或交通规划中明确的新建道路或决策机构筛选出的新建项目,新区、高新技术区、城市拓展区的道路建设属于这一类型,这类型的道路施工相对简单,施工对周边道路交通影响也相对有限,只是在相交道路部分需要考虑交通阻隔及施工运输车辆造成的交通拥堵。

(2)改建道路:大规模城市改造中原有道路不能适应发展要求需要改造升级、拓建、绿化美化。改建道路所在路网往往是交通量较大区域,改建道路的实施,不但影响自身路段的交通,还将自身的部分或全部交通负荷转移到周边的路网上,使已经饱和的路网交通压力陡然增大,往往造成整个区域的交通拥挤,改建道路根据建设项目的等级、规模和影响,按其对城市道路的施工占道情况分为完全占道、部分占道和不占道是施工三类。

①完全占道的施工:完全占道施工是集中施工,完全封闭施工道路上的交通。这种情况

对道路交通的影响表现为：道路完全断流，车辆须绕道行驶，增加其他道路的交通压力，并可能导致相接道路成为断头路；影响周边建筑物的对外交通，包括车辆出行和行人出行；影响两侧人行道行人的正常通行；需要调整途径的公交线路，给市民的出行带来不便；改变现有的交通设施，对周边的环境产生影响，此种情况对城市的交通影响最大，道路交通组织需要慎重考虑。

②部分占用道路施工：占用部分道路的施工是施工时分段或分方向的进行。这种情况对道路的影响表现为：道路被部分占用，容易形成交通瓶颈，道路通行能力减小；影响周围建筑物的对外交通，包括车辆和行人的出行；影响两侧人行道行人的正常出行；公交停靠设施可能需要迁移，增加市民的出行距离；同样对周边的交通环境会产生较大影响。对地区的交通非常敏感，稍有不慎也会导致地区的交通瘫痪。

③基本不占用道路的施工：不占有道路的施工是项目本身的道路红线很宽，断面形式便于改造，越线违章建筑较少，改建以断面改造为主，改造影响范围较小，基本不占用现有道路，此种情况对道路的交通影响相对较小，但出入施工场地的车辆可能会对相邻道路的交通产生一定影响，也给周边建筑物的对外交通会带来不便，应根据实际情况合理处理。

三、施工特点

城市道路的施工不同于普通公路、高速公路的施工，普通公路、高速公路的施工几乎不涉及地下管线且不考虑人流、车流对施工的影响，而城市道路的施工却涉及道路、电力、通信、燃气、热力、给排水的管道线网的布设，涉及人流、车流的交通组织，因而在施工中涉及上述多家单位参与建设或协调，因此城市道路的施工相对于公路工程要复杂得多，城市道路施工有以下特点：

1. 施工工期紧，任务重

交通是城市的命脉，这就决定了城市道路的建设必须在最短的时间内完成，以尽可能减少施工对社会的影响，并且尽快发挥其预定作用。因此城市道路工程对施工工期的要求十分严格，工期只能提前，不能推后，施工单位往往根据总工期倒排进度计划。另外城市道路施工一般都要进行交通封闭，而交通封闭都有明确的期限，到期必须开放交通，所以一旦交通封闭完成就必须立即开工，按期通车，按期开放交通。

2. 动迁量大，施工条件差

城市是居民生活的聚集区，各种建筑物占地面积广，导致部分建筑物处在道路红线范围内，需要进行拆迁。城市道路施工常常影响施工路段的环境和周围的交通，给市民的生活和生产带来不便，同时由于市民出行的干扰，导致施工场地受限，需要频繁的交通转换，增加了对道路工程进行进度控制、质量控制、安全管理的难度。

3. 地下管线复杂

城市道路工程建设实施当中，经常遇到电力、通信、燃气、热力、给排水的管道线网位置不明，产权单位提供的管位图与实际埋设位置出入较大的情况，若盲目施工极有可能挖断管线，造成重大的经济损失和严重的社会影响，增加额外的投资费用。

4. 管线迁改程序复杂,管线类型多,施工单位多,施工协调难度大

城市道路施工中往往涉及大量正在运营的既有线路的迁改和新建,由于这些管线分属不同的产权单位,不同专业施工门类,需要不同施工资质的施工单位,根据施工进展情况安排进出场,由此带来施工协调难度很大,需要建设单位组织定期召开协调会。

5. 质量控制难度大

在城市道路的施工中,由于工期紧,往往出现片面追求进度,忽视质量管理的情况,另外城市道路路基施工中由于施工断面短小,给大型设备的使用带来困难,井周、管线回填、构造物回填等质量薄弱点多,路面施工中人、车流的干扰,客观上都对质量控制造成影响。

6. 车辆行人的干扰大,交通组织压力大

在城市道路施工期间,施工区域会占据部分行车线路,为了尽量减小城市道路施工对交通的影响,城市道路施工往往采取分段施工、分车道和分时段施工等诸多方法来尽量降低对交通的影响,但是由于上下班高峰期车流量特别大,施工路段的道路不能满足顺畅通车要求,容易造成拥堵现象。施工车辆与社会车辆、行人的交织也给交通及施工安全带来极大隐患,如何组织好交通,在城市道路建设中尤为重要。

7. 环保要求高

城市道路施工期间,原材料的运输和装卸、施工机械作业等环节会造成周围道路的污染,会产生扬尘、噪声、污水、垃圾等对环境有不利影响的因素。随着人们环境保护意识的提高,这些不利因素都必须在施工中尽量消除和避免,尽量为人们维持一个安静、祥和的生活环境是城市道路施工的新任务。

8. 景观绿化生态要求高

城市道路是城市景观的视觉走廊,同时也是城市文化、品质和风貌的展示窗口,也应该是人们了解、感受和体验城市绝佳的界面,随着打造"宜居城市"、"环境友好城市"理念的提出,城市道路不再是传统意义上的人车出行通道,也赋予了美化城市、净化城市、亮化城市的职能。

四、主要施工内容

城市道路的主要施工内容有管线施工、软基或特殊路段地基处理、路基施工、路面施工、路缘石施工、人行道板施工、绿化。

管线施工是将各类管线预埋至地下,以充分利用城市道路的地下空间。管线的位置一般处在车道分隔带下方、非机动车道下方和道路两侧绿化带下方,这样既方便施工,又方便管线的维修。管线的种类不同,使得各类管线的施工工艺、工序不尽相同。

软基或特殊路段地基处理是指如果地基不够坚固,为防止地基下沉拉裂造成路面破坏、沉降等事故,需要对软地基进行处理,使其沉降变得足够坚固,提高软地基的固结度和稳定性。目前主要的处理方法有:换填、抛石填筑、盲沟、排水砂垫层、石灰浅坑法等。

路基施工主要是通过土石方作业,修筑满足性能设计要求的路基结构物,并为路面结构层施工提供平台。路基的施工工艺较简单,但工程量较大,涉及面广,比如土方调配,管线配合施工等。

路面施工包括底基层施工、基层施工、面层施工。路面施工要求严格,必须使路面具有足够的强度,抵抗车辆对路面的破坏或产生过大的形变;具有较高的稳定性,使路面强度在使用期内不致因水文、温度等自然因素的影响而产生幅度过大的变化;具有一定的平整度,以减小车轮对路面的冲击力,保证车辆安全舒适地行驶;具有适当的抗滑能力,避免车辆在路面上行驶、起动和制动时发生滑溜危险;行车时不致产生过大的扬尘现象,以减少路面和车辆机件的损坏,减少环境污染。

路缘石是设置在路面与其他构造物之间的标石,起到分割机动车道、非机动车道与人行道并引导行车视线的作用。

人行道是城市道路中供行人行走的通道,人行道一般高于机动车、非机动车车道,人行道中必须按要求设置盲道,并与相邻构造物接顺。

城市道路绿化是指在道路两旁及分隔带内栽植树木、花草以及护路林等以达到隔绝噪音、净化空气、美化环境的目的。道路绿化起到改善城市生态环境和丰富城市景观的作用,但需避免绿化影响交通安全。

另外城市道路施工还包括公交站台、交通信号指挥系统、交通工程(指示牌、交通标线)、照明及亮化工程的施工。

五、施工基本要求

路基施工要求有足够的强度,变形不超过允许值,整体稳定性好,具有足够的水稳定性。

路面施工必须满足设计要求的承载力,平整度良好,具有较高的温度稳定性,抗滑指标,透水指标符合规范要求,尽量降低行车噪音。

桥头施工及管线铺设完成后需进行回填压实,压实过程需严格按照规范要求进行,确保桥头不跳车、管线部位路基无沉降。位于行车道内的管井口,需进行井周加固,防止井口下沉,施工中要严格控制井口高程,使得管井口与路面平顺无跳车。

管线、管廊在施工完成后应清理干净。雨水管出口应明确,并应与既有水系沟通。

道路景观要充分利用道路沿线原有的地形地貌,因地制宜的进行绿化布局,在满足交通需要的前提下,突出自然与人文结合、景观与生态结合,形成城市独有的绿化景观文化。

路缘石施工要求缘石的质量符合设计要求,安砌稳固,顶面平整,缝宽密实,线条直顺,曲线圆滑美观;槽底基础和后背填料必须夯打密实;无杂物污染、排水口整齐、通畅、无阻水现象。

人行道施工要求铺砌稳固,表面平整,缝线直顺,灌浆饱满,无翘动、翘角、反坡、积水、空鼓等现象。盲道铺砌中砂浆应饱满,且表面平整、稳定、缝隙均匀。与检查井等构筑物相接时,应平整、美观,不得反坡。不得用在料石下填塞砂浆或支垫方法找平。在铺装完成并检查合格后,应及时灌缝。铺砌完成后,必须封闭交通,并应湿润养护,当水泥砂浆达到设计强度后,方可开放交通。行进盲道砌块与提示盲道砌块不得混用。盲道必须避开树池、检查井、杆线等障碍物。路口处盲道应铺设为无障碍形式。

第二节　城市道路施工开工准备

一、建设单位为施工所做的准备工作

城市道路施工由于涉及多种管线的施工以及诸多配套工程需要实施,城市道路项目的复杂性和综合性是毋庸置疑的。很多问题单凭道路施工单位出面协调就会显得力不从心,也有勉为其难之嫌,而城市道路的建设单位(包括市、区级的建设项目)往往是政府的职能部门,其组织、协调的地位和作用是不可替代的。建设单位除完成项目的立项审批、设计施工招标、前期的征地拆迁工作外,在项目开工前还应做好以下几项工作。

1. 委托规划部门进行规划和设计

在完成道路项目的初步设计后,应及时委托规划部门进行管线的综合规划和设计,具体包括:

(1)根据城市建设的总体规划确定需要预埋的管线。

(2)与各管线单位沟通,结合工程所在区域的现状确定与道路匹配的管线走向。

(3)结合施工图设计的要求明确与道路性质相符的管线位置及高程等。

2. 组织召开各管线单位参加的专题协调会

在管线综合规划完成后,建设单位的工程负责部门要做细致的准备工作,并及时组织召开有各管线单位分管负责人及相关人员、管线设计代表参加的专题协调会,其目的是通报项目情况、提供相关资料、明确任务,具体工作包括:

(1)介绍项目规划、投资、设计、征拆情况,重点介绍项目计划开工时间、工程施工计划、竣工通车时间。

(2)提供立项的纸质文件、管线综合设计的电子版给各管线单位。

(3)对于已实施管廊同沟同井的单位,会议应确定牵头单位,以便统一、高效管理。

(4)根据道路施工的开工竣工时间及项目施工总体计划,确定各管线单位完成管线设计、施工招投标,及施工单位初步的进场时间。

(5)明确沟通机制,及时汇总参会人员的通信方式并及时分发。

(6)会后应尽快形成会议纪要,并将会议纪要及时传发各参会单位,同时报送各管线单位主管部门,寻求各主管部门的大力支持。

3. 及时进行交通组织方案的审查

根据施工单位的申报,凡是涉及影响既有道路通车的施工,必须编制交通组织方案并经公安交通主管部门审查通过,方可根据交通组织方案实施封闭、分流、限流的措施。

(1)帮助施工单位完成交通组织方案的编制,并进行初步审查。

(2)敦促施工单位及时将交通组织方案上报公安交通主管部门。

(3)组织由公安交通主管部门、设计、监理、施工单位参加的方案审查会。

(4)根据会议要求,施工单位修改完善方案并根据方案要求及时完成指路标志、标式等的施工。

(5)组织公安交通主管部门根据方案要求对各项交通组织设施进行验收,通过后办理相

关手续(登报通告等),正式开工。

(6)提醒施工单位,将通告的组织方案归档。

4. 适时召开交警、照明、公交部门的专题协调会,协调好城市道路配套设施的管线预埋

考虑到节省政府投资以及公交站台的亮化和信号指挥系统的同步实施,使得它们的通讯管及供电管实现同沟,召开这样的协调会是必要的。会议将根据交警、公交部门各自的要求和规范,将预埋管的数量、种类和线路走向等放进照明系统的设计中,并由负责照明的施工单位统一负责预埋。

5. 其他工作内容

(1)定期组织有各管线产权单位及其施工单位,道路设计单位,道路监理单位,道路施工单位参加的管线施工协调会。各参建单位应在道路施工单位的统一组织安排下按序展开施工,但建设单位不能因此而不参与协调。事实上,在施工过程中还是会有许多矛盾,有些问题必须有建设方参与才能解决。

(2)加强与道桥施工项目经理的沟通。一个合格的参与城市道路建设的项目经理必须有更强的大局意识,更加细致、踏实的工作作风和顽强的意志品质。一条城市道路能保质保量、完美的按时通车将意味着工完料清,没有返工现象发生,而要达到这个境界,建设方需做的工作将贯穿工程的全过程。

二、施工单位为施工所做的准备工作

1. 道路沿线障碍物排查

施工单位进场以后首先要组织人员对照施工图纸,对施工区内的地下管线、地上杆线和影响施工的未拆迁建筑物进行排查。

地下既有管线包括雨水管、污水管、自来水管、燃气管、热力管、光缆、地埋电缆等。施工单位要及时和管线所属产权单位沟通,咨询管线有关单位,查看原有管线竣工图纸。由于竣工图纸与现场实际埋设的管线位置会有较大出入,所以应结合原有图纸和露出地面管井位置,在现场根据实际情况进一步沿垂直线路方向挖探测坑,沿线路方向挖探测沟,并在管线图纸上进行详细标注,特别是原有管线横穿施工路线的位置必须认真查明,如图3-1所示。

图3-1 地下管线排查示意图

地上杆线的包括电力、通信等种类,施工单位应查明线路的性质,如电力线的电压等级及杆路编号,通信线的光缆芯数等,并在图上标注清楚,通知相关单位开协调会,确定迁移废除方案,随着城市道路建设标准的不断提高,为使建成道路景观协调、美观,现在一般都会要求电力、通信杆线由架空改为地埋,对于在施工期间要保持运营的电力、通信线路改地埋,要通过杆线的二次迁移(即先完成一次外迁,待电力管、通信管做通后在二次回迁)或调整施工顺序的方法来解决。

道路红线范围内须拆迁障碍物的排查,应查明影响施工的障碍物类型、影响范围,比如说障碍物是影响主车道,还是辅道、绿化带、还是管线施工。对于排查结果,施工单位应及时上报建设单位,配合设计单位对设计图纸进行调整,应因地制宜处理,以尽量减小拆迁量,节约建设成本。

2. 障碍物处理措施

所有障碍物调查清楚后,在业主的统一安排下及时和产权单位沟通,分成两类处理:一类是废弃迁建、重建的;另一类是不废弃照常使用的。

对于废弃迁建的障碍物应通知产权单位按照施工工期的要求排定停用计划,产权单位停用后通知业主,再由业主通知施工单位处理。

对不废弃的管线应在每次开挖前组织施工人员进行施工交底,明确管位及开挖注意事项。开挖时应通知管线所属单位进行监护,防止误挖。对于燃气、热力、自来水等有安全风险的管线开挖,应编制抢修应急预案,制订安全应急预案。对管线薄弱位置或开挖比较频繁的部位要根据现场情况对原有管线进行防护、加固。在项目部应设置值班抢修电话,明确联系人,方便在发生管线损坏时及时抢修。城市道路挖掘占用审批表见表3-1。

城市道路挖掘占用审批表 表3-1

		姓　名		年　龄	
申请人	自然人	联系电话		邮政编码	
		住　址			
	组织	组织名称			
		法定代表人		联系电话	
		申请代表人		联系电话	
		组织所在地址		邮政编码	
挖掘申请内容		道路名称			
		挖掘理由			
		道路类别		路面类型	
		挖掘面积	长(　)×宽(　)=(　)平方米		
		申请期限	年　月　日至　　年　月　日		
		安全措施			
所附材料目录		1._____ 2._____ 3._____			
申请人签章		本申请人对上述情况及所提供材料的真实性负责 　　　　　　　　　　　　　　　　年　月　日			

3. 交通组织方案编制

城市道路的施工都会对原有车辆及行人的出行产生影响。新建道路仅在与原有道路的交叉口产生影响。改建道路因为施工类型的不同产生的影响程度有大有小,但科学合理的交通组织方案对减少施工对车辆、行人出行的影响,保障施工车辆的出入安全尤为重要。施工单位应根据现场道路施工情况及通行道路交叉情况编制临时交通组织方案,报交警部门审批。占道施工审批流程图如图3-2所示。

编制原则:

①社会车辆通行:尽量安排绕行,提前一个月在市政主要媒体发公告告知市民,在主要路口提前设置绕行告示,设置绕行标志。

②公交线路:尽量调整公交线路和站点设置,确实无法避让的要在施工现场设置临时社会便道,或安排半幅通车,半幅施工。

③沿线居民聚集区(居民小区):提前通告,并在小区附近设置施工告示牌,设置必要通道(人车混行)沟通小区与主要道路,并在沿线位置设置减速标志。

④沿线厂矿企业:因出入货车或超长车辆多,根据具体需要设置社会便道,应考虑车辆转弯、超限需要。

图3-2 占道施工审批流程图

4. 施工围挡及防护设施

施工区及道路交叉口应设置施工围挡,隔断施工区和人车联系,保障行人和社会车辆安全。临近人车通行道路的基坑开挖应设置防护围栏,深基坑要采取牢固的基坑防护措施,防止可能的基坑塌陷,影响人车安全。

5. 防止环境污染的措施

除建立环境保护管理制度及考评制度外,应在施工车辆的出入口设置临时洗车点防止车胎带泥污染路面;运土车辆不应装载太满或加装围挡板防止抛洒滴漏;施工便道、施工现场每天安排不定期的洒水,尽量减少扬尘;高噪声的工作避免安排在夜间施工;施工产生的建筑垃圾应运到政府指定的弃土场,严禁乱堆、乱倒;废水及生活污水应引流到污水管道。

6. 项目部建设

1)新建项目的设置原则

新建道路施工组织及施工管理相对简单,项目部建设可以按照文明施工的要求临时征地搭建项目部。为方便管理一般选择将项目部设置在标段中点,最好是临近既有道路以方便出行。沿道路两侧红线外临时征地搭设施工队临时营地,用于现场施工工人生活及施工机械停放,一般来说临近水源地或既有道路设置属于较理想的设置。

2)改建项目的设置原则

旧城区的规划道路及老路改造项目,施工组织和施工管理相对复杂,在老城区一般很难找到现成的空地用于搭建项目部,一般在道路沿线寻找租用废弃的村镇办公地、工厂办公区,停业的小酒店、空置门面房等,但不到万不得已尽量不在居民聚集区内设置项目办公区,减少对居民生活的干扰。现场施工工人生活及施工机械停放,可因地制宜采用租用民房或在征地红线内绿化带位置搭建或设置。

7. 项目临建设置

城市道路工程的临时设施建设大部分都不需要设置在现场,混凝土可以采用商品混凝土,水泥稳定碎石、二灰碎石、沥青料均应采取厂拌方式运抵现场施工。旧城区的规划道路及老路改造项目的石灰消解场建议不放在现场,避免对城市环境造成危害。建议采取将石灰消解场设置在取土场附近,消解好的石灰按照掺灰量的70%～80%先行掺好,运抵现场后翻拌时补掺到设计用量。建议加快施工进度减小对城市环境的影响。

第三节 城市道路排水管线施工

一、城市道路管线施工内容

城市道路管线施工包括:雨污水管施工、电力管施工、给水管施工、燃(煤)气管施工、热力管施工、通信管施工、综合管廊施工。

二、分类

根据各个地区特点或习惯分成以下三类:

(1)城市道路管线常规管线施工:雨污水管、电力管廊的施工属于常规管廊,对施工队伍的资质没有特殊要求,一般由路基施工单位负责实施。

(2)非常规管线施工:给水管施工、燃(煤)气管施工、热力管施工、通信管施工,属于有特殊要求的管线施工,一般各产权单位会安排专业的施工队伍组织施工,路基施工单位仅需要做好配合工作。

(3)综合管廊施工:近些年来在国内新建城市道路的施工中,有部分城市尝试采用综合管廊将所有管线同时放在一条管廊内,方便通车运营后管线的增加、维修、更换。

三、管线施工原则

管线埋置于城市道路地下,管线的施工质量直接影响到道路的使用寿命,必须引起高度重视。

(一)管线施工控制要点

1. 做好规划设计工作

管线施工应做好前期规划,预留好接口井,避免道路施工完成后的重复开挖。

2. 把好管材进场关

管线施工使用的管材必须是经检验合格的材料,并按照相关规范要求做好防腐、防漏处理。

3. 保证管线基础稳固

为了要确保管线在运营阶段不出现下沉,或因地基不均匀沉降导致接头破裂,必须做好管线基础的施工质量控制,当管线通过地基承载力较低的软土地段时,应按照设计要求做好地基的加固。

4. 做好管线接头施工的质量控制

管线的各类接头必须按照有关规范的要求认真施工,并做好相应的检查、检验、探伤,保证接头质量。

5. 做好管井的施工控制

管井的井口露出地面,管线设计时应尽量避免管井设置在机动车道、非机动车道上,但设置于机动车道、非机动车道上的管井其地基必须满足承载力要求,管井的砌筑质量应严格控制,在井口部位还应设置卸荷板,防止车辆集中荷载导致管井下沉,影响行车。

6. 做好管线回填

管线的回填应对称填筑,并达到规范要求的压实度,防止因回填土沉降导致路面破坏。

(二)管线施工顺序

管线施工应按照以下原则:

(1)先深后浅,先主管后支管,自下而上依次施工。

(2)是先建后拆,不间断使用。

(3)采取有力措施,保护既有的管线,作好新旧管线衔接工作。

四、管线施工(图 3-3)

(一)雨污水管主要施工方法的类型

图 3-3 城市道路工程管道施工图

城市道路雨污水管施工的主要方法有明挖施工和顶管施工两种,一般出于施工成本考虑尽量采用明挖法施工,但在遇到如下情况时采用顶管施工:

(1)街道狭窄,两侧建筑物多。

(2)在交通量大的市区街道施工,管道既不能改线,又不能断绝交通。

(3)现场条件复杂,与地面工程交叉作业,相互干扰易发生危险。

(4)管道覆土较深,开槽土方量大,并需要支撑。

(5)管道穿越原有道路、河流。

(二)雨污水管明挖法施工

1. 沟槽开挖

1)沟槽开挖前工作

开槽前要认真调查了解地上地下障碍物,以便开槽时采取妥善加固保护措施,根据业主方提供的现况地下管线图和项目部的现场调查,统计出现况地下管线情况,采取有效措施加以保护。

2)沟槽开挖形式

根据设计图中设计管道的规格及埋置深度以及规范要求来确定沟槽开挖的形式。

(1)槽帮坡度的确定:槽深 $h<3.0m$ 时,槽帮坡度 i 为 $1:0.33$;槽深 $h \geqslant 3.0m$ 时,槽帮坡度 i 为 $1:0.5$。

(2)槽底工作面的确定:管道一侧工作面宽度情况详见表3-2。

管道一侧工作面宽度情况表　　　　表3-2

管道结构外径 D_1	管道一侧的工作面 b_1	
	非金属管道	金属管道
$D_1 \leqslant 500$	400	300
$500 < D_1 \leqslant 1\,000$	500	400
$1\,000 < D_1 \leqslant 1\,500$	600	600
$1\,500 < D_1 \leqslant 3\,000$	800	800

(3)沟槽断面形式如图3-4所示。

3)开挖方法

(1)土方开挖采用机械开挖,槽底预留20cm由人工清底。开挖过程中严禁超挖,以防扰动地基。对于有地下障碍物(现况管缆)的地段由人工开挖,严禁破坏。

(2)沟槽开挖尽量按先深后浅顺序进行,以利排水。

图3-4　沟槽断面示意图

(3)挖槽土方处置,按现场暂存、场外暂存、外弃相结合的原则进行。开槽土方凡适宜回填的土均暂存于现场用于沟槽回填,但不得覆盖测量等标注。回填土施工前制订合理土方调配计划,作好土方平衡少土方外运及现场土方调运。

(4)开槽后要对基地做钎探,按地勘要求执行,遇局部地基问题,如墓穴、枯井、废弃构筑物等应及时通知设计并会同有关人员现场共同协商处理意见,不得擅自处理。

(5)开槽后及时约请各有关人员验槽,槽底合格后方可进行下道工序。如遇槽底土基不符合设计要求,及时与设计、监理单位及地勘部门联系,共同研究基底处理措施,方可进行下道工序。

2. 沟槽支护

当土质不好,开挖深度较深时,为确保施工安全必须进行沟槽支护。

1)支撑的作用及应用范围

支撑的作用是在沟槽挖土期间挡土、挡水,保证沟槽开挖和基础机构施工能安全顺利进行,并在基础施工期间不对邻近的建筑物、道路地下管线产生危害。

设置支撑的直沟槽,可以减少土方开挖量,缩小施工面积,减少拆迁量;在有地下水的沟槽里设置板桩支撑可以起到一定的阻水作用。

2)支撑的分类

按结构形式分,支撑主要有:横撑、竖撑、板桩、横板柱桩撑、坡脚挡土墙支撑、地下连续墙。按使用的材料分,支撑主要有:木板支撑、工字钢柱木撑板、钢板桩。

3)支撑的施工质量

(1)支撑后,沟槽中心线到两侧的净宽不小于施工设计的规定,并留够施工空间。

(2)横向支撑不得妨碍下管作业。

(3)支撑的设计必须经过受力验算,设置应牢固可靠;钢板桩支撑的水平位移不得大于5cm,垂直度不大于0.5%。

4)支撑安装和拆除的注意事项

(1)撑板支撑应随挖随撑,雨期施工不得空槽过夜。

(2)沟壁铲除平整,撑板均匀的紧贴沟壁,当有空隙时,应用土填实,横排撑板应水平,立排撑板应顺直,密排撑板的对接应严密。

(3)撑板支撑的横梁、纵梁和横撑的布置、安装,应符合相关规定。

(4)采用横排撑板支撑,当遇到地下钢管或铸铁管道横穿沟槽时,管道下面的撑板上缘应紧贴管道安装;管道上面的撑板下缘距离管道顶面小于10cm。

(5)支撑应派专人定期检查,当发现支撑构件有弯曲、松动、移位或劈裂的迹象时,应及时处理。

(6)上下沟槽应设置安全梯,不得攀登支撑。

(7)撑托翻土板的横撑必须坚固,翻土板铺设应平整,其与横撑的连接必须牢固。

(8)在软土和其他不稳定土层中采用撑板支撑时,开始支撑的沟槽开挖深度不得超过1m。

(9)拆除支撑钱,应对沟槽两侧的建筑物、构造物和槽壁进行安全检查,并制订拆除支撑的实施细则和安全措施。

(10)拆除撑板支撑时应符合下列规定:支撑的拆除应与回填土的填筑高度配合进行,且拆除后应及时回填;采用排水沟的沟槽,应以相邻排水井的分水岭向两端延伸拆除;多层支撑的沟槽,应待下层回填完成后拆除上层槽的支撑;拆除单层密排撑板支撑时,应先回填至下层横撑底面,再拆除下层横撑,待回填至半槽以上,再拆除上层横撑,当一次拆除有危险时,宜采取替换拆撑法拆除支撑。

3. 沟槽排水及降水

1)沟槽排水

在地下水位较高的地区,应做好沟槽的排水工作,防止槽壁长期浸泡在水中导致坍方,威胁施工人员的安全。沟槽开挖到位后,应人工修筑排水明沟,每隔 30～50m 设置一个集水井,用水泵清除集水,特别是在雨天应及时清除沟槽内积水。

2)井点降水

在地下水位高,土质不好的地区如粉土、粉质黏土、砂性土,直接开挖沟槽壁无法成型,极易产生塌陷,在沟槽开挖前必须进行深井井点降水。

(1)深井井点降水设计

在道路沿线布设抽水深井,位置在红线外 1m,采用 DN300 无砂混凝土管井降水,井深 20m,纵向间距 25m,路基两侧交错布置。

(2)主要材料

井管由 DN300 无砂混凝土管、尼龙滤网、粗砂三部分组成,无砂混凝土管内径大于潜水泵外径 50mm。

(3)主要机具设备

高压喷射水枪钻头、高压水泵两台、手动钻杆钻架、架空电缆线。

(4)施工工艺如图 3-5 所示。

图 3-5　深井降水施工工艺图

(5)降水施工

①施工准备

沿预设井点位置附近架设电缆线,电缆线用木质电杆架空,并与附近供电线路接通,每隔 25m 设一电杆,电缆线离地高度不小 3m,每隔一定距离设配电箱,配电箱必须带防雨措施,无砂管壁外均用尼龙滤网包扎牢固,井点附近准备好回填所需的黄砂。

②钻孔

采用高压喷射水枪钻(适用于砂性土质),通过钻头上多个高压水枪对土质的喷射,喷射出的水流带走土体,冲刷成孔,沿孔位外侧距 5～10m 设排泥沟、泥浆坑。

③成孔

孔径较井管直径每边大30~50mm,孔深需比设计深度深0.3~0.5m可提钻下管。

④下井管

成孔后应立即安管,以防塌方,下入井点管后,立即向孔内加黄砂封井底,黄砂为粗砂。

⑤井壁外回填

井壁外与土层之间用黄砂回填至顶作为滤水层。

⑥抽水清孔

回填好黄砂后的井点管要及时抽水清孔,下入深井潜水泵,潜水泵要求功率3~4kW,扬程大于20m,抽至持续冒出清水即可。

⑦正式抽水

一般情况下,应在管道工程开挖前10天抽水,测定水位,工程开挖施工过程中井点降水要连续进行,井内水位每天观测两次。

⑧降水完毕封井

降水完毕不再使用,井点需回填,回填料用砂砾材料,沿线电力设施撤除。

(6)施工要点

①水冲法成孔,电力供应必须充足,在钻孔过程中不得停电。

②井管安放应垂直,井管内底部填灌黄砂滤水层填至高0.8~1.2m。

③井口应盖盖板,防止物件掉入井孔内。

④深井内安放水泵前清洗滤井,冲除沉渣,安装潜水泵,用绳吊入滤水层部位并安放平稳。

⑤潜水泵电缆应有可靠的绝缘。水泵安装完毕,电缆接好后,点动试抽,一切正常后,方可正常运转。

⑥潜水泵通电运行后,应经常检查机械部分、电动机、传动轴、电流、电压等,并观测和记录管井内水位下降和流量。

⑦井管系统运行,应保持连续抽水,并准备50kW发电机一台、同规格潜水泵两台以备应急用。正常出水规律为先小后大,先浑后清,如不上水,或水一直较浑,或出现清后有浑等情况,应立即检查纠正。

⑧井点使用时,基坑周围井点应同时抽水,使水位差控制在要求的限度内。

⑨降水监测:降水工程中设专人观测水位、出水量、作好机械台班等记录。

⑩井点拆除后所留孔洞用砂砾填充捣实。

4. 雨污水管管道主要施工方法

雨污水管一般采用混凝土管或钢筋混凝土管,混凝土管的规格DN100~600mm,L为1m;钢筋混凝土管的规格为DN300~2 400mm,L为2m。管口形式有承插口、平口、圆弧口、企口几种,重点介绍承插口和平口的施工方法。

1)预制钢筋混凝土承插管、柔性接口砂石基础结构

(1)施工工艺流程。

施工工艺流程见图3-6所示。

(2) 管基施工

采用天然地基时,地基不得受扰动。当槽底局部遇有不良地质时,应与设计单位商定处理措施。槽底为岩石或坚硬地基时,应按设计规定施工;设计无规定时,管身下方应铺设砂垫层。基底轴线、基底高程应符合测量标准规定。

① 验槽合格后,及时进行管基施工。

② 槽底管基采用天然级配砂石换填,管道两侧三角区回填粗砂。

③ 平基采用振动夯进行夯实,密实度达到设计及规范要求,且保证其厚度和高程符合图纸要求。

④ 管道承插口部位,应保持平基砂石垫层的厚度。

⑤ 砂基的断面形式详见项目设计文件中。

(3) 下管

① 下管前进行外观检查,发现管节存在裂缝、破损等缺陷,及时修补并经有关部门认定合格后方可下入槽内。

② 下管采用吊车,并用钢丝绳吊装。吊装时对管口进行保护,以免破坏管口。

(4) 稳管、接口

① 管道下槽后,为防止滚管,在管两侧适当加两组4个楔形混凝土垫块。管道安装时将管道的中心、高程逐节调整,安装后的管道进行复测,确保管道纵断面高程及平面位置准确。每节管就位后,进行固定,以防止管子发生移位。

② 在管道安装前,在接口处挖设工作坑,承口前≥60cm,承口后超过斜面长,左右大于管径,深度≥20cm。接口工作坑示意图如图3-7所示。

③ 承、插口工作面清扫干净,承口内及胶圈应均匀涂抹非油质润滑剂,套在插口上的密封胶圈平顺、无扭曲。两节承插口管对装后管体回弹不得大于10mm。

图3-6 预制钢筋混凝土承插管、柔性接口砂石基础结构施工工艺流程图

图3-7 接口工作坑示意图

④ 对口小管径(D400~D800)采用龙门架,D800以上的大管径宜用汽车吊;对口时在已安装稳固的管子上拴住钢丝绳,在待拉入管子承口处架上后备横梁,用钢丝绳和吊链连好绷紧对正,两侧同步拉吊链,将已套好胶圈的插口经撞口后拉入承口中。注意随时校正胶圈位置和状况。

⑤ 稳管时,先进入管内检查对口,减少错口现象。管内底高程偏差在±10mm内,中心偏差不超过10mm,相邻管内底错口不大于3mm。

⑥锁管:辅管后为防止前几节管子的管口移动,可用钢丝绳和吊链锁在后面的管子上。

⑦管道安装后进行两侧管基的回填。回填时管道两侧同时进行,每次厚度不大于200mm,以保证管道不发生位移和管基的密实。

(5)质量标准

管线允许偏差参见表3-3。

管线允许偏差表   表3-3

序号	项目		允许偏差(mm)
1	中线位置		≤10
2	管内底高程	$D ≥ 1\,000mm$	±10
3		$D > 1\,000mm$	±15
4	相邻管底错口	$D ≤ 1\,000mm$	≤3
5		$D > 1\,000mm$	≤5

2)预制钢筋混凝土平口(企口)管、水泥砂浆抹管带,混凝土平基结构

(1)施工工艺流程

施工工艺流程图如图3-8所示。

(2)管基施工

平基采用预拌混凝土,浇筑时必须严格控制顶面高程(高程宜为负值),宽度符合设计要求。

(3)安管

当平基混凝土强度达到5MPa后方可下管。采用人工配合吊车下管,管道高程、中心进行精确定位测设。

(4)管座混凝土:安管合格后,浇筑管座混凝土。管座混凝土支模前按不同类型施放支模宽度和高度。模板纵向连接要严密,防止漏浆,横向支撑要稳固。浇筑前,平基应凿毛或刷毛,并冲洗干净;管座三角区的混凝土不得离析、过干,且集料不得过大;振捣时要认真仔细,管道两侧平行振捣防止漏振和管道移位。

(5)钢丝网水泥砂浆抹带

在浇筑管座混凝土时将钢丝网插入混凝土中不小于100mm。抹带前,管周管带位置凿毛,清扫干净并刷水泥浆一道,铺垫砂浆后拧紧钢丝网,并使钢丝网与砂浆结合密实,分层用水泥砂浆抹带,砂浆初凝后压实,并覆盖草帘养护,防止高温干裂或低温冻坏。

(6)质量标准

混凝土平基允许偏差见表3-4。

图3-8 预制钢筋混凝土平口(企口)管、水泥砂浆抹管带,混凝土平基结构施工工艺流程图

混凝土平基允许偏差表　　　　　　　表 3-4

部 位	序 号	项 目	允许偏差（mm）	检 查 频 率		检 验 方 法
				范围	点数	
平基	1	中心线每侧宽度	不小于设计规定	10m	2	挂中心线用尺量每侧记一点
	2	管基高程	0、-2	10m	1	用水准仪测量
	3	厚度	±10	10m	1	用尺量

抹带接口允许偏差见表 3-5。

抹带接口允许偏差表　　　　　　　表 3-5

序 号	项 目	允许偏差（mm）	检 查 频 率		检 验 方 法
			范围	点数	
1	宽度	+5	两井之间	2	钢尺测量
2	厚度	+5	两井之间	2	钢尺测量

5. 管井施工

管井的设计通常有三种形式：砖砌管井、钢筋混凝土现浇管井、预制钢筋混凝土管井。

1）砖砌管井

(1) 砖砌前，将砖砌部位清理干净，洒水湿润。对凿毛处理的部位刷素水泥浆。

(2) 不同形式的井室，墙体尺寸控制及排砖方法均不同，具体方法如下：

①井室为矩形时，在墙体的转角处立皮树杆，以控制墙体垂直度和高度。砌筑前先盘角，然后挂线砌墙。采用满丁慢条砌筑方法，砖墙转角处，每皮砖需加七分头砖。

②井室为圆形时，以圆心为控制中心挂线，随砌随检查井室尺寸。采用丁砖砌法，两面排砖，外侧大灰缝用"二分枣"砌筑。砌完一层后，再铺浆砌筑上一层砖，上下两层砖间竖向缝错开。

(3) 砖砌采用"三一"法砌筑，即一铲灰、一块砖、一挤揉。若采用铺浆法砌筑时，铺浆长度不超过 500mm。

(4) 砖砌体水平灰缝砂浆饱满度不得低于 90%，竖向灰缝采用挤浆或加浆法，使其砂浆饱满。严禁用水冲浆灌缝。

(5) 砌筑时，要上下错缝，相互搭接，水平灰缝和竖向灰缝控制在 8~12mm。

(6) 拱券砌筑及支管安装：

①检查井接入管线时，管顶砌筑砖券加固，当管径≥1 000mm 时，拱券高度为 250mm；当管径≤1 000mm 时，拱券高度为 125mm。

②预留支管随砌随安，管口深入井壁 30mm，预留管的管径、方向、高程均符合设计要求，管与井壁连接处须严密不漏水。用截断的短管安装预留管时，其断管破茬不得朝向井内。

(7) 流槽与井室同时进行砌筑，雨水检查井流槽高度为到顶平接的支管的管中部位。污水检查井流槽高度为干线管顶高。

(8) 井室中踏步的安装和脚窝的设置按标准图集（PT02-J05、PT03-J05）随井室墙体砌筑安装留设，位置准确，随时用尺测量其间距，在砌砖时用砂浆埋设牢固，不得事后凿洞补装,砂浆未凝固前不得踩踏。

(9)钢筋混凝土盖板及预制井筒安装采用汽车吊吊装就位,安装前按设计要求进行座浆。

(10)抹面

①雨水检查井:井室内墙面由下游管底至管顶以上300mm,均用1:2.5水泥砂浆抹面,厚20mm,至地下水位以上500mm。

②污水检查井:井室内墙面由下游管底至井室顶以下全部使用1:2.5水泥砂浆抹面,厚20mm,其余用1:2水泥砂浆勾缝;若位于地下水位以下,外墙用1:3水泥砂浆抹面,厚20mm,至地下水位以上500mm。

③抹面前先用水湿润砖墙面,采用三遍法抹面,第一遍1:2.5水泥砂浆打底,厚10mm,必须压入砖缝,与墙面粘贴牢固,第二遍抹厚5mm找平,第三遍抹厚5mm铺顺压光,抹面要一气呵成,表面不得漏砂浆。抹面完成后,进行覆盖养护。

(11)勾缝

①勾缝前检查墙体灰缝深度,有无狭缝。清除墙面杂物,洒水湿润。

②勾缝要求深浅一致,交接处平整,一般比墙面深3~4mm。

③勾完一段清扫一段,灰缝不得有舌头灰、毛刺。

2)现浇钢筋混凝土管井

(1)钢筋混凝土管井垫层采用C10混凝土,结构混凝土为C25。钢筋混凝土管井沟槽采取明挖的方式进行施工,根据土质及开挖深度确定放坡坡度。沟槽槽底高程及地基验收合格后,方可进行垫层施工。垫层混凝土要求表面平整、直顺、中线和高程符合设计及规范要求。

(2)钢筋混凝土管井混凝土采用两步浇筑的方法进行施工,故钢筋安装和模板工程也分两次完成。钢筋按照施工图、规范要求加工成型。采用在钢筋上绑扎塑料垫块来保证钢筋保护层的厚度,垫块梅花状布置,间距为70cm。钢筋绑扎过程中注意下一步施工的预埋筋位置,应牢固稳定。钢筋绑扎完毕后,按规范及设计要求,进行钢筋自检,再报监理工程师验收,验收合格后支立模板。模板缝间用海绵胶条填塞,并拼装紧密,表面平整。为防止烂根,模板底部与垫层混凝土接触处也用多层海绵胶条填塞。

(3)管井使用溜槽浇筑混凝土,并由人工配合。浇筑混凝土前,必须对支架、模板、钢筋进行检查,模板内的杂物、积水和钢筋上的污垢清理干净,模板如有缝隙,应填塞严密,模板内应涂刷脱模剂。混凝土浇筑要连续,混凝土按一定厚度、顺序和方向自下而上水平地分层浇筑,每层厚度不超过30cm,在下层混凝土初凝前,上层混凝土浇筑结束完。混凝土初凝之后,模板不得振动,伸出的预留钢筋不得承受外力。

(4)混凝土浇筑完成后,立即对混凝土进行养生。混凝土养生要有专人负责,经常洒水,保持混凝土表面湿润,必要时用塑料膜覆盖混凝土的表面。养生期不得少于7天。

3)预制钢筋混凝土管井

(1)雨、污水管井井筒采用预制井筒,踏步为塑钢材质。检查井预制井筒安装应根据设计图纸规定的井位桩号、井口高程等参数控制施工。

(2)按照设计图纸规定,核对运至现场的检查井预制井筒的类型、编号、数量等。井壁预留的接口尺寸、位置应准确,工作面光滑平整,且应标示吊装轴线标记。预制井筒应在检查井验收合格后,进行安装。安装前,清除企口上的灰尘和杂物,企口部位湿润后,用1:2的水泥砂浆坐浆约厚10mm,吊装时应使踏步的位置符合设计规定。检查井预制构件全部就位后,用1:2的水泥砂浆对所有接缝里外勾平缝。

6. 雨水口及雨水口支线施工

1) 雨水口施工工艺

(1) 施工流程

雨水口施工流程为:测量放线→挖槽→混凝土基础→墙体砌筑及勾缝→豆石混凝土泛水找坡→过梁安装、井圈及井箅安装。

(2) 施工要点

①基槽开挖

人工开挖雨水口基槽,按照所放开挖边线进行开挖。开挖过程中,核对雨水口位置,有误差时以支管为准,平行于路边修正位置。

②混凝土基础

在浇筑混凝土基础之前,对槽底仔细夯实,槽底松软时换填3:7的灰土。在混凝土浇注过程中,采用人工振捣,表面用木抹子抹毛面。浇筑完成后,及时进行养护。

③井室砌筑及勾缝

a. 雨水口混凝土基础强度达到5MPa后,方可进行雨水口砌筑。根据试验室提供的水泥砂浆配合比,现场搅拌水泥砂浆。

b. 测放雨水墙体的内外边线、角桩,据此进行墙体砌筑。按雨水口墙体位置挂线,先砌筑一层砖,根据长度尺寸,核对对角线尺寸,核对方正。墙体砌筑,灰缝上、下错缝,相互搭接。

c. 雨水口砌筑灰缝控制在8~12mm。灰缝须饱满,随砌随勾缝。每砌筑300mm将墙体肥槽及时回填夯实。回填材料采用二灰混合料或低强度等级混凝土。

d. 雨水支管与墙体间砂浆须饱满,管顶发125mm砖券,管口与墙面齐平。支管与墙体斜交时,管口入墙20mm,另一侧凸出20mm,管端面完整无破损,超过此限时考虑调整雨水口位置。

e. 为确保雨水口与路面顶面的平顺,按照设计高程,在路面上面层施工前,安装完成雨水口井圈及井盖。

f. 道路雨水口顶面高程比此处道路路面高程低30mm,便于雨水排出。

④豆石混凝土返水找坡

雨水口砌筑完成后,底部用10MPa豆石混凝土抹出向雨水支管集水的返水坡。豆石混凝土厚度最大50mm,最小30mm。

⑤过梁、井圈及井箅安装

a. 雨水口预制过梁安装时要位置准确,顶面高程符合要求;安装牢固、平稳。

b. 预制混凝土井圈安装时,底部铺20mm厚1:3水泥砂浆,位置要求准确,与雨水口内壁一致,井圈顶与路面平齐或稍低30mm,不得突出。

2) 雨水支管施工工艺

(1) 放线开槽

开挖前测设管线准确中线,测出所需开挖深度。开槽时严格控制槽底高程和宽度,禁止超挖。开槽清理完毕后报监理工程师验槽合格后进行平基施工。

（2）平基

平基混凝土浇筑采用钢模。浇筑前应先清理槽底，定出基础顶面高程。使用的混凝土由有资质的、经监理批准的商品混凝土厂家提供。

（3）下管、安管

当平基混凝土强度达到 5MPa 后，将平基凿毛，用水冲干净并弹出管道中线。一般由吊车进行下管，管径较小时可采用人工，下管时平稳轻放，严禁砸撞基础。安管时严格控制管内高程和线的直顺度，安管后用干净石子或碎石卡牢。

（4）管座混凝土

管座混凝土模板采用钢模，浇筑时两侧同时进行，防止把管子挤跑，采用压茬赶浆法振捣，严防漏振，保证混凝土密实。同时用麻袋球或其他工具在管内来回拖动，将流入管内的灰浆拉平。

（5）水泥砂浆接口（钢丝网水泥砂浆抹带）

①管口抹带部分除去浆皮，在灌注混凝土管座时，将钢丝网按设计位置和深度插入混凝土管座内，并另加抹带砂浆，仔细捣固。

②抹第一层水泥砂浆时应压实，使与管壁粘结牢固，厚度为 15mm，然后将两片铁丝网扎牢用 20 号或 22 号镀锌铁丝网扎牢，待第一层水泥砂浆初凝后，抹第二层水泥砂浆厚 10mm，初凝后赶光压实。

（6）雨水口施工

雨水口对接入的支管随砌随安，管口伸入雨水口内 30mm。当基底垫层浇筑完，有一定强度后方可进行雨水口砌筑。严格控制雨水口的几何尺寸在允许偏差之内。砌筑时砂浆饱满，砖缝均匀，抹面压实平整。

（7）回填

安管完成后，按照有关标准规定，采用加固标准进行回填。质量标准见表 3-6。

回填质量检查频率表 表 3-6

检查频率		数量	检查方法
范围	点数		
井框与井箅吻合	≤10	1 座	用尺量取最大值
井口高	0，-10	1 座	井框与路面比用钢尺量
雨水口位置与路边线平行	≤20	1 座	用钢尺量取较大值
井内尺寸	+20，0	1 座	用钢尺量取较大值

7. 污水管道闭水试验

污水管线施工完毕后，必须按规定进行闭水试验。闭水试验采用从上游往下游分段进行。每段闭水试验长度不宜大于 500m。闭水试验的水位应为试验段上游管内顶以上 2m，采用带井试验的方式。闭水试验前，管道及检查井结构应检验合格，将各支线管口堵严保证不漏水，每段上游管口砌砖抹灰封严（封堵应经过承压计算）。试验按下列程序进行：

（1）注水浸泡 1~2d—闭水试验（不少于 30min）—计算试验渗水量—检验合格—管线勾头。

(2)根据管线长短可采用分段闭水,分段回填。如闭水试验不符合要求,必须对渗水部位进行修补处理,合格后方可回填沟槽。

(三)管道顶管施工

顶管施工减少施工占地面积和土方工作量,减少拆迁量,管道不必设置基础和管座,工程立体交叉时不影响上部结构施工,施工不受季节影响,但顶管施工仅适用于非岩性土层,在岩石层、含水层施工或遇到坚硬地下障碍物,都需要采取相应附加措施。

用顶管法敷设的管道有钢管。钢筋混凝土管及预制或现浇的钢筋混凝土管沟(渠、廊)等,采用最多的管材种类还是各种圆形钢管、钢筋混凝土管。

1. 井位成型施工

1)逆作法

地基条件符合大开挖处,顶管井位采用逆作法施工,控制底部工作层衬墙净尺寸为工作井 6 000mm×4 000mm,接收井 4 000mm×3 500mm。

首先根据施工图设计要求的管道埋深计算出所需开挖的深度,采用分层开挖、随挖随筑的方法自上而下施工。工作层衬墙厚 250mm,四周拐角设 400mm×400mm 护角,底板下设 100mm 碎石垫层,底板厚 300mm。整个工作井衬墙采用双层双向 $\phi18@200$mm 钢筋,保护层 35mm,底板采用双层双向 $\phi18@200$mm,保护层 45mm。底板设置一处 240mm×115mm×95mm 多孔砖砌 $\phi600$mm 集水井,井深 800mm。上层衬墙与工作层衬墙同厚同配筋,四侧各宽出工作层衬墙 100mm,依此类推。

顶管工作井、接收井的施工与牵引管工作井相似,所不同的是工作层混凝土达到 75% 强度后可在集水井内抽水,并在底板上弹出导轨安装线,达到 100% 强度后方可在井内安装装配式后靠背和导轨、油泵等顶进设备。

2)沉井法

(1)按设计要求预制沉井

根据施工图设计中要求的沉井尺寸,就地现浇沉井。在顶进方向预留洞口,直径大于管道外径 500mm。

沉井主体采用 C25 混凝土,封底及填坡采用 C15 素混凝土。

(2)施工方法

其分为制作和下沉两个过程。根据工程条件采用分段制作、接高、下沉的循环过程。

为了将沉井质量扩散到更大的面积上,避免沉井倾斜或不均匀沉降而产生裂缝,在制作第一段沉井前,宜在地基表面铺设砂垫层,并沿井壁周边刃脚下铺设承垫木。在沉井下沉之前,应分区、依次、对称、同步地将承垫木抽除。

当土质透水性很小或涌水量不大时,可采用排水(或不灌水)下沉;在沉井穿过涌水量较大的亚砂土或砂层时,为了防止砂子涌入井中影响施工,则采用不排水(或灌水)下沉。下沉时常采用抓斗或水力机械等方法取土。

(3)沉井施工中的问题和防止措施

常遇到的问题有:突然下沉、涌砂、倾斜和偏移、沉不下去:

①防止突然下沉的方法有:适当加大下沉系数;控制挖土深度,即坑底不要挖得太深;结构上合理分隔,设置一定数量的底梁;采用泥浆套法或壁后压气法,以减小摩擦力等措施。

②涌砂的处理方法是向井内灌水,使井内水位恒大于井外地下水位。

③下沉时应均匀对称挖土,以防止沉井偏斜。若发生偏斜,可调整挖土先后次序和方法;采取偏心压重,部分壁外冲水等措施。

④沉井设计和施工时通常用下沉系数(沉井施工阶段自重与阻止下沉的井壁四周土的摩擦力、刃脚踏面阻力等的比值)估算沉井能否顺利下沉,一般要求下沉系数为1.10~1.25。当下沉系数不满足时,要采取上述减小摩擦力的方法,以及增加质量等措施。如在下沉中发生质量不够时,也可采用壁外冲水和井内抽水、加压重、接高井壁等措施。

2. 顶管工艺流程

顶管工艺流程如图3-9所示。

3. 掘进机的选择

掘进设备种类繁多,根据施工单位自有设备情况及地质情况选择,一般采用泥水平衡顶管机。

泥水平衡顶管施工方法的优点如下:

①适用地质范围较广,在地下水位较高以及地质变化范围大的土质条件,效果尤其突出。

②可保持挖掘面的相对稳定,对周围土层的影响较小,施工后地面沉降最小。

③与其他类型的机种相比,泥水顶管的推力较小,适宜于长距离顶管。

④工作坑内作业环境较好,作业比较安全。

⑤由于采用泥水输送弃土直至地面,搬运土方更为方便。

⑥由于采用地面遥控操作,施工更加文明、安全。

⑦由于连续出土,大大提高了推进速度。

⑧采用了方向引导装置,使得顶进速度快、精度高。

4. 顶管施工准备

1)顶管工程力学参数确定

顶管管道受的阻力,包括工具管切土正压力、管壁摩擦阻力及工具管水压力。

2)顶进设备的选用

顶进设备主要包括千斤顶、高压油泵、顶铁、工具管及运出土设备等。

图3-9 顶管工艺流程图

千斤顶是掘进顶管的主要设备,考虑到为避免千斤顶故障而影响工程进度,故每台机头采用两套设备。千斤顶在工作坑内的布置采用两台并列式,顶力合力作用点与管壁反作用力作用点应在同一轴线,以防止产生顶时力偶,造成顶进偏差。根据施工经验,采用机械挖运土方,管上半部管壁与土壁有间隙时,千斤顶的着力点作用在管子垂直直径的 1/4～1/5 处为宜。

高压油泵由电动机带动油泵工作,经分配器、控制阀进入千斤顶,各千斤顶的进油管并联在一起,保证各千斤顶活塞的出力和行程。

顶铁是传递和分散顶力的设备。要求它能承受顶压力而变形,并且便于搬动。根据顶铁位置的不同,可分为横顶铁、顺顶铁和 U 形顶铁三种。

工作坑上设活动式工作平台,平台用 30 号工字钢梁,上铺 15cm×15cm 的方木。工作坑井口处安装滑动平台,作为下管及出土使用。在工作平台上设直重架,上装电动卷扬机,其起重量应大于管子重量。

5. 挖土以及顶进

首先将工具头下到导轨上,就位以后,装好顶铁,连接好各系统并检查正常后,校测工具头水平及垂直高程是否符合设计要求,合格后即可顶进工具头,然后安放管节,再次测量高程,核定无误后,开动工具头进行试顶,待调整好各项参数后即可正常顶进施工。

1)顶进掘进机洞口处地基加固及止水圈施工

若管道所处部位为淤泥质土,流动性较强,施工时考虑在洞口外 8m(大于机头长度 3.425m)范围内注浆以提高地基土的抗渗性与承载力,防止工具头出洞后下沉或地层透水。注浆孔以梅花形方式布孔,孔距 1.5m。对洞口上 3m、下 3m 及左右各 4m 作为上下左右的加固范围。土体加固过程中要对管线地面进行跟踪沉降观测。顶管机进入加固范围时,要观察出土与顶力的变化情况。顶管掘进机在顶至离接收井约 10m 处停止对管壁外注润滑浆,防止进洞时浆液流入接收井内。

在洞口外侧,要设置钢封门,钢封门采用 22 号槽钢,密排布置。顶管掘进机出洞口处必须进行止水圈施工,以防漏水。

2)顶进施工

顶进施工主要利用工具头的管前端取土,千斤顶出镐在后背不动的情况下将雨(污)水管向前顶进,其操作过程如下:

(1)安装好顶铁挤牢,管前端已有一定长度后,启动油泵,千斤顶进油,活塞伸出一个工作行程,将管子推向一定距离。

(2)停止油泵,打开控制阀,千斤顶回油,活塞回缩。

(3)添加顶铁,重复上述操作,直至需要安装下一节管子为止。

(4)卸下顶铁,下管,用钢套环连接混凝土管,在混凝土管接口处放一圈止水胶圈,以保证接口缝隙和受力均匀或采用其他防渗漏措施,保证管与管之间的连接安全。

3)顶管管节接头形式及防水措施

为防止管道渗漏,管节间必须有可靠的防水措施,并应严格按照设计要求用止水胶圈设置好接头。

4)顶管工作面排水

顶管工作应尽量从下游向上游方向进行,地下水由工作面流向工作井集水坑,再用泵排出地面。

5) 管道渗漏的治理

对管道渗水点,先凿 V 形槽,埋入导水水管,用双快水泥封闭管周,待水泥有一定强度后,用手动泵压入水泥水玻璃浆液封堵。

6) 管内作业面通风

在顶管中,通风是一个不容忽视的问题。因为在顶时过程的时间比较长,作业人员在管子内要消耗大量的氧气,久而久之,管内就会出现缺氧,影响作业人员的健康,从而导致工程事故的发生。因此需解决好通风问题。通风一般采用鼓风式通风,或选用中型风扇。在施工人员下井前必须先通风 10min,并对有害气体进行检测。

7) 压浆与补浆

每段顶管长度超过 80m,属于长距离顶管。使用触变泥浆是长距离顶管减少摩阻力的重要技术措施。长距离顶管,应合理使用触变泥浆。使用触变泥浆可以保持土体稳定,减少塌方,并降低土体对管道的摩阻力。采用工具管压浆,每五节混凝土管设一节补浆管段。

8) 泥水浓度的控制

掘进机工作时,泥浆泵应配给适当浓度泥浆以平衡泥土的压力,泥水浓度必须大于 1.03,即必须是含有一定黏土成分的泥浆,但是,在泥水平衡顶管施工过程中,应针对不同的土质情况配置不同密度的泥水。详细情况可参见表 3-7。

泥水浓度的控制表　　　　表 3-7

土 质 名 称	渗 透 系 数(m/s)	颗 粒 含 量(%)	泥水相对密度
黏土及粉土	$1\times10^9 \sim 1\times10^7$	5~15	1.025~1.075
粉砂及细砂	$1\times10^7 \sim 1\times10^5$	15~25	1.075~1.125
中砂	$1\times10^5 \sim 1\times10^3$	25~35	1.125~1.175
粗砂	$1\times10^3 \sim 1\times10^1$	35~45	1.175~1.225
砾石	1×10^1 以上	45 以上	1.225 以上

6. 测量以及纠偏

1) 顶管测量

顶管测量采用激光经纬仪和水准仪等仪器。

(1) 开始顶第一节管子时,每次顶进 20~50cm;正常顶进时,每次顶进 1m。校正时,每出土一次测量一次。

(2) 中心线测量:首先在地面用经纬仪确定顶管方向桩,然后在工作坑边的两方向桩上挂小线,其上吊 2 个垂球到工作坑底部,在工作坑中用激光水准仪照准两垂球,读前端的中心尺刻度,若与中心刻度相重合,说明其方向准确,否则其差值即为偏差值。

(3) 高程测量:在工作坑内引设水准点,停止顶进,将激光水准仪支设在顶铁上,测量前端管底高程。

2) 顶管偏差的校正

顶进中发现与管位偏差 10mm 左右,即应进行校正。

(1) 穿墙各纠偏阶段要求每顶进 10～30cm 左右测量一次。

(2) 工具管纠偏应在顶进过程中进行,绘制工具管测点行进轨迹曲线图来指导纠偏,管轴线偏差不允许大起大落。

(3) 纠偏控制由纠偏千斤顶进行,掘进机共有纠偏千斤顶 4 个,纠偏角度为 2.5°,能上下左右四个方位纠偏。一般情况下每次纠偏角度不大于 0.5°,以适当的曲率半径逐步回到轴线上来,做到精心施工。

(4) 纠偏由激光经纬仪发出的激光束照射在位于钻掘系统的光靶上。根据测得的偏斜数据,操纵液体纠偏系统,使掘进系统前部铰接的机头产生偏摆,从而实现铺管方向的调节。纠偏分四步进行,如图 3-10 所示。

图 3-10 顶管纠偏示意图

7. 顶管质量控制

顶进管道的施工质量应符合下列规定:
1) 管内清洁,管节无破损。
2) 允许偏差应符合下列要求:
钢筋混凝土管最大偏角:0.5°;
管线轴线偏差:50mm;
高程偏差:$L \leq 100$m +30～-40;
相邻管节错口:≤15mm,无碎裂;
接口抗渗试验应达:0.11MPa;
内腰箍不渗漏,橡胶止水圈不脱出。
3) 顶进过程中地面沉降控制范围要求符合下列要求:
地面隆起的最大极限 +10mm;
地面沉降的最大极限 -10mm。

(四)不开槽管道施工方法选择

不开槽管道施工方法是相对于开槽管道施工方法而言,不开槽管道施工方法通常也称为暗挖施工方法。市政公用工程常用的施工方法是:顶管法、盾构法、浅埋暗挖法、地表式水平定向钻法、夯管法等。

1. 方法选择与设备选型依据

施工单位应根据现场情况、既有管线排查情况、业主提供的工程勘察报告、可供借鉴的施工经验及可靠的技术数据选择不开槽施工的具体方法和设备。

2. 施工方法与适用条件

(1)施工方法与设备分类如图3-11所示。

(2)不开槽施工法与适用条件见表3-8。

图3-11 施工方法与设备分类

不开槽法施工方法与适用条件 表3-8

施工工法	密闭式顶管	盾 构	浅埋暗挖	定向钻	夯 管
工法优点	施工精度高	施工速度快	适用性强	施工速度快	施工速度快、成本较低
工法缺点	施工成本高	施工成本高	施工速度慢,施工成本高	控制精度低	控制精度低,适用于钢管
适用范围	给水排水管道、综合管道	给水排水管道、综合管道	给水排水管道、综合管道	给水管道	给水排水管道
适用管径(mm)	300~4 000	3 000以上	1 000以上	300~1 000	200~1 800
施工精度	小于±50mm	不可控	小于±1000mm	小于±1000mm	不可控
施工距离	较长	长	较长	较短	短
适用地质条件	各种土层	各种土层	各种土层	砂卵石及含水地层不适用	含水地层不适用,砂卵石地层困难

3. 施工方法与设备选择的有关规定

(1)采用敞口(手掘)式顶管机时,应将地下水位降至管底以下不小于0.5m处,并应采取措施,防止其他水源进入顶管的管道。

(2)当周围环境要求控制地层变形或无降水条件时,宜采用封闭式的土压平衡或泥水平衡顶管机施工。目前城市改扩建给水排水管道工程多数采用顶管法施工。

(五)管线土方回填

1. 一般控制措施

(1)各管线回填工作开始前,提前向驻地监理工程师申报管道回填土专项部位工程开工申请,阐明施工方案,技术措施及回填质保体系,获批准后方可进行施工。

(2)管线回填必须符合施工技术规范要求,按规定频率进行回填土的轻、重型击实试验,求得该填料的最佳含水率、最大干密度,沟槽内不能有积水、淤泥,所用填料禁止有砖头、混凝土块、树根、垃圾和腐殖土。

(3)回填必须分层夯实或碾压,沟槽窄小的扩建回填,以保证足够的工作宽度。当采用蛙式夯时,虚土厚度≤20cm;当采用压路机时,虚铺厚度不超过30cm,碾压的重叠宽度不小于20cm,在工作面具备且不损及管道的前提下,尽早使用压路机及时进行填土碾压,在所回填段落,立标牌标明施工负责人,质控验收人员和现场监理员的姓名,每层回填完毕,自检合格后,层层报监理抽检验收,合格后,方可进行下层回填,凡是监理抽检不合格的,要返工或补压,直至达到合格标准。

(4)管道回填必须保证管道本身的安全,管道两侧管顶上50cm范围内要用蛙式夯夯实,回填管道两侧同步进行,高差不超过30cm,不得使管道位移或损伤。分段回填时,相邻段的接茬形成台阶,每层台阶宽度不小于厚度两倍。在合槽施工中,有双排多排管道,其基底位于同一高程,先回填基础低的沟槽,待回填到高基础底面后,再按照要求进行回填。

(5)回填密实度标准如图3-12所示。

图 3-12 管道回填密实度标准示意图

注:胸腔Ⅰ区≥95%(轻型击实);管顶以上50cm范围内(Ⅱ区)>87%(轻型击实);管顶上50cm至路床(Ⅲ区),按路床以下深度划分回填密度。执行《市政工程质量检验评定标准》(CJJ 1—90)重型击实标准

2. 主路路基范围内的回填控制措施

1)单槽回填

(1)管顶至路床高程≤60cm,如管径≤60cm的城市管线可采用C10混凝土360°包封10cm,其上采用二灰砂砾掺5%水泥回填至路床高程;如管径>60cm,采用9%灰土回填至路床高程,最后一层回填宽度每侧大于槽宽50cm。(图3-13)

(2)管顶至路床高程>60cm且≤150cm、管顶上60cm以下范围,全部采用9%灰土全断面回填,在管顶上60~80cm再作一层9%灰土;80cm以上,沟槽两侧每1~2层开

挖 50cm×30cm 台阶,用(6~8)t 压路机静碾压素土或 9% 灰土填至路床高程,必须达到规定密实度。(图 3-14)

图 3-13 主路路基范围单槽回填示意图 1

图 3-14 主路路基范围单槽回填示意图 2

(3)管顶至路床高程 >150cm 的,管顶 60cm 以下全部采用 9% 灰土全断面回填,60cm 以上,沟槽两侧分层开挖 50cm×30cm 台阶,用压路机碾压素土,回填至路床高程。(图3-15)

(4)主路路基范围内,新建管线与现状管线交叉,且垂直距离较小的,采用 C10 混凝土或 75 号水泥砂浆砌砖墩,在垂直方向包封至管子中线,水平方向两侧包封 50cm,其他要求同上。(图 3-16)

2)管线合槽施工回填

两条管线处在同一高程,且间距较小,不能使用机械夯实的,采用 C10 混凝土或粗砂回填,其他要求同上。

图 3-15 主路路基范围单槽回填示意图 3

图 3-16 主路路基范围单槽回填示意图 4

3. 辅路路基范围内管线回填措施

1)单槽回填

单槽回填全部采用素土,槽壁开台阶分层回填,但在管顶上 60~80cm 作一层 40cm 厚 9% 灰土结构。(图 3-17)

图 3-17 辅路路基范围单槽回填示意图

2)两层管线有高差

上面管线管基以下至下面基槽底单侧采用 9% 灰土回填(如设计有特殊要求,按设计要求加固),其余全部采用素土开台阶分层回填,但在最上层管顶 60~100cm,作一层 40cm 厚的 9% 灰土结构。(图 3-18)

3)两条管线处在同一高程

两层管线处于同一高程且间距较小,不能使

用机械夯实的,采用C10混凝土回填(同主路合槽回填)或粗砂。

4. 主辅路路面范围内检查井周围的回填

(1)检查井周围10cm范围内,路面结构层以内采用二灰砂砾掺5%水泥回填。路面结构层以下至槽底采用9%石灰土,与回填层同步施工。(图3-19)

(2)如拟建管线有顶管施工时,顶坑全部采用9%灰土或天然砂砾填夯至路床。

(3)在路堑沿线回填顶坑时应注意,从地面往下6cm范围内应回填石灰粉煤灰砂砾。

(4)采用工字钢基木板支护的顶坑,坑内四周必须采用压浆处理,压浆采用1:1:1.5(水泥:粉煤灰:中砂)水泥砂浆。

图3-18 辅路路基范围两层管线有高差回填示意图

图3-19 主辅路路面范围检查井周围回填示意图

5. 主辅路范围内雨水支管和雨水口的回填

雨水支管采用二灰掺水泥或全部采用C10混凝土回填,高度与二灰顶面相平。雨水口周围采用C10混凝土回填。

6. 主辅路范围内顶管压浆

顶管压浆需在顶管开工申请的施工方案中,需详细阐明其工艺和质控措施,经监理工程师审批后方可施工。

施工单位提前做好压浆准备工作,顶管施工完毕,顶坑回填以后,尽快压浆,压浆采用1:1:1.5(水泥:粉煤灰:中砂)水泥砂浆。在设置注浆孔时为避免损伤相邻管,注浆孔左右各设一排气孔。注浆压力根据现场施工情况确定,以确保压浆质量指标。压浆分两次进行,第一次注满土层和管壁之间的空隙,等24h后进行第二次压浆,第二次压浆重新布孔,注浆基本完成后,重点地段采用雷达扫描。

7. 回填质控工作重点

(1)在基槽清理完毕后,及时报监理验收,且必须在监理签字隐蔽工程质检单后方可进行回填施工。

(2)管线回填前将回填方案上报监理,经驻地监理工程师批准后方可施工。灰土拌和优先采用机械拌和,当条件不具备时采用人工在槽内拌和。当为人工拌和时,先在槽内虚铺合格的回填用土,根据土的方量计算出用灰量,并考虑适当的保证系数,将合理灰量的灰,均匀铺在虚土上,人工反复拌和直至灰土掺拌均匀一致。施工时满足有关环保要求。

(3)用灰土回填沟槽,除按要求进行压实度、宽度和厚度检查外,要作含灰量的检查。槽壁开挖的台阶宽度≥层厚2倍,且此灰土及其以上各层回填必须用压路机碾压成型,并达到合格标准。

(4)管道基槽回填施工现场必须配置质控试验员检查,及时检验、试验并及时将试验单层层报监理工程师检查抽检,未经抽检合格,不得进行下层回填。

(六)综合管廊施工简介

综合管廊指的是将设置在地面以下,两种以上的各类公用管线集中设置于同一构筑空间内,并留有供检修人员行走通道的隧道结构,适用于交通流量大、地下管线多的重要地段,是一种现代集约的城市地下基础设施。它解决了管线直埋带来的诸多难题,有效地推动地区基础设施的现代化水平提升,实现可持续发展,是市政管线建设的趋势和方向。

综合管廊也称为共同沟、综合管沟、共同管道,是指在地下建造一个公用的隧道空间,把多种公用管线集中敷设在一起。综合管廊根据其所容纳的管线不同,其性质及结构亦有所不同,大致可分为干线综合管廊、支线综合管廊、缆线综合管廊、干支线混合综合管廊四种。

干线综合管廊一般设置于机动车道或道路中央下方,主要连接原站(如自来水厂、发电厂、燃气制造厂等)与支线综合管廊。其一般不直接服务于沿线地区。沟内主要容纳的管线为电力、通信、自来水、热力等管线,有时根据需要也将排水管线容纳在内。在干线综合管廊内,电力主要从超高压变电站输送至一、二次变电站,通信主要为转接局之间的信号传输,燃气主要为燃气厂至高压调压站之间的输送。干线综合管廊的断面通常为圆形或多格箱形,综合管廊内一般要求设置工作通道及照明、通风等设备。干线综合管廊的特点主要为:稳定、大流量的运输;高度的安全性;紧凑的内部结构;可直接供给到稳定使用的大型用户;一般需要专用的设备;管理及运营比较简单。

支线综合管廊主要用于将各种供给从干线综合管廊分配、输送至各直接用户。其一般设置在道路的两旁,容纳直接服务于沿线地区的各种管线。支线综合管廊的截面以矩形较为常见,一般为单舱或双舱箱形结构。综合管廊内一般要求设置工作通道及照明、通风等设备。支线综合管廊的特点主要为:有效(内部空间)截面较小;结构简单,施工方便;设备多为常用定型设备;一般不直接服务于大型用户。

缆线综合管廊主要负责将市区架空的电力、通信、有线电视、道路照明等电缆容纳至埋地的管道中。缆线综合管廊一般设置在道路的人行道下面,其埋深较浅,一般在1.5m左右。缆线综合管廊的截面以矩形较为常见,一般不要求设置工作通道及照明、通风等设备,仅设置供维修时用的工作手孔即可。

干支线混合综合管廊的特点介于干线综合管廊和支线综合管廊的特点之间,一般设置于道路较宽的城市道路下方。

综合管廊在国外已有170余年的建设和运营历史,在我国尚处于起步阶段。近年来在上海、广州等地建设了一定数量的综合管廊,这些综合管廊基本都是在新城区建设的。

综合管廊内容纳的市政公用管线数量多,管线的资产和权属分散在各个行业,因而在综合管廊建设时,尚应符合这些管线的标准规范要求。

第四节　城市道路路基施工

一、施工测量

(一)导线点、水准点复测

1. 控制点交付

进场前由设计院将道路导线、水准控制点、现场红线控制桩交付给施工单位。

2. 测量仪器准备

测量仪器进场使用前应由有相关资质的单位校核并出具合格报告后方可使用。

3. 导线点复测及加密

导线点复核测角由已知点开始,沿导线前进方向逐点观测。全站仪(或经纬仪)依次安置于各导线点上,进行对中、整平,并瞄准相邻两导线点上的标杆底部或插在导线点木桩上的测钎下端。当遇短边时,更应仔细对中,并尽可能直接瞄准导线点桩上的小钉,以减小测角误差。在每站观测工作结束前,需当场进行检查计算,若发现观测结果超限或有错误时,应立即重新观测,直至符合要求后,方可迁站。

导线点复核一般采用平差法。平差计算的角度改正数为:

$$V_i = -f_\beta/n \tag{3-1}$$

式中：n——包括连接角在内的导线转折角数;

f_β——计算角度闭合差。

一级导线平差标准,方向角闭合差$\leqslant 10\sqrt{n}$,导线全长相对闭合差$\leqslant 1/17\,000$。平差后的闭合差如满足以上公式要求,导线点数据可作为成果被采用。计算前应先认真检查外业记录,满足规范限差要求后,才能进行内业计算。

加密的导线点应选在土质坚实、稳固可靠、便于保存的地方,视野应相对开阔,便于寻找。城市道路施工中,加密的导线点可设置在一些线外的、不易受施工扰动的构筑物上。

加密后相邻导线点之间应通视良好,且相邻两点之间的视线倾角不宜过大。大型构造物每一端应埋设两个以上平面控制点。

4. 水准点复测及加密

安置水准仪的测站至前、后视立尺点的距离,应尽量相等,其观测次序如下:往测奇数站的观测程序为后前前后;往测偶数站的观测程序为前后后前;返测奇数站的观测程序为前后后前;返测偶数站的观测程序为后前前后。根据以上方法依次设站,用相同的方法进行观测,直至线路终点,计算线路的高差闭合差。

水准点复核一般也采用平差法,按与距离L或测站数n成正比,将高差闭合差反号分配到各段高差,往返交差、附合或环线闭合差(mm)$\leqslant 20\sqrt{L}$时,水准点数据可作为成果被采用。

加密的水准点应选在土质坚实、稳固可靠的地方,视野应相对开阔,便于寻找。

5. 建立导线水准点控制网

导线、水准点复测完成后,报监理工程师复核,经过与相邻标段导线水准网复核平差后,确认成果。联测导线水准点加密点,建立本项目导线水准控制网。

6. 基准导线水准点的保护及定期复测

导线、水准点一般用铆钉或者钢筋制作,然后将其埋入混凝土内,铆钉或钢筋露出的部分不宜过高或者过低,高了易碰撞,低了不易寻找。

城市道路施工中,导线、水准点一般要求每6个月复测一次。

(二)施工放样

在路基开工前,应根据路线中桩、设计图表进行放样工作,其工作内容主要有:

(1)在中桩处标定填、挖高度。

(2)测定各桩处横断面方向。

(3)根据批复的导线成果表,放出中线,确立红线征地范围,并复测原地面高程。

(4)根据填挖高程,确立填挖方的范围。

(5)根据恢复的路线中桩、设计图表、施工工艺和有关规定,定出路基用地界桩和路堤坡脚、路堑坡顶、边沟、取土坑、弃土堆等具体位置桩。

(6)边坡放样,按照设计边坡坡度、高度确定边坡位置。

(7)移桩移点,即将施工过程难以保存的桩移设于路基范围以外。

二、施工实验

1. 组建工地试验室

根据业主单位要求建立工地试验室或委托有资质的单位进行相关工程试验工作。工地试验室应按要求报当地质监站备案登记后方可进行试验。

2. 工地试验室用房及环境

工地试验室必须根据备案试验检测项目需要建设试验检测室,各检测室应注意采光、通风、温度、湿度、噪音、振动、灰尘、高温、辐射等影响条件,注意用电安全,规范危险品管理、废液废渣处理等。

3. 试验检测设备

工地试验室必须根据备案试验检测项目配备相应的试验检测设备。试验检测设备应按照规定定期检定、校准。设备检定、校准必须委托具有相应检定、校准参数资格的计量检定机构承担。工地试验室应对设备校准报告进行审核,确认试验检测设备能否满足要求。试验检测设备按照要求维护、保养和使用,设备状态标识清晰。

4. 基础试验

城市道路路基工程施工内容一般包括路基土石方工程、挡土墙工程、路基边坡防护等。主要基础试验包括土的液塑限试验,石灰的原材料试验,土方的标准击实试验(根据工程需要,分为轻型和重型击实试验),混凝土的原材料、配合比试验等。试验检测数据应报监理验证,并按批复的数据作为工程试验检测的依据。

三、一般路基施工

(一)清表

1. 确定清表范围及清表过程中注意事项

根据施工图纸由测量队准确测量线路中桩及路基坡脚线位置、高程,并用白灰明显标记清楚。利用推土机、挖掘机及自卸车配合,对红线范围内的有机土、种植土围墙和垃圾等进行清理。

线路无水段挖除树根后,清表前必须首先修筑临时排水、挡水工程。有水段必须先疏通排干地表积水及做好雨季防排水工作。在多水地段修筑挡水土围堰。高度在1m左右,完成后再进行挖树根等工作。

对于一般的水田、旱地等地段清表厚度从原地面之下30cm计。对于林地、荒地、果园等地段从原地面之下10cm计。对于淤泥质土应清除后,换填粗砂、碎石及挤密碎石等。对于耕地较厚的局部水田地段,应根据实际情况进行清表。

清表过程中对于机械不能清理的部位例如树根等应配合人工进行清除。清除完毕后对人工造成的坑穴应填平压实,并对其碾压至规定的压实度为止。清表时应做好临时排水设施,并将原地面积水排干,地基范围内的地下水出露处应严格按设计要求处理。清表后应取样,进行地基试验检测。

路基清表应按规范要求分段落、分层次进行,清表土方应整齐堆放于红线范围内,并集中运输至取土坑,以后作为客土喷播用。清表后要将路基上明显的凹坑处填平,隆起的土包推平,之后迅速碾压成型,保证一定平整度,并形成路拱便于排水。有条件的路段,可在碾压后及时上土进行土方填筑工作。要求做到,清表一段,碾压一段,成型一段。清表和填前碾压作业面的前后距离保持在300~400m。

2. 清表后的场地要求

当地面横坡为0~1:10时,填土前必须碾压至规定的压实度。当地面横坡为1:10~1:5时,填土前挖松再碾压。当地面横坡大于1:5时,应自上而下挖台阶,台阶宽度应符合设计要求。零填地段应清表后挖至表面以下0.8m后再回填压实。

3. 清表土的处理

将路基范围内的树木、灌木丛、杂草等进行砍伐或移植清理,并对清理出来的含有植物根系的地表土和腐殖土集中妥善存放在就近的界桩边界之处,并统一运至弃土场,严禁填埋在路基填筑范围之内以致路基下沉。对于清表土可以堆放在路基主线范围外侧,待用作绿化土。

4. 填挖交界处的处理

填挖交界处的路基必须清除较松散的岩石以及地表植被有机土,以防路基出现不均匀沉降。

(二)路基主体施工

城市道路路基工程施工主要包括挖方段施工和填方段施工

1. 挖方路段路基施工

1）测量放线

先恢复定线，放出边线桩，在路基正式开工前，先进行排水系统的布设，防止在施工中路线外的水流入线内，并将线内的水（包括地面积水、雨水、地下渗水）迅速排出路基，保证施工顺利进行。

2）土方开挖

路基土方开挖采用机械化施工，土方运距在500m以内，选用挖掘机挖、推土机推；运距在500m以外，使用挖掘机开挖，自卸车运输。城市道路开挖现场如图3-20所示。

图3-20 城市道路开挖现场图

开挖路基按图纸要求自上而下的、边挖边修整、严格按设计边坡和坡面形状进行，不能乱挖或超挖，严禁用爆破法施工或掏洞取土。

对设计拟定的纵横向排水系统，要随着路基的开挖，适时组织施工，保证雨季不积水，并及时安排边沟、边坡的修整和防护，确保边坡稳定。

路槽达到设计高程后，用平地机整平，刮出路拱，并预留压实量，最后用压路机压实，检查压实度。

3）施工重点

（1）挖方路基顶面必须修整，以适应路面施工的要求。

（2）路堑较高地段，准确放出坡顶位置，严格按照设计边坡坡度要求开挖边坡，按设计做好边坡防护工程，避免松动坡顶土层和破坏自然植被，保证边坡坡顶稳定。

挖方路段施工工艺如图3-21所示。

2. 填方段路基施工

1）路堤施工工艺流程

施工准备及制订填筑方案→测量放线→排水疏干→路堤基地处理→原地面平整碾压或挖台阶→分层填筑→分层压实→路槽开挖→路基整修→坡面防护→下道工序。

2）施工准备

（1）用作路基填方的材料按招标文件要求进行试验，并经监理工程师认可。

（2）用作路基填方的材料进行最大干

图3-21 挖方路段施工工艺框图

密度试验,并报监理工程师审批。

(3)探明施工范围的管线,为路基的开挖做好准备。

3)测量放线

(1)根据已建立的测量控制网进行道路中线的复测和绑定。

(2)复测并固定路线的主要控制桩点、转点、圆曲线和缓和曲线的起讫点,补设竖曲线起、中、讫点,恢复失落的中桩。

(3)复测并固定为间接测量所布设的重要控制点。

(4)当路线的重要控制桩点在施工中有被挖掉或掩埋的可能时,要视当地地形条件和地物情况采取有效的方法进行固定。

4)路线高程复测

(1)中线恢复后,要进行基平和中平测量,以复核原水准基点高程、中桩地面高程。

(2)横断面的检查和补测。

(3)根据设计图表定出各路线中桩的路基边缘、路堤坡脚及路堑坡顶、边沟等具体位置,以便定出路基轮廓。

(4)路基放样时,在填土没有进行压实前,考虑预加沉降度,同时考虑修筑路面的路基高程校正值。

(5)路基边桩位置可根据横断面图量得,也可根据填挖高度及边坡度实地测得。

(6)为标出边坡位置,在放完边坡桩后,进行边坡放样。

5)基底处理

(1)路基用地范围内树木、灌木丛等均应在施工前砍伐或移植,路基用地范围内的垃圾、有机物残渣及原地面以下10~40cm内的草皮、农作物的根系和表土均予以清除,树根也应全部挖去。

(2)填方路基清理深度为:一般路段40cm、水田低洼地段50cm,当清表深度仍不能满足技术规范要求时,应根据监理工程师指示处理。

(3)清表至原状土并达到设计承载力要求的土层后,采用振动压路机碾压密实,才可以进行土石的填压。

(4)对于山坡路堤,地面横坡不陡于1:5时,可直接铺筑;地面横坡陡于1:5时,则应在原地面挖成台阶(台阶宽度不小于1m),并用小型夯实机加以夯实,然后逐台向上填筑。

(5)当路基通过淤泥段时,在路基施工前,应进行:排水→清除腐殖土→晾晒→碾压。

(6)一般要求原地面处理后压实度达到90%。

6)路堤填筑

(1)在路堤填筑之前,对填料进行含水率等指标的试验,用透水性不良的材料做填方材料时,应控制其含水率在最佳含水率的2%之内。当土的实际含水率未达到压实试验界限范围之内时,应根据需要均匀加水并充分拌匀,或将土摊平晾干,使达到上述要求后方可进行压实作业。

(2)路堤分层填筑的最大松铺厚度不应超过300mm,填筑宽度每侧超过填层设计宽度500mm,压实宽度不得小于设计宽度,如遇边坡换土时,必须挖成台阶,分层填铺整实。

(3)路基铺筑应根据土质情况和施工气候情况,做成2%~4%的排水横坡,确保在施工过程中能及时将雨水排出路基以外。

(4)填方相邻作业段交接处若非同时填筑,则先填地段分层留台阶;若同时填筑,则分层相互交叠衔接,搭头长度不小于2m。

(5)分层碾压时应注意以下几个方面:

①填土分层的压实厚度和压实遍数与压路机、土质的种类和压实度要求有关,通过试验路段来确定。

②压实应根据压实机具的大小和松铺厚度控制压实遍数。压路机的碾压行驶速度开始宜用慢速,最大速度不超过4km/h,由两边向中间,纵向进退式进行。纵向轮迹重叠0.4~0.5m,横向接头应重叠1.0~1.5m。并应达到无漏压无死角,以保证碾压均匀。

③碾压时,在直线路段和大半径曲线路段,先压边缘,后压中间;挡土墙背后填土石混合料(或砂砾)应用小型夯实机具分层压实,其密实度按道路标准执行,注意保护泄水孔周围的碎石反滤层。

④开始碾压时,土石混合料较疏松,强度低,故先轻压,随着土石混合料密度的增加,再逐步提高压强。推运摊土料时,力求机械车辆均匀分布行驶。路堤边缘往往压实不到,仍处于松散状态,雨后容易滑坍,两侧采取多填宽度50cm,并用夯实机夯实。压实工作完成后,再按设计宽度和坡度予以刷齐整平。

⑤无论何时,只要路堤铺筑到结构物附近的地方,或铺到无法采用压路机压实的地方,应使用机夯、夯锤或其他有效夯具予以压实。当工程量小并在工程师许可的情况下,可采用小型夯实机具进行夯实,使这些地方的压实度达到规范规定的要求。

⑥在摊铺下一层之前,每一层的压实度都必须经过监理工程师批准。

⑦分层压实作业用平地机充分整平,以保证被压实路堤的各层有均匀一致的平整度。

7)施工重点

(1)准确放出线路位置。

(2)作好填料符合性试验。

(3)对于填挖交界处按设计要求挖台阶。

(4)严格控制填料松铺厚度,作好路基压实度检测。

8)路基整修

当路基工程陆续完毕,所有排水构造物已经完成且回填后进行路基整修。

按设计图纸要求,检查路基的中线位置、宽度、纵坡、横坡、边坡及相应的高程等,确定土坡准确的平面位置。根据检查结果,编制整修方案及计划,整修工作在检查结果及整修计划经监理工程师批准后进行。

土质路基用人工或机械刮土或补土整修成型。深路堑边坡按设计要求的坡度,自上而下进行刷坡,力求一次性刷坡成型,不得在边坡上以土贴补。在整修需加固坡面时,预留加固位置。当填土不足或边坡受雨水冲刷形成小冲沟,应将原边坡挖成台阶,分层填补,仔细夯实。

填土路基两侧超填的宽度在进行边坡整修刷坡时一次切除,如有边坡缺土时,挖成台阶,人工分层填补夯实。边沟整修挂线进行,用仪器检测达到图纸要求及规范要求。

路基整修完毕后,将堆于路基范围内的废弃料进行清除(可利用的填料用于防护及绿化工程的种植土回填),弃料时注意环境保护,应与周围环境相协调,对路基进行维修养护,直到缺陷责任期满为止。

3. 半填半挖路基施工工艺

半填半挖路基施工工艺如图 3-22 所示。

图 3-22　纵、横向半填半挖施工工艺流程图

四、特殊路段地基处理

(一)河塘段路基施工

在水网地区,新建城市道路的建设中常常遇见河塘,当淤泥深度较浅时一般采用清淤换填法或结合土工合成材料处治法进行施工。

1. 清淤换填

对于沿河塘路段的地基处理,排水清淤后,把河塘边坡挖成不小于 1m 宽、向内倾斜 4% 坡度的台阶。首先在河塘底回填 50cm 碎石土,碾压平整后作为河塘回填的底板,再以 6% 石灰土回填至路床顶面以下 80cm(非机动车道 30cm,可视实际情况而定)或者原地面,压实度≥90%。

其施工措施如下。

(1)筑坝、设置围堰。河塘水域宽阔或路基施工仅占用部分河塘时,须沿道路方向筑坝或设置围堰。当水深较浅,塘底淤泥不深,塘底原状土质较好时,一般考虑筑坝方案,否则应考虑围堰方案。

(2)排水。用水泵抽除塘内积水,抽出的水应采取措施防止回流、反渗。

(3)清淤。由挖土机将河塘淤泥挖运上岸,再用汽车配合清运至指定位置处理。在清淤时分别自上而下或自下而上依次清理。在清运淤泥时,就立即派人将道路上散落的土方清

扫干净,保持环境的清洁。

(4)具体施工注意事项:

①筑坝(围堰)材料宜选用黏土或砂加黏土,填出水面后进行夯实,坝(围堰)顶高度应高出施工期间可能出现的最高水位 0.5~0.7m。注意坝的内边坡线,围堰的内边线不能影响今后路基边坡防护的施工,围堰的几何尺寸应满足清淤的要求。

②清淤前,排出的水不宜直接侵入农民的农田、鱼塘,以防地方矛盾的发生。

③河、塘、沟清淤必须界定土质,应将腐殖土质彻底清除干净。

④清淤工程量原则上以施工图数量为准。为防止清淤数量发生变化,应在清淤前详细测绘平、纵、横断面图,以确定淤前高程。

⑤河、塘、沟回填前应将边坡、接头处挖成宽度≥1m,内倾横坡>3%的台阶。

⑥6%石灰土应分层按横向水平法回填,直至原地面高程,每层厚度不大于20cm。压实标准按图纸及施工规范的有关要求执行。

⑦河塘回填后边坡采用浆砌块石护坡,块石底层采用碎石垫层。

(5)河塘回填施工的工艺流程:围堰—排水—测纵横断面图—清淤—界定土质—测纵横断面图—开挖台阶—回填 50cm 碎石土—分层回填 6%石灰土—整平—分层压实至原地面。

2. 土工合成材料处治

其主要与换填法相结合,在换填时,利用土工合成材料抗拉和抗剪强度好的特点,将换填材料结合成一个整体,均匀支撑路基荷载,减小地基沉降和侧向位移,提高地基的承载力。土工合成材料主要有:土工格栅、土工网、土工织物、土工垫、土工复合排水材料等。

土工合成材料铺设方法:

土工合成材料铺设应按图纸施工,在平整的下承层上全断面铺设。铺设时,土工织物应拉直平顺,紧贴下承层。其重叠、缝合和锚固应符合图纸和设计说明的要求。土工织物的搭接在现场由人工或者机械缝合,填料高度不足1m时,机械不能在路幅内调头。

土工合成材料的质量必须符合设计图纸和有关规范的规定。施工过程中应加强对土工织物的保护,不得出现损坏现象。

土工合成材料应水平铺设,并用"U"形铁钉固定在下伏土层。铺设须与路中心线垂直,即进行横向铺设。铺设时绷紧、拉挺,不能有褶皱、扭曲或坑洼现象,保证顺直平整。土工布横向搭接宽度为25cm,纵向搭接宽度不得小于30cm,纵坡段搭接方式为瓦鳞状,以利排水,防止边界处混入沙土或杂物。

铺设双层土工合成材料时,上、下层搭接缝必须错开,错开的最小距离不得小于50cm。

铺设好的土工合成材料不能长期暴晒,铺设后与第一层填料的填筑时间间隔一般不得超过一周。因故需要延长间歇时间的,表面必须做好覆土保护工作,覆土厚度不小于20cm。

(二)软基处理

软地基处理广泛地应用在我国沿海及内地。例如:天津、连云港、上海、杭州、宁波、温州、福州、厦门、湛江、广州等沿海地区,以及昆明、武汉、南京等内地地区。特别是沿海的一些地区,一般施工前都需要进行勘测,遇到地基不够坚固、承载力不够的情况,为防止道路建设完成后地基下沉造成路面开裂损坏的事故,需要对软地基进行处理,使其沉降变得足够坚固,提高软地基的固结度和稳定性至设计的要求。

1)换填法

城市道路一般设计的填土高度不高,对原状土承载力的要求不高,遇见软土地基时如果软土层不深一般采用挖除换填的方法。

在施工过程中若发现实际地质情况与图纸不符或地基承载力压实度满足不了设计要求,应报监理工程师审批后进行软基处理或特殊路基处理,软土地基处理包括挖除换填、回填片石设置垫层铺设土工织物等一系列施工方法,并应进行路堤沉降观测,采用何种方法处理应按图纸或监理工程师批准的处理方法进行。具体方法如下:

(1)换填时应按图纸或监理工程师要求,将原路基一定深度和范围内的淤泥挖除。换填符合规定要求的材料,并分层填筑逐层压实,使之达到规定的压实度。

(2)若原路基为水库、水塘等常年积水地段应采用围堰或挖坑降水等方法将路基范围内的水排除干净,按照图纸或监理工程师要求挖除一定深度范围内的淤泥,回填一定高度的片石,高度由监理工程师确定,或者基底上分层铺筑符合要求的砂或砂砾垫层,分层铺筑厚度不超过20cm,并逐层压实,铺筑土工合成材料时应按图纸施工,在平整的下承层上全断面铺设时土工织物应拉直平顺,紧贴下承层,并应将强度高的方向置于垂直于路堤、轴线方向。填料时不允许直接卸在土工合成材料上面,必须卸在已摊铺完毕的土面上,且高度不大于1m。

(3)在软基地段路堤完工到路面铺筑之前,应有路堤预压期,在预压期内应做好监测原始记录、沉降记录汇总表、沉降曲线图等资料,以完成预压期的分析报告,报监理工程师批准。

2)软地基处理其他常用工法及其特点

(1)砂垫层法

作用原理:在软土层顶面铺设排水砂层,以增加排水面,使软土地基在填土荷载作用下加速排水固结,提高其强度,满足稳定性要求。

适用范围:砂垫层法主要适用于路堤高度小于极限高度的2.0倍,软土层较薄或虽厚但有良好的排水条件,且砂源丰富、工期要求不紧。

施工要求:垫层厚度一般为0.6~1.0m,垫层材料宜采用洁净的中砂或粗砂,含泥量不大于5%,垫层应宽出路基坡脚0.5~1.0m,两端以片石护砌或其他方式防护,垫层应分层压实,分层厚度为15~20cm。

(2)抛石挤淤法

适用范围:抛石挤淤法适用于淤泥厚度小于3m,表层无硬壳,全流动状态,排水困难且石块易于取得的施工情况。

施工要求:施工需采用不易风化的石料,料径大于30cm的石块含量不得超过20%。投料时应沿路中线向前抛填,再渐向两侧扩展。片石高出软土后,用较小的石块填充垫平,用重型机械反复碾压,再铺砂砾反滤层,随后进行路基填土。

(3)加固土桩法

作用原理:用某种专用机械将软土地基局部范围内的软土桩体用加固材料改良,与桩间软土形成复合式地基。常用的几种加固剂有石灰、水泥、粉煤灰等。用以降低土中含水率、提高地基强度,减少沉降。

适用范围:此方法适用于工期紧且有专用机械的情况。

施工要求:要求固化剂、外掺剂需通过试验室检验符合设计规定,加固土桩桩径一般为0.5m,桩长为9~12m,桩距为0.75~1.5m。施工前必须进行成桩试验,且不少于5根。

(4)垫隔土工布法

作用原理:以土工布作为补强材料加固地基,加强路基刚度,有利于排水。

适用范围:适用于地下水位较高、松软土路基或高填方路基段落。

施工要求:此方法要求土工合成材料的幅宽、质量、厚度、抗拉强度、顶破强度和渗透系数满足设计规定。在摊铺作业过程中应拉直平顺,紧贴下承层,不得出现扭曲、重叠。采用搭接时,搭接时长度应为30~90cm。采用黏结时,其黏结宽度不小于5cm,上下层接缝应交替错开,错开长度不小于0.5m。

(5)碎石桩法

作用原理:利用一种能产生水平向振动的管状设备,以高压水流边振边冲,在软弱黏性地基中成孔,在孔内分批填入碎石加以振密制桩,与周围黏性土形成复合地基。

适用范围:此法适用于工期紧、软土层较深的情况。

施工要求:选用未风化的干净碎石、砾石、矿渣等,含泥量不得超过5%~10%,填料粒径最大不得超过50mm。桩的施工次序一般是由里向外或由一边推向另一边。对于抗剪强度低的黏性土,为减少对原土扰动,宜采用间隔跳打的方式进行。

(6)袋装砂井法

作用原理:将砂装入长条形透水性好的编织袋内,用专门的机具设备将其打入软土地基内代替普通大直径砂井。

适用范围:此法适用于软土厚度超过5m,且路堤高度的自重静压超过天然地基承载力很多时或水平位移较大时使用。

施工要求:编织袋的抗拉强度能保证承受砂袋自重,且装砂后砂袋的渗透系数不小于砂的渗透系数。应利用渗水率较高的中砂或粗砂,粒径大于0.5mm的砂石含量宜占总重的50%以上,渗水系数不应小于$5 \times 10^3 cm/s$,应采用风干砂。袋装砂井可呈矩形、梅花形布置,井径一般采用7~12cm,井距1~2m,砂垫层厚度为40~50cm。

(7)塑料排水板法

作用原理:塑料排水板法是在纸板排水的基础上发展而来的,具有单孔过水断面大、排水畅、质量轻、强度高、稳定性好等特点。其又分为有滤套复合体排水板和无滤套多孔管道板带两种类型。

适用范围:其适用于泥炭饱和和淤泥地段或土基松软、地下水位较高时使用。

施工要求:复合体排水板法的芯板应具有足够的抗拉强度和竖向排水能力,其单位承载力不小于130N/cm,应具有一定的耐腐蚀性和足够的柔性。滤套具有一定的隔离土颗粒和渗透功能,渗水系数不小于$5 \times 10^3 cm/s$。塑料排水板接长时,采用滤套内平接的办法,芯板对扣,搭接长度不小于20cm,并用滤套包裹。

(三)杂填土段处理

在城市道路建设中,有时会遇到道路路线需要通过原有的取土坑、垃圾填埋场、旧有采石坑。这些坑塘往往曾经作为弃土场,由于坑塘面积大、深度深并有大量积水,如果采用换填的施工工艺工作量很大,而且换填换出的材料肯定会造成二次污染;采用其他软基处理工艺,由于坑内回填材料成分复杂,往往夹杂石块、建筑垃圾,成孔困难。解决这个问题最好是采用井点降水加强夯、强夯置换的工艺。本书主要介绍井点降水加强夯工艺。

1. 强夯地基处理的主要工序

(1)清理草皮,平整场地。
(2)控制测量放线,量测场地夯前平均高程。
(3)划分夯区,开挖抽水坑,将坑底水排出。
(4)点夯夯点放样、施工,推平夯坑。
(5)量测场地高程,调整满夯起夯面高程,满夯按排距放线、施工。
(6)平整场地、回填排水明沟并补强。
(7)量测场地夯平均高程。检测合格后交下道工序。

2. 主要工序的施工方法

1)清理草皮,平整场地

在设计地基处理区域内,用推土机或挖机或人工方法清除场地内的杂草、树根、农作物、生活垃圾及其他腐殖质,并平整场地。用机械方法时清表厚度不大于15 cm。平整度要求≤+10 cm,−15 cm。

2)夯区控制放线,测量夯前高程

以给定的基准点,放出夯区外边线,然后以20m×20m的方格网测量场地夯前高程。测量工作应满足《工程测量规范》(GB 50026—2007)中建筑物施工放样的要求,测距相对中误差1/1 000,测角中误差45″,在测站上测定高差中误差10mm。

3)排水

根据设计要求,在设计强夯区域外侧,设置降水井点,抽取坑塘底部蓄水以保证强夯效果。

4)强夯施工方法

(1)夯锤选取

强夯能级为3 000kN·m,选用锤重19t的夯锤,锤底面积5.0m^2,锤底直径2.50m,强夯能级高度为16m。

锤体上均匀设置2~4个上下贯通的气孔,避免产生"气垫"和"真空"效应。

(2)强夯主机选型

强夯主机主要采用履带式起重机。

(3)脱钩器

脱钩装置与滑轮组二者合一,强度可靠、施工灵活,夯锤吊到设计高度时,与脱钩连接的钢丝绳拉紧,脱钩打开使夯锤自由落地。

(4)点夯施工方法

①根据甲方移交的坐标点及水准基点,测量布放强夯施工用轴线控制井字网。
②清理并整平场地。
③测放出第一遍夯点位置并测量场地相对高程。

④在强夯区域铺满碎石,厚度为1m,碎石粒径大于30cm的不超过全重的30%。
⑤强夯机组就位,使夯锤对准夯点位置。
⑥测量夯前锤顶高差。
⑦将夯锤吊起预定高度,拉紧脱钩绳,使夯锤脱钩自由下落后放下吊钩,测量锤顶高差。
⑧按设计规定的夯击数及控制标准,完成一个夯点的夯击。
⑨完成第一遍全部夯点的夯击。
⑩用推土机将夯坑填平,并测量场地相对高程。
⑪间歇7d时间后,按上述步骤依次完成第二遍夯点的夯击。每遍都需推平夯坑,平整场地后并测量场地相对高程。
⑫整理填报强夯施工测量记录,办理交工验收手续。

(5)点夯施工质量要求
①夯点测量定位允许偏差≤±50cm。
②夯锤就位允许偏差≤±15cm。

(6)强夯点夯施工观测
在强夯施工时,应逐点观测记录夯沉量,计算夯坑深度。必要时测量夯坑上开口直径、夯坑周围隆起量等数据。记录内容包括施工日期、夯锤高度、夯点编号、夯点夯前地面高程、每击锤顶高程等。

5)满夯施工方法
在夯区一侧按锤印搭接要求的间距放出每一排满夯点的基准线,然后沿每排基准线按要求的间距逐点进行满夯施工。

6)夯后场地平整及高程测量
夯后场地整平后,仍采用20m×20m的方格网测量场地相对高程,计算场地总的夯沉量。(仅为相对高程为场地下沉量提供参考)

7)强夯施工质量保证措施
(1)开夯前应检查夯锤重和落距,确保单击夯击能符合要求。
(2)每遍夯前应对夯点放线进行复核,夯完后检查夯坑位置,发现偏差或漏夯及时纠正。
(3)按设计要求检查每个夯点的锤击数和每击的夯沉量。
(4)施工过程中应对各项参数及施工情况进行详细记录。如遇到特殊情况(如夯沉量过大、"橡皮土"等)要及时反馈设计及监理单位,协商解决方案。
(5)现场的控制桩应树立明显标志加以保护,并定期进行复核、检查。
(6)夯锤气孔应保持通畅,如遇堵塞,应随时将塞土清除。

3. 施工过程中的质量保证措施
(1)施工前采用先进的测量仪器进行施工控制网点测量,并经技术员及监理工程师复测验收,施工中要认真布放夯点和进行夯沉量观测,现场的控制桩应树立明显的标志并加以保护,并定期进行复核检查。
(2)各夯点施工中,要密切注意异常现象,对夯沉量异常,夯锤反弹,地表隆起要加强监测,如实记录,及时报告甲方和监理部门研究解决办法。
(3)陷车严重的地段用挖机下挖1.5~2.0m,然后回填砖渣再行夯击。

(4)选用圆形带气孔的铸钢锤,夯锤气孔要保持畅通,如遇堵塞,应随时将塞土清除。

(5)施工中发现夯锤偏离夯坑中线应立即调整对中,夯击后如发现坑底歪斜较大,需及时用土将坑底垫平,方可继续夯击。

(6)及时办理有关质量文件:包括场地定位测量成果、现场施工记录、设计(图纸)变更单、现场签证、工序质量评审等有关工程资料,加强原始资料归档管理工作。

(四)原有道路段路基的处理

老路改造过程中,会遇到原有道路破坏不严重,为节省成本,减少城市建筑垃圾,可以考虑原有道路全部或部分利用。

1. 拼宽施工

城市道路路基施工时常遇到拼宽施工,即利用部分老路进行加宽处理。老路路基拼宽施工时,先将老路外侧进行清表处理,并将老路边坡挖成台阶状,每层台阶高约20cm,宽约1m。拼宽施工时,逐层碾压密实填筑,为保证新老路的整体稳定性,可根据设计在新老路基顶交界处铺设土工格栅,土工格栅应伸入新老路基各2m以上。

2. 利用原有道路路基作为新建道路路基

在城市道路改建工程中,经过勘测发现原有道路路基结构完整,能满足设计要求的,应考虑全部或部分利用原有路基,这样可以大大节约成本。

当老路范围内位于新路的机动车道时:挖除老路路面后,若路基填筑高度<108cm,下挖至路床顶面以下40cm,对老路路基整平碾压,压实度≥93%,再填筑两层20cm石灰处治土,分层压实,压实度≥95%;若路基填筑高度≥108cm,对老路路基整平碾压,压实度≥93%,再填筑中间填料至路床顶面以下40cm,中间填料全部采用6%石灰处治土,分层压实,压实度≥93%,最后填筑6%石灰处治土40cm,分层压实,压实度≥95%。

当老路范围内位于新路的非机动车道时:挖除老路路面后,若路基填筑高度<38cm,则下挖至路面以下38cm,对老路基碾压,压实度≥93%,铺筑非机动车道路面结构层。若路基填筑高度≥38cm,则填筑6%石灰处治土至路面以下38cm,压实度为≥93%,最后铺筑非机动车道路面结构层。

3. 利用原有混凝土路面作为新建道路路面基层

目前的城市道路建设中经常会遇到原有的混凝土路面需要改造成沥青混凝土路面,如果挖除成本很高,且清除出的混凝土路面会严重污染环境。就地处理利用的方法有两种:

1)直接加铺沥青

当原有混凝土路面使用年限不长,整体破坏很小时,在对原混凝土路面病害处理后,直接加铺沥青面层。这种方法处理效果不好,混凝土路面板缝和原裂缝部位会在一年后反射到沥青面层,导致沥青面有裂缝,进而缩短整个路面使用寿命。

2)混凝土路面破碎后就地处理作为新建路面基层

当混凝土路面使用年限较长,破坏严重时,对原混凝土路面破碎掺加水泥就地拌和,形成新路面的底基层,详细工艺见路面部分《冷再生底基层施工》。

(五)台后填土段

桥梁、涵洞、通道、挡土墙等结构物部位的土方填筑需要认真对待,由于这些部位,施工断面小,大型压路机无法碾压到位,处理不好会导致沉降,引起桥头跳车,影响行车安全。

台后填土宜选用碎石等透水性良好的材料作为回填材料,在回填压实施工中,压路机达不到的地方,使用机动夯具或小型压实机具压实紧密。施工中应对称回填压实并保持结构物完好无损。

台背回填时要注意以下几点:

(1)台背回填选择适宜的材料并通过检验。一般来讲,除设计文件另有规定外,应尽可能采用砂类土或渗水性良好的土。当采用非渗水性土时,应在土中加入石灰、水泥等稳定材料进行处理。所用机具应适应回填操作空间,当不适宜用大型压路机碾压时,在靠近台背部位应尽量采用小型振动夯进行压实。

(2)要明确桥涵构筑物台背填土的范围要求,台背回填应顺路线方向,自台身起,其填土的长度在顶面应不小于桥台高度加2m,在底面应不小于2m,拱桥台背填土长度不应小于台高的3~4倍。锥坡填土应与台背填土同时进行,并应按设计宽度一次满足。

(3)台背回填应严格控制分层厚度和密实度,应设专人负责监督检查,检查频率应每50m^2检验1点,不足50m^2时应至少检验1点,每点均应合格,且宜采用小型机械压实。桥涵台背填土的压实度不应小于96%,为切实控制质量可将分层厚度控制在15cm,分层压实,且对靠近台背的部分采用蛙式打夯机进行夯实,满足了压实度要求。

(4)为了使台背路基稳定,路床以下部位的土方回填,宜每层放置抗拉土工格栅,以有效防止了路基的侧向挤压下沉。

(5)台背填土的顺序应符合设计规范,设计未规定时,拱桥台背填土宜在主拱圈安装或砌筑以前完成;梁式桥的轻型桥台台背填土,宜在梁体安装完成以后,在两端桥台平衡地进行;埋置式桥台台背填土,宜在柱侧对称、平衡地进行。

(6)对位于软土地基处的桥台,可采取先填筑再进行基础和台身施工的方式。

(7)回填处如有泄水孔或其他构筑物时,一定要按设计要求设置碎石、粗砂或砾料层,以便达到泄水孔处过滤作用。

(六)管线回填部位的处理

管线回填部位土方填筑的注意事项有:

(1)在沟槽开挖时要留足操作空间,不能为了减少开挖量而使开挖宽度不足。沟槽回填土的虚铺厚度要符合有关规定,对于深基坑管道,开挖时应分层留出台阶,台阶高等于压实厚度,台阶宽≥1m,保证压实时和路基形成整体。

(2)管道基础要严格按设计要求处理,并注意防水,防止管线整体下沉。地下水受气候条件影响较大,一般晴天地下水无补给来源,只有雨天时,沟槽会有积水,在施工时采用集水坑措施排干沟槽节水。管槽基础混凝土浇完后,槽底两侧设排水沟,导向集水坑后用泵抽干。对软土地基部分应先对地基进行处理,再填筑一层厚度不小于20cm的砂砾层并夯实紧密,方可安装管节。

(3)加强现场质检,禁止强度不合格或已经破损的管道流入工地,控制好管底高程,防止高程出现错误导致管道上覆土深度不够。

(4)控制好管道接口,防止管道渗水,使路基长期浸泡在水中引起水毁。

(5)严格按分层水平压实工艺对管道填土进行碾压,对于管道周围碾压不到的地方,要改用小型机械进行压实,确保压实强度。

(6)严格控制施工工艺以有效避免沟槽填土沉降,特别是在工期特别紧,管道位于机动车道范围内,过路管线,主要交叉口处的管道,可以采用水泥稳定碎石、C20混凝土回填管顶50cm,有效提高了沟槽抗压强度。

五、路基施工对材料的要求

1. 路基填土的基本要求

各类道路用土具有不同的工程性质,在选择路基填筑材料,以及修筑稳定土路面结构层时,应根据不同的土类分别采取不同的工程技术措施。土作为路基建筑材料,砂性土最优,黏性土次之,粉性土属不良材料,最容易引起路基病害,重黏土特别是蒙脱土是不良的路基土。此外,还有一些特殊土类,如有特殊结构的黄土、腐殖土、盐泽土等,用于路基填料必须采取相应措施。

(1)认真清除地表不良土质,疏通路基两侧的纵、横向排水系统地表植被、树根、垃圾等不良土质暴露于自然环境下,相对比较松软不易压实,必须予以清除,同时应按设计加大对地表的压实。基底为松散土层时,应翻挖80cm,再分层压实。通常情况下,地表土被清除后,基底含水率大、作业面复杂,往往被施工单位所忽视而匆匆回填。而这是造成日后路基沉降变形的主要原因,为工程埋下质量隐患。所以基底必须彻底清表并压实至设计要求。沿江高速公路西段多为山区丘陵地段,填挖高差较大,地势低洼段的填方路基施工的填前压实工作即成为路基施工重点和难点。监理单位对此做了严格要求,认真控制填前压实工作,效果显著。

此外,路基填土皆是在适宜的含水率下压实成型,结构致密,然而一旦受水浸泡结构性很快被破坏,强度降低,失去原有的承载能力,导致路基沉降。因此一定要做好路基排水系统,保证路基稳定。路堑挖方段尤其要做好纵向临时排水系统,减小雨水和边坡浸出的水对路基的损害。同时也利于雨后能及时复工,提高工作效率。

(2)选用适宜的填料,做好开工前的各项准备工作,一般土都可以作为路基用土。但选择水稳性能好、干密度大、承载能力高的砾石类土填筑最为适宜。土质应均匀一致,不得混杂。路面底面以下50cm范围内填料最大粒径不得超过10cm,其余的也不应超出设计要求。填筑时要剔除超大粒径填料,以保证各点密实度均匀一致,必要时可过筛或用人工拣除。

开工前准备工作主要指做好填土的土工试验和试验段的修筑。用于填土路基的填料,其性质往往有较大变化。在路基填筑施工前,必须对取土坑采取代表性图样,进行土工试验。试验要力求准确,用规定的方法求得各个土场的最大干密度和最佳含水率,土质发生变化时要重做。通过试验获得以下几个方面的技术指标:

①摸清土的含水率与土的性质之间的关系。
②选择合适的压实机具。
③确定最佳松铺厚度和碾压遍数。

运用以上指标去指导路基施工,做到有的放矢,质量必然有保证,为优质高效施工打下坚实基础。

2. 路基施工用石灰及石灰土

石灰等级应为三级以上,应按现买现用的原则,尽量缩短石灰在工地存放时间,否则应妥善覆盖保管。

掺灰拌和分两步进行:第一步为在取土坑附近取土掺灰,此时掺生石灰,掺灰量为总掺灰量的40%左右,可用挖掘机对其翻拌后打堆闷料,并有适当的闷料时间,闷料时间为48~72h;第二步为待石灰消解,土壤塑性指数与含水率降低以后,将拌和料运至路基上摊铺、粗平,并达到松铺厚度,撒铺补足剩余石灰剂量。

按路拌法采用宝马拌和机进行粉碎与拌和,并根据拌和机的性能决定松铺厚度,松铺厚度不得大于拌和机有效拌和深度,且不得大于30cm。粉碎拌和后的灰土含灰量要均匀,最大土块应小于5cm,各施工层间不得有素土夹层。

石灰土施工路段要根据天气情况加以控制。在每层土上土之前都要对底层土基进行复查,如果被雨水侵蚀过或间隔时间较长,表面有松散现象时,要进行洒水复压。如果施工期间遇水应及时碾压,并加大横坡,天晴后要重新翻晒碾压。

碾压时含水率不得低于最佳含水率,可控制在大于最佳含水率1%左右。

碾压时应严格控制纵、横坡大于普通土横坡度1%,碾压后路基表面不得有坑洼现象。

3. 路基施工用水泥

路基水泥一般选用复合型P·C32.5普通硅酸盐水泥,要求初凝、终凝时间长,使用的水泥产品要合格,并经试验室报检合格。

六、路基性能要求及施工质量评定

1. 整体稳定性

路基稳定性包括路堤稳定性、路堤地基整体稳定性、路堤沿斜坡地基或软弱带滑动的稳定性等内容。

路基压实在公路整体强度中有着极为重要的意义和作用。《公路工程技术标准》(JTJ 001—97)按路基填挖类别和路槽底面以下深度对路基压实度标准作了具体规定,一般情况下,达到规定的压实度值,路基的强度和稳定性是有保证的。然而,土是三相体,由三部分组成,土粒骨架,土颗粒间的孔隙被水分和气体所占领,路基在车轮荷载作用下,承压力由路基顶部到底部逐渐减小,所以,采用路基填料的土的强度由下到上逐渐提高。在许多国家的施工规范中都明确规定了路基各层填料的强度和压实标准,以确保路基各层填料符合设计要求。为了使填筑到路基各层的土真正达到所要求的强度,还必须采用轮重不小于4t的轮胎压路机和振动力不小于25t的振动压路机进行压实,以确保路基整个压实面的密实度都能达到规定的要求。在雨季施工中,被雨水浸泡过的土,一律不准用来填筑路基。所有的路基填料都要经过施工技术人员,管理人员检验认可才能使用,另外,在合理使用路基填料方面,对于不同强度的土所填路基的部位也是有一定要求的,不容许将CBR值较大的填在CBR值较小的土层下面,也不容许将CBR值较小的土填在路基顶面。在检测路基填料的含水率和压实度时,除按规范规定的距离取样外,还应找薄弱环节取样试验,以确保路基填方都能达到规定的压实度和强度,这也是施工规范中规定要用轮胎压路机和平地机配合振动压路机进行压实的原因。因为轮胎压路机是受压力控制而自动调整轮胎的高度和压力,使路基填土的压实度达到均匀一致。土在压实过程中,因土料受到瞬时荷重式振动力的作用,使土料重新排列、组合、彼此调整位置挤紧,较小颗粒被挤入较大颗粒之间的孔隙中,颗粒位置转移稳定,孔隙缩小,土的单位质量提高,形成密实整体,从而致使强度增加,稳定性提高。土基压实后,土基的塑性变形、渗透系数、毛细水作用及隔温性能等有相应的改善。

公路路线及其附近的水文、地质和筑路材料的调查、试验及合理使用,是保证路基强度和稳定性的基本条件。

水文地质调查主要有当地气温和降雨量的大小,地面水位的深度,流向等,以便采取相应措施加以治理和选择合适的填料。

根据沿线水文调查,搞好排水设施,尤其是搞好排水系统设计,使路基范围内的水排至路基范围之外,减少水对路基稳定性的影响。

土质调查主要与挖方路基顶部和填方原地面以下的土质类别,对于软土、沼泽等地提出治理方案。

建筑材料调查主要对沿线挖方及附近的各类土壤进行全面调查,摸清可作填料的质量和数量。

另外地下水位较高及土质不良也是造成路基变形的主要原因,对于这些不良地段,尽管进行了全面碾压,仍会出现大变形,尤其高路堤,遇到软地基的,沉降变形很大,引起路基不均匀沉降,甚至导致结构物破坏。

对这些不良地质段可采取的措施有:换填砂砾、做盲沟和抛石挤淤。

2. 变形量控制

路基及其下承的地基,在自重和车辆荷载的作用下会产生变形,如基地软弱填土过分疏松或潮湿,所产生的沉陷或不均匀变形,会导致路面出现过量变形和应力增加,促使路面过早破坏并影响汽车行驶舒适性,因此,尽量控制路基、地基变形量,才能给路面以坚实的支撑。

路基变形量主要通过沉降观测控制,路基变形的监测仪动态监测表具应在地基处理之后,填土之前埋设,并在测得稳定的初始值后方可填筑路堤。在观测过程中如果发现有较大的水平位移或沉降,及时记录及时报告,以便采取必要措施。路基加载速率应根据水平位移量和竖向沉降量控制。监测数据超过规定标准时,待沉降量及位移量小于规定值后再继续施工。

路基的变形观测分8个项目:地表沉降量观测、地表水平位移量观测、地下土体分层沉降量观测、地下土体分层水平位移量观测、地下深层土体沉降量观测、路基全断面沉降观测、孔隙水压力观测、土压力观测。所有观测资料应及时记录表内,及时计算、校核、汇总并整理分析;发现问题应及时复查或复测并处理。观测期间应及时记录当地气象资料及地下水位的变化情况,及时计算沉降和水平位移速率。当速率剧增时,应即时进行动态跟踪观测,及时分析原因,并提出减缓填筑速率或停止填筑等有效措施,以避免地基变形过大、路基失稳而遭破坏。

为控制路基的最终沉降防止不均匀沉降,在桥头高填土路段、软基处理路段都要进行等超载预压,等沉降稳定后再进行下道工序施工,城市道路有时因为工期太紧,无法进行预压,需在路面基层施工结束后暂不施工路面,改用S砖、广场砖等做过渡路面,先行通车,待路基自然沉降稳定后再施工路面。

七、施工质量控制点

路基施工时主要注意以下几点：
(1)碾压原则：先轻后重，由低向高，后轮重叠前轮1/2轮宽。
(2)初压：初压起稳固作用，压路机由底向高稳压一遍，碾压速度一般为 1.5~2.0km/h。
(3)复压：复压解决密实度问题，初步拟定压路机振压5遍，碾压速度 2.5~3km/h，碾压过程中试验人员进行压实度检测，确定达到规定压实度所需碾压遍数。
(4)终压：终压起光面作用，一般为两遍。
(5)碾压过程中，测量人员跟踪高程，确定松铺系数，试验人员检测含水率，确定最佳含水率。
(6)洒水养生并报验，合格后进行下一道工序施工，若不合格，重复碾压程序。

八、质量检验标准

公路工程质量评定包括项目划分、质量评分和质量等级评定三部分，工程质量评定等级分为合格和不合格两档。分项工程的得分按实测项目采用加权平均法计算，分项工程评分为分项工程得分值减去外观缺陷扣分和资料不全扣分。

(1)基本要求具有质量否决权，经检查基本要求不符合规定时，不得进行工程质量的检验与评定。
(2)实测项目合格率和得分的计算公式分列，避免直接用合格率作为分值，概念和意义更清楚。
(3)评定时外观扣分检查应对全线、全部逐项进行全面检查，而不仅仅是抽查。
(4)施工合同段工程质量评分采用各个单位工程质量评分的加权平均值。
(5)整个项目的质量评分采用加权平均法进行。

路基压实度指标需分层进行检测，强调确保分层压实质量；压实度指标可只按上路床的检查数据计分，以下层位的压实质量则由监理工程师按分区压实度要求检查控制，也可视情况按层合并计分。路堤压实的施工检查、监理认定，常碰到小样本数问题，当样本数小于10时，按数理统计的一定保证率的系数可能偏大，分层压实质量控制可采用点点符合要求，且实际样本数不小于6个。

软土地基处理技术发展很快，择其常用方法合并列出，按不同处治措施分款列出基本要求。
①分别列出不同技术措施的实测项目表。
②换填地基和反护道未提出实测项目，其质量检控与填筑路堤基本相同，可一并列入土方路基分项工程。
③列出碎石桩和砂桩的共用实测项目表。

九、路基施工应配备的主要机械

路基施工中常用的机械主要有：挖掘机、装载机、平地机、振动压路机、光轮压路机、自卸车、风镐机(液压镐头机)、推土机、洒水车等。
推土机特点：作业面小，机动灵活，转移方便，短距施工效率高，干湿地可用。

平地机是一种装有铲土刮刀为主,配置其他多种可换作业装置,进行刮平和整形连续作业的施工机械。除刮刀外,可换耙子、犁,进行素土、搅拌等。

挖掘机主要用于挖掘和装载土、石、砂等散粒材料的施工机械。行进方式有履带式、轮胎式。

装载机是一种高效铲土、运土机械,兼有推土机和挖掘机两者的工作能力。

振动压路机可分为不同吨位,根据路基的压实要求,选用不同的压路机,其振动作用可将路基充分压实。

光轮压路机主要用于路基的压实和收光工作,主要作用方式为静压。

自卸车主要用于拉运土方和路基材料,使用于距离较远和方量较大的土方调配任务。

第五节　城市道路路面施工

一、市政道路沥青路面结构组成

沥青路面结构层可由面层、基层、底基层组成。

面层是直接承受车轮荷载反复作用和自然因素影响的结构层,可由 1~3 层组成。表面层应根据使用要求设置抗滑耐磨、密实稳定的沥青层;中面层、下面层应根据公路等级、沥青层厚度、气候条件等选择适当的沥青结构层。

基层是设置在面层之下,并与面层一起将车轮荷载的反复作用传递到底基层、垫层、土基,起主要承重作用的层次。基层材料的强度指标应有较高的要求。基层视公路等级或交通量的需要可设置一层或两层。当基层较厚需分两层施工时,可分别称为上基层、下基层。

底基层是设置在基层之下,并与面层、基层一起承受车轮荷载反复作用,起次要承重作用的层次。底基层材料的强度指标要求可比基层材料略低。底基层视公路等级或交通量的需要可设置一层或两层。底基层较厚需分两层施工时,可分别称为上底基层、下底基层。

二、底基层的施工

(一)底基层的类型

底基层的结构目前主要采用的结构形式为:12% 石灰稳定土底基层、低剂量水泥稳定碎石底基层、石灰粉煤灰稳定土底基层、冷再生底基层。

(二)施工准备

1. 技术准备

1)原材料

石灰、水泥、土、碎石、粉煤灰、拌和用水等原材料应进行检验,符合规范要求后方可使用。

2)配合比组成设计

取工地实际使用并具有代表性的各种材料,按不同的配合比制备至少 5 组混合料。用重型击实法确定各组混合料的最佳含水率和最大干密度。在最佳含水率状态,按要求的压实度制备混合料试件,在标准条件下养护6d,浸水1d后取得无侧限抗压强度。灰剂量应根据设计要求强度值选定,取符合强度要求的最佳配合比作为生产配合比。

2. 现场准备

1）准备下承层

底基层施工前,应对路床顶验收,验收内容包括压实度、宽度、高程、横坡度、平整度等项目。验收合格后才能进行底基层的施工。

2）试验段

正式施工前在选取好的下承层上先进行试验段的施工,通过试验段验证混合料的质量和稳定性,检验所采用的机械能否满足备料、运输、拌和和压实的要求,以及施工组织和施工工艺的合理性和适应性。确定压实方法、压实机械类型、碾压遍数、压实厚度最佳含水率等指标标作为今后施工现场控制的依据。

（三）底基层施工

1. 12%石灰稳定土底基层

12%灰土底基层施工常用有路拌法和厂拌法两种施工工艺,根据项目所处位置、周边环境等采用不同的施工工艺,在城镇人口密集区,应使用厂拌石灰土,不得使用路拌石灰土。

1）主要材料要求

（1）土

宜采用塑性指数10~15的亚黏土、黏土。塑性指数大于4的砂性土亦可使用。土中的有机物含量宜小于10%。

（2）石灰

宜用1~3级的新灰,石灰的技术指标应符合表3-9的规定。磨细生石灰,可不经消解直接使用;块灰应在使用前2~3d完成消解,未能消解的生石灰块应筛除,消解石灰的粒径不得大于10mm。对储存较久或经过雨期的消解石灰应先经过试验,根据活性氧化物的含量决定能否使用和使用办法。

（3）水应符合国家现行标准《混凝土用水标准》(JGJ 63—2006)的规定。宜使用饮用水及不含油类等杂质的清洁中性水,pH值宜为6~8。

石灰技术指标表　　　　表3-9

类别 项目	钙质生石灰			镁质生石灰			钙质消石灰			镁质消石灰		
	等级											
	Ⅰ	Ⅱ	Ⅲ	Ⅰ	Ⅱ	Ⅲ	Ⅰ	Ⅱ	Ⅲ	Ⅰ	Ⅱ	Ⅲ
有效钙加氧化镁含量(%)	≥85	≥80	≥70	≥80	≥75	≥65	≥65	≥60	≥55	≥60	≥55	≥50
未消化残渣含5mm圆孔筛的筛余(%)	≤7	≤11	≤17	≤10	≤14	≤20	—	—	—	—	—	—
含水率(%)	—	—	—	—	—	—	≤4	≤4	≤4	≤4	≤4	≤4

续上表

类别	项目	钙质生石灰			镁质生石灰			钙质消石灰			镁质消石灰		
		等级											
		Ⅰ	Ⅱ	Ⅲ	Ⅰ	Ⅱ	Ⅲ	Ⅰ	Ⅱ	Ⅲ	Ⅰ	Ⅱ	Ⅲ
细度	0.71mm方孔筛的筛余(%)	—	—	—	—	—	—	0	≤1	≤1	0	≤1	≤1
	0.125mm方孔筛的筛余(%)	—	—	—	—	—	—	≤13	≤20	—	≤13	≤20	—
钙镁石灰的分类筛,氧化镁含量(%)		≤5			>5			≤4			>4		

注:硅、铝、镁氧化物含量之和大于5%的生石灰,有效钙加氧化镁含量指标,Ⅰ等≥75%,Ⅱ等≥70%,Ⅲ等≥60%。

2)设备配置

(1)施工机具

底基层施工必须配备齐全的施工机具和配件,做好开工前各种机械的保养、试机工作,并保证在施工期间一般不发生有碍施工进度和质量的故障。12%灰土底基层必须配备以下主要施工机械:

①拌和深度大于松铺厚度的拌和机(路拌法)。

②18~20t的三轮压路机、振动压路机和轮胎压路机。

③平地机、推土机。

④自卸汽车。

⑤装载机。

⑥挖土机。

⑦洒水车。

(2)质量控制和质量检测主要仪器

为保证12%灰土底基层的施工质量,在12%灰土施工过程中,必须配备以下质量控制和质量检测仪器设备。所有仪器设备均需通过计量检定。

①土壤液塑限联合测定仪。

②石灰有效钙和氧化镁含量测定设备。

③重型击实仪。

④石灰剂量测定设备。

⑤12%灰土试件制备与抗压强度测定设备。

⑥标准养护室。

⑦底基层密度检测设备。

3)施工工艺

(1)路拌法

施工工艺：施工放样→摊铺土→运输摊铺石灰→拌和→整平→碾压→养生。

①施工放样

施工前对下承层路基顶面在验收合格之后每 20m 设一桩，并在路面边缘外 0.3～0.5m 处设立指示桩，在指示桩上标出底基层边缘设计高程及松铺厚度，松铺厚度根据试验段确定的松铺系数和设计厚度计算得出。

②摊铺土

按照松铺厚度将土摊铺均匀一致，有利于机械化施工。铺土后，先用推土机大致推平，然后放样用平地机整平，清余补缺，保证厚度一致，表面平整。

③运输摊铺石灰

备灰前，用压路机对铺开的松土碾压 1～2 遍，保证备灰时不产生大的车辙，严禁重车在作业段内调头。备灰前根据灰剂量、不同含水率情况下的石灰土松方干容重及石灰土最大干容重计算每平方米的石灰用量。备灰前事先在灰条位置标出两条灰线，以确保灰条顺直。铺灰前先按 2m×2m 做格子标线，然后用将计算得出的石灰量均匀地铺撒在标线范围内。

④拌和

采用专用的稳定土拌和机进行路拌法施工，铧犁作为辅助设备配合翻拌。

土的含水率小，应首先用铧犁翻拌一遍，使石灰置于中、下层，然后洒水补充水分，并用铧犁继续翻拌，使水分分布均匀。考虑拌和、整平过程中的水分损失，含水率适当大些（根据气候及拌和整平时间长短确定），土的含水率过大，用铧犁进行翻拌晾晒。

水分合适后，用平地机粗平一遍，然后用灰土拌和机拌和第一遍。拌和时要指派专人跟机进行挖验，每间隔 5～10m 挖验一处，检查拌和是否到底。对于拌和不到底的段落，及时提醒拌和机司机返回重新拌和。

试验室专人负责检测含水率、灰剂量，合格后方可进行下一工序。

⑤整平

a. 用平地机，结合少量人工整平。

b. 灰土拌和符合要求后，用平地机粗平一遍，消除拌和产生的土坎、波浪、沟槽等，使表面大致平整。用振动压路机或轮胎压路机稳压 1～2 遍。

c. 利用控制桩用水准仪或挂线放样，石灰粉作出标记，样点分布密度视平地机司机水平确定。

d. 平地机由外侧起向内侧进行刮平。

e. 重复 c 和 d 步骤直至高程和平整度满足要求为止。灰土接头、桥头、边沿等平地机无法正常作业的地方，应由人工完成清理、平整工作。

f. 整平时多余的灰土不准废弃于边坡上。

g. 最后一遍整平前，宜用洒水车喷洒一遍水，以补充表层水分，有利于表层碾压成型，最后一遍整平时平地机应"带土"作业，切忌薄层找补，备土、备灰要适当考虑富余量，整平时宁刮勿补。

⑥碾压

碾压采用振动式压路机和三轮静态压路机联合完成。

整平完成后，先用振动压路机由路两侧向路中心碾压。碾压时后轮应重叠 1/2 轮宽，一般先用振动压路机碾压4~5遍，再用静态压路机碾压1~2遍，压路机的碾压速度，头两遍采用1.5~1.7km/h，以后用2.0~2.5km/h，至无明显轮迹，总之，碾压时遵循"由边到中，先轻后重，由慢到快"的原则。

碾压必须连续完成，中途不得停顿，压路机应足量，以减少碾压成型时间，合理配备为震动压路机1~2台，三轮压路机2~3台，碾压过程中应行走顺直，低速行驶，桥头处10m范围内横向碾压。

⑦养生

不能及时覆盖上层结构层的12%灰土，养生期不少于7d，采用洒水养生法，土工布覆盖，养生期间要保持灰土表面经常湿润。养生期内应封闭交通，除洒水车外禁止一切车辆通行。底基层完成后经验收合格，即可进行下道工序施工。

(2) 厂拌法

采用厂拌或路外拌和的石灰土应拌和均匀，且含水率应略大于最佳含水率。

施工工艺：厂拌灰土→施工放样→铺石灰土→整平→碾压→养生。

①厂拌灰土

原材料进场验收合格后，按照生产配合比生产石灰土，当原材料发生变化时，必须重新调试灰土比。出场石灰土的含水率应根据当时天气情况综合考虑，晴天、有风天气一般稍大(1%~2%)，应对石灰土的含水率、灰剂量进行及时监控，检验合格后才能出场。

②施工放样

施工前对下承层路基顶面在验收合格之后每20m设一桩，并在路面边缘外0.3~0.5m处设立指示桩，在指示桩上标出底基层边缘设计高程及松铺厚度，松铺厚度根据试验段确定的松铺系数和设计厚度计算得出。

③摊铺石灰土

将拌和好的石灰土运至现场，按照松铺厚度将土摊铺均匀一致，有利于机械化施工。铺土后，先用推土机大致推平，然后放样用平地机整平，清余补缺，保证厚度一致，表面平整。

④整平

整平工作主要用平地机，结合少量人工整平。

a. 灰土拌和符合要求后，用平地机粗平一遍，消除拌和产生的土坎、波浪、沟槽等，使表面大致平整。

b. 用振动压路机或轮胎压路机稳压1~2遍。

c. 利用控制桩用水准仪或挂线放样，石灰粉作出标记，样点分布密度视平地机司机水平确定。

d. 平地机由外侧起向内侧进行刮平。

e. 重复c和d步骤直至高程和平整度满足要求为止。灰土接头、桥头、边沿等平地机无法正常作业的地方，应由人工完成清理、平整工作。

f. 整平时多余的灰土不准废弃于边坡上。

g. 最后一遍整平前，宜用洒水车喷洒一遍水，以补充表层水分，有利于表层碾压成型，最后一遍整平时平地机应"带土"作业，切忌薄层找补，备土、备灰要适当考虑富余量，整平时宁刮勿补。

⑤碾压

碾压采用振动式压路机和三轮静态压路机联合完成。

整平完成后,先用振动压路机由路两侧向路中心碾压。碾压时后轮应重叠1/2轮宽,一般先用振动压路机碾压4~5遍,再用静态压路机碾压1~2遍,压路机的碾压速度,头两遍采用1.5~1.7km/h,以后用2.0~2.5km/h,至无明显轮迹,总之,碾压时遵循"由边到中,先轻后重,由慢到快"的原则。

碾压必须连续完成,中途不得停顿,压路机应足量,以减少碾压成型时间,合理配备为震动压路机1~2台,三轮压路机2~3台,碾压过程中应行走顺直,低速行驶,桥头处10m范围内横向碾压。

⑥养生

不能及时覆盖上层结构层的12%灰土,养生期不少于7d,采用洒水养生法,土工布覆盖,养生期间要保持灰土表面经常湿润。养生期内应封闭交通,除洒水车外禁止一切车辆通行。12%灰土完成后经验收合格,即可进行下道工序施工。

4)注意事项

(1)拌和

①路拌法应注意以下事项:

a. 所用土壤应预先打碎、过筛(20mm方孔)集中堆放。

b. 应按需要量将土和石灰按配合比要求,进行掺配。掺配时土应保持适宜的含水率,掺配后过筛(20mm方孔),至颜色均匀一致为止。

c. 作业人员应佩戴劳动保护用品,现场应采取防扬尘措施。

②厂拌法应注意以下事项:

a. 石灰土搅拌前,应先筛除集料中不符合要求的颗粒,使集料的级配和最大粒径符合要求。

b. 宜用强制式搅拌机进行搅拌。配合比应准确,搅拌应均匀;含水率宜略大于最佳值;石灰土应过筛(20mm方孔)。

c. 应根据土和石灰的含水率变化、集料的颗粒组成变化,及时调整搅拌用水量。

d. 拌成的石灰土应及时运送到铺筑现场。运输中应采取防止水分蒸发和防扬尘措施。

e. 搅拌厂应向现场提供石灰土配合比,R7强度标准值及石灰中活性氧化物含量的资料。

(2)摊铺

①路床应湿润。

②压实系数应经试验确定。现场人工摊铺,压实系数宜为1.65~1.70。

③摊铺掺有粗集料的石灰土时,粗集料应均匀。

(3)碾压

①铺好的石灰土应当天碾压成形。

②碾压时的含水率宜在最佳含水率的±2%范围内。

③直线和不设超高的平曲线段,应由两侧向中心碾压;设超高的平曲线段,应由内侧向外侧碾压。

④初压时,碾速以1.5~1.7km/h为宜,灰土初步稳定后,以2.0~2.5km/h为宜。

⑤人工摊铺时,宜先用6~8t压路机碾压,灰土初步稳定,找补整形后,方可用重型压路机碾压。

⑥当采用碎石嵌丁封层时,嵌丁石料应在石灰土底层压实度达到85%时撒铺,然后继续碾压,使其嵌入底层,并保持表面有棱角外露。

(4)接缝处理

①纵向接缝宜设在路中线处。接缝应做成阶梯形,梯级宽不得小于1/2层厚。

②横向接缝应尽量减少。

(5)养护

①石灰土成活后应立即洒水(或覆盖)养护,保持湿润,直至上部结构施工为止。

②石灰土碾压成活后可采取喷洒沥青透层油养护,宜在其含水率为10%左右时进行。

③石灰土养护期应封闭交通。

5)检验标准

12%石灰稳定土层基层允许偏差见表3-10。

12%石灰稳定土底基层允许偏差表 表3-10

项目	允许偏差	检验频率			检验方法
		范围	点数		
压实度	≥95	1000m²	1		环刀法、灌砂法
中线偏位(mm)	≤20	100m	1		用经纬仪测量
纵断高程(mm)	±20	20m	1		用水准仪测量
平整度(mm)	≤15	20m	路宽(m) <9	1	用3m直尺,塞尺连续量两尺,取较大值
			9~15	2	
			>15	3	
宽度(mm)	不小于设计规定	40m	1		用钢尺量
横坡	±0.3%且不反坡	20m	路宽(m) <9	2	用水准仪测量
			9~15	4	
			>15	6	
厚度(mm)	±10	1000m²	1		用钢尺量

2. 低剂量水泥稳定碎石底基层施工

低剂量水泥稳定碎石底基层采用厂拌机摊法,水泥剂量在2.5%~3.5%。

1)主要材料要求

(1)水泥

①应选用初凝时间大于3h、终凝时间不小于6h的32.5级、42.5级普通硅酸盐水泥、矿渣硅酸盐、火山灰硅酸盐水泥。水泥应有出厂合格证与生产日期,复验合格方可使用。

②水泥储存期超过3个月或受潮,应进行性能试验,合格后方可使用。

(2)碎石

采用质地优良,且各项技术指标均符合相关规范要求的碎石,碎石的最大粒径应小于37.5mm,级配应符合表3-11的要求。

碎石粒径要求表　　　　　　　　　　　　　　　　　　　　　　表3-11

通过下列筛孔(mm)质量百分率(%)							
37.5	31.5	19	9.5	4.75	2.36	0.6	0.075
100	90~100	73~88	49~69	29~54	17~37	8~20	0~7

碎石中针片状颗粒的总含量不超过15%,且不得夹带黏土块、植物等。碎石压碎值不大于28%。小于0.6mm颗粒的液限小于28%,塑性指数小于9,砂当量不小于50,细料中0.075mm通过量不大于12%。不同粒级石料分仓堆放。

(3)水

水应符合国家现行标准《混凝土用水标准》(JGJ 63—2006)的规定。宜使用饮用水及不含油类等杂质的清洁中性水,pH值宜为6~8。

2)设备配置

(1)施工机械

必须配备齐全的施工机械和配件,做好开工前的保养、试机工作,并保证在施工期间一般不发生有碍施工进度和质量的故障。路面底基层施工,要求采用集中厂拌、摊铺机摊铺,要配备足够的拌和、运输、摊铺、压实机械。

①拌和机

根据质量与进度要求选用合适的拌和机,一般应选用产量大于400t/h的拌和机,拌和机必须控制系统精确、性能稳定。为使混合料拌和均匀,拌缸要满足一定长度。料斗口必须安装钢筋滤网,筛除超出粒径规格的集料及杂物,料斗口宽度必须大于装载机的宽度50cm以上,且料斗之间必须用钢板隔开,防止串料。拌和机的用水应配有大容量的储水箱。所有料斗、水箱、罐仓都要求装配高精度电子动态计量器,在使用前,电子动态计量器应经有资质的计量部门进行计量标定。

②摊铺机

根据路面底基层的宽度、厚度选用合适的摊铺机,宽度大于8m时应采用两台摊铺机梯队作业。

③压路机

应配备12t左右轻型压路机1~2台,18~20t的稳压用压路机2~3台,振动压路机2~3台和胶轮压路机两台。压路机的吨位和台数必须与拌和机及摊铺机生产能力相匹配。使从加水拌和到碾压终了的时间不超过2h,保证施工正常进行。

④自卸汽车

其数量应与拌和设备、摊铺设备、压路机相匹配。

⑤装载机。

⑥洒水车。

(2)质量控制和质量检测主要仪器

①水泥胶砂强度、水泥凝结时间、安定性检验仪器。

②水泥剂量测定设备。

③重型击实仪(有条件可采用振动法成型设备)。
④泥稳定碎石抗压试件制备与抗压强度测定设备。
⑤标准养护室。
⑥基层密度测定设备。
⑦标准筛(方孔)。
⑧土壤液、塑限联合测定仪。
⑨压碎值仪、针片状测定仪器。
⑩取芯机。

3)施工工艺

准备下承层→场拌混合料→运输→摊铺→碾压→养生。

(1)下承层的准备

清除路床表面的浮土、杂物等,并将路床表面洒水湿润。准备摊铺的前一天做好路面中桩、原地面测量,宽度放样,宽度必须满足设计要求,同时在两侧架设钢丝绳,架设原则为确保厚度的前提下兼顾纵断高程。按摊铺机宽度与传感器间距,在直线段上的间距为10m,在曲线段的间距为5m,并做好标记,导向控制线的钢丝拉力应不小于800N。

(2)混合料的拌和

①拌和前派专人检查场内集料的含水率,计算当天实际施工配合比的最佳含水率,通过水泵出水阀进行加水量控制,用流量表直接反映加水多少控制在最佳含水率的+1%左右。

②根据试验配合比,选择合适的给料门开度。拌和水稳底基层混合料,取成品混合料筛分,与生产配合比比较,调整给料门的开度。

③装车时,车辆在料仓下,前后移动,分三次装料,避免产生离析。

(3)混合料的运输

①运输车辆在装料前须检查完好情况,并将车厢清洗干净。

②车上混合料用油布覆盖,减少水分损失。

③在拌和场车辆装料后记录离场时间,运料到摊铺现场时再记录该车料的摊铺时间,计算混合料的运输时间。应保证车辆完好,沿途交通顺畅,尽量减少混合料的运输时间。

④根据拌和场每小时出料吨位、运输线路、摊铺速度,合理确定运输车辆数量,车辆应略有富余,以便实际施工时及时调整。

(4)混合料的摊铺

①摊铺前应将底基层下层适当洒水湿润。

②摊铺前应检查摊铺机各部分运转情况,而且每天坚持重复此项工作。

③调整好传感器臂与导向控制线的关系。严格控制底基层厚度和高程,保证路拱横坡度满足设计要求。

④摊铺机宜连续摊铺。如拌和机生产能力偏慢,在用摊铺机摊铺混合料时,应采用最低速度摊铺,禁止摊铺机停机待料。根据经验,摊铺机的摊铺速度一般宜在1～3m/min。

⑤混合料摊铺应采用两台摊铺机梯队作业,一前一后应保证速度一致、摊铺厚度一

致、松铺系数一致、路拱坡度一致、摊铺平整度一致、振动频率一致等,两机摊铺接缝平整。

⑥摊铺机的螺旋布料器应有 2/3 埋入混合料中。

⑦在摊铺机后面应设专人消除细集料离析现象,特别应该铲除局部粗集料"窝",并用新拌混合料填补。

(5)混合料的碾压

①摊铺成型后,当混合料处于最佳含水率±1%时,进行碾压,如表面水分不足,应适当洒水,但洒水不要过量,严禁水分很大时碾压。

②每台摊铺机后面,应紧跟振动压路机和轮胎压路机进行碾压,碾压长度视天气情况而定,确保在接近或略高于最佳含水率时碾压。(气温高时控制在 20~30m 之间,气温不高或早晚控制在 30~50m 之间)。碾压段落必须层次分明,设置明显的分界标志。

③碾压应遵循试铺路段确定的程序与工艺。注意稳压要充分,振压不起浪、不推移。压实时,遵循稳压(遍数适中,压实度达到 90%)→轻振动碾压→重振动碾压→胶轮稳压的程序,碾压时不漏压、超压、随意掉头、打方向等。做到表面平整密实,无浮石、弹簧现象,压至无轮迹为止。碾压过程中,跟踪检查压实度,并记录碾压方式和碾压遍数。碾压完成后用灌砂法检测压实度。

④压路机碾压时应重叠 1/2 轮宽。

⑤压路机倒车应自然停车,不许制动;换挡要轻且平顺,不要拉动基层。在第一遍初步稳压时,倒车后应原路返回,换挡位置应在已压好的段落上,在未碾压的一头换挡倒车位置错开,要成齿状,出现个别拥包时,应进行铲平处理。

⑥压路机碾压时的行驶速度,第 1~2 遍为 1.5~1.7km/h,以后各遍应为 1.8~2.2km/h。

碾压过程中,压路机压至未压路段,错开成 45°角,以防止碾压推移影响平整度。压路机停车要错开,相隔间距不小于 3m,应停在已碾压好的路段上。

⑦严禁压路机在已完成的或正在碾压的路段上调头和紧急制动。

⑧碾压时设置专人负责的碾压牌(初压、复压、终压),碾压宜在水泥初凝前及试验确定的延迟时间内完成,达到要求的压实度,同时没有明显的轮迹。

⑨为保证水泥稳定碎石基层边缘压实度,应有一定的超宽。

⑩碾压过程中,应根据水分蒸发情况,及时均匀洒适量的水,以保持表面湿润,防止碾压"起皮"。

⑪对碾压过程中出现的"弹簧、松散、起皮"等现象,应重新翻开换填新鲜水稳混合料重新碾压,使之达到质量要求。

(6)接缝的处理

①水泥稳定类混合料摊铺时,必须连续作业不中断,如因故中断时间超过 2h,则应设横缝;每天收工之后,第二天开工的接头断面也要设置横缝;每当通过桥涵,特别是明涵、明通,在其两边需要设置横缝,基层的横缝最好与桥头搭板尾端吻合。要特别注意桥头搭板前水泥稳定碎石混合料的碾压。

②横缝应与路面车道中心线垂直设置,其设置方法:

a. 人工将含水率合适的混合料末端整理整齐,紧靠混合料放两根方木,方木的高度应与混合料的压实厚度相同,整平紧靠方木的混合料。

b. 方木的另一侧用砂砾或碎石回填约3m长,其高度应略高出方木。

c. 将混合料碾压密实。

d. 在重新开始摊铺混合料之前,将砂砾或碎石和方木撤除,并将作业面顶面清扫干净。

e. 摊铺机返回到已压实层的末端,重新开始摊铺混合料。

f. 如摊铺中断超过2h,而又未按上述方法处理横向接缝,则应将摊铺机附近及其下面未压实的混合料铲除,并将已碾压密实且高程和平整度符合要求的末端挖成与路中心线垂直并垂直向下的断面,然后再摊铺新的混合料。施工过程中尽量减少施工缝。横缝应与路面车道中心线垂直设置,对于碾压末端形成一斜坡,将末端斜坡切除,并形成一横向(与路中心线垂直)垂直向下的断面。两台摊铺机间形成的纵缝,人工应在碾压前及时用细集料填补。

(7)养生

①水稳碾压成型后,人工将土工布铺在碾压完成的底基层顶面,覆盖2h后洒水养生,洒水次数视天气条件而定,7d内保持底基层处于湿润状态,28d内正常养护。

②养生期间封闭交通,禁止任何车辆通行。

4)质量控制要点

(1)严格控制原材料质量,水泥使用时应了解其出炉的天数,要保证在7d以上,且安定性满足要求。各种石料分开堆放,不能混杂。

(2)严格控制配合比,拌和机的投料要准确,宜在投料运输带上定期取样测定各料仓的投料数量,检查配合比是否正确。

(3)拌和要均匀,不得出现粗细集料的离析现象。

(4)严格控制碾压含水率,含水率应略大于最佳含水率(同时考虑季节、温度等因素),一般高1%以补偿混合料在储存、运输时的水分蒸发,使混合料运至现场摊铺后碾压时含水率能接近最佳值,并且拌和均匀。

(5)拌和好的混合料要及时摊铺碾压,一般要求在2h内完成。严禁用贴补的方法进行找平,如局部低注可采用翻松、添加新鲜混合料重新碾压。

5)施工注意事项

施工过程中应严格控制混合料的灰剂量、含水率、级配范围。及时调整好摊铺设备,不得在工作中停车检修,以免混合料因长时间放置影响碾压密实度和强度。压路机必须在混合料可塑状态下(即水泥的终凝时间之前)完成碾压成型。

碾压施工时要派专人跟机找平、处理基层平整度。水泥稳定碎石成型后,必须进行洒水养生。养生时间不少于7d。后期养生对水泥稳定碎石的强度提高、板体的形成至关重要,特别在炎热的夏天更应不间断洒水。

6)检验标准

水稳施工完后,验证松铺系数,按表3-12要求进行检验。

(1)水泥剂量的测定用料应在拌和机拌和后取样,并立即(一般规定小于10min)送到工地试验室进行滴定试验。

（2）水泥用量除用滴定法检测水泥剂量要求外，还必须进行总量控制检测。即要求记录每天的实际水泥用量、集料用量和实际工程量，计算对比水泥剂量的一致性。

水泥稳定碎石基层质量标准表　　　　　　　表 3-12

检查项目	质量要求		检查规定		备注
	要求值或容许误差	质量要求	频率	方法	
压实度(%)	>98	符合技术规范要求	4 处/200m/层	每处每车道测一点，用灌砂法检查，采用重型击实标准	
平整度(mm)	8	平整、无起伏	2 处/200m	用 3m 直尺连续量 10 尺，每尺取最大间隙	
纵横高程(mm)	+5, -10	平整顺适	1 断面/20m	每断面 3~5 点，用水准仪测量	
厚度(mm)	代表值 -8，极值 -15	均匀一致	1 处/200m/车道	每处 3 点，路中及边缘任选挖坑丈量	
宽度(mm)	不小于设计	边缘线整齐，顺适，无曲折	1 处/40m	用皮尺丈量	
横坡度(%)	+0.3	—	3 个断面/100m	用水准仪测量	
水泥剂量(%)	+0.5	—	每 2 000m 26 个以上样品	EDTA 滴定及总量校核	拌和机拌和后取样
级配	—	符合规范范围	每 2 000m 21 次	水洗筛分	拌和机拌和后取样
强度(MPa)	3~5	符合设计要求	2 组/天	7d 浸水抗压强度	上、下午各一组
含水率(%)	+2	最佳含水率	随时	烘干法	
外观要求	1. 表面平整密实，无浮石，弹簧现象； 2. 无明显压路机轮迹				

3. 石灰粉煤灰稳定土底基层施工

1）主要材料要求

（1）石灰：应采用经磨细的生石灰粉或消石灰，消石灰应过筛去掉大于 5mm 的灰块，石灰等级为Ⅲ级以上，含水率不得超过 4%。石灰的其他技术指标应符合国家现行标准的规定。

（2）粉煤灰：应采用二级以上的粉煤灰，粉煤灰中 SiO_2、Al_2O_3 和 Fe_2O_3 总的含量应大于 70%，烧失量不超过 20%；粉煤灰的比表面积宜大于 2 500 cm^2/g 或通过 0.075mm 筛孔总量不少于70%,通过0.3mm筛孔总量不少于90%;使用湿粉煤灰时含水率不宜超过35%。

(3)土:宜采用塑性指数12~20的黏土(亚黏土),有机质含量>10%的土不得使用。对于塑性指数不符合以上规定的土,如因远运土源有困难或工程费用过高而必须使用时,应采取相应措施,通过室内试验和现场试铺,经论证,质量符合规定后,才允许用于路面底基层施工。

(4)水:凡饮用水(含牲畜饮用水)均可使用。

2)设备配置

(1)主要施工机械

必须配备齐全的施工机具和配件,做好开工前各种机械的保养、试机工作,并保证在施工期间一般不发生有碍施工进度和质量的故障。

①拌和深度大于松铺厚度的拌和机。

②18~20t的三轮压路机、振动压路机和轮胎压路机。

③平地机、推土机。

④自卸汽车。

⑤装载机。

⑥挖土机。

⑦洒水车。

(2)质量控制和质量检测主要仪器

为保证施工质量,在施工过程中,必须配备以下质量控制和质量检测仪器设备。所有仪器设备均需通过计量检定。

①土壤液塑限联合测定仪。

②石灰有效钙和氧化镁含量测定设备。

③重型击实仪。

④石灰剂量测定设备。

⑤试件制备与抗压强度测定设备。

⑥标准养护室。

⑦底基层密度检测设备。

3)施工工艺

路拌法和中心站集中拌和(厂拌)法两种。

(1)路拌法

①施工程序

测量放样、布土、检查布土厚度及含水率、布消石灰、布粉煤灰、路拌机拌和、检查拌和深度、松铺厚度、含水率和石灰剂量、粗平、稳压、精平、碾压成型、质量检查、洒水养生。

②布料

a. 土的运输与摊铺采用自卸车运输,保证每车装载的数量基本一致,按照规格卸料,用推土机摊铺,平地机整平,超过10cm粒径的土块需要打碎。检测含水率,考虑到石灰的含水率,含水率过大,需要进行翻晒,降低其含水率。

b. 石灰应在使用前一周充分消解,并通过10mm筛孔,用布灰机或打方格人工布灰,均匀摊平。为确保抗压强度,布灰量应稍高于设计剂量。

c. 按粉煤灰用量比例和每车粉煤灰的数量将粉煤灰均匀卸在摊平的消石灰上,用人工或机械将粉煤灰摊平。检查粉煤灰的摊铺厚度和含水率。

③拌和

a. 采用路拌机反复拌和,拌和过程中应注意混合料的含水率和拌和的深度,必须拌至路基表面,宜侵入路基表面5～10mm,不得出现素土夹层;随时检查拌和的均匀性,不允许出现花白条带;土块应打碎,最大尺寸不大于15mm。

b. 检查松铺厚度和混合料含水率、石灰剂量,并按规定取样制备抗压试件。根据天气情况,夏天混合料含水率应较最佳含水率高出1%～2%。

c. 拌和好的混合料不得过夜,要当天碾压成型。

d. 底基层表面高出设计高程部分应予刮除并将刮下的二灰土扫出路外;局部低于高程之处,不能进行贴补,必须将其铲除重铺。

④碾压

a. 用轻型压路机碾压一遍,再用平地机进行整平、整型,经检查达到规定高程后再进行压实。

b. 用12以上压路机全宽碾压1～2遍,每次重叠1/2碾压宽度;再强振1～2次、弱振1～2次后,用18～21t三轮压路机碾压到规定压实度。一般需碾压6～8遍。

c. 碾压应遵循由路边向路中、先轻后重、先下部密实后上部密实、低速行驶碾压的原则,避免出现推移、起皮和漏压的现象。碾压程序和碾压遍数并不是唯一的,应通过试铺确定。

d. 碾压时,严禁压路机在已完成的或正在碾压的路段上调头和紧急制动,以保证稳定土表面不受破坏。

e. 碾压过程中,表面要始终保持湿润,如表面水分蒸发的过快,要及时补洒少量水。

⑤修整、成型

在碾压结束前,测量高程和横坡,用平地机终平一次,使其纵向顺适、路拱符合设计要求。

⑥接缝

底基层的横向施工接缝,应采用与表面垂直的平接缝处理,确保接缝处横向与纵向平整度。

⑦养生

碾压成型经检测合格后即进入养生期,应做好洒水养生、保持底基层湿润,应推行塑料薄膜覆盖养生,防止表面水分蒸发而开裂。养生期间禁止车辆通行,养生期一般为7d。

(2)中心站集中拌和(厂拌)法施工

厂拌法施工与路拌法施工的不同之处,就是厂拌法施工的混合料拌和是将石灰、粉煤灰和土集中在一个中心场地采用机械进行集中拌和,然后再将拌和好的混合料用自卸车运到铺筑路段用摊铺机摊铺,压路机碾压成型。其主要施工工序:

①混合料的拌和

a. 混合料的拌和必须满足以下4个条件:

ⓐ土块、粉煤灰块要粉碎,土块粒径要小于15mm。

ⓑ配料一定要准确,配料的偏差不能超过规范要求。
ⓒ混合料必须满足碾压时含水率接近最佳含水率。
ⓓ拌和的混合料要均匀。

b. 混合料可用多种机械进行集中拌和。例如强制式拌和机、双转轴桨叶式拌和机等,也可以用路拌机械或人工在场地上进行分批集中拌和。

c. 配比调试。配比应根据混合料各种材料的比例,使在同一时间输出的每种材料刚好等于配合比要求数量或者是数量偏差在规定的误差范围内。另外,每次开机拌和时,还应测定石灰、粉煤灰和土的含水率,以便调整拌和时的加水量,使拌和时混合料的含水率正好满足要求。

d. 拌和料的拌和与检测。对已拌和好的混合料应按规定进行检测,并随机抽样制作强度试件。其主要应做以下检测试验:
ⓐ分别测石灰、粉煤灰和土含水率是否满足设计要求。
ⓑ粗粒土应进行筛分,判定集料级配是否符合要求。
ⓒ随机取样制作无侧限抗压强度试件,以便检测 7d 无侧限抗压强度是否达到规定要求。

②混合料的运输

混合料拌和合格后,使用自卸汽车运输,送至摊铺现场。运送时要在运送车上加盖篷布,防止水分的散发与集料撒落污染环境。

③混合料的摊铺

厂拌混合料的摊铺可以用摊铺机摊铺,也可以用平地机摊铺。

a. 摊铺机摊铺应注意以下 5 点:
ⓐ下层准备与路拌法相同。
ⓑ测量放样。
ⓒ摊铺边缘应培肩。
ⓓ在摊铺起点就位摊铺机,并将熨平板调整到确定的松铺高度。
ⓔ自卸车调头后退卸料摊铺。

b. 平地机摊铺:与路拌法大致相同。

④碾压、养生

碾压、养生同路拌法。

4)质量控制要点

(1)石灰质量必须达到Ⅱ级要求,才能保证强度。

(2)混合料的拌和要充分均匀,严禁出现素土夹层。

(3)顶面高程控制一定要严格。

(4)碾压时的含水率要严格控制。

(5)精平后的碎土要用人工铲除,以防起皮。

(6)稳定土层宜在第一次重冰冻之前一个月完成,宜经历半月以上温暖的气候,应避免在雨季施工。

5)注意事项

(1)最低施工温度在5°以上,拌和时随拌随控制含水率,压实后结构层平整坚实,无明显裂缝或松散,无起皮、浮土。

(2)严禁压路机在已完成的或正在碾压的路段上调头和紧急制动。

(3)当天拌和均匀,当天碾压完毕。

(4)在干热天气,要洒水养生。

(5)碾压前认真检测松铺厚度、宽度等指标,以"宁高勿低、宁铲勿贴"为原则。

(6)在大型机械碾压不到的位置,采用小型压实机具进行碾压,确保压实满足设计要求。

6)检验标准

石灰粉煤灰稳定土底基层允许偏差见表3-13。

石灰粉煤灰稳定土底基层允许偏差表 表3-13

项 目	允许偏差	检验频率		检验方法
		范围	点数	
压实度	≥95	1 000m²	1	环刀法、灌砂法
中线偏位(mm)	≤20	100m	1	用经纬仪测量
纵断高程(mm)	±20	20m	1	用水准仪测量
平整度(mm)	≤15	20m	路宽(m) <9	1	用3m直尺和塞尺连续量两尺取较大值
			9~15	2	
			>15	3	
宽度(mm)	不小于设计规定	40m	1	用钢尺量
横坡	±0.3%且不反坡	20m	路宽(m) <9	2	用水准仪测量
			9~15	4	
			>15	6	
厚度(mm)	±10	1000m²	1	用钢尺量

4. 冷再生底基层施工

冷再生是指在常温状态下,采用专用的施工机械,将路面结构层的材料,按照一定的厚度进行破碎、拌和,同时添加一定比例的稳定剂、水或路面材料等,然后整形、压实,形成路面基层或底基层的一种道路施工工艺。冷再生是近几年发展起来的一种先进的道路维修施工工艺,与传统的道路维修工艺相比,具有很多优点。

①施工速度快。冷再生施工机械可一次性完成原路面破碎、拌和以及添加辅助材料,效率很高。施工速度可达5 000m²/d,大大缩短了施工工期,同时对交通的影响也降低到了最小。

②基层质量好。现有路面材料与水、稳定剂等充分拌和均匀,并且水和稳定剂的添加比例可以精确控制,从而形成高质量的基层材料。

③节约资金。由于充分利用了原路面的材料,免除了破除原路面、运出旧路面材料、再运进新路面材料的运输费和新材料费,简化了施工工序,降低了施工成本。

④保护环境。冷再生施工可以有效地防止粉尘飞扬,也避免了旧材料的弃置,减少了对

周围环境的污染。另外,冷再生施工还可以延长施工季节,加快施工速度。

1) 主要材料要求

(1) 水泥

① 应选用初凝时间大于 3h、终凝时间不小于 6h 的 32.5 级、42.5 级普通硅酸盐水泥、矿渣硅酸盐、火山灰硅酸盐水泥。水泥应有出厂合格证与生产日期,复验合格方可使用。

② 水泥储存期超过 3 个月或受潮,应进行性能试验,合格后方可使用。

(2) 水

水应符合《混凝土用水标准》(JGJ 63—2006)的规定。宜使用饮用水及不含油类等杂质的清洁中性水,pH 值宜为 6~8。

2) 设备配置

(1) 施工机械

① 冷再生机:可以采用维特根 WR2500 冷再生机或同等功效的小型铣刨机。施工前,操作手必须对冷再生机进行全面细致的检查,测试各部位的运行情况,确保冷再生机各方面工作正常;准备充足的油、水和易损件。水罐车要有足够的容量,所配水泵要有足够的供水速度。

② 压路机:应配备 25t 振动压路机 1 台、21~25t 光轮压路机 2~3 台。

③ 平地机。

④ 水车。

(2) 质量控制和质量检测主要仪器。

① 水泥胶砂强度、水泥凝结时间、安定性检验仪器。

② 水泥剂量测定设备。

3) 施工工艺

施工工艺过程为:施工准备→布摊水泥→再生拌和→整形→碾压→养生。

(1) 施工准备

冷再生施工速度较快,施工前做好充分的准备工作,避免在施工时中断施工影响工期和质量。

处理老路路面。当对老路基层进行冷再生利用作为新路底基层时,再生前先破除老路面层并清理外运。清理完后局部进行整平,避免大凹大凸。

准备稳定剂。冷再生施工前必须准备充足的稳定剂材料。稳定剂的日用量一般较大,必须事先计算稳定剂的日用量,提前外购或生产并组织运输。稳定剂的日用量 = 日施工面积 × 再生厚度 × 再生材料压实后的密度 × 稳定剂比例。

(2) 布摊水泥

按照再生机的工作宽度(一般为 2m)、水泥比例、计算每袋水泥布摊的距离。用白灰在路面上划分出适当的方格,按照方格布摊水泥。然后,人工用铁锹均匀撒布,确保水泥撒布均匀。

(3) 再生拌和

根据再生机的工作宽度和施工路面宽度,计算出再生施工的幅数。再生机就位,连接水罐车;第一幅施工时,要先画好线,再生机沿线行走;从第二幅开始可以沿上一幅的边界行走;每幅重叠10~15cm;再生机行进速度6~9m/min;由专人随时跟机检查再生深度和含水率,发现问题及时纠正;再生后,如果大颗粒团过多,可以用再生机或路拌机加拌一次,如果水分不足,要补充洒水;再生后的混合料要及时取样检测含水率。

(4)整形

再生完成后,用单钢轮压路机稳压两遍,然后用平地机初步整平,高出部分推至道路两侧,再稳压两遍;测量高程和横坡度;根据设计要求,高程不足时及时补充路面材料,超出部分及时用平地机刮平。通过整形达到调坡、调拱的目的,且保证平整度。

(5)再生层碾压

整形完成后,用25t振动压路机高幅低频振动压实1遍,稳压1遍,再高幅低频振动压实1遍,稳压1遍;换低幅高频重复以后过程;用21~25t压路机静压两遍;碾压后外面应平整,无明显轮迹;及时检测压实度。施工时,从开始再生到碾压完毕,应控制在4h以内。

(6)养生

碾压检测合格后及时洒水养生。养生期不少于7d;养生期内中断所有交通,派专人看管,做到每天及时洒水,杜绝重型车辆的进入;保持冷再生底基层表面始终湿润,防止再生层产生裂纹。

4)质量控制要点

(1)混合料含水率控制

施工过程中,必须保证混合料含水率等于或接近最佳含水率,这样才能保证冷再生底基层的压实度和强度,确保施工质量。因此,在进行冷再生底基层施工时,施工人员必须根据试验数据确定最佳含水率。一般情况下,可以先测定原路混合料的实际含水率,施工控制含水率一般在最佳含水率的基础上,根据气象条件,再酌情加大1%~2%。碾压过程中,冷再生底基层的表面应始终保持湿润,如气温高水分蒸发过快,应及时补撒少量的水,但严禁大量洒水碾压,这样在各道工序中消耗的水量就能得到弥补,从而保证达到要求的含水率。

(2)接缝处理

施工时,纵向接缝处重叠10~15cm,保证接缝平整;横向两段工作段的衔接处,采用搭接拌和。前一段整形后,留出3~5m不碾压;后一段施工时,将前段未压部分再加水泥重新拌和,并与后一段一起碾压。碾压时,要注意不要将前段成品压坏,既要保证平整度,又能要保证压实度。施工中,应尽量减少停机现象。纵向接缝的位置应尽量避开行车道上车辆行驶的轮迹。

(3)高程控制

由于老路在添加水泥等添加剂拌和的情况下,混合料一般会发生膨胀,造成高程与设计不同,因此,冷再生底基层高程控制是必须严格注意的,目前冷再生底基层施工是冷再生机拌和后采用平地机整平,这样对控制高程提出了较高要求。因此,施工过程中测量人员必须及时放出高程控制线,以确保平地机操作人员能够按照预先设置的高程线进行整平,从而保证达到设计高程,使冷再生底基层路拱和平整度都达到要求。平地机整平过程中要注意避免造成离析。平地机往返整平的次数越多,离析现象就可能越容易产生。因此,在平地机整平过程结束后可以设置专人消除离析现象。铲除集中的粗集料,换填刚刚拌和均匀的混合料,消除离析的影响。同时,在整平碾压过程中,严格禁止进行薄层贴补,薄层贴补后容易造成贴补层脱落和推移,留下质量隐患。

(4)拌和控制

冷再生机破碎拌和过程中的转子速度以及行驶的速度直接关系到拌和的均匀程度,影响到再生层的质量。施工过程中,如果冷再生机行驶速度慢,转子转速快,那么势必造成混合料级配不合理,造成再生层强度不足。如果冷再生机行驶速度快,转子转速慢,那么势必造成混合料均匀性不足,影响底基层质量。因此,施工人员必须在保证施工进度和混合料均匀程度的前提下,合理设定冷再生的行驶速度和转子速度,做到既保证施工进度,同时也保证混合料达到最佳均匀度,确保施工质量。此外,为保证水泥在混合料中分布均匀,必须将水泥摊铺均匀。因此在原路上直接进行冷再生施工,应首先将原有旧路整平碾压后,才能采用人工摊铺水泥。只有这样才能保证人工摊铺水泥的均匀性,才能保证拌和混合料的均匀程度,才能保证冷再生基层的整体性和稳定性。

(5)厚度控制

冷再生机在施工过程时,必须准确控制拌和厚度,严格按设计厚度施工,这样才能确保水泥剂量、压实度、强度等指标达到设计要求。厚度不均匀时,不仅厚度指标达不到设计要求外,同时还造成水泥剂量、压实度、强度等指标达不到设计要求,严重影响施工质量。如果超过设计厚度,水泥剂量显然就会减少(水泥撒布量不变,混合料数量增多),必然会造成强度降低,同时造成压实度不足。如果厚度达不到设计厚度时,结构厚度不足会造成承载力下降,造成水泥剂量过高,还会产生裂缝,影响施工质量。因此,冷再生机进行拌和施工时,行走要稳定,避免过多停顿,以确保厚度标准稳定如一。

同时,要始终保持水车与冷再生机一体同步行进,并通过水管把水输给再生机,在拌和的过程中其他水车随时蓄水,确保拌和用水的供应,使再生机在尽可能长的作业段内连续拌和,避免多次停车,造成再生破碎厚度不均匀,引起含水率和水泥剂量偏差较大。

5)注意事项

(1)旧路病害调查处理

冷再生底基层施工前必须认真对旧路面进行调查,对较为严重网裂、明显沉陷、坑槽等病害采取挖补、换填下承层材料等有效措施处理,并经监理人员确认合格后方可进行下道工序施工。

(2)配合比设计

直接影响冷再生底基层的强度、材料的利用率、施工的效率等各个方面的配合。应根据试验路段情况,充分考虑冷再生底基层的厚度不均匀性,合理确定外掺集料的级配与数量与单位面积上的水泥用量,满足设计配合比要求。

(3)施工周期

从加水拌和至碾压终了,不得超过水泥终凝时间。也可以通过外掺剂(缓凝剂)等其他方法,延缓水泥终凝时间,加大作业段长度,提高施工效率。

(4)养护条件

养护条件是影响冷再生水泥稳定类的后期强度主要因素之一,所以要保证足够的温度和湿度。

6)检验标准

冷再生底基层允许偏差见表3-14。

冷再生底基层允许偏差表　　　　表3-14

项　目	允许偏差	检验频率			检验方法
		范围	点数		
压实度	≥95	1 000m²	1		环刀法、灌砂法
中线偏位(mm)	≤20	100m	1		用经纬仪测量
纵断高程(mm)	±20	20m	1		用水准仪测量
平整度(mm)	≤15	20m	路宽(m) <9	1	用3m直尺和塞尺连续量两尺,取较大值
			9~15	2	
			>15	3	
宽度(mm)	不小于设计规定	40m	1		用钢尺量
横坡	±0.3%且不反坡	20m	路宽(m) <9	2	用水准仪测量
			9~15	4	
			>15	6	
厚度(mm)	±10	1 000m²	1		用钢尺量
弯沉值(0.01mm)	符合设计要求	设计要求	每车道每20m,测1点		弯沉仪测定
强度(MPa)	符合设计要求	设计要求	—		用强度仪检测

三、基层的施工

(一)基层的类型

基层的结构目前主要采用的结构形式为:水泥稳定碎石、石灰和粉煤灰稳定碎石。

(二)施工准备

1. 技术准备

1)原材料

石灰、水泥、土、碎石、粉煤灰、拌和用水等原材料应进行检验,符合规范要求后方可使用。

2)配合比组成设计

取工地实际使用并具有代表性的各种材料,按不同的配合比制备至少5组混合料。用重型击实法确定各组混合料的最佳含水率和最大干密度。在最佳含水率状态,按要求的压实度制备混合料试件,在标准条件下养护6d,浸水1d后取得无侧限抗压强度。灰剂量应根据设计要求强度值选定,取符合强度要求的最佳配合比作为生产配合比。

2. 现场准备

1)准备下承层

基层施工前,应对底基层验收,验收内容包括压实度、宽度、高程、横坡度、平整度等项目。验收合格后才能进行基层的施工。

2)试验段

正式施工前在选取好的下承层上先进行试验段的施工,通过试验段验证混合料的质量和稳定性,检验所采用的机械能否满足备料、运输、拌和和压实的要求和工作效率,以及施工组织和施工工艺的合理性和适应性。确定压实方法、压实机械类型、碾压遍数、压实厚度最佳含水率等指标作为今后施工现场控制的依据。

(三)水泥稳定碎石基层施工

在符合要求的级配碎石中,掺入适当的水泥和水,按照技术要求,在最佳含水率时经拌和摊铺,压实及养护成型,其抗压强度符合规定要求的混合料,称为水泥稳定碎石。水泥稳定碎石基层采用厂拌机摊法,水泥剂量在4.0%~5.5%。

1. 主要材料要求

1)水泥

(1)应选用初凝时间大于3h、终凝时间不小于6h的32.5级、42.5级普通硅酸盐水泥、矿渣硅酸盐、火山灰硅酸盐水泥。水泥应有出厂合格证与生产日期,复验合格方可使用。

(2)水泥储存期超过3个月或受潮,应进行性能试验,合格后方可使用。

2)碎石

采用质地优良,且各项技术指标均符合相关规范要求的碎石,碎石的最大粒径应小于为37.5mm,级配应符合表3-15的要求。

水泥稳定碎石级配表　　　　表3-15

项目		通过质量百分率(%)	
		基层	
		次干路	城市快速路、主干路
筛孔尺寸(mm)	53	—	—
	37.5	90~100	—
	31.5	—	100
	26.5	66~100	90~100
	19	54~100	72~89
	9.5	39~100	47~67
	4.75	28~84	29~49
	2.36	20~70	17~35

续上表

项　目		通过质量百分率(%)	
		基层	
		次干路	城市快速路、主干路
筛孔尺寸(mm)	1.18	14~57	—
	0.60	8~47	8~22
	0.075	0~30	0~7

碎石中针片状颗粒的总含量不超过15%，且不得夹带黏土块、植物等。碎石压碎值不大于28%。小于0.6mm颗粒的液限小于28%，塑性指数小于9，砂当量不小于50，细料中0.075mm通过量不大于12%。不同粒级石料分仓堆放。

3）水

应符合《混凝土用水标准》(JGJ 63—2006)的规定。宜使用饮用水及不含油类等杂质的清洁中性水，pH值宜为6~8。

2. 设备配置

1）施工机械

必须配备齐全的施工机械和配件，做好开工前的保养、试机工作，并保证在施工期间一般不发生有碍施工进度和质量的故障。路面基层基层施工，要求采用集中厂拌、摊铺机摊铺，要配备足够的拌和、运输、摊铺、压实机械。

(1)拌和机

根据质量与进度要求选用合适的拌和机，一般应选用产量大于400t/h的拌和机。拌和机必须控制系统精确、性能稳定。为使混合料拌和均匀，拌缸要满足一定长度。料斗口必须安装钢筋滤网，筛除超出粒径规格的集料及杂物，料斗口宽度必须大于装载机的宽度50cm以上，且料斗之间必须用钢板隔开，防止串料。拌和机的用水应配有大容量的储水箱。所有料斗、水箱、罐仓都要求装配高精度电子动态计量器，在使用前，电子动态计量器应经有资质的计量部门进行计量标定。

(2)摊铺机

根据路面基层的宽度、厚度选用合适的摊铺机，宽度大于8m时应采用两台摊铺机梯队作业。

(3)压路机

应配备12t左右轻型压路机1~2台，18~20t的稳压用压路机2~3台，振动压路机2~3台和胶轮压路机两台。压路机的吨位和台数必须与拌和机及摊铺机生产能力相匹配。使从加水拌和到碾压终了的时间不超过2h，保证施工正常进行。

(4)自卸汽车

其数量应与拌和设备、摊铺设备、压路机相匹配。

(5)装载机。

(6)洒水车。

2）质量控制和质量检测主要仪器
(1) 水泥胶砂强度、水泥凝结时间、安定性检验仪器。
(2) 水泥剂量测定设备。
(3) 重型击实仪（有条件可采用振动法成型设备）。
(4) 水泥稳定碎石抗压试件制备与抗压强度测定设备。
(5) 标准养护室。
(6) 基层密度测定设备。
(7) 标准筛（方孔）。
(8) 土壤液、塑限联合测定仪。
(9) 压碎值仪、针片状测定仪器。
(10) 取芯机。

3. 施工工艺

施工工艺过程：准备下承层→场拌混合料→运输→摊铺→碾压→养生。

1）下承层的准备

清除底基层表面的浮土、杂物等，并将底基层表面洒水湿润。准备摊铺的前一天做好路面中桩、原地面测量，宽度放样，宽度必须满足设计要求，同时在两侧架设钢丝绳，架设原则为确保厚度的前提下兼顾纵断高程。按摊铺机宽度与传感器间距，在直线段上的间距为 10m，在曲线段的间距为 5m，并做好标记，导向控制线的钢丝拉力应不小于 800N。

2）混合料的拌和

(1) 拌和前派专人检查场内集料的含水率，计算当天实际施工配合比的最佳含水率，通过水泵出水阀进行加水量控制，用流量表直接反映加水多少，控制在最佳含水率的 +1% 左右。

(2) 根据试验配合比，选择合适的给料门开度。拌和水稳基层混合料，取成品混合料筛分，与生产配合比比较，调整给料门的开度。

(3) 装车时，车辆在料仓下，前后移动，分三次装料，避免产生离析。

3）混合料的运输

(1) 运输车辆在装料前须检查完好情况，并将车厢清洗干净。

(2) 车上混合料用油布覆盖，减少水分损失。

(3) 在拌和场车辆装料后记录离场时间，运料到摊铺现场时再记录该车料的摊铺时间，计算混合料的运输时间。应保证车辆完好，沿途交通顺畅，尽量减少混合料的运输时间。

(4) 根据拌和场每小时出料吨位、运输线路、摊铺速度，合理确定运输车辆数量，车辆应略有富余，以便实际施工时及时调整。

4）混合料的摊铺

(1) 摊铺前应将底基层下承层适当洒水湿润。

(2) 摊铺前应检查摊铺机各部分运转情况，而且每天坚持重复此项工作。

(3)调整好传感器臂与导向控制线的关系;严格控制基层厚度和高程,保证路拱横坡度满足设计要求。

(4)摊铺机宜连续摊铺。如拌和机生产能力偏慢,在用摊铺机摊铺混合料时,应采用最低速度摊铺,禁止摊铺机停机待料。根据经验,摊铺机的摊铺速度一般宜在 1~3m/min。

(5)混合料摊铺应采用两台摊铺机梯队作业,一前一后应保证速度一致、摊铺厚度一致、松铺系数一致、路拱坡度一致、摊铺平整度一致、振动频率一致等,两机摊铺接缝平整。

(6)摊铺机的螺旋布料器应有 2/3 埋入混合料中。

(7)在摊铺机后面应设专人消除细集料离析现象,特别应该铲除局部粗集料"窝",并用新拌混合料填补。

5)混合料的碾压

(1)摊铺成型后,当混合料处于最佳含水率 ±1% 时,进行碾压,如表面水分不足,应适当洒水,但洒水不要过量,严禁水分很大时碾压。

(2)每台摊铺机后面,应紧跟振动压路机和轮胎压路机进行碾压,碾压长度视天气情况而定,确保在接近或略高于最佳含水率时碾压。(气温高,控制在 20~30m 之间,气温不高或早晚控制在 30~50m 之间)。碾压段落必须层次分明,设置明显的分界标志。

(3)碾压应遵循试铺路段确定的程序与工艺。注意稳压要充分,振压不起浪、不推移。压实时,遵循稳压(遍数适中,压实度达到 90%)→轻振动碾压→重振动碾压→胶轮稳压的程序,碾压时不漏压、超压、随意掉头、打方向等。做到表面平整密实,无浮石、弹簧现象,压至无轮迹为止。碾压过程中,跟踪检查压实度,并记录碾压方式和碾压遍数。碾压完成后用灌砂法检测压实度。

(4)压路机碾压时应重叠 1/2 轮宽。

(5)压路机倒车应自然停车,不许制动;换挡要轻且平顺,不要拉动基层。在第一遍初步稳压时,倒车后应原路返回,换挡位置应在已压好的段落上,在未碾压的一头换挡倒车位置错开,要成齿状,出现个别拥包时,应进行铲平处理。

(6)压路机碾压时的行驶速度,第 1~2 遍为 1.5~1.7km/h,以后各遍应为 1.8~2.2km/h。碾压过程中,压路机压至未压路段,错开成 45°角,以防止碾压推移影响平整度。压路机停车要错开,相隔间距不小于 3m,应停在已碾压好的路段上。严禁压路机在已完成的或正在碾压的路段上调头和紧急制动。碾压时设置专人负责的碾压牌(初压、复压、终压),碾压宜在水泥初凝前及试验确定的延迟时间内完成,达到要求的压实度,同时没有明显的轮迹。为保证水泥稳定碎石基层边缘压实度,应有一定的超宽。

(7)碾压过程中,应根据水分蒸发情况,及时均匀洒适量的水,以保持表面湿润,防止碾压"起皮"。对碾压过程中出现的"弹簧、松散、起皮"等现象,应重新翻开换填新鲜水稳混合料重新碾压,使之达到质量要求。

6)接缝的处理

(1)水泥稳定类混合料摊铺时,必须连续作业不中断,如因故中断时间超过 2h,则应设横缝;每天收工之后,第二天开工的接头断面也要设置横缝;每当通过桥涵,特别是明涵、明通,在其两边需要设置横缝,基层的横缝最好与桥头搭板尾端吻合。要特别注意桥头搭板前水泥稳定碎石混合料的碾压。

(2)横缝应与路面车道中心线垂直设置,其设置方法:

①人工将含水率合适的混合料末端整理整齐,紧靠混合料放两根方木,方木的高度应与混合料的压实厚度相同,整平紧靠方木的混合料。

②方木的另一侧用砂砾或碎石回填约3m长,其高度应略高出方木。

③将混合料碾压密实。

④在重新开始摊铺混合料之前,将砂砾或碎石和方木撤除,并将作业面顶面清扫干净。

⑤摊铺机返回到已压实层的末端,重新开始摊铺混合料。

⑥如摊铺中断超过2h,而又未按上述方法处理横向接缝,则应将摊铺机附近及其下面未压实的混合料铲除,并将已碾压密实且高程和平整度符合要求的末端挖成与路中心线垂直并垂直向下的断面,然后再摊铺新的混合料。施工过程中尽量减少施工缝。横缝应与路面车道中心线垂直设置,对于碾压末端形成一斜坡,将末端斜坡切除,并形成一横向(与路中心线垂直)垂直向下的断面。两台摊铺机间形成的纵缝,人工应在碾压前及时用细集料填补。

7)养生

(1)水稳碾压成型后,人工将土工布铺在碾压完成的基层顶面,覆盖2h后洒水养生,洒水次数视天气条件而定,7d内保持基层处于湿润状态。28d内正常养护。

(2)养生期间封闭交通,禁止任何车辆通行。

4. 质量控制要点

(1)严格控制原材料质量,水泥使用时应了解其出炉的天数,要保证在7d以上,且安定性满足要求。各种石料分开堆放,不能混杂。

(2)严格控制配合比,拌和机的投料要准确,宜在投料运输带上定期取样测定各料仓的投料数量,检查配合比是否正确。

(3)拌和要均匀,不得出现粗细集料的离析现象。

(4)严格控制碾压含水率,含水率应略大于最佳含水率(同时考虑季节、温度等因素),一般高1%以补偿混合料在储存、运输时的水分蒸发,使混合料运至现场摊铺后碾压时含水率能接近最佳值,并且拌和均匀。

(5)拌和好的混合料要及时摊铺碾压,一般要求在2h内完成。严禁用贴补的方法进行找平,如局部低洼可采用翻松、添加新鲜混合料重新碾压。

5. 施工注意事项

施工过程中应严格控制混合料的灰剂量、含水率、级配范围。及时调整好摊铺设备,不得在工作中停车检修,以免混合料因长时间放置,影响碾压密实度和强度。压路机必须在混合料可塑状态下(即水泥的终凝时间之前)完成碾压成型。

碾压施工时要派专人跟机找平、处理基层平整度。水泥稳定碎石成型后,必须进行洒水养生。养生时间不少于7d。后期养生对水泥稳定碎石的强度提高、板体的形成至关重要,特别在炎热的夏天更应不间断洒水。

6. 检验标准

水稳施工完后,验证松铺系数。按规范要求进行检验。

(1)水泥剂量的测定用料应在拌和机拌和后取样,并立即(一般规定小于10min)送到工地试验室进行滴定试验。

(2)水泥用量除用滴定法检测水泥剂量要求外,还必须进行总量控制检测。即要求记录每天的实际水泥用量、集料用量和实际工程量,计算对比水泥剂量的一致性。

(四)石灰粉煤灰稳定碎石基层施工

石灰和粉煤灰稳定碎石是指用符合要求的级配碎石和一定比例的石灰、粉煤灰,加水拌和、摊铺、碾压及养生而成型的混合料。

1. 主要材料要求

1)石灰

应采用经磨细的生石灰粉或消石灰,消石灰应过筛去掉大于5mm的灰块,石灰等级为Ⅲ级以上,含水率不得超过4%。石灰的其他技术指标应符合表3-9的规定。

磨细生石灰,可不经消解直接使用;块灰应在使用前2~3d完成消解,未能消解的生石灰块应筛除,消解石灰的粒径不得大于10mm。对储存较久或经过雨期的消解石灰应先经过试验,根据活性氧化物的含量决定能否使用和使用办法。

2)粉煤灰

应采用二级以上的粉煤灰,粉煤灰中SiO_2、Al_2O_3和Fe_2O_3总的含量应大于70%,烧失量不超过20%;粉煤灰的比表面积宜大于$2500cm^2/g$或通过0.075mm筛孔总量不少于70%,通过0.3mm筛孔总量不少于90%;使用湿粉煤灰时含水率不宜超过35%。

3)碎石

采用质地优良,且各项技术指标均符合相关规范要求的碎石,碎石的最大粒径应小于为37.5mm,级配应符合表3-16的要求。

砂砾、碎石级配表　　　　　　表3-16

筛孔尺寸(mm)	通过质量百分率(%)			
	级配砂砾		级配碎石	
	次干路及以下道路	城市快速路、主干路	次干路及以下道路	城市快速路、主干路
37.5	100	—	100	—
31.5	85~100	100	90~100	100
19.0	65~85	85~100	72~90	81~98
9.50	50~70	55~75	48~68	52~70
4.75	35~55	39~59	30~50	30~50
2.36	25~45	27~47	18~38	18~38
1.18	17~35	17~35	10~27	10~27
0.60	10~27	10~25	6~20	8~20
0.075	0~15	8~10	0~7	0~7

碎石中针片状颗粒的总含量不超过15%,且不得夹带黏土块、植物等。碎石压碎值不大于28%。小于0.6mm颗粒的液限小于28%,塑性指数小于9,砂当量不小于50,细料中0.075mm通过量不大于12%。不同粒级石料分仓堆放。

4)水

凡饮用水(含牲畜饮用水)均可使用。

2. 设备配置

1)施工机械

必须配备齐全的施工机械和配件,做好开工前的保养、试机工作,并保证在施工期间一般不发生有碍施工进度和质量的故障。路面基层基层施工,要求采用集中厂拌、摊铺机摊铺,要配备足够的拌和、运输、摊铺、压实机械。

(1)拌和机

根据质量与进度要求选用合适的拌和机,一般应选用产量大于400t/h的拌和机,拌和机必须控制系统精确、性能稳定。为使混合料拌和均匀,拌缸要满足一定长度。料斗口必须安装钢筋滤网,筛除超出粒径规格的集料及杂物,料斗口宽度必须大于装载机的宽度50cm以上,且料斗之间必须用钢板隔开,防止串料。拌和机的用水应配有大容量的储水箱。所有料斗、水箱、罐仓都要求装配高精度电子动态计量器,在使用前,电子动态计量器应经有资质的计量部门进行计量标定。

(2)摊铺机

根据路面基层的宽度、厚度选用合适的摊铺机,宽度大于8m时应采用两台摊铺机梯队作业。

(3)压路机

应配备12t左右轻型压路机1~2台,18~20t的稳压用压路机2~3台,振动压路机2~3台和胶轮压路机两台。压路机的吨位和台数必须与拌和机及摊铺机生产能力相匹配,使从加水拌和到碾压终了的时间不超过2h,保证施工正常进行。

(4)自卸汽车

其数量应与拌和设备、摊铺设备、压路机相匹配。

(5)装载机。

(6)洒水车。

2)质量控制和质量检测主要仪器

(1)石灰有效钙和氧化镁含量测定设备。

(2)石灰剂量测定设备。

(3)重型击实仪。

(4)无侧限抗压试件制备与抗压强度测定设备。

(5)标准养护室。

(6)基层密度测定设备。

(7)标准筛(方孔)。

(8)土壤液、塑限联合测定仪。

(9)压碎值仪、针片状测定仪器。

(10)取芯机、高温炉。

3. 施工工艺

施工工艺过程为:准备下承层→场拌混合料→运输→摊铺→碾压→养生。

1)下承层的准备

铺筑好的底基层表面应平整、坚实、具有规定路拱,下承层的高程、宽度、压实度、平整度等应符合规范要求,并用压路机进行碾压,检查是否有轮迹、弹簧现象,凡不合格的路段应分别采取补充碾压、换填好的粒料等措施进行整改,低洼和坑洞应仔细填补、压实。底基层上的杂物进行彻底清理和清扫,使其表面平整无杂物。在清理和清扫后的底基层表面适当洒水,使洒水后的下承层表面含水率接近二灰碎石的最佳含水率,并用胶轮压路机碾压一遍。

2)立钢模

二灰碎石摊铺前应及时做好立钢模的工作,以保证边缘压实度,防止出现碾压位移,影响边缘高程和造成材料损失。

3)二灰碎石的拌和及运输

二灰碎石拌和一般共设五个料斗,一个拌缸,一个放料斗,通过螺旋电机的转速和料门的开度来控制集料的流量。按照施工配合比,二灰碎石正式拌和前根据级配和拌和机产量确定好各个料斗螺旋电机转速和料门开度,试验室派专人对拌和楼进行监控,检查混合料情况,如含水率、集料级配,以确保混合料质量,发现问题立即进行处理。混合料含水率应略大于最佳含水率,使混合料运到现场摊铺后碾压时的含水率能接近最佳值。雨后应重新测定各种材料的含水率,通过调整料斗门开度来调整混合料的配合比。配料过程中,实测配合比偏差应控制在以下范围:集料 ±2%,粉煤灰 ±1.5%,石灰 ±1%,水储:+2%。

五种集料通过输送带全部汇集到拌缸,经过拌和再通过输送带储存在储料仓内,料仓储满后开始装车,装车时先装后部,汽车要前后移动,储料仓内留一定数量的混合料不放掉,以防粗细集料离析。运料车应尽量从便道上驶往摊铺地点,以减少对表层的磨损,到达工地后在摊铺机前10~20m处停住,倒料时位置要准确,不得撞击摊铺机。卸料过程中运料车应挂空挡,靠摊铺机推动向前,卸完料后应立即驶离摊铺机,在摊铺机料斗内混合料未铺完前,下一辆料车就应停靠在摊铺机前并开始卸料,保证摊铺机料斗内有10cm厚的混合料(摊铺机前应保证有五辆运料车),避免出现起伏波浪现象。

4)二灰碎石的摊铺和碾压

(1)二灰碎石的摊铺

在摊铺二灰碎石前先进行施工放样,由于采用两台摊铺机梯队作业,放样时用全站仪每隔10m打钢钎拉出二条摊铺基准线,摊铺的找平采用走钢丝法自动找平,钢丝离开摊铺边线(放石灰线)处10cm,钢丝应用弦紧器拉紧,拉力不小于100kN,以防下垂挠度超限,并使各测点弦线基准准确无误。摊铺前在熨平板底垫上与按计算松铺厚度同厚的木板起步。摊铺时靠中分带一侧摊铺机向前找中分带一侧钢丝,另一侧用横坡度仪控制熨平板的横坡度,测量人员应跟踪测量摊铺横坡,发现偏差及时调整;靠路肩一侧摊铺机紧随第一台摊铺机(距离10m左右)找单侧钢丝,另一侧采用找滑橇方式控制厚度。两台摊铺机重叠10cm左右,以避免施工纵缝,摊铺速度结合拌和机实际产量采用相对连续不间断行驶。摊铺机两侧传感器设有专人看护,随时检查摊铺高程与基准线是否一致,并做好记录。若发现高程出现偏差应及时通知自动找平仪操作手予以校正,考虑到二灰碎石是冷料摊铺、熨平板自重较大,为保证摊铺过程中横坡的准确性,应将熨平板调成0.1%的反拱。

(2)二灰碎石的碾压

当摊铺好的混合料能达到碾压长度(大于50m)、表面水分尚未大量蒸发、含水率处于最佳含水率±1%时即可进行碾压。碾压采用先轻后重,由边缘向中间碾压。首先用振动压路机慢速稳压两遍、轻振一遍、再重振一遍,然后用振动压路机轻振一遍、重振一遍,再用钢三轮压路机封面压四遍。碾压时每种压实机械均对路幅两边缘多压一遍,以保证边缘压实度。碾压中如出现起皮现象,中间可增加胶轮压路机的碾压来加以稳定,碾压时严格控制速度,后一轮迹与前一轮迹应重叠1/2宽度,后轮压完摊铺全宽为一遍。压路机不得停在未压或正在碾压的路面基层上,不准在其上紧急制动、急转弯和调头。碾压后如局部低洼可采用翻松、添加新鲜混合料重新碾压。

5)接缝处理

(1)纵向接缝

采用两台摊铺机梯队作业时,为避免产生纵向接缝,第一台摊铺机摊铺一定长度后可进行碾压,与第二台摊铺机摊铺带纵向搭接处预留50cm不碾压,待第二台摊铺机摊铺带与第一条摊铺带连接时一并碾压,以保证两条摊铺带有较好的黏接,避免纵向接缝的产生。在进行上基层摊铺时,两台摊铺机摊铺带接头应与下基层错开50~100cm。

(2)横向接缝

为减少横向接缝,施工时尽量选在两个或多个构造物之间作为一个施工段进行施工,若因工作面较长不能一次摊铺完成而暂停摊铺,则在下一次继续摊铺前,在碾压完成的二灰碎石末端沿横贯摊铺层全宽将末端凿除,应直凿到下承层顶面,并使其断面与下承层表面及路中心线垂直,连接面应切成垂直面。摊铺前最好在凿除断面上刷水泥浆,保证新旧混合料良好的黏接。禁止采用斜接缝。

6)养生

二灰碎石碾压成型后,必须用洒水车洒水保湿养生,养生期一般为7d,养生期间应使表面始终保持湿润,同时应封闭交通,除洒水车外,禁止重车通行以保护表层不受破坏。

4. 质量控制要点

(1)石灰质量必须达到Ⅱ级要求,才易保证强度。
(2)混合料的拌和要充分均匀,严禁出现离析现象。
(3)顶面高程控制一定要严格。
(4)碾压时的含水率要严格控制。

5. 注意事项

①含水率的掌握应从源头抓起,严格控制在拌和场,防止在摊铺碾压过程中出现偏多、偏少现象。拌和场重点控制粉煤灰、石灰、细集料含水率,做到雨天用彩条布覆盖。如天气

干燥,出现含水率偏低现象,则宜在粗集料上喷洒水。每次拌和前,应对材料含水率进行测定,以便及时调整混合料配合比及含水率。

②拌和机的投料要准确,控制好螺旋电机转速及料门开度,在投料运输带上定期检查各料仓的投料数量。

③拌和要均匀,不得出现粗、细集料离析现象,成品料堆应随时用装载机摊平,避免形成锥体引起粗细集料滑到锥底。

④拌和好的混合料要及时摊铺碾压,从拌和到碾压整个施工过程应控制在当天完成,最迟控制在48h内。拌和、摊铺过程中若遇雨淋,应及时用彩条布对混合料进行覆盖。

⑤摊铺机首先要将熨平板调成直线,二是要反复调整熨平板的振级和振幅,测定它的松铺系数。严格控制高程和平整度,每层压实厚度不宜超过20cm,最小压实厚度不小于10cm,严禁出现薄层贴补等不良现象。

⑥碾压完毕后进入养生阶段,在此阶段内用洒水车洒水,使基层表面始终处于湿润状态,养生时间一般为7d,对于基层的下层,碾压完毕后,可立即铺筑上层,不需专门养生,如不能立即铺筑,仍按规定养生。

6. 检验标准(表3-17)

压实度应符合下列要求:

(1)城市快速路、主干路基层大于等于97%。

(2)其他等级道路基层大于等于95%。检查数量:每1 000m²,每压实层抽检1组(1点)。检验方法:灌砂法。

(3)无侧限抗压试件作7d饱水抗压强度,应符合设计要求。检查数量:每2 000m² 1组(6块)检验方法:现场取样试验。

石灰粉煤灰稳定碎石基层允许偏差表　　　　　　　　　　　　　　表3-17

项　目		允　许　偏　差	检 验 频 率		检 验 方 法
			范围	点数	
中线偏位(mm)		≤20	100m	1	用经纬仪测量
纵断高程(mm)	基层	±15	20m	1	用水准仪测量
平整度(mm)	基层	≤10	20m	路宽(m) <9 : 1 9~15 : 2 >15 : 3	用3m直尺和塞尺连续量,两尺取较大值
宽度(mm)		不小于设计规定	40m	1	用钢尺量
横坡		±0.3%且不反坡	20m	路宽(m) <9 : 2 9~15 : 4 >15 : 6	用水准仪测量
厚度(mm)		±10	1 000m²	1	用钢尺量

四、沥青路面施工

(一)沥青面层施工的类型

沥青路面的结构主要采用的结构形式为:热拌普通沥青混合料路面、改性沥青混合料路面、改性沥青 SMA 沥青混合料路面。

热拌沥青混合料,HMA(Hot mix asphalt mixture),是经人工组配的矿料与沥青在专门设备中加热拌和而成,用保温运输工具运至施工现场,在热态下进行摊铺和压实的混合料。

改性沥青混合料(Modified asphalt mixture),是相对于普通沥青混合料来说的。这种混合料中的沥青是基质沥青(50 号、70 号、90 号等沥青)经过化学或者物理改性过的。目的就是优化沥青的性能,进一步生产出来的沥青混合料的性能也会变优。

沥青马蹄脂碎石混合料,是一种新型的沥青混合料结构,被称为 Stone MastiC Asphalt,缩写为 SMA。SMA 是一种由沥青、纤维稳定剂、矿粉和少量的细集料组成的沥青马蹄脂填充间断级配的粗集料骨架间隙而组成的沥青混合料。它是由足够的沥青结合料和具有相当劲度的沥青玛蹄脂胶浆填充在粗集料形成的石—石嵌挤结构的空隙中形成的。因此,它具有抗高温、低温稳定性,良好的水稳定性,良好的耐久性和表面功能(抗滑、车辙小、平整度高、噪声小、能见度好)。SMA 路面耐久性好,故养护工作少,使用寿命长,综合经济效益和环境效益好。

热拌沥青混合料(HMA)适用于各种等级公路的沥青路面。其种类按集料公称最大粒径、矿料级配、空隙率划分,分类见表 3-18。

热拌沥青混合料种类表 表 3-18

混合料类型	密级配			开级配		半开级配	公称最大粒径(mm)	最大粒径(mm)
	连续级配		间断级配	间断级配				
	沥青混凝土	沥青稳定碎石	沥青玛蹄脂碎石	排水式沥青磨耗层	排水式沥青碎石基层	沥青碎石		
特粗式	—	ATB-40	—	—	ATPB-40	—	37.5	53.0
粗粒式	—	ATB-30	—	—	ATPB-30	—	31.5	37.5
	AC-25	ATB-25	—	—	ATPB-25	—	26.5	31.5
中粒式	AC-20	—	SMA-20	—	—	AM-20	19.0	26.5
	AC-16	—	SMA-16	OGFC-16	—	AM-16	16.0	19.0
细粒式	AC-13	—	SMA-13	OGFC-13	—	AM-13	13.2	16.0
	AC-10	—	SMA-10	OGFC-10	—	AM-10	9.5	13.2
砂粒式	AC-5	—	—	—	—	—	4.75	9.5
设计空隙率(%)	3~5	3~6	3~4	>18	>18	6~12	—	—

注:空隙率可按配合比设计要求适当调整。

各层沥青混合料应满足所在层位的功能性要求,便于施工,不容易离析。各层应连续施工并联结成为一个整体。当发现混合料结构组合及级配类型的设计不合理时应进行修改、调整,以确保沥青路面的使用性能。

沥青面层集料的最大粒径宜从上至下逐渐增大,并应与压实层厚度相匹配。对热拌热铺密级配沥青混合料,沥青层一层的压实厚度不宜小于集料公称最大粒径的2.5~3倍,对SMA和OGFC等嵌挤型混合料不宜小于公称最大粒径的2~2.5倍,以减少离析,便于压实。

(二)沥青面层施工准备

1. 材料准备

施工前必须检查各种材料的来源和质量。对经招标程序购进的沥青、集料等重要材料,供货单位必须提交最新检测的正式试验报告。从国外进口的材料应提供该批材料的船运单。对首次使用的集料,应检查生产单位的生产条件、加工机械、覆盖层的清理情况。所有材料都应按规定取样检测,经质量认可后方可订货。

各种材料都必须在施工前以"批"为单位进行检查,不符合本规范技术要求的材料不得进场。对各种矿料是以同一料源、同一次购入并运至生产现场的相同规格材料为一"批";对沥青是指从同一来源、同一次购入且储入同一沥青罐的同一规格的沥青为一"批"。材料试样的取样数量与频度按现行试验规程的规定进行。

工程开始前,必须对材料的存放场地、防雨和排水措施进行确认,不符合本规范要求时材料不得进场。进场的各种材料的来源、品种、质量应与招标及提供的样品一致,不符合要求的材料严禁使用。

使用成品改性沥青的工程,应要求供应商提供所使用的改性剂型号、基质沥青的质量检测报告。使用现场改性沥青的工程,应对试生产的改性沥青进行检测。质量不合格的不可使用。

施工前应对沥青拌和楼、摊铺机、压路机等各种施工机械和设备进行调试,对机械设备的配套情况、技术性能、传感器计量精度等进行认真检查、标定,并得到监理的认可。

正式开工前,各种原材料的试验结果,及据此进行的目标配合比设计和生产配合比设计结果,应在规定的期限内向业主及监理提出正式报告,待取得正式认可后,方可使用。

原材料的好坏直接决定沥青混合料的质量,原材料应符合下列规定:

沥青应符合下列要求:

①宜优先采用A级沥青作为道路面层使用。B级沥青可作为次干路及其以下道路面层使用。当缺乏所需标号的沥青时,可采用不同标号沥青掺配,掺配比应经试验确定。道路石油沥青的主要技术指标应符合表3-19的要求。

②改性沥青的基质沥青应与改性剂有良好的配伍性。聚合物改性沥青主要技术要求应符合表3-20的规定。

道路石油沥青技术要求

表 3-19

指标	单位	等级	160号④	130号④	110号	90号	70号③	50号	30号④	试验方法①
针入度(25℃,5s,100g)	dmm		140~200	120~140	100~120	80~100	60~80	40~60	20~40	T0604
适用的气候分区			注4	注4	2~1 2~2 2~3	1~1 1~2 1~3 2~2 2~3	1~1 1~2 1~3 1~4 2~2 2~3 2~4	1~4	注4	附录A⑤
针入度指数 PI②		A	−1.5~+1.0							T0604
		B	−1.8~+1.0							
软化点(R&B) 不小于	℃	A	38	40	43	45	46	49	55	T0606
		B	36	39	42	43	44	46	53	
		C	35	37	41	42	43	45	50	
60℃动力黏度② 不小于	Pa·s	A	—	60	120	160	180 160	200	260	T0620
10℃延度② 不小于	cm	A	50	50	40	45 30	25 20 20 15	15	10	T0605
		B	30	30	30	30 20	20 15 15 10	10	8	
15℃延度 不小于	cm	A,B	80	80	60	100	40	80	50	
		C	80	80	60	50		30	20	
蜡含量(蒸馏法) 不大于	%	A				2.2				T0615
		B				3.0				
		C				4.5				

续上表

指 标	单位	等级	沥青标号							试验方法①
			160号④	130号④	110号	90号	70号③	50号	30号④	
闪点 不小于	℃		230			245		260		T 0611
溶解度 不小于	%		99.5							T 0607
密度(15℃)	g/cm³		实测记录							T 0603
			TFOT(或RTFOT)后⑤							T 0610 或 T 0609
质量变化 不大于	%		±0.8							
残留针入度比 不小于	%	A	48	54	55	57	61	63		T 0604
		B	45	50	52	54	58	60		
		C	40	45	48	50	54	58		
残留延度(10℃) 不小于	cm	A	12	12	10	8	6	4		T 0605
		B	10	10	8	6	4	2		
残留延度(15℃) 不小于	cm	C	40	35	30	20	15	10	—	T 0605

注:①试验方法按照《公路工程沥青及沥青混合料试验规程》(JTJ 052—2000)规定的方法执行。用于仲裁试验求取 PI 时的 5 个温度的针入度关系的相关系数不得小于 0.997。
②经建设单位同意,表中 PI 值、60℃动力黏度、10℃延度可作为选择性指标,也可不作为施工质量检验指标。
③70 号沥青可根据需要求供应商提供针入度范围为 60~70 或 70~80 的沥青,50 号沥青可要求提供针入度范围为 40~50 或 50~60 的沥青。
④30 号沥青仅适用于沥青稳定基层。130 号和 160 号沥青除寒冷地区可直接应用外,通常用作乳化沥青、稀释沥青、改性沥青的基质沥青。
⑤老化试验以 TFOT 为准,也可以 RTFOT 代替。

聚合物改性沥青技术要求

表 3-20

指 标	单位	SBS类(I类) I-A	I-B	I-C	I-D	SBR类(II类) II-A	II-B	II-C	EVA,PE类(III类) III-A	III-B	III-C	III-D	试验方法
针入度25℃,100g,5s	0.1mm	>100	80~100	60~80	30~60	>100	80~100	60~80	>80	60~80	40~60	30~40	T 0604
针入度指数 PI,不小于	—	-1.2	-0.8	-0.4	0	-1.0	-0.8	-0.6	-1.0	-0.8	-0.6	-0.4	T 0604
延度5℃,5cm/min 不小于	cm	50	40	30	20	60	50	40					T 0605
软化点 $T_{R\&b}$ 不小于	℃	45	50	55	60	45	48	50	48	52	56	60	T 0606
运动黏度135℃,不大于	Pa·s						3						T 0625 T 0619
闪点,不小于	℃		230				230			230			T 0611
溶解度,不小于	%		99				99			—			T 0607
弹性恢复25℃,不小于	%	55	60	65	75		—			—			T 0662
黏韧性,不小于	N·m		—				5			—			T 0624
韧性,不小于	N·m		—				2.5			—			T 0624
储存稳定性离析,48h,软化点差,不大于	℃		2.5				3		无改性剂明显析出,凝聚				T 0661
TFOT(或 RTFOT)后残留物													
质量变化,不大于	%						±1.0						T 0661 或 T 0609
针入度比25℃,不小于	%	50	55	60	65	50	55	60	50	55	58	60	T 0604
延度5℃,不小于	cm	30	25	20	15	30	20	10		—			T 0605

粗集料应符合下列要求：

①粗集料应符合工程设计规定的级配范围,见表3-21。

②集料对沥青的黏附性,城市快速路、主干路应大于或等于4级；次干路及以下道路应大于或等于3级。集料具有一定的破碎面颗粒含量,具有1个破碎面宜大于90%,2个及以上的宜大于80%。

③粗集料的质量技术要求应符合表3-21的规定。

沥青混合料用粗集料质量技术要求表　　　　表3-21

指　　标	单　位	城市快速路、主干路		其他等级道路	试验方法
		表面层	其他层		
石料压碎值,不大于	%	26	28	30	T 0316
洛杉矶磨耗损失,不大于	%	28	30	35	T 0317
表观相对密度,不小于	—	2.60	2.5	2.45	T 0304
吸水率,不大于	%	2.0	3.0	3.0	T 0304
坚固性,不大于	%	12	12	—	T 0314
针片状颗粒含量(混合料),不大于 其中粒径大于9.5mm,不大于 其中粒径小于9.5mm,不大于	% % %	15 12 18	18 15 20	20 — —	T 0312
水洗法<0.075mm颗粒含量,不大于	%	1	1	1	T 0310
软石含量,不大于	%	3	5	5	T 0320

注：1.坚固性试验可根据需要进行。

2.用于城市快速路、主干路时,多孔玄武岩的视密度可放宽至2.45t/m³,吸水率可放宽至3%,但必须得到建设单位的批准,且不得用于SMA路面。

3.对S14即3～5规格的粗集料,针片状颗粒含量可不予要求,小于0.075mm含量可放宽到3%。

④粗集料的粒径规格应按表3-22的规定生产和使用。

细集料应符合下列要求：

①含泥量,对城市快速路、主干路不得大于3%；对次干路及其以下道路不得大于5%。

②与沥青的黏附性小于4级的砂,不得用于城市快速路和主干路。

沥青混合料用粗集料规格表

表 3-22

规格名称	公称粒径（mm）	通过下列筛孔（mm）的质量百分率（%）												
		106	75	63	53	37.5	31.5	26.5	19.0	13.2	9.5	4.75	2.36	0.6
S1	40~75	100	90~100	—		0~15		0~5						
S2	40~60		100	90~100	—	0~15		0~5						
S3	30~60		100	90~100		—		—	0~5					
S4	25~50			100	90~100	—	0~15	—		0~5				
S5	20~40				100	90~100	—	0~15	—		0~5			
S6	15~30					100	90~100	—	—	0~15	—	0~5		
S7	10~30					100	90~100	—	—	—	0~15	0~5		
S8	10~25						100	90~100	—	0~15	—	0~5		
S9	10~20							100	90~100	—	0~15	0~5		
S10	10~15								100	90~100	0~15	0~5		
S11	5~15								100	90~100	40~70	0~15	0~5	
S12	5~10									100	90~100	0~15	0~5	
S13	3~10									100	90~100	40~70	0~20	0~5
S14	3~5										100	90~100	0~15	0~3

③细集料的质量要求应符合表3-23的规定。

细集料质量要求表 表3-23

项　目	单　位	城市快速路、主干路	其他等级道路	试　验　方　法
表现相对密度,不小于	—	2.50	2.45	T 0328
坚固性(>0.3mm部分),不小于	%	12	—	T 0340
含泥量(小于0.075mm的含量),不大于	%	3	5	T 0333
砂当量,不小于	%	60	50	T 0334
亚甲蓝值,不大于	g/kg	25	—	T 0346
棱角性(流动时间),不小于	s	30	—	T 0345

注:坚固性试验可根据需要进行。

④沥青混合料用天然砂规格见表3-24。

沥青混合料用天然砂规格表 表3-24

筛孔尺寸(mm)	通过各孔筛的质量百分率(%)		
	粗砂	中砂	细砂
9.5	100	100	100
4.75	90~100	90~100	90~100
2.36	65~95	75~90	85~100
1.18	35~65	50~90	75~100
0.6	15~30	30~60	60~84
0.3	5~20	8~30	15~45
0.15	0~10	0~10	0~10
0.075	0~5	0~5	0~5

⑤沥青混合料用机制砂或石屑规格见表3-25。

沥青混合料用机制砂或石屑规格表 表3-25

规格	公称粒径(mm)	水洗法通过各筛孔的质量百分数(%)							
		9.5	4.75	2.36	1.18	0.6	0.3	0.15	0.075
S15	0~5	100	90~100	60~90	40~75	20~55	7~40	2~20	0~10
S16	0~3	—	100	8~100	50~80	25~60	8~45	0~25	0~15

注:当生产石屑采用喷水抑制扬尘工艺时,应特别注意含粉量不得超过表中要求。

矿粉应用石灰岩等憎水性石料磨制。当用粉煤灰作填料时,其用量不得超过填料总量50%。沥青混合料用矿粉质量要求应符合表3-26的规定。

沥青混合料用矿粉质量要求表 表3-26

项　目	单　位	城市快速路、主干路	其他等级道路	试　验　方　法
表观密度,不小于	t/m³	2.50	2.45	T 0352
含水率,不小于	%	1	1	T 0103 烘干法
粒度范围 <0.6mm	%	100	100	
<0.15mm	%	90~100	90~100	T 0351
<0.075mm	%	75~100	70~100	
外观	—	无团粒结块		—
亲水系数	—	<1		T 0353
塑性指数	%	<4		T 0354
加热安定性	—	实测记录		T 0355

纤维稳定剂应在250°C条件下不变质。不宜使用石棉纤维。木质纤维素技术要求应符合表3-27的规定。

木质素纤维技术要求表 表3-27

项　目	单　位	指　标	试　验　方　法
纤维长度,不大于	mm	6	水溶液用显微镜观测
灰分含量	%	18±5	高温590~600℃燃烧后测定残留物
pH值	—	7.5±1.0	水溶液用pH试纸或pH计测定
吸油率,不小于	—	纤维质量的5倍	用煤油浸泡后放在筛上经振敲后称量
含水率(以质量计),不大于	%	5	105℃烘箱烘2h后的冷却称量

不同料源、品种、规格的原材料应分别存放,不得混存。沥青混合料配合比设计应符合《公路沥青路面施工技术规范》(JTG F40—2004)的要求,并应遵守下列规定:

各地区应根据气候条件、道路等级、路面结构等情况,通过试验,确定适宜的沥青混合料技术指标。

开工前,应对当地同类道路的沥青混合料配合比及其使用情况进行调研,借鉴成功经验。

各地区应结合当地自然条件,充分利用当地资源,选择合格的材料。

2. 配合比设计(图3-23)

沥青混合料一般采用马歇尔试验配合比设计方法,沥青混合料技术要求应符合规定,并有良好的施工性能。当采用其他方法设计沥青混合料时,应进行马歇尔试验及各项配合比设计检验,并报告不同设计方法各自的试验结果。

沥青混合料的配合比设计应在调查以往类同材料的配合比设计经验和使用效果的基础上,充分借鉴成功的经验,选用符合要求的材料,进行配合比设计,按以下步骤进行:

目标配合比设计阶段。用工程实际使用的材料按规定的方法,优选矿料级配、确定最佳沥青用量,符合配合比设计技术标准和配合比设计检验要求,以此作为目标配合比,供拌和机确定各冷料仓的供料比例、进料速度及试拌使用。

图 3-23 配合比设计流程图

生产配合比设计阶段。对间歇式拌和机,应按规定方法取样测试各热料仓的材料级配,确定各热料仓的配合比,供拌和机控制室使用。同时选择适宜的筛孔尺寸和安装角度,尽量使各热料仓的供料大体平衡。并取目标配合比设计的最佳沥青用量 OAC、OAC±0.3% 等 3 个沥青用量进行马歇尔试验和试拌,通过室内试验及从拌和机取样试验综合确定生产配合比的最佳沥青用量,由此确定的最佳沥青用量与目标配合比设计的结果的差值不宜大于 ±0.2%。对连续式拌和机可省略生产配合比设计步骤。

生产配合比验证阶段。拌和机按生产配合比结果进行试拌、铺筑试验段,并取样进行马歇尔试验,同时从路上钻取芯样观察空隙率的大小,由此确定生产用的标准配合比。标准配合比的矿料合成级配中,至少应包括 0.075mm、2.36mm、4.75mm 及公称最大粒径筛孔的通过率接近优选的工程设计级配范围的中值,并避免在 0.3~0.6mm 处出现"驼峰"。对确定的标准配合比,宜再次进行车辙试验和水稳定性检验。

配合比设计报告应包括工程设计级配范围选择说明、材料品种选择与原材料质量试验结果、矿料级配、最佳沥青用量及各项体积指标、配合比设计检验结果等。试验报告的矿料级配曲线应按规定的方法绘制。当按规定调整沥青用量作为最佳沥青用量,宜报告不同沥青用量条件下的各项试验结果,并提出对施工压实工艺的技术要求。

经设计确定的标准配合比在施工过程中不得随意变更。但生产过程中应加强跟踪检测,严格控制进场材料的质量,如遇材料发生变化并经检测沥青混合料的矿料级配、马歇尔技术指标不符要求时,应及时调整配合比,使沥青混合料的质量符合要求并保持相对稳定,必要时重新进行配合比设计。

(三)沥青面层施工

1. 热拌沥青混合料路面

1)施工方法

准备下承层→拌和混合料→运输→摊铺→碾压→检测→封闭交通。

2)下承层的准备

清除基层表面的浮土、杂物等。准备摊铺的前一天做好路面中桩、原地面测量,宽度放样,宽度必须满足设计要求,同时在两侧架设钢丝绳,架设原则为确保厚度的前提下兼顾纵断高程。按摊铺机宽度与传感器间距,在直线段上的间距为10m,在曲线段的间距为5m,并做好标记,导向控制线的钢丝拉力应不小于800N。

3)透层、黏层与封层

(1)沥青混合料面层应在基层表面喷洒透层油,在透层油完全深入基层后方可铺筑面层。施工中应根据基层类型选择渗透性好的液体沥青、乳化沥青做透层油。沥青路面透油层材料的规格、用量和撒布养护应符合表3-28的有关规定。

沥青路面透层材料的规格和用量表 表3-28

用 途	液 体 沥 青		乳 化 沥 青	
	规 格	用量(L/m²)	规 格	用量(L/m²)
无机结合料粒料基层	AL(M)-1、2或3 AL(S)-1、2或3	1.0~2.3	PC-2 PA-2	1.0~2.0
半刚性基层	AL(M)-1或2 AL(S)-1或2	0.6~1.5	PC-2 PA-2	0.7~1.5

注:表中用量是指包括稀释剂和水分等在内的液体沥青、乳化沥青的总量,乳化沥青中的残留物含量是以50%为基准。

用作透层油的基质沥青的针入度不宜小于100。液体沥青的黏度应通过调节稀释剂的品种和掺量经试验确定。

透层油的用量与渗透深度宜通过试洒确定,不宜超出表3-28的规定。

用于石灰稳定土类或水泥稳定土类基层的透层油宜紧接在基层碾压成形后表面稍变干燥,但尚未硬化的情况下喷洒,且宜在透层油撒布后1~2d铺筑沥青混合料。洒布透层油后,应封闭各种交通。

透层油宜采用沥青洒布车或手动沥青洒布机喷洒。洒布设备喷嘴应与透层沥青匹配,喷洒应呈雾状,洒布管高度应使同一地点接受2~3个喷油嘴喷洒的沥青。

透层油应洒布均匀,有花白遗漏应人工补洒,喷洒过量的应立即撒布石屑或砂吸油,必要时作适当碾压。

透层油洒布后的养护时间应根据透层油的品种和气候条件由试验确定。液体沥青中的稀释剂全部挥发或乳化沥青水分蒸发后,应及时铺筑沥青混合料面层。

(2)双层式或多层式热拌热铺沥青混合料面层之间应喷洒黏层油,或在水泥混凝土路面、沥青稳定碎石基层、旧沥青路面上加铺沥青混合料时,应在既有结构、路缘石和检查井等构筑物与沥青混合料层连接面喷洒黏层油。宜采用快裂或中裂乳化沥青、改性乳化沥青,也可采用快凝或中凝液体石油作黏层油。黏层油材料的规格、用量和洒布养护应符合表3-29的有关规定。

沥青路面黏层材料的规格和用量表 表3-29

下卧层类型	液 体 沥 青		乳 化 沥 青	
	规　格	用量(L/m²)	规　格	用量(L/m²)
新建沥青层 旧沥青路面	AL(R)-3~AL(R)-6 AL(M)-3~AL(M)-6	0.3~0.5	PC-3 PA-3	0.3~0.6
水泥混凝土	AL(M)-3~AL(M)-6 AL(S)-3~AL(S)-6	0.2~0.4	PC-3 PA-3	0.3~0.5

注:表中用量是指包括稀释剂和水分等在内的液体沥青、乳化沥青的总量,乳化沥青中的残留物含量是以50%为基准。

黏层油品种和用量应根据下卧层的类型通过试洒确定,并应符合表3-29的规定。当黏层油上铺筑薄层大孔隙排水路面时,黏层油的用量宜增加到0.6~1.0L/m²。沥青层间兼做封层的黏层油宜采用改性沥青或改性乳化沥青,其用量不宜少于1.0L/m²。黏层油宜在摊铺面层当天洒布。黏层油喷洒应符合规范的有关规定。

(3)封层施工应符合下列规定:封层油宜采用改性沥青或改性乳化沥青。集料应质地坚硬、耐磨、洁净、粒径级配应符合要求。用于稀浆封层的混合料其配合比应经设计、试验,符合要求后方可使用。下封层宜采用层铺法表面处治或稀浆封层法施工。沥青(乳化沥青)和集料用量应根据配合比设计确定。沥青应撒布均匀、不露白,封层应不透水。

(4)当气温在10℃及以下,风力大于5级及以上时,不得喷洒透层、黏层、封层油。《城镇道路工程施工与质量验收规范》(CJJ 1—2008)中强制性条文规定:沥青混合料面层不得在雨、雪天气及环境最高温度低于5℃时施工。

4)沥青混合料的拌制

沥青混合料必须在沥青拌和厂(场、站)采用拌和机械拌制。拌和厂的设置必须符合国家有关环境保护、消防、安全等规定。拌和厂与工地现场距离应充分考虑交通堵塞的可能性,确保混合料的温度下降不超过要求,且不致因颠簸造成混合料离析。拌和厂应具有完备的排水设施。各种集料必须分隔储存,细集料应设防雨顶棚,料场及场内道路应做硬化处理,严禁泥土污染集料。

沥青混合料可采用间歇式拌和机或连续式拌和机拌制。连续式拌和机使用的集料必须稳定不变,一个工程从多处进料、料源或质量不稳定时,不得采用连续式拌和机。沥青混合料拌和设备的各种传感器必须定期检定,周期不少于每年一次。冷料供料装置需经标定得出集料供料曲线。间歇式拌和机应符合下列要求:

总拌和能力满足施工进度要求。拌和机除尘设备完好,能达到环保要求。

冷料仓的数量满足配合比需要,通常不宜少于5~6个。具有添加纤维、消石灰等外掺剂的设备。

集料与沥青混合料取样应符合现行试验规程的要求。从沥青混合料运料车上取样时必须在设置取样台分几处采集一定深度下的样品。集料进场宜在料堆顶部平台卸料,经推土机推平后,铲运机从底部按顺序竖直装料,减小集料离析。

间歇式拌和机必须配备计算机设备,拌和过程中逐盘采集并打印各个传感器测定的材料用量和沥青混合料拌和量、拌和温度等各种参数,每个台班结束时打印出一个台班的统计量,进行沥青混合料生产质量及铺筑厚度的总量检验,总量检验的数据有异常波动时,应立即停止生产,分析原因。

沥青混合料的生产温度应符合要求。烘干集料的残余含水率不得大于1%。每天开始几盘集料应提高加热温度,并干拌几锅集料废弃,再正式加沥青拌和混合料。

拌和机的矿粉仓应配备振动装置以防止矿粉起拱。添加消石灰、水泥等外掺剂时,宜增加粉料仓,也可由专用管线和螺旋升送器直接加入拌和锅,若与矿粉混合使用时应注意二者因密度不同发生离析。

拌和机必须有二级除尘装置,经一级除尘部分可直接回收使用,二级除尘部分可进入回收粉仓使用(或废弃)。对因除尘造成的粉料损失应补充等量的新矿粉。

沥青混合料拌和时间根据具体情况经试拌确定,以沥青均匀裹覆集料为度。间歇式拌和机每盘的生产周期不宜少于45s(其中干拌时间不少于5~10s)。改性沥青混合料的拌和时间应适当延长。

间歇式拌和机的振动筛规格应与矿料规格相匹配,最大筛孔宜略大于混合料的最大粒径,其余筛的设置应考虑混合料的级配稳定,并尽量使热料仓大体均衡,不同级配混合料必须配置不同的筛孔组合。

间隙式拌和机宜备有保温性能好的成品储料仓,储存过程中混合料温降不得大于10℃、且不能有沥青滴漏,普通沥青混合料的储存时间不得超过72h,改性沥青混合料的储存时间不宜超过24h。

生产添加纤维的沥青混合料时,纤维必须在混合料中充分分散,拌和均匀。拌和机应配备同步添加投料装置,松散的絮状纤维可在喷入沥青的同时或稍后采用风送设备喷入拌和锅,拌和时间宜延长5s以上。颗粒纤维可在粗集料投入的同时自动加入,经5~10s的干拌后,再投入矿粉。工程量很小时也可分装成塑料小包或由人工量取直接投入拌和锅。

使用改性沥青时应随时检查沥青泵、管道、计量器是否受堵,堵塞时应及时清洗。

沥青混合料出厂时应逐车检测沥青混合料的质量和温度,记录出厂时间,签发运料单。

5)运输与布料

热拌沥青混合料宜采用与摊铺机匹配的自卸汽车运输。宜采用较大吨位的运料车运输,但不得超载运输,或紧急制动、急弯掉头使透层、封层造成损伤。运料车的运力应稍有富余,施工过程中摊铺机前方应有运料车等候。

运料车每次使用前后必须清扫干净,在车厢板上涂一薄层,防止沥青黏结的隔离剂或防黏剂,但不得有余液积聚在车厢底部。从拌和机向运料车上装料时,应多次挪动汽车位置,平衡装料,以减少混合料离析。运料车运输混合料宜用苫布覆盖保温、防雨、防污染。

运料车进入摊铺现场时,轮胎上不得沾有泥土等可能污染路面的脏物,否则宜设水池洗净轮胎后进入工程现场。沥青混合料在摊铺地点凭运料单接收,若混合料不符合施工温度要求,或已经结成团块、已遭雨淋的不得铺筑。

开始摊铺前等候的运料车宜在5辆以上。摊铺过程中运料车应在摊铺机前100~300mm处停住,空挡等候,由摊铺机推动前进开始缓缓卸料,避免撞击摊铺机。在有条件时,运料车可将混合料卸入转运车经二次拌和后向摊铺机连续均匀的供料。运料车每次卸料必须倒净,尤其是对改性沥青混合料,如有剩余,应及时清除,防止硬结。

沥青混合料运至摊铺地点,应对搅拌质量与温度进行检查。合格后方可使用。

6)摊铺(图3-24)

热拌沥青混合料应采用沥青摊铺机摊铺,在喷洒有黏层油的路面上铺筑改性沥青混合料时,宜使用履带式摊铺机。摊铺机的受料斗应涂刷薄层隔离剂或防黏结剂。摊铺温度应符合表3-30的规定。铺筑快速通道、主干道沥青混合料时,一台摊铺机的铺筑宽度不宜超过6m(双车道)及7.5m(3车道以上),通常宜采用两台或更多台数的摊铺机前后错开10~20m成梯队方式同步摊铺,两幅之间应有30~60mm左右宽度的搭

图3-24 沥青混凝土路面摊铺现场施工图

接,并躲开车道轮迹带,上下层的搭接位置宜错开200mm以上。表面层宜采用多机全幅摊铺,减少施工接缝。

沥青混合料的最低摊铺温度表　　　　　表3-30

下卧层的表面温度(℃)	相应于下列不同摊铺层厚度的最低摊铺温度(℃)					
	普通沥青混合料			改性沥青混合料或SMA沥青混合料		
	<50mm	50~80mm	>80mm	<50mm	50~80mm	>80mm
<5	不允许	不允许	140	不允许	不允许	不允许
5~10	不允许	140	135	不允许	不允许	不允许
10~15	145	138	132	165	155	150
15~20	140	135	130	158	150	145
20~25	138	132	128	153	147	143
25~30	132	130	126	147	145	141
>30	130	125	124	145	140	139

摊铺机应具有自动或半自动方式调节摊铺厚度及找平的装置、可加热的振动熨平板或初步振动压实装置、摊铺宽度可调整等功能,且受料斗斗容应能保证更换运料车时连续摊铺。采用自动调平摊铺机摊铺最下层沥青混合料时,应使用钢丝或路缘石、平石控制高程与摊铺厚度,以上各层可用导梁引导高程控制,或采用声呐平衡梁控制方式。经摊铺机初步压

实的摊铺层应符合平整度、横坡的要求。

摊铺机开工前应提前0.5~1h预热熨平板不低于100℃。铺筑过程中应选择熨平板的振捣或夯锤压实装置具有适宜的振动频率和振幅,以提高路面的初始压实度。熨平板加宽连接应仔细调节至摊铺的混合料没有明显的离析痕迹。

沥青混合料的最低摊铺温度应根据气温、下卧层表面温度、摊铺层厚度与沥青混合料种类经试验确定。城市快速路、主干路不宜在气温低于10℃条件下施工。

沥青混合料的松铺系数应根据混合料类型、施工机械和施工工艺等应通过试验段确定,试验段长不宜小于100m。松铺系数可按照表3-31进行初选。

沥青混合料的松铺系数　　　　　　　　表3-31

种　　类	机　械　摊　铺	人　工　摊　铺
沥青混凝土混合料	1.15~1.35	1.25~1.50
沥青碎石混合料	1.15~1.30	1.20~1.45

摊铺机必须缓慢、均匀、连续不间断地摊铺,不得随意变换速度或中途停顿,以提高平整度,减少混合料的离析。摊铺速度宜控制在2~6m/min的范围内。摊铺机的螺旋布料器应相应于摊铺速度调整到保持一个稳定的速度均衡地转动,两侧应保持有不少于送料器2/3高度的混合料,以减少在摊铺过程中混合料的离析。用机械摊铺的混合料,不宜用人工反复修整。当不得不由人工做局部找补或更换混合料时,需仔细进行,特别严重的缺陷应整层铲除。

在路面狭窄部分、平曲线半径过小的匝道或加宽部分,以及小规模工程不能采用摊铺机铺筑时可用人工摊铺混合料。人工摊铺沥青混合料应符合以下要求:半幅施工时,路中一侧宜事先设置挡板。沥青混合料宜卸在铁板上,摊铺时应扣锹布料,不得扬锹远甩。铁锹等工具宜沾防黏结剂或加热使用。边摊铺边用刮板整平,刮平时应轻重一致,控制次数,严防集料离析。摊铺不得中途停顿,并加快碾压。如因故不能及时碾压时,应立即停止摊铺,并对已卸下的沥青混合料覆盖苫布保温。低温施工时,每次卸下的混合料应覆盖苫布保温。在雨季铺筑沥青路面时,应加强气象联系,已摊铺的沥青层因遇雨未进行压实的应予以铲除。

7)压实成型(图3-25)

压实成型的沥青路面应符合压实度及平整度的要求。沥青混凝土的压实层最大厚度不宜大于100mm,沥青稳定碎石混合料的压实层厚度不宜大于120mm,但当采用大功率压路机且经试验证明能达到压实度时允许增大到150mm。

图3-25　沥青混凝土路面碾压施工现场图

沥青路面施工应配备足够数量的压路机,选择合理的压路机组合方式及初压、复压、终压(包括成型)的碾压步骤,以达到最佳碾压效果。高速公路铺筑双车道沥青路面的压路机数量不宜少于5台。施工气温低、风大、碾压层薄时,压路机数量应适当增加。压路机应以慢而均匀的速度碾压,压路机的碾压速度应符合表 3-32 的规定。

压路机的碾压路线及碾压方向不应突然改变而导致混合料推移。碾压区的长度应大体稳定,两端的折返位置应随摊铺机前进而推进,横向不得在相同的断面上。

压路机碾压速度(km/h)　　　　　表 3-32

压路机类型	初 压		复 压		终 压	
	适宜	最大	适宜	最大	适宜	最大
钢筒式压路机	2~3	4	3~5	6	3~6	6
轮胎压路机	2~3	4	3~5	6	4~6	8
振动压路机	2~3（静压或振动）	3（静压或振动）	3~4.5（振动）	5（振动）	3~6（静压）	6（静压）

压路机的碾压温度应符合规范要求,并根据混合料种类、压路机、气温、层厚等情况经试压确定。在不产生严重推移和裂缝的前提下,初压、复压、终压都应在尽可能高的温度下进行。同时不得在低温状况下作反复碾压,使石料棱角磨损、压碎,破坏集料嵌挤。沥青混合料的初压应符合下列要求:初压应在紧跟摊铺机后碾压,并保持较短的初压区长度,以尽快使表面压实,减少热量散失。对摊铺后初始压实度较大,经实践证明采用振动压路机或轮胎压路机直接碾压无严重推移而有良好效果时,可免去初压直接进入复压工序。通常宜采用钢轮压路机静压 1~2 遍。碾压时应将压路机的驱动轮面向摊铺机,从外侧向中心碾压,在超高路段则由低向高碾压,在坡道上应将驱动轮从低处向高处碾压。初压后应检查平整度、路拱,有严重缺陷时进行修整乃至返工。

复压应紧跟在初压后进行,并应符合下列要求:复压应紧跟在初压后开始,且不得随意停顿。压路机碾压段的总长度应尽量缩短,通常不超过 60~80m。采用不同型号的压路机组合碾压时宜安排每一台压路机做全幅碾压。防止不同部位的压实度不均匀。

密级配沥青混凝土的复压宜优先采用重型的轮胎压路机进行搓揉碾压,以增加密水性,其总质量不宜小于 25t,吨位不足时宜附加重物,使每一个轮胎的压力不小于 15kN,冷态时的轮胎充气压力不小于 0.55MPa,轮胎发热后不小于 0.6MPa,且各个轮胎的气压大体相同,相邻碾压带应重叠 1/3~1/2 的碾压轮宽度,碾压至要求的压实度为止。

对粗集料为主的较大粒径的混合料,尤其是大粒径沥青稳定碎石基层,宜优先采用振动压路机复压。厚度小于 30mm 的薄沥青层不宜采用振动压路机碾压。振动压路机的振动频率宜为 35~50Hz,振幅宜为 0.3~0.8mm。层厚较大时选用高频率大振幅,以产生较大的激振力,厚度较薄时采用高频率低振幅,以防止集料破碎。相邻碾压带重叠宽度为 100~200mm。振动压路机折返时应先停止振动。

当采用钢筒式压路机时,总质量不宜小于 12t,相邻碾压带宜重叠后轮的 1/2 宽度,并不应少于 200mm。

对路面边缘、加宽及港湾式停车带等大型压路机难于碾压的部位,宜采用小型振动压路机或振动夯板作补充碾压。

终压应紧接在复压后进行,如经复压后已无明显轮迹时可免去终压。终压可选用双轮钢筒式压路机或关闭振动的振动压路机碾压不宜少于 2 遍,至无明显轮迹为止。

碾压轮在碾压过程中应保持清洁,有混合料沾轮应立即清除。对钢轮可涂刷隔离剂或防黏结剂,但严禁刷柴油。当采用向碾压轮喷水(可添加少量表面活性剂)的方式时,必须严格控制喷水量且成雾状,不得漫流,以防混合料降温过快。轮胎压路机开始碾压阶段,可适当烘烤、涂刷少量隔离剂或防黏结剂,也可少量喷水,并先到高温区碾压使轮胎尽快升温,之后停止洒水。轮胎压路机轮胎外围宜加设围裙保温。

压路机不得在未碾压成型路段上转向、调头、加水或停留。在当天成型的路面上,不得停放各种机械设备或车辆,不得散落矿料、油料等杂物。

8)接缝

沥青路面的施工必须接缝紧密、连接平顺,不得产生明显的接缝离析。上下层的纵缝应错开150mm(热接缝)或300~400mm(冷接缝)以上。相邻两幅及上下层的横向接缝均应错位1m以上。接缝施工应用3m直尺检查,确保平整度符合要求。

纵向接缝部位的施工应符合下列要求:

摊铺时采用梯队作业的纵缝应采用热接缝,将已铺部分留下100~200mm宽暂不碾压,作为后续部分的基准面,然后作跨缝碾压以消除缝迹。

当半幅施工或因特殊原因而产生纵向冷接缝时,宜加设挡板或加设切刀切齐,也可在混合料尚未完全冷却前用镐刨除边缘留下毛茬的方式,但不宜在冷却后采用切割机作纵向切缝。加铺另半幅前应涂洒少量沥青,重叠在已铺层上50~100mm,再铲走铺在前半幅上面的混合料,碾压时由边向中碾压留下100~150mm,再跨缝挤紧压实,或者先在已压实路面上行走碾压新铺层150mm左右,然后压实新铺部分。

表面层横向接缝应采用垂直的平接缝,以下各层可采用自然碾压的斜接缝,沥青层较厚时也可作阶梯形接缝(图3-26)。其他等级公路的各层均可采用斜接缝。

图3-26 横向接缝的几种形式示意图

斜接缝的搭接长度与层厚有关,宜为0.4~0.8m。搭接处应洒少量沥青,混合料中的粗集料颗粒应予剔除,并补上细料,搭接平整,充分压实。阶梯形接缝的台阶经铣刨而成,并洒黏层沥青,搭接长度不宜小于3m。

平接缝宜趁尚未冷透时用凿岩机或人工垂直刨除端部层厚不足的部分,使工作缝成直角连接。当采用切割机制作平接缝时,宜在铺设当天混合料冷却但尚未结硬时进行。刨除或切割不得损伤下层路面。切割时留下的泥水必须冲洗干净,待干燥后涂刷黏层油。铺筑新混合料接头应使接茬软化,压路机先进行横向碾压,再纵向碾压成为一体,充分压实,连接平顺。

9)开放交通及其他

热拌沥青混合料路面应待摊铺层完全自然冷却,混合料表面温度低于50℃后,方可开放交通。需要提早开放交通时,可洒水冷却降低混合料温度。

沥青路面雨季施工应符合下列要求:

注意气象预报,加强工地现场、沥青拌和厂及气象台站之间的联系,控制施工长度,各项工序紧密衔接。

运料车和工地应备有防雨设施,并做好基层及路肩排水。

铺筑好的沥青层应严格控制交通,做好保护,保持整洁,不得造成污染,严禁在沥青层上堆放施工产生的土或杂物,严禁在已铺沥青层上制作水泥砂浆。

10) 质量控制要点

沥青混合料的技术指标应符合规范要求。确定拌和用的标准配合比,出具配合比设计报告。

沥青混合料必须由具有资质的沥青搅拌厂(站)集中拌和。监理工程师应经常到沥青搅拌厂(站)检查入机矿料称量,拌和温度、拌和时间、出料温度和出料的外观质量等。

运料自卸车厢应有保温、防雨、防污染和防滴漏的措施。严禁将雨淋、结块、烧焦的沥青混合料至作业面。

摊铺前,应根据气温、机械性能和施工工艺经试验确定沥青混合料松铺系数。沥青混凝土混合料参考松铺系数:机械摊铺 1.15~1.35,人工摊铺 1.25~1.50。密级配沥青混合料最小压实厚度不宜小于集料公称最大粒径的 2.5~3 倍。

沥青混合料进入作业面应有专人测温,并记录在案,热拌沥青混合料落地、摊铺、初压、终压的温度应符合《城镇道路工程施工与质量验收规范》(CJJ 1—2008)的规定。无保障措施不允许在低于最低摊铺温度以下摊铺沥青混合料。雨、雪天或冬期环境温度:快速路、主干路不得低于 10℃;其他等级道路不得低于 5℃,3 级以上的风力天,严禁进行沥青路面施工。

快速路、主干路压路机宜采用 2 台以上同型号的摊铺机、压路机成梯队联合作业,机距控制在 10~30m。纵缝宜采用热接缝,碾压宜采用骑缝碾压。

碾压分初压、复压和终压三阶段进行,碾压速度按规定选取。初压压路机应紧跟在摊铺机后缓慢匀速行进,行进中不得产生推移裂缝。复压和终压也应在高温下进行。碾压面低于终压的允许温度,应停止碾压作业。

沥青混合料中铺设防裂土工合成材料的抗拉强度、顶破强度、延伸率、耐温度等均应符合设计及规范的要求。

沥青混合料面层的厚度、压实度及弯沉值检验均应符合设计及验收规范的要求。

沥青路面的温度低于 50℃方可开放交通。开放交通初期应设专人控制交通量及车速,严禁紧急制动、急转弯,严禁在路面上堆放砂石等建筑材料,严禁停车检修漏油。

11) 检验检测

沥青混合料生产过程中,必须按表 3-33 规定的检查项目与频度,对各种原材料进行抽样试验,其质量应符合规范规定的技术要求。每个检查项目的平行试验次数或一次试验的试样数必须按相关试验规程的规定执行,并以平均值评价是否合格。未列入表 3-33 中的材料的检查项目和频度按材料质量要求确定。

沥青拌和厂必须按下列步骤对沥青混合料生产过程进行质量控制,并按规定的项目和频度检查沥青混合料产品的质量,如实计算产品的合格率。单点检验评价方法应符合相关试验规程的试样平行试验的要求。

从料堆和皮带运输机随时目测各种材料的质量和均匀性,检查泥块及超粒径碎石,检查冷料仓有无窜仓。目测混合料拌和是否均匀,有无花白料,油石比是否合理,检查集料和混合料的离析情况。

检查控制室拌和机各项参数的设定值、控制屏的显示值,核对计算机采集和打印记录的数据与显示值是否一致。按表3-34规定的方法进行沥青混合料生产过程的在线监测和总量检验。

检测沥青混合料的材料加热温度、混合料出厂温度,取样抽提、筛分检测混合料的矿料级配、油石比。抽提筛分应至少检查0.075mm、2.36mm、4.75mm,公称最大粒径及中间粒径等5个筛孔的通过率。

取样成型试件进行马歇尔试验,测定空隙率、稳定度、流值,计算合格率。对VMA、VFA指标可只作记录。

特别注意:沥青混合料的存放时间对体积指标有一定影响,施工质量检验的马歇尔试验以拌和厂取样后立即成型的试件为准,但成型温度和试件高度必须符合试验要求。

施工过程中材料质量检查的项目与频度表　　　　表3-33

材料	检查项目	检查频度 城市快车道、主干道	检查频度 其他等级公路	试验规程规定的平行试验次数或一次试验的试样数
粗集料	外观(石料品种、含泥量等)	随时	随时	—
	针片状颗粒含量	随时	随时	2~3
	颗粒组成(筛分)	随时	必要时	2
	压碎值	必要时	必要时	2
	磨光值	必要时	必要时	4
	洛杉矶磨耗值	必要时	必要时	2
	含水率	必要时	必要时	2
细集料	颗粒组成(筛分)	随时	必要时	2
	砂当量	必要时	必要时	2
	含水率	必要时	必要时	2
	松方单位重	必要时	必要时	2
矿粉	外观	随时	随时	—
	<0.075mm含量	必要时	必要时	2
	含水率	必要时	必要时	2
石油沥青	针入度	每2~3天1次	每周1次	3
	软化点	每2~3天1次	每周1次	2
	延度	每2~3天1次	每周1次	3
	含蜡量	必要时	必要时	2~3
改性沥青	针入度	每天1次	每天1次	3
	软化点	每天1次	每天1次	2
	离析试验(对成品改性沥青)	每周1次	每周1次	2
	低温延度	必要时	必要时	3
	弹性恢复	必要时	必要时	3
	显微镜观察(对现场改性沥青)	随时	随时	—

续上表

材 料	检 查 项 目	检查频度		试验规程规定的平行试验次数或一次试验的试样数
		城市快车道、主干道	其他等级公路	
乳化沥青	蒸发残留物含量 蒸发残留物针入度	每2~3天1次 每2~3天1次	每周1次 每周1次	2 2
改性乳化沥青	蒸发残留物含量 蒸发残留物针入度 蒸发残留物软化点 蒸发残留物的延度	每2~3天1次 每2~3天1次 每2~3天1次 必要时	每周1次 每周1次 每周1次 必要时	2 3 2 3

注:1. 表列内容是在材料进场时已按"批"进行了全面检查的基础上,日常施工过程中质量检查的项目与要求。
2. "随时"是指需要经常检查的项目,其检查频度可根据材料来源及质量波动情况由业主及监理确定;"必要时"是指施工各方任何一个部门对其质量发生怀疑,提出需要检查时,或是根据需要商定的检查频度。

热拌沥青混合料的频度和质量要求表　　　　　　　　　　　　　　　表3-34

项 目		检查频度及单点检验评价方法	质量要求或允许偏差		试 验 方 法
			城市快车道、主干道	其他等级公路	
混合料外观		随时	观察集料粗细、均匀性、离析、油石比、色泽、冒烟、有无花白料、油团等各种现象		目测
拌和温度	沥青、集料的加热温度	逐盘检测评定	符合本规范规定		传感器自动检测、显示并打印
	混合料出厂温度	逐车检测评定	符合本规范规定		传感器自动检测、显示并打印,出厂时逐车按T 0981人工检测
		逐盘测量记录,每天取平均值评定	符合本规范规定		传感器自动检测、显示并打印
矿料级配筛孔	0.075mm	逐盘在线检测	±2%(2%)	—	计算机采集数据计算
	≤2.36mm		±5%(4%)	—	
	≥4.75mm		±6%(5%)	—	
	0.075mm	逐盘检查,每天汇总1次取平均值评定	±1%	—	总量检验
	≤2.36mm		±2%	—	
	≥4.75mm		±2%	—	
	0.075mm	每台拌和机每天1~2次,以2个试样的平均值评定	±2%(2%)	±2%	T 0725抽提筛分与标准级配比较的差
	≤2.36mm		±5%(3%)	±6%	
	≥4.75mm		±6%(4%)	±7%	

续上表

项　　目	检查频度及单点检验评价方法	质量要求或允许偏差		试　验　方　法
		城市快车道、主干道	其他等级公路	
沥青用量（油石比）	逐盘在线监测	±0.3%	—	计算机采集数据计算
	逐盘检查，每天汇总1次取平均值评定	±0.1%	—	总量检验
	每台拌和机每天1~2次，以2个试样的平均值评定	±0.3%	±0.4%	抽提 T 0722、T 0721
马歇尔试验：空隙率、稳定度、流值	每台拌和机每天1~2次，以4~6个试件的平均值评定	符合规范规定		T 0702、T 0709
浸水马歇尔试验	必要时（试件数同马歇尔试验）	符合规范规定		T 0702、T 0709
车辙试验	必要时（以3个试件的平均值评定）	符合规范规定		T 0719

注：1. 单点检验是指试验结果以一组试验结果的报告值为一个测点的评价依据，一组试验（如马歇尔试验、车辙试验）有多个试样时，报告值的取用按《公路工程沥青及沥青混合料试验规程》（JTG E20—2011）的规定执行。

2. 矿料级配和油石比必须进行总量检验和抽提筛分的双重检验控制，互相校核，表中括号内的数字是对SMA的要求。油石比抽提试验应事先进行空白试验标定，提高测试数据的准确度。

12）设备配置

（1）施工机具

路面施工必须配备齐全的施工机具和配件，做好开工前各种机械的保养、试机工作，并保证在施工期间一般不发生有碍施工进度和质量的故障。热拌沥青混合料路面施工必须配备以下主要施工机械：

①沥青混合料拌和楼。

②同型号的沥青混合料摊铺机。

③压路机：26t及以上轮胎压路机，12t及以上双钢轮压路机，10t双钢轮压路机。

④洒水车。

⑤载重量15t以上的自卸汽车。

⑥小型压实机械。

（2）必须配备性能良好、精度符合规定的质量检测仪器，并配备足够的易损部件。主要仪器设备如下：

①针入度仪。

②延度仪。

③软化点仪。

④沥青混合料马歇尔试验仪。

⑤马歇尔试件击实仪。

⑥试验室用沥青混合料拌和机。

⑦脱模器。
⑧沥青混合料离心抽提仪(配离心加速沉淀仪)或回流式全自动抽提仪。
⑨标准筛(方筛孔)。
⑩集料压碎值试验仪。
⑪烘箱。
⑫试模。
⑬恒温水浴。
⑭冰箱。
⑮路面取芯机。
⑯路面弯沉仪。
⑰砂当量仪。
⑱真空法理论最大相对密度试验仪。
⑲电子秤。

13)施工注意事项

沥青混合料要严格控制各个环节的温度控制:沥青加热温度、混合料出料温度、混合料废弃温度、到达现场温度、摊铺温度、初压温度、终压温度。

混合料外观检查:沥青混合料要拌和均匀,沥青完全裹覆碎石,不得有花白现象。

沥青摊铺速度一般控制在2~4m/min,熨平板的夯实功能采用高频低幅,并且保持匀速前进,不得忽快忽慢,摊铺机从上班开始尽量采用连续作业,如果没有特殊原因,尽量避免中途停机。

碾压速度:初压一般控制在2~3km/h,胶轮压路机最大不超过4km/h;复压一般控制在3~4.5km/h,轮胎压路机最大不超过6km/h,振动压路机最大不超过5km/h;终压一般控制在3~6km/h,轮胎压路机最大不超过8km/h,振动压路机最大不超过6km/h。

碾压过程中注意事项:压路机应紧跟慢压、高频低幅、梯形前进,并重点控制边角碾压;在大型压路机无法压到的地方,采用小型压路机或夯板进行夯实,以达到压实密度要求;对摊铺的边缘要注意压实遍数,要比正常段落多压1~3遍。

沥青摊铺下承层注意事项:透层沥青或封层沥青一定要喷洒均匀,并且到达要求的撒布数量;透层沥青或封层沥青表面一定要清扫干净,不得有泥土、石粉等杂物。

2. 改性沥青沥青混合料路面

1)施工方法

准备下承层→拌和混合料→运输→摊铺→碾压→检测→封闭交通。

改性沥青混合料的施工除遵照普通沥青混合料施工要求外,应注意以下几点:

(1)改性沥青混合料的拌制

改性沥青混合料混合料生产温度应根据改性沥青品种、热度、气候条件、铺装层的厚度确定。改性沥青混合料的正常生产温度通常宜较普通沥青混合料的生产温度提高10~20℃。当采用特殊的聚合物或天然沥青改性沥青时,生产温度由试验确定。

改性沥青混合料宜采用间歇式拌和设备生产,这种设备除尘系统完整,能达到环保要求;给料仓数量较多,能满足配合比设计配料要求;且具有添加纤维等外掺料的装置。

改性沥青混合料拌和时间根据具体情况经试拌确定,以沥青均匀包裹集料为度。间歇式拌和机每盘的生产周期不宜少于45s(其中干拌时间为5~10s)。改性沥青混合料的拌和时间应适当延长。

间歇式拌和机宜备有保温性能好的成品储料仓,储存过程中混合料温降不得大于10℃,具有沥青滴漏功能。改性沥青混合料的储存时间不宜超过24h。

添加纤维的沥青混合料,纤维必须在混合料中充分分散,拌和均匀。拌和机应配备同步添加投料装置,松散的絮状纤维可在喷入沥青的同时或稍后采用风送装置喷入拌和锅,拌和时间宜延长5s以上。颗粒纤维可在粗集料投入的同时自动加入,经5~10s的干拌后,再投入矿粉。

使用改性沥青时应随时检查沥青泵、管道、计量器是否受堵,堵塞时应及时清洗。

(2)运输

改性沥青混合料运输应按照普通沥青混合料运输要求执行,还应做到:运料车卸料必须倒净,如有粘在车厢板上的剩料,必须及时清除,防止硬结。在运输、等候过程中,如发现有沥青结合料滴漏时,应采取措施纠正。

(3)摊铺

改性沥青混合料的摊铺在满足普通沥青混合料摊铺要求外,还应做到:

摊铺在喷洒黏层油的路面上铺筑改性沥青混合料时,宜使用履带式摊铺机。摊铺机的受料斗应涂刷薄层隔离剂或防黏结剂。

摊铺上必须缓慢、均匀、连续不间断地摊铺,不得随意变换速度或中途停顿,提高平整度,减少混合料的离析。改性沥青混合料的摊铺速度宜放慢至1~3m/min。当发现混合料出现明显的离析、波浪、裂缝、拖痕时,应分析原因,予以及时排除。摊铺系数应通过试验段取得,一般情况下改性沥青混合料的压实系数在1.05左右。

摊铺机应采用自动找平方式,中、下面层宜采用钢丝绳或铝合金导轨引导的高程控制方式,铺筑改性沥青混合料路面时宜采用非接触式平衡梁。

(4)压实与成型

改性沥青混合料除执行普通沥青混合料的压实成型要求外,还应做到:

初压开始温度不低于150℃,碾压终了的表面温度应不低于90℃。

摊铺后应紧跟碾压,保持较短的初压区段,使混合料碾压温度不致降得过低。碾压时应将压路机的驱动轮面向摊铺机,从路外侧向中心碾压。在超高路段则由低向高碾压,在坡道上应将驱动轮从低处向高处碾压。

改性沥青混合料路面宜采用振动压路机或钢筒式压路机碾压,不宜采用轮胎压路机碾压。

振动压路机应遵循"紧跟、慢压、高频、低幅"的原则,即紧跟在摊铺机后面,采取高频率、低振幅的方式慢速碾压。这是保证平整度和压实度的关键。

(5)接缝

改性沥青混合料路面冷却后很坚硬,冷接缝处理很困难,因此应尽量避免出现冷接缝。

摊铺时应保证充分的运料车,以满足摊铺的需要,使纵向接缝成为热接缝。在摊铺特别宽的路面时,可在边部设置挡板。在处理横接缝时,应在当天改性沥青混合料路面施工完成后,在其冷却之前垂直切割端部不平整及厚度不符合要求的部分(先用 3m 直尺进行检查),并冲净、干燥,第二天,涂刷黏层油,再铺新料。其他接缝做法执行普通沥青混合料路面施工要求。

(6)开放交通及其他

热拌改性沥青混合料路面开放交通的条件应同于热拌沥青混合料路面的有关规定。

2)质量控制要点

拌制、施工温度:根据改性剂类型、改性沥青的黏稠情况,按改性沥青的黏—温关系确定改性沥青混合料拌制、压实温度。通常比普通沥青混合料施工温度高 10~20℃,特殊情况经试验确定。

改性沥青混合料宜随拌随用,需要短时间储存时,时间不宜超过 24h,储存期间温降不应超过 10℃,且不得发生结合料老化、滴漏及粗细集料离析现象。

改性沥青混合料运输中一定要覆盖,施工中应保持连续、均匀、间断摊铺。

因为黏稠,所以改性沥青混合料摊铺后应紧跟着碾压,充分利用料温压实。在初压和复压过程中,宜采用同类压路机并列成梯队操作,即全摊铺宽度上碾压,不宜采用首尾相接的纵列方式。

采用振动压路机碾压时,压路机轮迹的重叠宽度不应超过 20cm,但在静载钢轮压路机工作时,轮迹重叠宽度不应少于 20cm。

振动压路机碾压时的振动频率、振幅大小应与路面铺筑厚度相协调,厚度较小时宜采用高频低振幅,终压时要关闭振动。

纵向缝摊铺机梯队摊铺时应采用热接缝;特殊情况时,采用冷接缝,冷接缝有平接缝、自然缝。切除先铺的旧料,刷黏层油再铺新料,搭接 10cm 一起碾压。

横向缝中、下面层可采用平接缝或斜接缝,上面层应采用平接缝,宜在当天施工结束后切割、清扫、成缝。接缝摊铺前,先用直尺检查接缝处已压实的路面,切除不平整及厚度不符合要求的部分,涂刷黏层油并用熨平板预热,铺上新料后一起压实,骑缝先横向后纵向碾压,注意要考虑新料的松铺系数。

3)设备配置

热拌改性沥青混合料路面施工设备配置与热拌沥青混合料施工基本相同,改性沥青混合料路面宜采用振动压路机或钢筒式压路机碾压,不宜采用轮胎压路机碾压。

4)施工注意事项

严格控制料温,摊铺温度不低于 160℃,紧跟慢压、高频低幅、梯形前进,并重点控制边角碾压。

尽可能地不出现人工摊铺、找补现象。摊铺过程中人员尽量不要在已摊铺面上行走。

着重控制摊铺的平整度。设专人对两边的空隙中补热料,确保边角密实、美观。

接缝处理:(冷缝)先将已经铺筑好的路面凿成锯齿形,然后摊铺;沥青混合料,在摊铺过程中要严格控制虚铺厚度。压路机碾压接缝时,先和接缝成 45°角碾压,如何再成 90°碾压,直至平整密实。

3. 改性沥青 SMA 沥青混合料路面

1)施工方法

准备下承层→拌和混合料→运输→摊铺→碾压→检测→封闭交通。

(1) 下承层的准备

黏层施工后尽快组织上面层的施工,上面层施工前,确保下承层洁净,无不利于中上面层结合的泥尘杂物。

(2) 拌和

根据试验室提供的生产配合比进行混合料的拌和。严格控制改性沥青和集料加热温度以及改性沥青 SMA-13 混合料的出厂温度,凡不符合表3-35规定的沥青混合料决不出厂,每车混合料在出厂时均需检测温度。

改性沥青 SMA-13 的施工温度表　　　　表3-35

沥青加热温度(℃)	160~170	初压开始温度(℃)	不低于150
集料加热温度(℃)	190~200	复压最低温度(℃)	不低于130
混合料出厂温度(℃)	170~185,超过195废弃	碾压终了温度(℃)	不低于120
运到现场温度(℃)	不低于165	开放交通温度(℃)	不高于50
摊铺温度(℃)	不低于160		

所有过度加热的混合料,或已经炭化、起泡和含水的混合料都予以废弃。拌和后的混合料必须均匀一致,无花白、无冒青烟、无离析、无析漏现象。如果出现上述反常情况,立即停机分析原因,不合格混合料不能出厂。拌和时间由试拌决定。

沥青面层混合料的拌和机配有储料仓设备,拌和好的沥青从拌缸卸入提升小车,送入储料仓暂存,而后再卸入运料汽车内,储料仓有保温设备,储存时间以符合混合料出厂温度为限,以不发生沥青析漏为度,且不得储存过夜。

拌和料要分析检测结果,计算油石比,各级矿料通过量和沥青混合料物理力学指标检测结果的标准差和变异系数,检验混合料生产是否正常。取混合料试样做马歇尔试验和抽提筛分试验,检验油石比、级配和沥青混合料的物理力学性质。

拌和过程中,安排专人进行木质素纤维的投放,并加强对混合料配合比的监控,每30min根据逐盘打印记录对各种矿料计量数量进行分析,发现超出允许波动范围,应及时修正,确保级配稳定。

(3) 运输

沥青混合料运输采用15t以上自卸车,车槽内均匀薄薄地涂刷隔离剂,以防止混合料粘到底板上,但不得有多余残液积留在车厢底部。

装料时汽车应按照前、后、中的顺序来回移动,避免混合料离析;运料车卸料时,设专人进行运料车辆的指挥,在运料车距摊铺机料斗10~30cm处停车挂空挡,由摊铺机推行前进,运料车辆严禁冲撞摊铺机。卸料过程中运料汽车挂空挡,在下坡地段允许适当制动,以不脱离摊铺机为宜。靠摊铺机推动前进以确保摊铺层的平整度。

为防止温度降低过快,所有运输车辆的两侧和后车厢板外都用棉被包裹。在施工中,运输车在装满混合料后,立即用篷布覆盖严密,并绑扎牢固。在混合料运到现场后,不得揭开篷布,直接升斗卸料。

为了保证沥青混合料源源不断地运至摊铺现场,必须有足够的车辆来运输,每小时的运输能力必须大于拌和机的产量。保证每台摊铺机前至少有5辆运输车等候。

全体驾驶员均培训合格后上岗,加强车辆检修、保养,避免在运料途中出现故障,导致混合料废弃。在行使的途中,要求速度一致,不得超速行使,不得紧急制动、急调头,以免造成混合料离析。

(4) 摊铺

为保证沥青上面层的高程、厚度、平整度,上面层摊铺采用非接触式平衡梁自动找平装置。

现场用水准仪进行高程和横坡检测工作,发现异常,及时调整。摊铺机就位后,根据拟定的松铺厚度垫好垫木,调整好摊铺机仰角,设定振捣频率和振动频率,以保证足够的初始压实度。在开工前0.5~1h预热熨平板,当熨平板温度大于100℃后方可开始摊铺。待螺旋输送器横向送料槽中储存的混合料达到输送轴高度2/3以上时,以每分钟2m的速度稳定前进,开始进行摊铺作业,当摊铺完成5~10m时,检测摊铺厚度,摊铺正常后,然后再以每分钟2~3m速度正常前进。做到缓慢、均匀、不间断地摊铺。不得任意以快速摊铺几分钟,然后再停下来等下一车料。

在摊铺过程中,应保证至少有5辆料车在摊铺机前等候,避免停机待料。设专人指挥自卸车往摊铺机料槽中卸料,防止汽车后轮碰撞摊铺机。

用机械摊铺的混合料未压实前,施工人员不得进入踩踏。一般情况下无需人工不断地整修,只有在特殊情况下,需在现场主管人员指导下,允许人工找补或更换混合料,缺陷较严重时应予铲除,并调整摊铺机或改进摊铺工艺。

(5) 碾压

沥青混合料的压实应按初压、复压、终压(包括成型)三个阶段进行。

改性沥青SMA的初压、复压采用钢轮振动压路机碾压,碾压应遵循紧跟、慢压、高频、低幅的原则进行。

初压采用钢轮压路机进行,前进时静压,后退时振动碾压,复压采用钢轮压路机分别振动2遍。终压采用钢轮压路机碾压1遍进行收光碾压。

在初压和复压过程中,采用同类压路机并列成梯队压实,采用振动压路机压实改性沥青SMA路面时,压路机轨迹的重叠宽度不应超过20cm,当采用静载压路机时,压路机轨迹的重叠宽度不应小于20cm。不得向压路机轮表面喷涂油类或油水混合液,需要时可喷涂清水或含有隔离剂的水溶液,喷洒应呈雾状,以不粘轮为度。禁止使用柴油和机油的水混合物喷涂。

压路机应以均匀速度碾压。压路机适宜的碾压速度随初压、复压、终压及压路机的类型而别,可参照表3-36通过试铺确定。

压路机碾压速度(km/h) 表3-36

压路机类型	初 压	复 压	终 压
钢轮振动压路机	2~3	3~5	3~6

改性沥青SMA路面摊铺后应抓紧碾压,由专人负责指挥协调各台压路机的碾压路线和碾压遍数,使摊铺面在较短时间内达到规定压实度,且碾压温度符合规定。压路机折返应呈梯形,不应在同一断面上。

压路机应从外侧向中分带一侧碾压,碾压完全幅为一遍。

(6)接缝

横向施工缝:全部采用平接缝。当因特殊原因必须暂停施工或一个工作班结束后,在未完全冷却前,用三米直尺沿纵向位置,在摊铺段端部的直尺呈悬臂状,以摊铺层与直尺脱离接触处定出接缝位置,用人工切齐后铲除;继续摊铺时,应将铲除的废料清理干净,涂上少量黏层沥青,摊铺机熨平板从接缝后起步摊铺;碾压时用钢筒式压路机进行横向压实,从先铺路面上跨缝逐渐移向新铺面层。

横向施工缝铲除的废料、修边切下的材料及任何其他的废弃沥青混合料均应从路边清除,妥善处理,不得随地丢弃,做到文明施工,保护环境。

当采用两台摊铺机械并列梯队方式进行摊铺作业时,纵向接缝应采用热接缝,两台摊铺机相距宜为15~30m,整平板设置在同一水平,当不得不采用冷接宜采用平接缝,也可采用自然缝。

2)质量控制要点

沥青混合料必须由具有资质的沥青搅拌厂(站)集中拌和。监理工程师应经常到沥青搅拌厂(站)检查入机矿料称量,拌和温度、拌和时间、出料温度和出料的外观质量等。

运料自卸车厢应有保温、防雨、防污染和防滴漏的措施。严禁将雨淋、结块、烧焦的沥青混合料至作业面。

摊铺前,应根据气温、机械性能和施工工艺经试验确定沥青混合料松铺系数。沥青混凝土混合料参考松铺系数:机械摊铺1.15~1.35;人工摊铺1.25~1.50。SMA混合料不宜小于集料公称最大粒径的2.0~2.5倍。

沥青混合料进入作业面应有专人测温,并记录在案,热拌沥青混合料落地、摊铺、初压、终压的温度应符合《城镇道路工程施工与质量验收规范》(CJJ 1—2008)的规定。SMA混合料的摊铺、碾压温度略高于普通沥青混合料10~20℃。混合料最低摊铺温度可参照《公路沥青路面施工技术规范》(JTG F40—2004)中表5.6.6的规定执行。

无保障措施不允许在低于最低摊铺温度以下摊铺沥青混合料。雨、雪天或冬期环境温度:SMA混合料不得低于10℃,3级以上的风力天,严禁进行沥青路面施工。

快速路、主干路压路机宜采用2台以上同型号的摊铺机、压路机成梯队联合作业,机距控制在10~30m。纵缝宜采用热接缝,碾压宜采用骑缝碾压。

碾压分初压、复压和终压三阶段进行,碾压速度参照《城镇道路工程施工与质量验收规范》(CJJ 1—2008)规范表8.2.15规定选取。初压压路机应紧跟在摊铺机后缓慢匀速行进,行进中不得产生推移裂缝。复压和终压也应在高温下进行。碾压面低于终压的允许温度,应停止碾压作业。

SMA混合料宜采用振动压路机遵循"紧跟、慢压、高频、低幅"的原则碾压,终压应在层面温度降至90℃之前完成。

沥青混合料面层的厚度、压实度及弯沉值检验均应符合设计及验收规范的要求。

3)设备配置

改性沥青SMA混合料路面施工设备配置与改性沥青混合料施工基本相同,改性沥青SMA混合料路面须采用振动压路机或钢筒式压路机碾压,不能使用轮胎压路机碾压。同型号沥青混合料摊铺机必须配非接触式平衡梁装置。

4)施工注意事项

(1)改性沥青 SMA 沥青混合料拌制

对 SMA 混合料来说,与普通热拌沥青混合料有以下不同。

施工温度不同。SMA 路面,正常施工温度一般比普通沥青混合料高 10～20℃,特殊情况经试验确定。

SMA 与普通密级配沥青混凝土最大不同之处是 SMA 为间断级配,粗集料量多,细集料很少,矿粉用量多。这给混合料的拌和带来不少困难。为此应该在料斗、料仓安排上下功夫。首先是冷料仓,粗集料数量多,一个料斗经常不够,可能会发生冷料仓数量不够等问题。热料仓也有问题,如果按照通常的方法设置振动筛和热料仓,将会发生细集料仓经常不足(亏料),而粗集料经常溢仓的不正常情况。因此应合理安排冷仓热仓的配置。

SMA 所需的细集料数量很少,太少的细集料使冷料仓的开启困难,开口只能很小,稍大一些就会过量。如果细集料是露天的,下雨受潮,小小的冷料仓料口漏不下来,开大了才可以漏下来,但细集料量就很容易过多。所以为了使很少的细集料量保持准确的数量,必须使细集料(尤其是石屑)始终保持干燥状态。细集料不可露天堆放,必须加盖棚布。

SMA 的矿粉需要量比一般热拌沥青混合料要增加 1 倍,一个螺旋升送器往往来不及供料,这就要求在矿粉设备及人力安排上特别注意。

从原则上讲,SMA 不能使用回收粉尘,回收粉尘必须废弃。

SMA 必须使用纤维,上纤维的方法必须予以考虑。近几年来,我国铺筑的一些 SMA 工程,基本上是人工将纤维投入拌和锅内。加料口可以采用拌和锅侧面的观察窗,由人工直接将纤维投入拌和锅内。颗粒纤维采用一个容器定量投入,每拌和一锅倒入一桶,松散纤维必须预先加工成塑料小包。每拌和一锅投入一包或二包,必须在粗集料放料的同时投入纤维,利用粗集料拌和的打击将纤维打散,所以投料员必须密切注意打开粗集料的信号,防止错过时间。为了使纤维充分分散均匀,一般需要增加干拌时间 5～10s,湿拌可不再增加时间。人工投入纤维的缺点是无法保证按时按量投入。为了预防此问题的出现,使用机械投入纤维就十分重要了。

SMA 混合料拌和以后,不能像普通沥青混合料那样储存太长的时间。这是因为储存时间太长将使混合料表面结硬成一个硬壳;而且 SMA 的沥青用量要比普通沥青混合料多,时间长了,会发生沥青的析漏,造成沥青用量不均匀。因此一般规定混合料的储存不能过夜,即当天拌和的必须当天使用完。

(2)改性沥青 SMA 沥青混合料运输

由于 SMA 的沥青玛蹄脂黏性较大,运料车的车厢底部要涂刷较多的油水混合物。而且为了防止表面混合料结成硬壳,运料车运输过程中必须加盖篷布,运料车数量也要适当增加。

(3)改性沥青 SMA 沥青混合料摊铺

为了保证路面的平整度,要按照规范要求做到缓慢、均匀、连续不间断地摊铺,摊铺过程中不得随意变换速度或中途停顿。但是由于 SMA 生产时拌和机生产效率降低等原因,摊铺机供料不足的问题比较突击,很难保证摊铺机不间断的均匀地摊铺。所以摊铺机的摊铺速度要慢一些,一般不超过 3m/min,这对机手的操作技术要求较高。对 SMA 混合料可压实余地很小,松铺系数要比普通沥青混合料小得多。用 ABG 摊铺时,有时甚至不超过 1.05。

(4)改性沥青 SMA 沥青混合料碾压成型

SMA 必须采用钢轮碾碾压,不容许采用轮胎式压路机。因为轮胎式压路机的搓揉将使玛蹄脂上浮,造成构造深度降低,甚至泛油。为了避免粗集料的压碎、泛油等,采用振动压路机碾压时,高频率低振幅非常重要,同时遍数不要太多。

碾压 SMA 时而密切注意压实度的变化。对 SMA 来说,过辗是一大忌,所以应采用严格控制碾压遍数的方法来控制压实度。一般初压用 10t 钢轮紧跟在摊铺机后面压 1～2 遍,复压钢轮静压 3～4 遍,或振动压路机振动碾压 2～3 遍,最后用较宽的钢轮终压一遍结束。

由于 SMA 的结构组成特点,粗集料的用量达到 70% 以上,高温状态下主要靠粗集料的嵌挤作用。混合料在摊铺机铺筑后本身就已经有相当大的压实度,一般在 85% 以下。压路机可以碾压的程度极小,所以初压的痕迹也是极小的。由于集料的充分嵌挤,压路机碾压过程中,在前轮前面,不会发生明显的推拥。

4. 沥青混凝土路面施工的新工艺

1)旧沥青路面再生

(1)现场冷再生法

现场冷再生法是用大功率路面铣刨拌和机将路面混合料在原路面上就地铣刨、翻挖、破碎,再加入稳定剂、水泥、水(或加入乳化沥青)和集料同时就地拌和,用路拌机原地拌和,最后碾压成型。就地冷再生工艺一般适用于病害严重的道路沥青路面的翻修、重建,冷再生后的路面一般需要加铺一定厚度的沥青罩面。目前应用类型已从最初的单纯水泥冷再生,逐步丰富形成泡沫沥青、乳化沥青冷再生。

现场冷再生工艺的优点有:原路面材料就地实现再生利用,节省了材料转运费用;施工过程能耗低、污染小;适用范围广。其缺点是:施工质量较难控制;一般需要加铺沥青面层,再生利用的经济性不太明显。

现场冷再生中关键技术是添加的胶粘剂(如乳化沥青、泡沫沥青、水泥)与旧混合料的均匀拌和技术,如旧沥青混合料的铣刨、破碎技术,胶黏剂配比性能也很关键。

(2)现场热再生法

现场热再生是一种就地修复破损路面的过程,它通过加热软化路面,铲起路面废料,再和沥青黏合剂混合,有时可能还需要添加一些新的集料。然后将再生料重新铺在原来的路面上。就地热再生方面,可以一次性实现就地旧沥青路面再生,把原材料和需翻修的路面重新结合,或者是通过两阶段完成,即先将再生料重新压实,然后在上面再铺一层磨耗层。这种工艺方法简单方便,多用于基层承载能力良好、面层因疲劳而龟裂的路段,特别适用于老化不太严重,但平整度较差的道路沥青路面上面层病害的修复,可恢复沥青上面层物理力学性能,修复沥青路面的车辙。

现场热再生法施工简单方便,多用于基层承载能力良好、面层因疲劳而龟裂的路段,特别适用于老化不太严重,但平整度较差的路面。

现场热再生工艺的优点是施工速度快,而且原路面材料就地实现再生利用,节省了材料转运费用。但这种工艺的缺点是再生深度通常在2.5~6cm,难以深入;对原路面材料的级配调整幅度有限,也难以去除不适合再生的旧料;再生后路面的质量稳定性和耐久性有所减弱。

现场热再生中旧沥青混合料的加热重熔技术,新加沥青、界生剂与旧混合料的均匀复拌技术是关键问题,在施工工艺中应充分考虑加热设备和拌和摊铺设备的作业性能。

根据路面破损情况的不同和对修复后路面质量等级的不同要求,就地热再生技术应用的施工工艺主要有三种。

①整形再生法

整形再生法适合2~3cm表面层的再生,是由加热机对旧沥青路面加热至60~180℃后,由再生主机将路面翻松,并将翻松材料收集到再生主机的搅拌锅中,同时在搅拌锅中加入适当的沥青再生剂,将拌和均匀的再生混合料重新摊铺到路面上,用压路机碾压成型。这种方法适合维修路面出现微型裂纹、磨耗层损坏及破损面积较小的路面,修复后可消除原路面的轻度车辙、龟裂等病害,恢复路面的平整度,改善路面性能。

②重铺再生法

重铺再生法适合4~6cm面层的再生,是用2台加热机分次对旧沥青路面进行加热。第一次加热的表面温度可达160~180℃,第二次加热的表面温度将达到180~250℃。通过2次加热,将旧路面沥青材料软化,再由再生机主机翻松,将翻松材料收集到再生主机的搅拌锅中,加入适量的沥青再生剂搅拌,将拌和均匀的再生混合料摊铺到路面上作为路面下面层,其上再铺设一层新的沥青混合料作为磨耗层,形成全新材料的路面,最后用压路机碾压成型。再生机工作速度一般为1~3m/min。这种方法适用于破损较严重路面(如出现大面积坑槽)的维修翻新和旧路升级改造施工,修复后形成与新建道路性能完全相同的全新路面。但这种方法会增加原路面的高程,因此路面重复再生的次数将受到一定的限制。

重铺再生法一般有两种工艺方法:

方法一:加热→旧料再生(翻松、添加再生剂、搅拌等)→摊铺整形→压入碎石工艺。

方法二:加热→旧料再生(翻松、添加再生剂、搅拌等)→摊铺整型→罩新面工艺。

这两种工艺方法的基本工艺流程如下:

a. 加热软化路面。利用2台加热机内的红外线加热或热空气等加热路面,使之软化,根据气温、风速、风向、路表的湿度以及混合料的含水率,调整机器的工作状态,保证路面的加热温度。一般情况下,通过2台加热机的加热,在面层下15cm深处的温度可达150~200℃,加热深度可达4~6cm。尽管加热温度很高,但时间短,旧路面内的沥青不会因温度太高而老化。目前现有的加热方式有火焰加热、红外线加热、热气加热、微波加热。其中红外线加热和热气加热为常用的加热方法,微波加热是一项有发展前景的新技术。

b. 铣刨翻松路面。路面再生机上安装有铣刨装置。当面层经加热软化后,机器在行走过程中通过铣刨装置将路面翻松。由于路面被加热,因而路面内集料不会产生破碎。翻松的路面材料由收料装置收集到路面中间或搅拌锅中。

c. 拌和整型。翻松的路面材料集中到路中间或搅拌锅后,在其上洒布一定的沥青再生剂进行拌和,通过输送装置送到再生摊铺装置的前面进行摊铺,形成再生路面层。

d. 罩新面。再生机前面装有1只集料斗,新拌制的沥青混合料由自卸汽车卸入集料斗内,由输送机将新混合料运送到后面的摊铺装置,根据所需要的路拱、摊铺宽度和摊铺厚度(考虑松铺系数),把新混合料摊铺到经过再生的路面上,然后进行碾压即形成平整、密实的路面。

③复拌再生法

复拌再生法适合4~6cm面层的再生,其方法是用2台加热机分次对旧沥青路面进行加热,加热方式与重铺再生法基本相同。由再生机主机铣刨翻松,并把翻松后的材料与新沥青混合料及再生剂,在再生机主机的搅拌器中拌和均匀,形成新品质的沥青混合料。然后由主机的摊铺装置或沥青摊铺机摊铺在路面上,用压路机碾压成型。其工艺流程与重铺再生法基本相同,再生机的工作速度一般为1~3m/min。

综上所述,无论哪种就地热再生工艺方法,都必须事先对破损的路面进行取样检测分析;再选择相应的施工工艺方法,制订具体的施工方案,并确定应添加材料的性质和比例。不论是复拌再生、重铺再生还是整形再生,其就地热再生的基本工艺流程如图3-27所示。

(3)厂拌热再生法

厂拌热再生法就是将旧沥青路面经过翻挖后运回拌和厂,再集中破碎,根据路面不同层次的质量要求,进行配合比设计,确定旧沥青混合料的添加比例,再生剂、新沥青材料、新集料等在拌和机中按一定比例重新拌和成新的混合料,从而获得优良的再生沥青混凝土,铺筑成再生沥青路面。厂拌热再生技术利用旧沥青回收料一般不超过50%,通常用10%~30%,新集料和新沥青掺入量较大,因此,采用厂拌热再生工艺能够修复沥青路面面层病害,恢复甚至改善原沥青混合料的性能,所以这种工艺适用范围较广,各等级沥青路面铣刨料都可用来再生利用。再生后的沥青混合料可用来铺筑各种等级的沥青路面,或者用来维修养护旧路。

图3-27 就地热再生的基本工艺流程图

利用这种方法,可以方便对已被翻挖的基层甚至路基的一些地段进行有效的补强,沥青层的重铺则可以像新路施工一样,分别按下面层、中面层、上面层(磨耗层)的不同技术要求进行配合比设计,确定旧沥青回收料的添加比例。

厂拌热再生工艺的优点是再生工艺易于控制,再生后的沥青混合料性能也比较理想,若采用适当的配合比设计和严格的质量控制措施,再生路面具有与普通沥青路面相同或相近的路用性能和耐久性。但其缺点是再生成本较高。

厂拌热再生中的关键技术是必须解决旧沥青混合料中沥青的加热重熔问题与旧沥青混合料的精确计量问题。

2)温拌沥青混合料

温拌沥青混合料技术,是指介于热拌沥青混合料和常温拌和混合料之间的沥青混合料拌和技术。在同样原材料条件下,温拌拌和温度和压实温度一般比热拌低10~60℃。温拌技术的核心是,采用物理或化学手段,增加沥青混合料的施工操作性,在完成混合料成型后,这些物理或化学添加剂不应对路面使用性能构成负面影响。

温拌沥青混合料是指利用在沥青中添加辅助材料,从而实现在120℃左右均匀拌和沥青和级配集料,获得的成品沥青混合料与170℃热沥青混合料性能相近,是一种新型的沥青混合料。温拌沥青混合料技术的成功应用,实现了公路建设中资源成本的节约,同时也降低了对环境的污染,成为近年来沥青路面材料领域又一项很有前景的新兴技术。温拌沥青混合料的拌和温度介于热沥青混合料和冷沥青混合料之间,成品混合料性能良好,节约能源和环保的特性十分明显。温拌沥青混合料与热拌沥青混合料相比拌和温度降低了50℃,CO_2的排放将降低50%左右,生产1t混合料将节省1~1.5kg燃油。

(1)生产前准备

在正式生产前,对于温拌剂喷洒设备要进行细致完整的检查,确认温拌喷洒设备能正常工作,确保温拌沥青混合料生产正常、稳定进行。

(2)沥青混合料生产过程

①温拌拌和工艺。现场沥青混合料拌和时,集料及矿粉加入干拌两秒后进行沥青喷洒。温拌浓缩液与沥青质量比为5:95,温拌浓缩液在沥青开始喷洒后延时2s开始喷入,根据喷洒量,调整喷洒设备的压力,使得喷入时间控制在8~10s以内。温拌浓缩液喷洒结束后进入湿拌时间,湿拌时间基本与热拌持平。

②拌和温度范围控制。温拌料推荐的温度范围见表3-37。

温拌沥青混合料生产施工温度控制表 表3-37

施工工序	温度(℃)	施工工序	温度(℃)
沥青加热温度	160~170	初压温度,不低于	125
石料加热温度	140~160	复压温度,不低于	110
沥青混合料出料温度	135~155	终压温度,不低于	70
混合料摊铺温度,不低于	130		

(3)沥青混合料摊铺碾压

温拌沥青混合料摊铺设备同热拌沥青混合料一样,无特殊设备要求。

(4)温拌沥青混合料特点

①拌和成本下降。由于拌和温度下降10~60℃,石料加热温度、沥青保温温度下降。燃油成本下降20%~50%。拌和和裹覆难度下降,拌和能耗和机械损耗也相应下降。

②沥青路面施工的灵活性、便利性增加由于料温与环境温度的差异缩小,温拌沥青混合料的储运过程中降温速率下降,允许储存时间和运输时间均显著延长。温拌沥青混合料卸车时料车底部因低温产生附聚和混合料黏料车现象也显著减少。降温速率减缓,混合料的可压实时间显著延长,压实更有保障。同时,更易于边角和补救位置的手工操作。温拌混合料对路表和环境温度的要求相对低,路面施工季节和日施工时间延长,比热拌更适合夜间施工。温拌混合料完成压实后,其温度已经处在较低水平。完工后开放交通的时间提前,从而减少施工作业队交通的干扰。

③排放、污染、操作人员工作条件改善。单位混合料成品的燃油消耗减少,本身就会显

著降低拌和过程当中的有害气体和温室气体的排放。由于拌和温度的下降,沥青混合料在拌和到现场压实的整个过程中产生沥青烟雾粉尘污染均会明显减少。在摊铺过程中,基本可以实现无烟尘作业。工人劳动条件显著改善,沥青路面对工人健康损害减轻。

(5)温拌沥青混合料优点

在保持沥青混合料路用性能的前提下,拌和温度可降低至100~130℃,碾压温度可降低至70~120℃。

混合料的设计、拌和及施工工艺与热拌混合料一致,无需添置新的设备;具有良好的适应性,可使用不同石料,不同级配,不同沥青;减少燃料消耗,节省20%~30%;减少沥青烟的排放,降低对环境的污染和施工人员健康的损害;减轻热拌过程中沥青的老化,延长沥青路面的使用寿命;延长施工季节。

3)橡胶沥青

(1)橡胶沥青的生产

①橡胶沥青的生产。橡胶沥青(以下简称橡胶沥青)生产的关键因素是温度的控制。用于喷洒和用于拌和的橡胶沥青的生产方法也不存在区别。生产前,基质沥青需加热到204~226℃的高温,橡胶沥青胶结料必须在搅动状态下反应至少45min才能达到较为理想的反应效果,反应温度应保持在规定的190~218℃。其间不断监测橡胶沥青的品质(主要是黏度指标),待反应结束后,检验橡胶沥青是否满足有关的技术要求,如合格则可用于生产或施工,否则,需要重新调整橡胶沥青的配合比,进一步加工。橡胶沥青生产完成后,应将橡胶沥青保温储存,用于储存橡胶沥青和基质沥青的储存罐须有加热和保温装置,以使储存罐能保持在规定的温度,温度范围一般为190~218℃储存罐还应有搅动装置搅动橡胶沥青以保持胶粉颗粒良好地分散,否则颗粒就会下沉到罐底或者上浮到表面。

②橡胶沥青的质量。在每次橡胶沥青使用前,必须对橡胶沥青的质量进行检验,橡胶沥青的质量尤其是黏度必须符合表3-38的要求才能使用,否则应不予使用。

橡胶沥青技术指标表 表3-38

检 测 项 目	技术指标	试验方法
黏度,177℃,(Pa·s)	1.5~4.0	T 0625
针入度(25℃,100g,5s),(0.1mm)不小于	25	T 0604
软化点,不小于(℃)	54	T 0606
弹性恢复,25℃,不小于(%)	50	T 0662

③橡胶沥青胶结料的延迟使用和再加热。橡胶沥青在45min的反应之后,如果4h内不使用,应停止加热。保温罐里的橡胶沥青的降温速度是不一样的,但是如果在使用前温度低于190℃就需要再加热。橡胶沥青冷却后再加热到190~218℃称为一个加热循环。橡胶沥青再加热的循环次数不能超过两次,但是橡胶沥青的质量必须一直能够满足表3-38的要求,尤其是最低黏度要求。温度控制应满足表3-39要求。当橡胶沥青延迟时间过长时,只要橡胶沥青处于液态,橡胶和沥青就会反应,在这个过程中橡胶就会降解。为了使黏度恢复到规定的水平,一般需要再添加胶粉(添加量一般不超过沥青的10%),在190~218℃混合再反应至少45min以生成满足要求的橡胶沥青。

橡胶沥青混合料生产温度控制表　　　　　　　表 3-39

橡胶沥青加热温度	190~218℃
矿料温度	180~190℃
混合料出厂温度	165~170℃(夏季),170~185℃(冬季)
混合料运输到现场温度	不低于165℃
摊铺温度	不低于160℃,低于140℃废弃
初压开始温度	不低于155℃
复压最低温度	不低于130℃
碾压终了温度	不低于110℃

注:1. 所有检测用温度计应采用半导体数显温度计并及时送当地计量部门检定,或在监理监督下用标准温度计标定;
　　2. 所有温度检查均按正确的方法操作,避免温度计探头位置不当导致所测温度不真实;
　　3. 碾压温度是指碾压层内部温度。

(2)橡胶沥青混凝土的拌制

橡胶沥青混凝土配合比设计与其他类型的沥青混合料基本相同。使用马歇尔击实试验方法确定沥青混合料的配合比。国内外研究表明,橡胶沥青混合料优选的级配是断级配或开级配。

在实际工程中橡胶沥青混凝土的配合比设计流程与普通沥青混合料和改性沥青混合料的设计流程基本相同。橡胶沥青混合料中一般不添加矿粉,用1%的水泥或消石灰代替。

橡胶沥青混凝土断级配的油石比一般在7%~9%,橡胶沥青混凝土开级配抗滑磨耗层油石比一般在6%~8%。具体油石比通过试验确定,方法同普通沥青混凝土一样。

严格掌握橡胶沥青和集料的拌制温度和出场温度。

橡胶沥青使用前应对其质量进行检查,确定符合要求。

橡胶沥青混合料在拌和时,温度需控制在170℃~185℃,但注意不超过195℃。拌和楼控制室要逐盘打印沥青及各种矿料的用量和拌和温度,并定期对拌和楼的计量和测温进行校核。拌和时间由试拌确定。必须使所有集料颗粒全部裹覆沥青结合料,并以沥青混合料拌和均匀为度,建议外掺剂水泥加入拌和仓后先与矿料干拌10s,再加入橡胶沥青湿拌40s。

要注意目测检查混合料的均匀性,及时分析异常现象。如混合料有无花白、冒青烟和离析等现象。如确认是质量问题,应作废料处理并及时予以纠正。在生产开始以前,有关人员要熟悉本项目所用各种混合料的外观特征,这要通过细致地观察室内试拌的混合料而取得。

每台拌和楼每天上午、下午各取一组混合料试样做马歇尔试验和抽提筛分试验,检验油石比、矿料级配和沥青混凝土的物理力学性质。每周应检验1~2次残留稳定度。每天结束后,用拌和楼打印的各仓料数量,进行总量控制。以各仓用量及各仓筛分结果,在线检查矿料级配;计算平均施工级配和油石比,与设计结果进行校核;以每天产量计算平均厚度,与路面设计厚度进行校核。

(3) 橡胶沥青混凝土的运输

采用数字显示插入式热电偶温度计检测沥青混合料的出厂温度和运到现场温度。插入深度要大于150mm。在运料卡车侧面中部设专用检测孔,孔口距车箱底面约300mm。拌和楼向运料车卸料时,汽车应前后移动3次装料,以减少粗集料的离析现象。

沥青混合料运输车的运量应较拌和能力和摊铺速度有所富余,根据工程规模摊铺机前方应有3~5辆运料车等候卸料。橡胶沥青混合料的运输温度大多采用165℃,热天短距离运输时温度可以稍低,但也宜在150℃以上,冷天长距离运输时可采用175℃的高温。在运输过程中应注意混合料的保温防护。运料车应有良好的篷布覆盖设施,卸料过程中继续覆盖,直到卸料结束取走篷布,以此保温并避免污染环境。

连续摊铺过程中,运料车在摊铺机前10~30cm处停住,不得撞击摊铺机。卸料过程中运料车应挂空挡,靠摊铺机推动前进。

(4) 橡胶沥青混凝土的摊铺

连续稳定地摊铺是提高路面平整度最主要措施。对于橡胶沥青混凝土,摊铺机的摊铺速度应根据拌和楼的产量、施工机械配套情况及摊铺厚度、摊铺宽度,按1~3m/min予以调整选择,做到缓慢、均匀、不间断地摊铺。用餐应分批轮换交替进行,切忌停铺用餐,争取做到每天收工停机一次。

用机械摊铺的混合料未压实前,施工人员不得进入踩踏。一般情况下不得采用人工整修。橡胶沥青混合料上面层采用非接触式平衡梁装置控制摊铺厚度。两台摊铺机距离不应超过10m,以形成良好的热接缝。

摊铺机应调整到最佳工作状态,调好螺旋布料器两端的自动料位器,并使料门开度、链板送料器的速度和螺旋布料器的转速相匹配。螺旋布料器中的混合料以略高于螺旋布料器2/3为度,使熨平板的挡板前混合料的高度在全宽范围内保持一致,避免摊铺层出现离析现象。

检测松铺厚度是否符合规定,以便随时进行调整。摊前熨平板应预热至规定温度。摊铺机熨平板必须拼接紧密,不许存有缝隙,防止卡入粒料将铺面拉出条痕。

摊铺遇雨时,立即停止施工,并清除未压实成型的混合料。遭受雨淋的混合料应废弃,不得卸入摊铺机摊铺。

(5) 橡胶沥青混凝土的碾压成型

沥青混合料的压实是保证沥青面层质量的重要环节,应选择合理的压路机组合方式及碾压步骤。为保证压实度和平整度,初压应尽量在摊铺后较高温度下及时进行。为防止橡胶沥青黏结橡胶轮胎,橡胶沥青混凝土不宜使用胶轮压路机。一般用3~5台初压钢轮压路机紧跟摊铺机进行振动碾压。

五、路面性能要求及施工质量评定

(一) 路面性能要求

1. 承载能力

当车辆荷载作用在路面上,使路面结构内产生应力和应变,如果路面结构整体或某一结构层的强度或抗变形能力不足以抵抗这些应力和应变时,路面便出现开裂或变形(沉陷、车辙等),降低其服务水平。路面结构暴露在大气中,受到温度和湿度的周期性影响,也会使其承载能力下降。路面在长期使用中会出现疲劳损坏和塑性累积变形,需要维修养护,但频繁维修养护势必会干扰正常的交通运营。为此,路面必须满足设计年限的使用需要,具有足够抗疲劳破坏和塑性变形的能力,即具备相当高的强度和刚度。

2. 平整度

平整的路表面可减小车轮对路面的冲击力,使行车产生附加的振动小,不会造成车辆颠簸,能提高行车速度和舒适性,不增加运行费用。依靠先进的施工机具、精细的施工工艺、严格的施工质量控制及经常、及时的维修养护,可实现路面的高平整度。为减缓路面平整度的衰变速率,应重视路面结构及面层材料的强度和抗变形能力。

3. 温度稳定性

路面材料特别是表面层材料,长期受到水文、温度、大气因素的作用,材料强度会下降,材料性状会变化,如沥青面层老化,弹性—塑性逐渐丧失,最终路况恶化,导致车辆运行质量下降。为此,路面必须保持较高的稳定性,即具有较低的温度、湿度敏感度。

4. 抗滑能力

光滑的路表面使车轮缺乏足够的附着力,汽车在雨雪天行驶或紧急制动或转弯时,车轮易产生空转或溜滑危险,极有可能造成交通事故。因此,路表面应平整、密实、粗糙、耐磨,具有较大的摩擦系数和较强的抗滑能力。路面抗滑能力强,可缩短汽车的制动距离,降低发生交通安全事故的频率。

5. 透水性

一般情况下,城镇道路路面应具有不透水性,以防止水分渗入道路结构层和土基,致使路面的使用功能丧失。

6. 噪声量

城市道路使用过程中产生的交通噪声,使人们出行感到不舒适,居民生活质量下降。城市区域应尽量使用低噪声路面,为营造静谧的社会环境创造条件。

(二)施工质量评定

沥青混合料面层压实度,对城市快速路、主干路不得小于96%;对次干路及以下道路不得小于95%。检查数量:每1 000m² 测1点。检验方法:查试验记录(马歇尔击实试件密度,试验室标准密度)。

面层厚度应符合设计规定,允许偏差为 -5 ~ +10mm。检查数量:每1 000m² 测1点。检验方法:钻孔或刨挖,用钢尺量。

弯沉值不得大于设计规定。检查数量:每车道、每20m测1点。检验方法:弯沉仪检测。

沥青混合料面层表面应平整、坚实,接缝紧密,无枯焦;不得有明显轮迹、推挤裂缝、脱落、烂边、油斑、掉渣等现象,不得污染其他构筑物。面层与路缘石、平石及其他构筑物应接顺,不得有积水现象。检查数量:全数检查。检验方法:观察。

热拌沥青混合料面层允许偏差应符合表3-40的规定。

热拌沥青混合料面层允许偏差表 表3-40

项目		允许偏差	检验频率		检验方法
			范围	点数	
纵断高程(mm)		±15	20m	1	用水准仪测量
中线偏位(mm)		≤20	100m	1	用经纬仪测量
平整度(mm)	标准差σ值	快速路、主干路 1.5	100m	路宽(m) <9	用测平仪检测,见注1
				9~15	
		次干路、支路 2.4		>15	
	最大间隙	次干路、支路 5	20m	路宽(m) <9	用3m直尺和塞尺连续量取两尺,取最大值
				9~15	
				>15	
宽度(mm)		不小于设计值	40m	1	用钢尺量
横坡		±0.3%且不反坡	20m	路宽(m) <9	用水准仪测量
				9~15	
				>15	
井框与路面高差(mm)		≤5	每座	1	十字法,用直尺、塞尺量取最大值
抗滑	摩擦系数	符合设计要求	200m	1	摆式仪
				全线连续	横向力系数车
	构造深度	符合设计要求	200m	1	砂铺法
					激光构造深度仪

注:1. 测平仪为全线每车道连续检测每100m计算标准差σ;无测平仪时可采用3m直尺检测;表中检验频率点数为测线数。
2. 平整度、抗滑性能也可采用自动检测设备进行检测。
3. 底基层表面、下面层应按设计规定用量撒泼透层油、黏层油。
4. 中面层、底面层仅进行中线偏位、平整度、宽度、横坡的检测。
5. 改性(再生)沥青混凝土路面可采用此表进行检验。
6. 十字法检查井框与路面高差,每座检查井均应检查。十字法检查中,以平行于道路中线、过检查井盖中心的直线做基线,另一条线与基线垂直,构成检查十字线。

六、城市道路沥青路面常见病害及治理

城市道路一般指连接城镇、工矿内各地区、各部分,供车辆及行人通行使用,便于居民生活、工作及文化娱乐活动的道路,它是城市经济生活的动脉。道路工程结构通常包括路基、路床、路面及附属设施,路面是由坚实、耐磨的筑路材料铺筑在路床上,供车辆直接在其表面行驶的一层或多层的道路结构,通常由面层(联结层)、基层(底基层)和垫层组成。路面按材料不同可分为砂石路面、沥青混合料路面(以下简称沥青路面)和水泥混凝土路面三种类型。沥青路面由于具有养护时间较短、行车舒适性较高、适应性

较强、维护方便等优点而被广泛应用于道路工程中,是当前道路路面的主要形式。但是沥青路面常常因种种原因而产生各类病害,使道路遭到破损,如不及时处理将会影响道路的使用性能。

路面病害是路面的各种损坏、变形及其他缺陷的统称,城市道路沥青路面最常见的病害主要有裂缝、坑槽、车辙(推移)和泛油四种形式。

1. 裂缝

不论路面基层是柔性的还是半刚性的,沥青路面在使用期间都会出现不同程度的裂缝。它是沥青路面最常见的损坏现象之一,也是目前国内外道路中普遍存在的问题。按外观通常表现为纵向裂缝、横向裂缝和网状裂缝等几种。

(1)纵向裂缝

裂缝现象:沿道路的纵向开裂,一般与行车方向基本平行,但长宽不等。

产生的主要原因:混合料摊铺时纵向施工搭接不好,冷接缝结合不紧密;纵向沟槽回填土压实质量差而发生沉陷;拓宽路段的新老路面交界处不均匀沉降;局部地基天然含水率较高,出现不均匀沉降;中央分隔带、绿化带等渗水使局部路基含水率增加,承载力降低,在动静荷载的作用下,路基产生滑动。

纵向裂缝的预防:宜全幅一次摊铺,如分幅摊铺应确保前后幅紧跟,上、下层的纵缝须错开一定距离;沟槽回填应分层填筑、压实,压实度必须达到设计要求;拓宽路段的基层厚度、材料必须与旧路一致,摊铺面层前,旧路面侧壁应涂刷黏层沥青,新旧路面接缝宜用热烙铁烫密;地基分层填筑和压实,使路基尽可能均匀,并预先采取措施防止地表面水渗入地基。

纵向裂缝的治理:对于微小裂缝可不作处理,稍大裂缝可用改性乳化沥青灌缝,严重裂缝可用改性沥青(如 SBS 改性沥青)灌缝;对于尚未稳定的纵向裂缝,还应根据裂缝产生原因,采取排水、防渗及加固等措施,使裂缝稳定不再继续发展。

(2)横向裂缝

裂缝现象:沿道路的横向开裂,与道路中心线基本垂直,长度有贯穿整个路幅的,也有横穿部分路幅的,贯穿缝沿路面一般分布均匀。

产生的主要原因:沥青是一种对温度变化比较敏感的材料,温度下降时,沥青混合料变硬变脆,收缩变形,当收缩拉应力超过沥青混凝土的抗拉强度时,沥青路面表面就会被拉裂,并逐步向下发展,形成上宽下窄的横向裂缝;基层在成型过程中因混合料水分蒸发干燥引起收缩,或者在寒冷季节发生低温收缩。基层产生裂缝后,随着温湿的循环变化及行车荷载的反复作用而导致沥青面层底面裂缝,裂缝将逐渐反射到沥青层表面;在软基与非软基交界处、软基处理方法变化处或构造物台背与路段交接处,因地基或路基与构造物差异沉降导致基层开裂,并反射到沥青面层。

横向裂缝的预防:按本地区气候条件和道路等级选取适用的沥青类型,宜采用优质沥青;基层混合料应在接近最佳含水率的状态下碾压,经常洒水,防止水分过快损失,并及早铺筑上层或进行封层,减少基层干缩;加强软基处理,避免不均匀沉降,对构筑物两侧回填应充分压实或采取加固处理。

横向裂缝的治理:因沥青混凝土温缩及基层开裂引起的横向裂缝,如缝宽较小可采用热沥青或乳化沥青灌缝封堵,如缝宽较大可采用中料式或细粒式热拌沥青混合料填充捣实,并用烙铁封口;由差异沉降引起的横向裂缝,如缝宽较大,则沿横缝开槽,挖除上面层,先将裂缝填实,然后沿横缝加铺玻璃格栅,重新摊铺上面层。

(3)网状裂缝

裂缝现象:由一系列多边形小块组成网状开裂,裂缝纵横交错,它的初始形态一般是单条或多条平行的纵缝,而后在纵缝间出现横向和斜向连接缝,形成缝网。

产生的主要原因:沥青及沥青混合料质量差,或路面材料配合不当,拌和不均,沥青与石料黏结差;路面结构中夹有软弱层或泥灰层,粒料层松动,水稳性差;路面出现横裂或纵裂后未及时封填,致使水分下渗,使基层表面被泡软,在汽车荷载反复作用下,粉浆通过面层裂缝及空隙被压到表面产生唧浆,基层表面被逐步淘空,产生网裂;沥青老化和汽车严重超载,使基层产生疲劳破坏。

网裂的预防:原材料和混合料质量严格按规范要求选定、拌制和施工;沥青面层摊铺前,认真检查下卧层,对软弱层进行处理,同时保证沥青面层各层的最小施工厚度,并采取有效措施排除结构层内的积水;在路面出现纵裂及横裂后要及时处理,修补完善;路面结构设计应充分考虑使用期限内的交通荷载要求,上基层选用水稳定性能良好的材料,另外须对车辆的载重进行有效控制及管理。

网裂的治理:轻微网裂可用玻璃纤维布罩面,对大面积的网裂,可加铺乳化沥青封层,或在补强基层后重新罩面,修复路面;如夹有不稳定结构层时,应将其铲除;如因结构层积水引起网裂,须铲除面层,然后加设排除路面渗透水的设施,再铺筑新混合料;由于路基不稳定导致网裂时,可采用石灰或水泥处理路基,或注浆加固处理;由于基层软弱引起网裂时,可采取加厚、调换或综合稳定的措施进行加强。

2. 坑槽

坑槽现象:路面表层局部松散,形成凹槽,在水浸和车辆作用下进一步扩大发展为坑槽,严重影响着行车的安全性和舒适性。

产生的主要原因:面层厚度不够,沥青混合料黏结不好,沥青加热温度过高,碾压不密实;摊铺时,下层表面泥灰、垃圾未彻底清除,使上下层不能有效黏结;路面罩面前,原有的坑槽、松散等病害未完全修复;当路面出现松散、脱皮、网裂等病害或被机械行驶刮铲损坏后,未及时养护修复。

坑槽的预防:选用黏附性和抗老化性强的沥青,合理确定沥青面层厚度和混合料级配;严格控制混合料的出厂、摊铺、碾压及终了温度,确保压实度和平整度;摊铺前,下层必须清扫干净,并均匀喷洒黏层沥青;确保路面排水畅通,当道表出现松散、脱皮、轻微网裂或路面被机械刮铲损坏后,应及时进行修补,避免雨水下渗使病害继续发展。

坑槽的治理:按修补设备不同,坑槽的修补方法可分为冷补法和热补法两种。

冷补法:先确定坑槽的修补深度,画出切槽修补范围,用液压风镐切槽,用高压风枪将废料及粉尘清除干净,接下来用喷灯烘干槽底、槽壁,并在其表面均匀喷洒一薄层黏层油,然后将准备好的热料填补入坑槽中,从四周向中间碾压。

热补法:先根据坑槽修补范围确定热辐射加热板区域,将加热板调到合适位置加热,使被修补区域路面软化，然后将准备好的热料放到被修补处，搅拌摊平后从四周向中间碾压。

3. 车辙和推移

车辙和推移现象：是车辆轮迹带下形成的纵向连续下沉，在路面上呈现带状凹槽，并伴随出现路面纵向裂缝及轮迹带两侧路面程度不同的隆起。

产生的主要原因：渠化交通及停车制动频繁等路段，车辆荷载的反复作用形成辙槽；道路基层的厚度或基层整体强度不足，因荷载作用造成变形过大而形成辙槽和推移；面层强度及热稳定性差，车轮碾压的反复作用使变形不断积累形成车辙和推移。

水泥混凝土路面，包括普通混凝土、钢筋混凝土、连续配筋混凝土、预应力混凝土、装配式混凝土和钢纤维混凝土等面层板和基(垫)层所组成的路面。目前采用最广泛的是就地浇筑的普通混凝土路面，简称混凝土路面。由于篇幅和现场运用的情况，本书不再介绍混凝土路面的相关知识，具体内容可参考相关资料和规范。

第六节　城市道路附属设施施工

一、城市道路附属设施施工内容

城市道路的附属工程包括：路缘石安装、人行道(盲道)铺设、标志标线、路灯、道路绿化、交通工程、监控设施等。

二、附属配套分类

按照施工习惯及工程施工资质的要求，路缘石安装、人行道(盲道)铺设两项工程属于路基施工单位完成的工作内容。标志标线、路灯安装、道路绿化、交通工程、监控设施另行招标安排有资质的单位施工。

三、路缘石的施工

城市道路路缘石施工分成现浇路缘石和预制路缘石，预制路缘石根据采用材料的不同又分为石质路缘石和混凝土预制路缘石。

1. 现浇路缘石施工工艺

1) 材料要求

(1) 水泥

水泥应符合下列规定：采用42.5级以上的道路硅酸盐水泥或硅酸盐水泥、普通硅酸盐水泥、矿渣水泥。不同等级、厂牌、品种、出厂日期的水泥不得混存、混用。出厂期超过3个月或受潮的水泥，必须经过试验，合格后方可使用。

(2) 粗集料

粗集料应符合下列规定：粗集料应采用质地坚硬、耐久、洁净的碎石、砾石、破碎砾石，并应符合表3-41的规定。

粗集料技术指标表   表3-41

项 目	技 术 要 求	
	Ⅰ级	Ⅱ级
碎石压碎指标(%)	<10	<15
砾石压碎指标(%)	<12	<14
坚固性(按质量损失计,%)	<5	<8

(3)细集料

细集料应符合下列规定:宜采用质地坚硬,细度模数在2.5以上,符合级配规定的洁净粗砂、中砂。

砂的技术要求应符合表3-42的规定。

砂的技术要求表   表3-42

项 目			技 术 要 求					
颗粒级配	筛孔尺寸(mm)		粒 径					
			0.15	0.3	0.6	1.18	2.36	4.75
	累计筛余量(%)	粗粒	90~100	80~95	71~85	35~65	5~35	0~10
		中粒	90~100	70~92	41~70	10~50	0~25	0~10
		细粒	90~100	55~85	16~40	10~25	0~15	0~10
泥土杂物含量(冲洗法)(%)			一级		二级		三级	
			<1		<2		<3	
硫化物和硫酸盐含量(折算为SO_3,%)			<0.5					
氯化物(氯离子质量计)			≤0.01		≤0.02		≤0.06	
有机物含量(比色法)			颜色不应深于标准溶液的颜色					
其他杂物			不得混有石灰、煤渣、草根等其他杂物					

使用机制砂时,除应满足上述砂的技术要求的规定外,还应检验砂的磨光值,其值大于35,不宜使用耐磨性较差的水成岩类机制砂。

(4)施工用水

施工用水应符合《混凝土用水标准》(JGJ 63—2006)规定,宜使用饮用水及不含油类等杂质的清洁中性水,pH值为6~8。

(5)外加剂

外加剂应符合下列规定:外加剂宜使用无氯盐类的防冻剂、引气剂、减水剂等。

外加剂应符合《混凝土外加剂》(GB 8076—2008)的有关规定,并应有合格证。

使用外加剂应经掺配试验,并应符合《混凝土外加剂应用技术规范》(GB 50119—2003)的有关规定。

2)机械、工具

(1)机械

机械包括:强制式搅拌机、切割机、自行式自动化缘石机(或带路缘成形附件的摊铺机)、混凝土罐车、洒水车、装载机。

(2)仪器设备

仪器设备包括:经纬仪、水准仪。

(3)工具

工具包括:模板、手推车、铁锹、水平尺、钢卷尺、3m直尺、放线绳等。

3)作业条件

(1)基层质量已验收合格。

(2)原材料经见证取样检验合格。

(3)混凝土施工配合比已获监理工程师批准。

(4)施工现场无积水。

(5)施工用水、用电已经接通。

(6)已对作业层队伍进行全面技术、安全、质量、环保内容的交底。

(7)无雨、雪天气,环境温度高于5℃。

4)工艺流程

现场浇筑成型路缘石施工工艺流程:基层验收→测量放样→路面切边→挖槽→拌制混凝土→混凝土运输→浇筑混凝土→缝设置→养护。

5)操作要点

(1)测量放样:路缘石的控制桩,直线段桩距宜为10~15m;曲线段桩距宜为5~10m;路口处桩距宜为1~5m。保证现浇路缘石的安装与路面工程整体的良好外观效果。

(2)路面切边要拉线校核,切割时杜绝发电机、切边机漏油而污染路面。切边时的浮浆应及时清理干净。

(3)挖槽应达到设计要求的深度以确保路缘石的埋置深度。铺设路缘石的基层应按照路基响应层次的压实要求压实成平整的基面。

(4)模板施工

①模板采用全深立模,模板在使用前必须进行试组拼,保证接缝平整、密和,模板必须落在有足够承载力的地基上并支设牢固。模板安装允许偏差应符合表3-43的规定。

模板安装允许偏差表　　　　表3-43

项　目		允许偏差(mm)	检验频率		检验方法
			范围(m)	点数	
相邻两板表面高差	刨光模板	≤2	20	2	用塞尺测量
	钢模板				
	不刨光模板	≤4			
表面平整度	刨光模板	≤3	20	4	用2m直尺、塞尺测量
	钢模板				
	不刨光模板	≤5			
截面尺寸	宽度	±10	20	2	用钢卷尺测量
	高度	±10			
轴线偏位	中心线	≤10	20	1	用经纬仪测量

②模板拆除应待混凝土强度达到 2.5MPa 以上,拆模要采取措施,防止缘石表面划伤、掉角。

(5)混凝土施工

①混凝土原材料、配合比与施工应符合下列规定:

a. 拌制混凝土最大水灰比与最小水泥用量应符合表 3-44 的规定。

混凝土的最大水灰比与最小水泥用量表　　　表 3-44

环境条件及工程部位	最大水灰比	最小水泥用量(kg/m^3)
在普通地区受自然条件影响的混凝土	0.65	250
在严寒地区受自然条件影响的混凝土	0.6	270

b. 混凝土采用商品混凝土,配合比应经试配确定,其强度、抗冻性应符合设计规定,其和易性、流动性应满足施工要求,坍落度控制在(16±2)cm。

②混凝土浇筑

a. 混凝土浇筑前,模板内的污物、杂物应清理干净,积水排干,缝隙堵严。在浇筑过程中,应有专人负责巡视检查,遇有漏浆漏水应及时补救。

b. 混凝土的浇筑应尽量减少对模板的冲击。

c. 混凝土应振捣密实,振捣至混凝土不再下沉、无显著气泡上升、表面平坦一致,开始浮现水泥浆为宜。

③水泥混凝土面层成活后,应及时养护。可选用保湿法和塑料膜覆盖等方法养护。

(6)温度缝设置

缩缝按 3～5m 等长设置,并与施工缝重合,缩缝宽度宜控制在 5mm,深度应大于 40mm。可用切割机切成 5mm 明缝。切缝应在混凝土达到强度后立即进行。胀缝应使用 40mm 厚的伸缩缝填料以 100m 的间距设置。

(7)回填土

路缘石混凝土达到设计规定强度后方可回填土。回填土的压实度应符合路基压实度要求。最后应清理工作现场,以确保路面的整洁。

(8)季节性施工

①雨季应对预制场地做好排水工作,确保道路通畅。

②冬季施工时,应做好保温防冻工作。

③当气温超过 30℃时,混凝土中宜掺加缓凝剂等外掺剂。

6)质量标准

路缘石安砌质量检验应符合下列规定:

(1)主控项目

路缘石混凝土强度应符合设计要求。

检查数量:每种、每检验批 1 组(3 块)。

检验方法:检查出厂检验报告并复验。

(2)一般项目

路缘石应稳固、缝宽均匀、外露面清洁、线条顺畅,平缘石不阻水。

检查数量:全数检查。

检验方法:观察。

立缘石、平缘石允许偏差应符合表 3-45 的规定。

立缘石、平缘石允许偏差表 表 3-45

项 目	允许偏差(mm)	检验频率		检 验 方 法
		范围(m)	点数	
直顺度	≤10	100	1	用 20m 线和钢卷尺测量
顶面高程	±10	20	1	用水准仪测量
宽度	±3	20	1	用钢卷尺测量

注:直顺度和宽度的检验应随机抽样,测量 3 点取最大值。

7)安全环保措施

(1)施工场地必须保证施工的正常进行,施工期间进行必要的维护。

(2)施工现场的机械设备操作人员均必须持证上岗。

(3)所有参与施工的人员必须接受现场专职安全员的安全知识培训,遵守施工现场的安全管理规定。

(4)施工现场必须有专职安全员和兼职安全员,施工负责人是现场安全管理的第一责任人。

(5)施工现场禁止非施工人员进入。

(6)施工现场必须经常洒水,防止起尘,消除粉尘对环境的污染。

(7)施工现场的各种生活垃圾和废水必须按有关规定处理。

(8)施工完成后应及时清理现场,施工垃圾必须集中回收处理,严禁随意抛弃。

2. 预制路缘石安装施工工艺

1)材料要求

预制路缘石采用石材或预制混凝土制作。一般在城市主城区的主要干道或石料资源丰富地区采用实质路缘石,其余采用预制混凝土路缘石。路缘石生产厂应提供产品强度、规格尺寸等技术资料及产品合格证。路缘石采用标准块生产供应,路口、隔离带端部等曲线段路缘石,宜按设计弧形加工预制,也可采用小标准块。

(1)石质路缘石:应采用质地坚硬的石料加工,强度应符合设计要求,宜选用花岗石。

剁斧加工石质路缘石允许偏差应符合表 3-46 的规定。

剁斧加工石质路缘石允许偏差表 表 3-46

项 目		允许偏差
外形尺寸(mm)	长	±5
	宽	±2
	厚(高)	±9
外露面细石面平整度(mm)		3
对角线长度差(mm)		±5
剁斧纹路		应直顺、无死坑

机具加工石质路缘石允许偏差应符合表 3-47 的规定。

机具加工石质路缘石允许偏差表　　　　　　表 3-47

项　　目		允　许　偏　差
外形尺寸	长(mm)	±4
	宽(mm)	±1
	厚(高)(mm)	±9
对角线长度差(mm)		±4
外露面平整度(mm)		2

(2)预制混凝土路缘石

预制混凝土路缘石应符合下列规定：

①混凝土强度等级应符合设计要求。设计未规定时，不应小于C30。路缘石弯拉与抗压强度应符合表3-48的规定。

路缘石弯拉与抗压强度　　　　　　表 3-48

直线路缘石			直线路缘石(含圆形、L形)		
弯拉强度(MPa)			抗压强度(MPa)		
强度等级 C_f	平均值	单块最小值	强度等级 C_c	平均值	单块最小值
$C_f3.0$	≥3.00	2.4	C_c30	≥30.0	24
$C_f4.0$	≥4.00	3.2	C_c35	≥35.0	28
$C_f5.0$	≥5.00	4	C_c40	≥40.0	32

②路缘石吸水率不得大于8%。有抗冻要求的路缘石经50次冻融试验(D50)后，质量损失率应小于3%；抗盐冻性路缘石经ND25次试验后，质量损失应小于0.5kg/m²。

③预制混凝土路缘石加工尺寸允许偏差应符合表3-49的规定。

预制混凝土路缘石加工尺寸允许偏差表　　　　　　表 3-49

项　目	允许偏差(mm)	项　目	允许偏差(mm)
长度	+5	两度	+5
	-3		-3
宽度	+5	平整度	≤3
	-3	垂直度	≤3

④预制混凝土路缘石外观质量允许偏差应符合表3-50的规定。

预制混凝土路缘石外观质量允许偏差表　　　　　　表3-50

项　目	允　许　偏　差
缺棱掉角影响顶面或正侧面的破坏最大投影尺寸(mm)	≤15
面层非贯穿裂纹最大投影尺寸(mm)	≤10
可视面黏皮(脱皮)及表面缺损最大面积(mm^2)	≤30
贯穿裂纹	不允许
分层	不允许
色差、杂色	不明显

⑤水泥:强度等级不宜低于32.5级。水泥应有出厂合格证(含化学成分、物理标准),并经复验合格,方可使用。不同等级、厂牌、品种、出厂日期的水泥不能混存、混用。出厂期超过3个月或受潮的水泥,必须经过试验,合格后方可使用。

⑥粗集料:采用粒径0.5~2.2cm的卵石或碎石。

⑦细集料:采用中砂,通过0.315mm的筛孔的砂,不应少于15%。

⑧施工用水:应符合《混凝土用水标准》(JGJ 63—2006)的规定。宜使用饮用水及不含油类等杂质的清洁中性水,pH值为6~8。

2)机械、工具

(1)机械:强制式搅拌机。

(2)仪器设备:经纬仪、水准仪。

(3)工具:手推车、铁锹、水平尺、钢卷尺、3m直尺、放线绳等。

3)工艺流程

预制路缘石安装工艺流程:基层验收→测量放样→安放路缘石→浇筑混凝土→灌缝→养护。

4)操作要点

(1)由于路缘石容易损坏,路缘石运输途中车速不要过快,应防止颠簸,轻装轻卸。

(2)路缘石基础宜与相应的基层同步施工。

(3)安装路缘石的控制桩,直线段桩距宜为10~15m;曲线段桩距宜为5~10m;路口处桩距宜为1~5m。以保证路缘石的安装质量和路面工程整体的良好外观效果。

(4)对下承层进行清扫、洒水,将搅和好的干硬性砂浆摊铺在路缘石的底部基础层,摆放路缘石并进行线条和高程的调整。砂浆应饱满、厚度均匀。路缘石砌筑应稳固、直线段顺直、曲线段圆顺、缝隙均匀,平缘石表面应平顺不阻水。

(5)浇筑路缘石背后水泥混凝土支撑,并还土夯实。还土夯实宽度不宜小于50cm,高度不宜小于15cm,压实度不得小于90%。

(6)采用M10水泥砂浆对路缘石进行灌缝。灌缝应密实均匀,且无杂物污染,全线无明显色差。灌缝后,常温养护不应少于3d。

(7)清理工作现场,以保证路面的整洁。

5)质量标准

路缘石安砌质量检验应符合下列规定：
（1）主控项目
混凝土路缘石强度应符合设计要求。
检查数量：每种、每检验批1组（3块）。
检查方法：检查出厂检验报告并复验。
（2）一般项目
路缘石应砌筑稳固、砂浆饱满、勾缝密实，外露面清洁、线条顺畅，平缘石不阻水。
检查数量：全数检查。
检查方法：观察。
立缘石、平缘石安砌允许偏差应符合表3-51的规定。

立缘石、平缘石安砌允许偏差表 表3-51

项 目	允许偏差(mm)	检验频率		检验方法
		范围(m)	点数	
直顺度	≤10	100	1	用20m线和钢卷尺测量
相邻块高差	≤3	20	1	用钢板尺和塞尺测量
缝宽	±3	20	1	用钢卷尺测量
顶面高程	±10	20	1	用水准仪测量

注：曲线段缘石安装的圆顺度允许偏差应结合工程具体制订。

四、人行道（盲道）铺设

人行道一般采用料石面砖、预制混凝土砌块面砖铺砌而成，也有采用沥青混凝土、水泥混凝土铺筑人行道面层的，但不常见，本文不再赘述。

1. 材料要求

1）料石面砖

应表面平整、粗糙，色泽、规格、尺寸应符合设计要求，其抗压强度不宜小于80MPa，且应符合表3-52的要求、料石面砖加工尺寸允许偏差应符合表3-53的规定。

料石宜由预制场生产，并应提供强度、耐磨性能试验报告及产品合格证。

石材物理性能和外观质量 表3-52

项 目		单 位	允 许 值	备 注
物理性能	饱和抗压强度	MPa	≥80	
	饱和抗折强度	MPa	≥9	
	体积密度	g/cm³	≥2.5	
	磨耗率（狄法尔法）	%	<4	
	吸水率	%	<1	
	孔隙率	%	<3	

续上表

项　　目		单　位	允　许　值	备　　注
外观质量	缺棱	个	1	面积不超过 5mm×10mm，每块板材
	缺角	个		面积不超过 2mm×2mm，每块板材
	色斑	个		面积不超过 15mm×15mm，每块板材
	裂纹	条		长度不超过两端顺延至板边总长度的 1/10（长度小于 20mm 不计）。每块板
	坑窝		不明显	粗面板材的正面出现坑窝

注：表面纹理垂直于板边沿，不得有斜纹、乱纹现象，边沿直顺、四角整齐，不得有凹凸不平现象。

料石面砖加工尺寸允许偏差表　　　　　　　　　表 3-53

项　　目	允　许　偏　差（mm）	
	粗面材	细面材
长、宽	0～2	0～1.5
厚（高）	+1 -3	±1
对角线	±2	±2
平面度	±1	±0.7

2）水泥混凝土预制砌块

抗压强度应符合设计规定，设计未规定时，不宜低于 30MPa。砌块应表面平整、粗糙、纹路清晰、棱角整齐，不得有蜂窝、露石、脱皮等现象；彩色砌块应色彩均匀。预制人行道砌块加工尺寸与外观质量允许偏差应符合表 3-54 的规定。

预制砌块宜由预制场生产，并应提供强度、耐磨性能试验报告及产品合格证。

砌块加工尺寸与外观质量允许偏差表　　　　　　　　　表 3-54

项　　目		单　位	允　许　偏　差
长度、宽度		mm	±2.0
厚度			±3.0
厚度差①			≤3.0
平整度			≤2.0
垂直度			≤2.0
正面黏皮及缺损的最大投影尺寸			≤5
缺棱掉角的最大投影尺寸			≤10
裂纹	非贯穿裂纹最大投影尺寸		≤10
	贯穿裂纹		不允许
分层			不允许
色差、染色			不明显

注：①同一砌块的厚度差。

2. 机械、工具

1）机械

机械包括：强制式搅拌机、碾压机、板材切割机、平板振动器。

2）仪器设备

仪器设备包括全站仪、经纬仪、水准仪等。

3）工具

工具包括有手推车、铁锹、靠尺、水桶、铁袜子、木抹子、墨斗、钢卷尺、尼龙绳、橡胶锤、铁水平尺、砂轮锯、笤帚、钢錾子、弯角方尺。

3. 工艺流程

铺砌式面层施工工艺流程：准备工作→测量放线→铺垫层→试排→铺砌块层→嵌缝压实。

4. 操作要点

1）测量放线

按设计图样进行实地放线，标定高程，一般10m为一桩，曲线段适当加密。若人行道外侧已按高程埋设侧石，则以侧石顶高为标准设计横坡放线。

2）基层施工

料石、预制混凝土砌块铺砌人行道基层采用石灰土，施工要求如下：

（1）配料

按换算体积比配料、拌和。拌和土需通过25mm方孔筛，大于50mm的块要随时打碎。拌和过程中必须随拌和随洒水。要求拌和均匀，配比准确，严禁有未消解的石灰颗粒，不能有夹层和漏拌。

（2）摊铺

将拌和好的灰土混合料按设计高程均匀摊开找平。现场人工摊铺时，压实系数宜为1.65~1.70。

（3）碾压

铺好的灰土混合料应当天碾压成活。碾压时的含水率宜在最佳含水率±2%范围内。采用平碾压实时，应错半轴碾压至压实度符合要求。直线段，应由两侧向中心碾压；曲线段，应由内侧向外侧碾压、小面积的人行道基层和碾压不到之处，应采用振动夯实法。

（4）养护

碾压或夯实达到密实度要求，检测高程横坡度和平整度，应有不少于一周的洒水养护，保持基层表面经常湿润，并按质量标准检验。

3）面层施工

（1）测量放样

按设计图样复核放线，用测量仪器打方格，并以对角线检验方正，定出基准线。每方格应根据路面预制块外形尺寸及道路宽度确定，一般为5m左右为宜。然后在桩橛上标注设计高程，如有路缘石应先砌筑路缘石并在路缘石边设定铺设路面砖基准点（起始铺筑点），根据铺砖的方向通过基准点设置两条互相垂直的基准线。顺路缘石铺砖时,路缘石即为一条基准线;当人字形铺砖时,基准线与路缘石夹角为45℃,需设两个及以上路面砖基准点同时铺筑路面砖时,根据形状尺寸计算好两基准点之间的距离,两基准点的距离不宜过大,不宜超过10m,如距离较大,应根据工程规模及块型尺寸宜加设间距为5~10m的纵、横平行路面砖的基准线,以控制铺筑精度。

(2)垫层施工

垫层一般采用无砂混凝土,无砂混凝土为透水混凝土,属于干性混凝土料,其初凝快,摊铺必须及时。对于人行道面,大面积施工采用分块隔仓方式进行摊铺物料,其松铺系数为1.1~1.15。将混合物均匀摊铺在工作面上,用括尺找准平整度和控制一定的泛水度,然而平板振动器(厚度厚的用平板振动器)或人工捣实,捣实不宜采用高频振动器。最后用抹和拍平。抹和不能有明水。无砂混凝土振捣时振动器振动时间不能过长,因透水混凝土其孔隙率大,水分散失快,当气温高于35℃时,施工时间应宜避开中午,适合在早晚进行施工。无砂混凝土应加强养护。

(3)铺筑路面砖

普通路面砖:按放线高程在方格内按线和标准缝宽砌第一行样板砖,然后以此挂纵、横线,纵线不动,横线平移,依次按线及样板砖砌筑。直线段纵线应向远处延伸,以保证纵缝直顺。曲线段可铺砌成扇形,空隙部分用切割砖或细石混凝土填筑,并刻缝与花砖相仿以保美观,也可按直线顺延铺筑,然后填补边缘处空隙。铺筑时,砖要轻放,并用木槌或胶槌轻击砖的中心,不得向砖底塞灰或支垫硬料,必须使砖平铺在满实的砂浆上稳定,无任何空隙;应随时用直尺检验平整度,出现问题及时修整;应避免与侧石出现空隙,如有空隙应调整均匀缝宽,或移在构筑物一侧,当构筑物一侧及井边出现空隙可用切割砖填平,必要时也可用细石混凝土补齐并刻缝与花砖相仿,以保持美观。

连锁路面砖:从基准点看是沿基准线铺筑,基准线可视为路面砖的接缝边线,也可视为面砖相互垂直的顶角连线。这样,两条基准线又合适任何形状的路面砖铺筑,铺筑顺序应按路面砖基准线为准进行铺筑。连锁路面砖铺筑只将砖准确平放在砂垫层上即可,当路面砖接触到砂垫层时,不易横向移动,铺筑后砖之间应能相互咬合,形成拱壳以增加强度及整体性。多个基准点同时铺筑时,应把握好各基准点向外延伸的路面砖组合,避免产生面砖不能交汇的情况。

盲道:盲道砖应在人行道路中间设置,必须避开树池、检查井、杆线等障碍物,设置宽度应大于50cm。铺筑方法与普通路面砖相同,铺筑时应注意行进盲道砌块与提示盲道砌块不得混用。路口处盲道应铺设为无障碍形式。

彩色花砖:应注意图案排列要整齐,颜色要一致,与附近建筑物及环境相协调。

(4)灌缝和碾压

路面砖铺筑完毕后应进行碾压及灌缝。碾压宜使用专用手扶胶轮动碾。碾压方向应与路面砖长度方向垂直,灌缝用细砂,灌砂与振动碾压要反复进行,至灌满填实。当遇有常受侵蚀的地面,应采用1:2的水泥细砂干浆灌缝,分多次灌入并浇水沉实养护。

(5)清理

检测完工后应将分散在各处的物料集中,保持工地整洁。对完工后的面层根据质量要求进行检测和维修。

5. 特殊部位处理

1）树穴、绿化带

各种路面人行道均应按设计间隔和尺寸留出树穴或绿化带。树穴与侧石要方正衔接，绿化带要与侧石平行，其边缘应砌筑水泥混凝土预制块或路缘石；树穴缘石顶面高宜与人行道面平齐，树穴内砌筑种草预制块，其高程与缘石顶面高齐平以利行人。常用树穴尺寸为 100cm×100cm、125cm×125cm 和 150cm×150cm 等。树穴尺寸应包括缘石在内。

2）电线杆及各类检查井的衔接

人行道遇有永久性电线杆等构筑物时，铺筑沥青混凝土人行道或现浇水泥混凝土路面应铺齐。铺筑预制面砖应采用切割砖或细石水泥混凝土补齐，并应调整人行道各类检查井井圈高程至标准范围内。

3）相邻建筑物

人行道与建筑物相邻时，人行道应与构筑物接顺，不得反坡，并留出人行道缺口。如相邻建筑物与人行道高差较大时，应考虑增设踏步或挡土墙。

6. 质量标准

人行道（含盲道）质量检验应符合下列规定。

1）主控项目

(1) 路床与基层压实度应大于或等于90%。

检查数量：每100m检查2点。

检验方法：环刀法、灌砂法、灌水法。

(2) 砂浆强度应符合设计要求。

检查数量：同一配合比，每1 000m^2 1组（6块），不足1 000m^{2}取1组。

检验方法：检查试验报告。

(3) 石材面砖强度、外观尺寸应符合设计规定及工艺要求。

检查数量：每检验批抽样检验。

检验方法：检验出厂检验报告及复检报告。

(4) 混凝土预制砌块（含盲道砌块）强度应符合设计规定及工艺要求。

检验数量：同一品种、规格、每检验批1组。

检验方法：检查抗压强度试验报告。

(5) 盲道铺砌应正确。

检查数量：全部检查。

检验方法：观察。

2）一般项目

(1) 铺砌人行道面层：铺砌应稳固、无翘动，表面平整、缝线直顺、缝宽均匀、灌缝饱满，无翘边、翘角、反坡、积水现象。

(2) 料石面砖铺筑允许偏差应符合表3-55的规定。

料石面砖铺砌允许偏差表　　　　　　　表 3-55

项　目	允许偏差(mm)	检验频率		检　验　方　法
		范围(m)	点数	
平整度(mm)	≤3	20	1	用 3m 直尺和塞尺连续量 2 次,取最大值
横坡	±0.3%且不反坡	20	1	用水准仪测量
井框与面层高差(mm)	≤3	每座	1	十字法,用直尺和塞尺量,取最大值
相邻块高差(mm)	≤2	20	1	用钢卷尺测量 3 点
纵缝直顺(mm)	≤10	40	1	用 20m 线和钢卷尺测量
横缝直顺(mm)	≤10	20	1	沿路宽用线和钢卷尺测量
缝宽(mm)	+3 −2	20	1	用钢卷尺测量 3 点

(3) 预制砌块铺砌允许偏差应符合表 3-56 的规定。

预制砌块铺砌允许偏差表　　　　　　　表 3-56

项　目	允许偏差(mm)	检验频率		检　验　方　法
		范围(m)	点数	
平整度(mm)	≤5	20	1	用 3m 直尺和塞尺连续量 2 次,取最大值
横坡(%)	±0.3%且不反坡	20	1	用水准仪测量
井框与面层高差(mm)	≤4	每座	1	十字法,用直尺和塞尺量,取最大值
相邻块高差(mm)	≤3	20	1	用钢卷尺测量
纵缝直顺(mm)	≤10	40	1	用 20m 线和钢卷尺测量
横缝直顺(mm)	≤10	20	1	沿路宽用线和钢卷尺测量
缝宽(mm)	+3 −2	20	1	用钢卷尺测量

五、季节性施工措施

1. 雨季施工措施

雨季施工措施由于影响工程进度的主要因素是水,因此在施工过程中要合理安排,确保雨水对工程进度和工程质量造成的影响降低到最小。

(1) 土方施工遇雨期时,应集中工力分段突击,完成一段再开一段,切忌在全线大挖大填。同时应选择雨前先施工因雨易翻浆处或低洼处。

填土时宜留出 3%以上的横坡,每日收工前或遇雨时,将已填土碾压坚实平整,防止表面积水。

(2) 雨期施工雨水管时,及时砌筑检查井,以防止泥土随雨水进入管道,对管径较小的管道,应从严要求。雨天不宜接口,接口时,应采取必要的防雨措施。

(3) 浇筑混凝土遇雨时,应做临时防雨措施,不使雨水直接冲刷刚浇筑的混凝土上面。雨季需经常测定砂、石料含水率,根据含水率变化调整水泥混凝土的砂石用量和用水量。

(4)水泥稳定碎石、石屑混合料摊铺时如遇雨,要在雨前或冒雨碾压密实。

(5)雨季施工中且不能忽视现场施工的电线、振捣器、闸刀等安全问题,不使用的设备要全部切断电源。

(6)派专人检查材料(水泥、砂、石)及未稳定的设施、围堰等,以防雨水带来的隐患发生。

(7)加强与气象台站联系,掌握天气预报,安排在不下雨时施工。

(8)做好防雨准备,在料场和搅拌站搭雨棚,或施工现场搭可移动的罩棚,以保证对刚铺筑的水泥混凝土抹面成型。

(9)勤测粗细集料的含水率,适时调整加水量,保证配合比的准确性。

2. 高温天气施工措施

当施工现场的气温高于30℃,混凝土拌和物温度在30～35℃时,同时空气相对湿度小于80%时,应按高温施工季节的规定进行。

(1)严控混凝土的配合比,必要时可适当掺加缓凝剂,特高温时段混凝土拌和可掺加降温材料(刨冰,冰块等)。尽量避开气温过高的时段,可选晚间施工。

(2)加强拌制、运输、浇筑、做面等各工序衔接,尽量使运输和操作时间缩短。

(3)加设临时罩棚,避免混凝土面板遭日晒,减少蒸发量。及时覆盖,加强养护,多洒水,保证正常硬化过程。

(4)高温来临时,施工人员一定做好降温工作,砌筑工人尽量采取早上班、迟下班,中午多休息的方法施工。

(5)水泥稳定层要及时浇水养护,防止因暴晒产生裂缝。

(6)稳定层在拌和时要时刻改变用水量,由于气温在六七月份忽高忽低,为防止碾压后的稳定层出现裂缝或达不到强度要及时养护。

(7)构件厂的预制构件(站石)也要洒水养护,否则到达现场的站石易出现强度不够的现象。

3. 冬季施工措施

冬季施工措施根据各地区气象特点,在11月底至次年2月底之间,气温将会很低,在此期间要做好低温施工预防措施,确保工程质量。

1)土方工程

当昼夜平均气温低于0℃以下,且连续施工在15d以上时进入冬季施工。

开挖冻土应先用机械刨除表面冻层,并应当开挖到规定深度,碾压成活,如不能挖到规定深度时,下班前将表层土壤刨松,或用草帘苫盖保温。

填方不得在冬季施工,如必须进行冬季施工,需报业主批准。填土前先清除原地面冰雪,并刨除地面冻土层,再进行分层填土及时压实,每层虚铺厚度不大于25cm,不得含有15cm以上的冻土块,且冻块含量不超过30%。

2)混凝土类工程

施工现场日平均气温低于5℃或最低气温低于-3℃时,即按冬季施工的规定进行施工。

混凝土冬季施工时,应对拌和用水进行加热,集料中不得带有冰雪或冻结团块,搅拌时间应较常温时延长50%,同时,应采取较小的水灰比,并根据情况掺加早强剂,引气型减水剂以及氯盐等外加剂来增强抗冻能力。

采用蓄热法进行养护,以就地取材为原则,可用草袋、草帘、锯末等进行覆盖养护。

3) 砌体工程

平均温度低于5℃或最低温度低于-3℃时进入冬季施工。冬季施工的砌块应干净,无冰霜附着。砂中不得含有冰块和冻结团块。

砌筑砂浆采用掺入氯化钠或氯化钙的抗冻浆,对拌和用水进行加热。拌和后的抗冻砂浆随拌随用,在使用时砂浆本身温度不低于-5℃。

本章练习

1. 城市道路施工准备的内容包括（　　）。
   A. 组织准备　　　　　　　　B. 技术准备
   C. 物资准备　　　　　　　　D. 动、拆迁工作
   E. 现场准备

2. 城市道路施工的技术准备包括（　　）。
   A. 熟悉和核对设计文件　　　B. 编制施工组织设计（施工方案）
   C. 技术交底　　　　　　　　D. 测量放样
   E. 恢复道路中线,补钉转角桩、路两侧外边桩,恢复道路中线高程等

3. 城市道路施工的物资准备包括（　　）。
   A. 材料准备　　　　　　　　B. 机具准备
   C. 劳保用品准备　　　　　　D. 甲供材料准备
   E. 地方材料准备

4. 城市道路施工的现场准备包括（　　）。
   A. 动、拆迁工作　　　　　　B. 导行临时交通
   C. 临时设施建设　　　　　　D. 建施工临时便道
   E. 施工交通

5. 城市道路施工技术准备时必须对设计文件进行现场核对,该部分主要内容为（　　）。
   A. 设计图纸、技术资料是否齐全,有无错误和相互矛盾
   B. 设计文件所依据的水文、气象、地质、岩土等资料是否准确、可靠、齐全
   C. 核对路线中线、主要控制点、转角点、水准点、三角点、基线等是否准确无误
   D. 重要构造物的位置、结构形式、尺寸大小、孔径等是否恰当
   E. 对防止水土流失和保护环境采取的措施是否恰当、有效

6. 通常道路施工顺序确定应遵循的原则有（　　）。
   A. 必须优先考虑影响全局的关键工程进度和工期要求
   B. 应与投入的施工机具相适应
   C. 对工程施工作出总体安排和部署

D. 必须考虑安全生产的要求

E. 体现施工组织的基本原则,即施工过程的连续性、协调性、均衡性和经济性

7. 道路工程前期地质调查时,开挖试坑深度应达到地下水位以下,当地下水位很深时,开挖深度不小于(　　)。

　　A. 2m　　　　　　　　　　　　B. 2.5m

　　C. 3m　　　　　　　　　　　　D. 3.5m

8. 道路工程前期路基取土调查,对于沿线集中取土或线外大型取土坑每处应布设勘探点,勘探深度应穿过取土层以下(　　),并选取代表性土样鉴定土的路用性质。

　　A. 1.5m　　　　　　　　　　　B. 1.0m

　　C. 0.7m　　　　　　　　　　　D. 0.5m

9. 城市道路施工现场施工交通准备不包括(　　)。

　　A. 动、拆迁工作　　　　　　　B. 建施工临时便道

　　C. 导行临时交通　　　　　　　D. 协助交通管理部门管好交通

10. 道路工程的施工顺序一般为:(　　)。

　　A. 路基土方→道路基层→路面→附属工程

　　B. 路基土方→道路基层→路面

　　C. 路基土方→连管铺设→道路基层→路面→附属工程

　　D. 路基土方→连管铺设→道路基层→安砌侧、平石→路面

11. 为减缓沥青混凝土路面平整度的衰变速率,应重视路面结构及面层材料的强度和(　　)能力。

　　A. 稳定性　　　　　　　　　　B. 抗滑

　　C. 抗变形　　　　　　　　　　D. 透水

12. 沥青混凝土路面使用要求之一的承载能力是指:具有足够的抗(　　)和塑性变形的能力,以满足设计年限的使用需要。

　　A. 刚性变形　　　　　　　　　B. 压缩破坏

　　C. 剪切破坏　　　　　　　　　D. 疲劳破坏

13. 下列不属于道路基层材料的是(　　)。

　　A. 强度稳定型材料　　　　　　B. 嵌锁型材料

　　C. 级配型材料　　　　　　　　D. 整体型材料

14. 用作道路垫层材料的性能要求是(　　)。

　　A. 强度高　　　　　　　　　　B. 刚度大

　　C. 水稳定性好　　　　　　　　D. 密实度高

15. 对路基性能要求的主要指标有(　　)。

　　A. 整体稳定性　　　　　　　　B. 承载能力

　　C. 变形量　　　　　　　　　　D. 透水性

　　E. 压实度

16. 对路面使用要求的主要指标有平整度、(　　)、噪声量。

　　A. 整体稳定性　　　　　　　　B. 承载能力

C. 温度稳定性 D. 透水性
E. 抗滑能力

17. 绝大部分路面的结构是多层次的,按使用要求、受力状况、土基支承条件和自然因素影响程度的不同分为(　　)等结构层。
    A. 面层 B. 基层
    C. 垫层 D. 磨耗层
    E. 防水层

18. 高等级路面一般由(　　)构成。
    A. 面层上层 B. 承重层
    C. 面层下层 D. 磨耗层
    E. 防水层

19. 用作道路基层的整体型材料有(　　)等。
    A. 石灰粉煤灰稳定砂砾 B. 石灰稳定砂砾
    C. 石灰煤渣 D. 水泥稳定碎砾石
    E. 泥灰结砾石

20. 经常处于(　　)路段的路基应设垫层。
    A. 高温 B. 产生冰冻危害
    C. 干燥 D. 过湿
    E. 潮湿

21. 在大规模的道路工程中常会遇到软土路基,常用的处理方法有(　　)等。
    A. 换填法 B. 振动压实法
    C. 挤密法 D. 排水固结法
    E. 夯实法

22. 小型构筑物和地下管线是城市道路路基工程中必不可少的部分,地下管线施工必须遵循(　　)的原则来完成。
    A. 先地下、后地上;先浅后深
    B. 先地下、后地上;先深后浅
    C. 先地上、后地下;先浅后深
    D. 先地上、后地下;先深后浅

23. 下列选项中,正确的路基施工程序是(　　)。
    A. 准备工作,修建小型构造物与埋设地下管线,路基工程,质量检查与验收
    B. 准备工作,路基工程,修建小型构造物与埋设地下管线,质量检查与验收
    C. 路基工程,准备工作,修建小型构造物与埋设地下管线,质量检查与验收
    D. 修建小型构造物与埋设地下管线,准备工作,路基工程,质量检查与验收

24. 下列选项中,(　　)不属于路基施工测量工作。
    A. 恢复中线测量 B. 测高程
    C. 测坡度 D. 钉线外边桩

25. 路基施工测量前必须先复测道路(　　),确认无误。

A. 设计中线 B. 地下管线
C. 周围建筑物 D. 地下构筑物

26. 下列选项中,沿路基横断面方向路基碾压顺序正确的是( )。
    A. 自路基一边向另一边顺序进行碾压
    B. 自路基中心向两边交替进行碾压
    C. 自路基中心向两边同时进行碾压
    D. 自路基两边向中心进行碾压

27. 采用压路机碾压土路基时,应遵循( )及轮迹重叠等原则。
    A. 先重后轻、先稳后振、先低后高、先慢后快
    B. 先轻后重、先稳后振、先低后高、先慢后快
    C. 先轻后重、先振后稳、先高后低、先慢后快
    D. 先重后轻、先振后稳、先低后高、先快后慢

28. 压路机碾压不到的土基部分采用( )夯实,防止漏夯,要求夯击面积重叠1/4~1/3。
    A. 小型夯压机 B. 中型夯压机
    C. 大型夯压机 D. 振动夯压机

29. 路基施工压实时应掌握土层含水率,采取正确措施使其达到最佳含水率±2%时进行碾压。下列选项中,不属于正确措施的是( )。
    A. 湿土翻松 B. 湿土晾干
    C. 湿土排水 D. 干土加水

30. 填方路基碾压按"先轻后重"原则进行,最后碾压应采用不小于( )级的压路机。
    A. 8t B. 10t
    C. 12t D. 15t

31. 在道路施工时,路基压实要点是:合理选用压实机具、压实方法与压实厚度、( )和土质路基质量检查。
    A. 控制压实段长度 B. 掌握土层含水率
    C. 压路机不得低于18t D. 严格控制压实路基的搭接

32. 路基压实施工现场有条件时应做试验段以便取得( )参数。
    A. 土质 B. 含水率
    C. 填土配合比 D. 压实施工

33. 影响城市道路路基稳定的其他因素有设计、施工、养护和( )等。
    A. 降水 B. 车行荷载
    C. 地质构造 D. 冰冻深度

34. 城市道路路基工程包括路基本身及有关的土(石)方、( )等项目。
    A. 挡土墙 B. 路肩
    C. 排水管 D. 小桥涵
    E. 透层沥青

35. 土路基施工包括挖土、填土、( )、修整、压实等工序。

A. 松土   B. 运土
C. 夯土   D. 装土
E. 卸土

36. 土质路基压实质量检查主要有( )，不符合质量标准时应采取措施改进。
   A. 含水率   B. 平整度
   C. 压实度   D. 拌和均匀性
   E. 压实遍数

37. 土质路基压实( )而定，以达到规定的压实度为准。
   A. 含水率   B. 压实机具
   C. 压实度   D. 拌和均匀性
   E. 压实遍数

38. 影响路基稳定的因素有( )。
   A. 地理、地质条件   B. 气候条件
   C. 水文和水文地质条件   D. 汽车在运行过程中产生的共振
   E. 土的类型和性质

39. 影响路基稳定因素的水文和水文地质条件有( )。
   A. 地表水积水及排泄方式   B. 地下水的运动规律
   C. 河流水位   D. 地下水位
   E. 雨水量

40. 无机结合料基层是一种( )基层。
   A. 刚性   B. 半刚性
   C. 柔性   D. 半柔性

41. 下列选项中，不属于无机结合料稳定基层优点的是( )。
   A. 孔隙率较小   B. 透水性较小
   C. 承载能力高   D. 适于机械化施工

42. 下列各种无机结合料选项中，说法错误的是( )。
   A. 水泥稳定土   B. 水泥粉煤灰稳定土
   C. 石灰稳定土   D. 石灰粉煤灰稳定土

43. 水泥稳定土在( )条件下容易干缩，低温时会冷缩，而导致裂缝。
   A. 高温   B. 低温
   C. 暴露   D. 覆盖

44. 水泥稳定土、石灰稳定土宜在春末和气温较高的季节施工，施工最低温度为( )。
   A. 0℃   B. 5℃
   C. 15℃   D. 20℃

45. 石灰稳定土的强度随龄期增长，并与温度密切相关，温度低于( )时强度几乎不增长。
   A. 0℃   B. 5℃

C. 15℃   D. 20℃

46. 二灰中的粉煤灰用量越多,早期强度( ),3个月龄期的强度增长幅度也越大。
   A. 越低   B. 越高
   C. 变化不大   D. 无影响

47. 石灰稳定类材料适用于各种等级路面的底基层,不应用作( )的基层。
   A. 低级路面   B. 中级路面
   C. 次高级路面   D. 高级路面

48. 关于水泥土,以下说法不正确的是( )。
   A. 水泥土有良好的板体性   B. 水稳定性比石灰土好
   C. 低温时不会冷缩   D. 抗冻性比石灰土好

49. 下列无机结合料中可用作高级路面基层的是( )。
   A. 水泥稳定土   B. 石灰稳定土
   C. 二灰稳定土   D. 二灰稳定粒料

50. 无机结合料基层施工应在春末或( )进行。
   A. 气温较高的季节   B. 冬季
   C. 气温较低的季节   D. 秋末

51. 摊铺无机结合料的压实系数应通过( )确定。
   A. 设计   B. 试验
   C. 计算   D. 经验

52. 在设超高的平曲线段,碾压摊铺好无机结合料,下列碾压顺序正确的是( )。
   A. 自外侧向内侧碾压
   B. 自内侧向外侧碾压
   C. 自路基中心向两边同时进行碾压
   D. 自路基两边向中心进行碾压

53. 土工合成材料的定义是( )。
   A. 人工合成聚合物制成的各类产品
   B. 水泥以外的各种建筑材料
   C. 土以外的各种建筑材料
   D. 砖、石、混凝土以外的各种建筑材料的统称

54. 路堤施工中,采用土工合成材料加筋的主要目的是提高路堤的( )。
   A. 承载力   B. 平整度
   C. 稳定性   D. 水稳性

55. 属于无机结合料稳定类基层材料的是( )。
   A. 水泥稳定类基层   B. 沥青稳定基层
   C. 石灰稳定类基层   D. 级配砾石基层
   E. 工业废渣稳定类基层

56. 城市道路基层工程中,( )是影响路面使用性能和使用寿命的最关键因素。
   A. 材料   B. 施工质量

C. 温度 D. 地质条件
E. 水文条件

57. 下列选项中,属于无机结合料稳定基层优点的是( )。
    A. 结构较密实 B. 水稳性较好
    C. 承载能力高 D. 适于机械化施工
    E. 技术经济较合理

58. 下列各种无机结合料选项中,说法正确的是( )。
    A. 水泥稳定粒料 B. 水泥粉煤灰稳定粒料
    C. 石灰稳定粒料 D. 石灰粉煤灰稳定粒料
    E. 石灰工业废渣稳定土

59. 水泥稳定土与石灰稳定土相比具有许多特点,以下说法正确的是( )。
    A. 板体性较差 B. 抗冻性好
    C. 初期强度高 D. 水稳性好
    E. 温缩特性不明显

60. 以下关于二灰混合料的养生方法正确的是( )。
    A. 蒸养 B. 施作沥青乳液封层
    C. 湿养 D. 自然养护
    E. 施作沥青封层

61. 在道路岩土工程中应用的土工合成材料应具有( )等功能。
    A. 防护 B. 过滤
    C. 防渗 D. 加筋
    E. 隔离

62. 以下选项中,( )可采用土工合成材料施工。
    A. 路堤加筋 B. 台背路基填土加筋
    C. 路面裂缝防治 D. 路基加筋
    E. 过滤与排水

63. 沥青混合料摊铺施工中,摊铺机前应有( )等候。
    A. 运料车 B. 操作人员
    C. 压路机 D. 拌和机

64. 沥青混凝土路面压实层厚度不宜大于( )。
    A. 100mm B. 150mm
    C. 200mm D. 300mm

65. 为减少摊铺中混合料的离析,布料器两侧应保持有不少于送料器( )高度的混合料。
    A. 1/2 B. 2/3
    C. 3/4 D. 3/5

66. 热拌沥青混合料路面完工后待自然冷却,表面温度低于( )后,方可开放交通。
    A. 30℃ B. 50℃

C. 70℃ D. 80℃

67. 热拌沥青混合料施工相邻两幅及上下层的横接缝应错位( )以上。
   A. 0.5m B. 1m
   C. 1.5m D. 2m

68. 城市主干路、快速路施工气温低于10℃时,或其他等级道路施工气温低于( )时均不宜施工。
   A. -5℃ B. 8℃
   C. 5℃ D. 10℃

69. 热拌沥青混合料的( )摊铺温度根据铺筑层厚度、气温、风速及下卧层表面温度按现行规范要求执行。
   A. 最高 B. 最低
   C. 平均 D. 加权平均

70. 沥青混合料在碾压和成型时,压路机应( )碾压。
   A. 从高处向低处 B. 从外侧向中心
   C. 从低处向高处 D. 从内侧向外侧

71. 以下关于沥青混合料碾压说法正确的是( )。
   A. 终压应采用振动压路机,紧接在复压后进行
   B. 初压宜采用静压压路机,紧跟摊铺机后进行
   C. 复压应紧跟在初压后开始,对密级配沥青混合料宜优先采用振动压路机
   D. 复压应紧跟在初压后开始,对较大粒径的混合料宜优先采用重型轮胎压路机

72. 通常改性沥青混合料比普通沥青混合料的施工温度( )。
   A. 低 B. 高
   C. 相同 D. 无要求

73. 通常改性沥青混合料的摊铺速度比普通沥青混合料的摊铺速度( )。
   A. 低 B. 高
   C. 相同 D. 无要求

74. 改性沥青混合料压实成型除执行普通沥青混合料的要求外,还有其他要求,下列选项中错误的是( )。
   A. 初压温度高 B. 初压区段短
   C. 终压温度低 D. 宜采用振动压路机

75. 城市主干路、快速路热拌沥青混合料的摊铺易采用( )台以上摊铺机联合作业,相邻两幅之间宜重叠。
   A. 1 B. 2
   C. 3 D. 4

76. 沥青混凝土混合料松铺系数应根据混合料种类由( )确定。
   A. 计算 B. 经验
   C. 试验 D. 研究

77. 热拌沥青混合料摊铺后正常施工时碾压温度为( )。

A. 100~110℃ B. 120~135℃
C. 150~160℃ D. 140~150℃

78. 热拌沥青混合料碾压时,压路机应从外侧向中心碾压,相邻碾压带重叠(　　)轮宽。

    A. 1/4 ~ 1/3 B. 1/3 ~ 2/3
    C. 1/3 ~ 1/2 D. 1/2 ~ 2/3

79. 热拌沥青混合料采用梯队形式摊铺时的纵缝应采用热接缝。上下层的纵缝应错开(　　)以上。

    A. 5cm B. 10cm
    C. 15cm D. 20cm

80. 用于高级道路沥青混合料面层中的矿粉通过 0.075mm 筛孔的含量应为(　　)。

    A. 50% ~ 60% B. 70% ~ 90%
    C. 75% ~ 95% D. 75% ~ 100%

81. 按矿料最大粒径分类,沥青混凝土主要有:粗粒式、(　　)、砂砾式、细粒式四大类。

    A. 特细式 B. 粗中式
    C. 中粒式 D. 特粗式

82. 改性沥青混凝土混合料宜采用(　　)拌和。

    A. 连续式搅拌机 B. 移动式搅拌机
    C. 间歇式搅拌机 D. 固定式搅拌机

83. 沥青混合料面层碾压时应将(　　)面向摊铺机,碾压路线及方向不应突然改变以免产生混合料推移。

    A. 驱动轮 B. 从动轮
    C. 小轮 D. 大轮

84. 压路机碾压过程中,为防止沥青混合料黏轮现象,可向碾压轮洒少量水或加洗涤液,严禁涂刷(　　)。

    A. 润滑油 B. 汽油
    C. 柴油 D. 煤油

85. 为保护碾压成型,在尚未冷却的沥青混合料面层上,(　　)停放任何机械设备或车辆,不得散落矿料、油料等杂物。

    A. 可以 B. 不得
    C. 靠边 D. 有条件

86. 沥青混合料摊铺时采用梯队作业的纵缝应采用(　　)。

    A. 斜接缝 B. 冷接缝
    C. 热接缝 D. 切缝搭接

87. 沥青混合料面层相邻两幅及上下层的横向接缝均应错位(　　)以上。

    A. 0.5m B. 1m
    C. 2m D. 3m

88. 改性沥青混合料面层施工时,压实应在摊铺后(　　)进行,不得等混合料冷却以后碾压。

　　A. 10min　　　　　　　　　　B. 适时
　　C. 紧接着　　　　　　　　　　D. 20min

89. 在改性沥青混合料面层的初压和复压中,宜采用同类压路机(　　)压实。

　　A. 首尾相接的纵列方式　　　　B. 并列成梯队
　　C. 来回穿插式　　　　　　　　D. 由中到边

90. 采用振动压路机压实改性沥青混合料面层时,压路机的振动频率、振幅大小,应与面层铺筑厚度协调,厚度较薄时宜用(　　),终压时必须先关闭振动。

　　A. 高频低振幅　　　　　　　　B. 低频高振幅
　　C. 中频低振幅　　　　　　　　D. 中频高振幅

91. 改性沥青混合料面层的横向接缝续接施工前,要用直尺靠量已压实的面层,不平整或厚度不符合要求部分应切除,铺新料前(　　),并用熨平板预热。

　　A. 测压实密度　　　　　　　　B. 涂刷黏层油
　　C. 测厚度　　　　　　　　　　D. 测跨度

92. 为提高沥青混凝土路面初始压实(度),应选择适宜的熨平板振捣或夯实装置的振动参数,以下参数正确的是(　　)。

　　A. 频率　　　　　　　　　　　B. 激振力
　　C. 振幅　　　　　　　　　　　D. 自重
　　E. 行驶速度

93. 热拌沥青混合料的最低摊铺温度根据(　　)按现行规范要求执行。

　　A. 气温　　　　　　　　　　　B. 铺筑层厚度
　　C. 风速　　　　　　　　　　　D. 沥青混合料种类
　　E. 下卧层表面温度

94. 压路机的碾压温度应根据(　　)等因素经试压确定。

　　A. 气温　　　　　　　　　　　B. 铺筑层厚度
　　C. 压路机　　　　　　　　　　D. 沥青混合料种类
　　E. 下卧层表面温度

95. 对沥青路面中沥青材料的要求是(　　)等几点。

　　A. 黏结性　　　　　　　　　　B. 感温性
　　C. 耐久性　　　　　　　　　　D. 塑性
　　E. 安全性

96. 改性沥青混凝土压实作业应遵循(　　)的原则。

　　A. 紧跟　　　　　　　　　　　B. 慢压
　　C. 高频　　　　　　　　　　　D. 低频
　　E. 低幅

97. 再生沥青混合料马歇尔试验指标有(　　)。

　　A. 残留马歇尔稳定度　　　　　B. 矿料间隙率
　　C. 饱和度　　　　　　　　　　D. 冻融劈裂抗拉强度比

E. 流值

98. 再生沥青混合料新旧料配合比的确定应考虑的因素有( )。
    A. 旧路面材料的品质
    B. 再生沥青混合料的用途及质量要求
    C. 生产条件
    D. 沥青、砂石料的供应及经济效益的追求
    E. 施工机械的情况

99. 沥青混合料面层复压可采用( )压路机。
    A. 重型轮胎   B. 振动
    C. 牵引式   D. 钢筒式
    E. 捣实式

100. 路基宜加设半刚性垫层的主要作用是( )。
    A. 提高路基承载力
    B. 减小路基不均匀沉降
    C. 提高路基稳定性
    D. 减小路基沉降

101. 在温度和湿度状况不良的城市道路上,应设置垫层,以改善路面结构的使用性能。以下关于垫层说法错误的是( )。
    A. 防冻垫层宜采用砂、砂砾等颗粒材料
    B. 排水垫层宜采用砂、砂砾等颗粒材料
    C. 半刚性垫层宜采用砂、砂砾等颗粒材料
    D. 半刚性垫层宜采用无机结合料

第四章 城市道路工程施工方案的编制与施工管理

> **能力目标**
>
> 通过本章学习
> 1. 能描述城市道路工程施工方案的内容;
> 2. 能编写简单的城市道路工程施工方案;
> 3. 能描述城市道路工程现场管理的要求;
> 4. 能描述城市道路工程管理的常用方法。

第一节 城市道路工程施工方案编制的内容和要求

一、城市道路工程施工方案编制的主要内容

(一)编制施工组织设计的类别

1. 施工组织总设计的内容

(1)工程概况和工程特点的说明。

(2)施工总进度计划和主要单位工程的进度计划。

(3)总的施工部署和主要单位工程的施工方案。

(4)分年度的各种资源总需要量计划(包括劳动力、原材料、加工构件、施工机械、安装设备等)。

(5)全场性施工准备工作计划(包括"三通一平"的准备,临时设施施工的准备,原有道路、房屋、动力和加工厂条件的利用,机构组织的设置等)。

(6)施工总平面图的设计。

(7)有关质量、安全和降低成本等技术组织措施和技术经济指标。

2. 单位工程施工组织设计的内容

(1)工程概况和工程特点分析(包括工程的位置、建筑面积、结构形式、建筑特点及施工要求等)。

(2)施工准备工作计划(包括进场条件、劳力、材料、机具等的准备及使用计划,"三通一平"的具体安排,预制构件的施工、特殊材料的订货等)。

(3)施工方案的选择(包括流水段的划分、主要项目的施工顺序和施工方法、劳动组织

及有关技术措施等)。

(4)工程进度表(包括确定工程项目及计算工程量,确定劳动量及建筑机械台班数,确定各分部分项工程的工作日,考虑工序的搭接,编排施工进度计划等)。

(5)各种资源需要量计划(包括劳动力、材料、构件、机具等)。

(6)现场施工平面布置图(包括各种材料、构件、半成品的堆放位置,水、电管线的布置,机械位置及各种临时设施的布局等)。

(7)对工程质量、安全施工、降低成本等的技术组织措施。

3. 分部(分项)工程作业计划的内容

(1)工程特点。

(2)主要施工方法及技术措施。

(3)进度计划表。

(4)材料、劳力及机具的使用计划。

(5)质量要求。

(二)施工方案编制的主要内容

1. 总体概述

(1)编制说明。

(2)工程概况。

2. 施工组织及总体布置

(1)总体设想。

(2)施工区段与任务划分。

(3)各施工队施工安排。

3. 关键施工技术、重点、难点与解决方案

(1)工程特点。

(2)工程重点与难点的对策。

4. 施工场地平面布置和临时设施、临时道路布置

(1)施工总平面布置原则。

(2)施工总平面图。

(3)主要临时工程布置说明。

5. 施工方案与技术措施

(1)施工准备。

(2)施工测量。

(3)新老路基拼接施工。

(4)土方工程施工。

(5)道路工程施工。

(6)雨水管的施工方案和方法。

(7)电力管的施工方案和方法。

(8)井周路面加固工程。

(9)挡墙施工方案。

6. 质量管理体系与措施

(1)质量目标。

(2)工程质量承诺。

(3)施工质量管理体系。

(4)质量保证体系。

(5)质量保证措施。

7. 安全管理体系与措施

(1)安全管理体系及安全保证措施。

(2)安全目标。

(3)安全管理组织机构。

(4)安全保证措施。

(5)各分项工程安全保证措施。

(6)文明施工措施。

8. 环境保护管理体系与措施

(1)创建目标和组织网络。

(2)场容场貌。

(3)工地卫生。

(4)环境保护。

9. 工程进度计划与措施

(1)编制原则。

(2)施工进度计划。

(3)工期保证措施。

(4)工期保证体系。

10. 资源配备计划

(1)劳动力计划。

(2)主要机械设备投入计划。

(3)材料计划。

(4)主要材料试验、测量、质检仪器设备配置计划。

11. 已有设施、管线的加固、保护等特殊情况下的施工措施

(1)地下管线、地上设施、周围建筑物保护措施。

(2)冬、雨季施工措施。

(3)管线迁改措施。

(4)防止污染措施及方案。

(5)噪声控制措施及方案。

(6)废水、废气的防治措施及方案。
(7)交通保畅措施。
附表一:拟投入本标段的主要施工设备表。
附表二:拟配备本标段的试验和检测仪器设备表。
附表三:劳动力计划表。
附表四:计划开、竣工日期和施工进度网络图。
附表五:施工总平面图。
附表六:临时用地表。

二、城市道路工程施工方案编制要求

1. 编制原则

(1)遵循招标文件及合同条款编制的原则。在编制施工组织设计时,严格按照招标文件规定的要求,做到统一标准规范编制。

(2)遵循设计文件和规范编制的原则。在编写主要项目施工方法中严格按设计要求,执行现行的施工规范和验收标准,科学组织施工,确保工程的质量和进度。

(3)坚持实事求是、一切从实际出发的原则。在制订施工方法中根据本公司的施工能力、经济实力、技术水平,坚持科学组织、合理安排、均衡生产,确保高速度、高质量地完成项目建设。

(4)坚持施工全过程管理的原则。在工序施工中严格执行监理工程师的指令。

(5)坚持专业化作业与综合管理相结合的原则。在施工组织方面,发挥专业施工队伍的优势,同时采用综合管理手段,合理调配,以达到整体优化的目的。

2. 编制要求

道路施工方案的编制要求如下:
(1)各施工项目(工序)之间客观上存在的工艺顺序必须遵守。
(2)采用的施工方法、工程机械必须与施工顺序协调一致。
(3)满足施工质量和施工安全的基本要求。
(4)应考虑工艺间隔和季节性施工的要求。
(5)成本控制的要求。

第二节 城市道路工程施工方案编制案例

下面以江南路项目施工方案为例阐述城市道路工程施工方案的编制内容。

目 录

第一章 总体概述
　1. 编制说明
　2. 工程概况
第二章 施工组织及总体布置
　1. 总体设想

2. 施工区段与任务划分

第三章 关键施工技术、重点、难点与解决方案

1. 工程特点

2. 工程重点与难点的对策

第四章 施工场地平面布置和临时设施、临时道路布置

1. 施工总平面布置原则

2. 施工总平面布置图

3. 主要临时工程布置说明

第五章 施工方案与技术措施

1. 施工准备

2. 施工测量

3. 桥梁拆除施工（略）

4. 桥涵工程施工（略）

5. 新老路基拼接施工

6. 土方工程施工

7. 道路工程施工

8. 雨水管的施工方案和方法

9. 电力管的施工方案和方法

10. 井周路面加固工程

11. 挡墙施工方案

第六章 质量管理体系与措施

1. 质量目标

2. 工程质量承诺

3. 施工质量管理体系

4. 质量保证体系

5. 质量保证措施

第七章 安全管理体系与措施

1. 安全管理体系及安全保证措施

2. 文明施工措施

第八章 环境保护管理体系与措施

1. 创建目标和组织网络

2. 场容场貌

3. 工地卫生

4. 环境保护

5. 成品保护

第九章 工程进度计划与措施

1. 编制原则

2. 施工进度计划

3. 工期保证措施

4. 工期保证体系

第十章　资源配备计划

1. 劳动力计划

2. 主要机械设备投入计划

3. 材料计划

4. 主要材料试验、测量、质检仪器设备配置计划

第十一章　已有设施、管线的加固、保护等特殊情况下的施工措施

1. 地下管线、地上设施、周围建筑物保护措施

2. 冬、雨季施工措施

3. 管线迁改措施

4. 防止污染措施及方案

5. 噪声控制措施及方案

6. 废水、废气的防治措施及方案

7. 交通保畅措施

附表一：拟投入本标段的主要施工设备表(略)

附表二：拟配备本标段的试验和检测仪器设备表(略)

附表三：劳动力计划表(略)

附表四：计划开、竣工日期和施工进度网络图(略)

附表五：施工总平面图(略)

附表六：临时用地表(略)

第一章　总体概述

1. 编制说明

1) 编制范围

工程主要内容包括：江南路(东湖大道—海信大道)施工一标(施工桩号 K0+025.702～K3+000，全长约 2.974km)范围内的大型土石方工程、道路工程、桥涵工程、雨水管线工程、电力管线工程。

2) 编制依据

(1)《江南路一标、二标、三标施工招标文件》。

(2)《江南路(东湖大道—群众路)新建工程施工图设计》。

(3) 现场踏勘所取得的资料。

(4) 与本工程相关的技术规范及施工工艺标准。

(5) 本单位所拥有的技术力量及机械配备水平。

(6) 本单位大量类似工程施工所积累的施工经验。

3) 编制原则

在"百分之百地响应设计文件，最大限度地满足业主期望"的指导思想下，按照"施工方案可行、施工方法可靠、施工技术先进、施工组织科学、优质安全高效、重信誉守合同"的思

路,在编制实施性施工组织设计中,坚持以下原则。

(1)坚持"百年大计、质量为本"的原则

按 ISO 9000 族标准建立质量管理体系,严格按设计文件、施工规范和技术标准的施工,实行全面质量管理,确保优良工程。

(2)坚持"安全生产、预防第一"的原则

按 OHSAS 18000 标准建立职业健康及安全管理体系,关爱生命,以人为本,确保员工的健康与安全。

(3)坚持"文明施工"的原则

按 ISO 14000 族标准建立环境管理体系,并制订详细的监控量测方案,配备先进的量测仪器,加强信息化施工,确保周围环境、建筑物和管线不受破坏,建设"绿色工地"。

(4)坚持"抓好重点、突破难点;精心组织、均衡生产;动态管理、有序可控"的原则

根据本工程的特点,结合以往施工经验及现有技术水平,对本工程的重难点尽心逐一分析、并作出针对性的技术解决措施,制订合理的工期保证措施,确保合同工期,兑现合同承诺。

(5)坚持"因地制宜、技术可靠、经济合理"的原则

结合工程环境,合理配置资源,不断优化施工技术方案,积极应用"四新"(新技术、新材料、新工艺、新设备)成果。

根据工程实际情况,因地制宜地制订切实可行的施工方案,合理安排施工顺序,确保工期、质量、安全指标的圆满实现。

合理布置施工现场平面,尽量减少工程消耗,降低生产成本。

积极采用、推广新工艺、新技术和新材料,增加产品的科技含量。

采用平行、流水施工方法和网络计划技术组织施工,进行有序、均衡、连续的施工。

2. 工程概况

1)工程位置

江南路(东湖大道—群众路)为一条东西贯穿江南市东湖新城南部的交通转换型的次干道。一标桩号 K0+025.702~K3+000,全长约 2.974km。

2)主要技术标准

(1)道路等级:城市次干道,双向四车道+非机动车道+人行道。

(2)设计速度:40km/h。

(3)路面结构:沥青混凝土路面。

3)地形地貌

拟建场地在地貌上属长江三角洲太湖冲、湖积平原。地形总体上较平坦,地面高程一般在 2.00~4.30m。其中,K0+090 处有一断头河,拟填埋;K0+387.9 处为排水河道;K0+780~K0+840 段为现状厂房;K1+070~K2+120 段为现状道路,道路两侧为仙河苑安置房;K1+070、K1+902.60 为现状排水河道;K2+120~K3+960 段大部分为河道、鱼塘,其中 K2+280 处有一垃圾堆,K2+443.65 处为庙桥港,K2+830.2 处为关家桥河,K3+500~K3+620 段为民宅、小学等用地。

4)路面结构

(1)机动车道结构

①新建路段。4cm 细粒式沥青混凝土(AC-13);6cm 粗粒式沥青混凝土(AC-20C);0.6cm 下封层;34cm 水泥稳定碎石;20cm12%石灰土。

②改建路段补强方案如下:

a. $9cm \leqslant H \leqslant 14cm$;4cm 细粒式沥青混凝土(AC-13C);5cm 粗粒式沥青混凝土(AC-20C)。

b. $H > 14cm$;4cm 细粒式沥青混凝土(AC-13C);5cm 粗粒式沥青混凝土(AC-20C);h 厚水泥稳定碎石($h \geqslant 12cm$)。

(2)非机动车道路面结构

3.5cm 细粒式沥青混凝土(AC-13C);4.5cm 中粒式沥青混凝土(AC-16C);0.6cm 下封层;15cm 水泥稳定碎石;15cm12%石灰土。

(3)人行道路面结构

25cm×12.5cm×6cm 透水砖;5cmC15 无砂混凝土(干拌);20cm 级配碎石。

非机动车道:3.5cm 细粒式沥青混凝土(AC-13C);4.5cm 中粒式沥青混凝土(AC-16C)。

5)主要工程数量

主要工程数量见表4-1。

项目主要工程数量表　　　　　表 4-1

主要工程	项目名称	单位	数量
道路工程	清理、挖除	m³	67 884.35
	填方	m³	225 167.76
	挖方	m³	77 921.32
	12%石灰稳定土	m³	15 440.4
	水泥稳定碎石	m³	11 750.25
	下封层	m³	21 340.53
	细粒式沥青混凝土 AC-13C	m³	2 819.54
	中粒式沥青混凝土 AC-16C	m³	433.26
	中粒式沥青混凝土 AC-20C	m³	3 723.84
	人行道透水砖	m²	11 848
	侧石、平石	m	48 535
	挡墙现浇混凝土墙身	m³	157
	橡胶支座	个	1 228
雨水管道工程	钢筋混凝土承插管	m	9 367
	钢筋混凝土平接管	m	24
	检查井	座	158
	进水口、出水口	座	524
电力管道工程	UPVC 管道	m	1 051
	CPVC 管道	m	1 399
	电力井	座	70

第二章 施工组织及总体布置

1. 总体设想

1)总体部署原则及指导思想

根据本标段工程施工的总体要求,充分考虑江南路工程的具体情况,并结合关键目标工期、结构物施工要求,进行分区、分段、分专业组织平行流水施工。

综合考虑地面交通组织、施工场地条件、管线搬迁以及居民区、厂区动迁的需要,合理安排结构物施工顺序,确保居民的生产、生活和通行方便。

针对工程特点及重点,选择合理的施工工艺和施工方法,保证工程施工达到"快速、优质、安全、高效"的施工要求。

树立全新的工程施工理念,本着"技术领先、资源可靠、施工科学、组织合理、措施得力"的原则,以"重信誉、守承诺、创省部优"为目标,优化资源配置、科学组织施工,确保工程施工达到安全、优质、快速、环保、文明;主要工程强化资源配置、科学管理、超前计划;其他工程以资源共享、专业流水的方式组织施工。资源配置以配套适用为前提,尽量规格通用,为统一机动调度创造条件。

施工总体指导思想:整个工程实施项目法管理,以 ISO9001 标准建立健全质量管理体系进行质量管理、以《职业健康安全管理体系要求》(GB/T 28001—2011)标准建立健全安全管理体系进行安全与职业健康管理、以 ISO14001:2004 标准建立健全环境管理体系进行环境控制,工程实施信息化施工,动态管理。

安全文明施工的现场临时设施严格落实《无锡市市政基础设施建设工地文明施工管理暂行办法》的要求,制订详细的施工措施并落实到位,做到"现场施工标准化、临时场地硬地化、厨房厕所卫生化、宿舍和办公室规范化",以最大限度地减少工程施工对城市交通、居民生活、企业经营的影响。

以政治保障促进物资保障、设备保障和生活保障,以路通、电通、信息通保证沟通畅通。加强与地方政府相关部门的协调与沟通工作,保证施工外部环境良好;前期使用高可靠性、人功率发电机组保证生产、生活用电,与业主积极落实变电站的位置和落实时间,尽快完善网电;利用当地的有线、无线电话网络以及自备无线电台来确保信息联络畅通、指挥协调有力。

安全质量管理目标明确,抓住细节、体系完善、落实责任。事前有计划,事中有控制,事后有检验、检查总结。建立健全以项目经理为首的、各部门、各系统参与的安全质量保障体系,控制施工中的每一个细小环节。从原材料、人员、施工工艺、操作要求上切实作好安全质量工作,保证安全,确保质量。

自始至终把"环境保护"工作放在施工管理工作的重要位置,常抓不懈。自始至终做好弃渣处理、污水排放工作,把工程施工对周围环境的影响降至最小。不扰民、避免造成对环境的破坏。

2)总体目标规划

(1)工期目标

计划开工日期为 2010 年 9 月 6 日,计划竣工日期为 2011 年 4 月 28 日。计划工期为 235

日历天。

(2) 质量目标

本标段的质量目标为:道桥工程质量等级达到合格以上,其他附属工程竣工验收时,核定等级达到合格。单位工程一次验收合格率100%,确保全部工程达到设计要求、国家、行业及无锡市现行的相关技术标准。

(3) 安全目标

本标段的安全目标为:"五杜绝、一控制、一创建",即杜绝重大死亡事故;杜绝重大交通事故;杜绝重大火灾、爆炸事故;杜绝重大机械破损事故;控制重伤事故率在0.2‰以下;创建无锡市安全生产样板工地。

(4) 环保目标

本标段的环保目标为:严格执行"三同时"制度,采取有效措施控制污染、保护环境,符合国家及当地政府的有关环保要求。确保污水排放控制达标率100%,施工扬尘控制达标率100%,施工噪声污染控制达标率100%,固体废弃物排放控制达标率100%。

(5) 文明施工目标

本标段的文明施工目标为:创建江苏省省级文明工地。

3) 施工准备

中标后,我方将快速组织进场,尽快完成施工前期准备工作。施工准备工作主要包括施工现场调查、施工技术准备、施工资源准备、施工现场准备等。

(1) 施工现场调查。结合施工测量,对施工现场状况进行详细调查,包括施工占地、拆迁范围、水电供应、现场地形、穿越的河道、交通车流、管线、周围建筑物、构筑物等情况,根据调查情况绘制详细的现状平面图和地形图,并进行拍照,建立档案,作为施工场地布置的依据。

调查地方建筑材料状况,确认材质及供应能力;调查地面交通运输情况,制订设备进场及材料运输方案;调查地下管线的种类、直径、材质、管线接头形式及基础、管线埋深、位置等,确定改移和保护方案。

(2) 施工技术准备

①设计图纸审核与设计交底。在收到设计文件和技术资料后,我方将在项目经理部技术负责人(总工程师)的组织下,集中项目经理部施工技术人员全面熟悉并核对设计文件,充分理解设计意图;根据设计资料和现场实际情况,做好调查工作,核对设计资料,将不清或不明的问题进行汇总,针对图纸的问题和图纸与现场实际不符的情况及时与设计、监理单位联系,并研究解决。

进场后,要创造条件及早进行设计交底,通过设计交底掌握设计单位对工程设计的依据、意图和功能要求,以及对特殊结构、新材料、新工艺、新技术及新设备的要求。然后,根据我方的理解,提出对设计图纸的疑问、建议和变更。最后,在统一认识的基础上,对所探讨的问题逐一做好记录,并形成"设计技术交底纪要",作为指导施工的依据。

②施工测量准备。我方将派经验丰富的测量人员,采用精密的测量仪器,根据施工控制网中的控制点、基线桩、水准点及重要标志的保护桩位置和计算资料,以及设计单位的"交接记录",进行控制网的复测核对,复测无误后方可使用。如发现与记录不符情况,及时通知设计单位并协商处理,并将处理方法及结果做书面记录。

布设平面控制网,测设主体结构的围护结构施工边线及中线,核对其与周围建筑物的关系,建立加密控制网。

③编制实施性施工组织设计并制订实施方案。由项目经理部技术负责人(总工程师)组织有关人员编制施工组织设计,依据建设单位提供的设计文件、图纸,与建设单位签订的工程承包合同、协议、会议纪要、施工调查报告,建设单位下达的工程施工安排要点、工期和质量要求,现行劳动定额、物资消耗定额及机械台班定额,设计文件采用的施工技术标准、规范、规则、规定,项目经理部为满足施工需要所配备的机械设备、项目经理及各类技术人员等情况,确定和配备工程项目施工必要的资源、控制手段和文件,保证工程项目有效策划与实施,并在合同规定范围内运行。

在认真研究设计文件和设计图纸,正确理解设计意图和设计要求,并进行了以施工为目的的各项调查之后,根据进一步掌握的情况和资料,对初步拟定的施工方法和技术措施等进行重新评价和深入研究,对各项临时性结构进行施工设计,制订出详尽的更符合现场实际情况的施工方案。

④编制施工预算。根据设计图纸、预算定额、施工组织设计编制和完善施工预算,以便为施工作业计划的编制、计划成本分析、施工成本控制提供依据。

(3)施工资源准备

①施工人员准备。接到中标通知书后,项目经理部管理人员按投标文件拟定到位进场,按劳动力使用计划,安排各专业施工队的相关工种人员进场,并按进场人数的10%准备后备队伍,随时进行人员补充。

人员的配备力求精干、一专多能,以适应任务的需要。坚持合理分工与密切协作相结合,使之便于指挥和管理,做到分工明确,责权具体。制订劳动力需要量计划,确定技工和普工的比例以及专业和工程之间的合理配置,以满足流水作业方式的要求。进场后,对施工人员进行针对安全、环保、消防、文明施工等方面进行培训和教育,将工程的设计内容、施工方案、施工计划和施工技术要求详尽地向施工班组和工人进行交底,以保证工程能严格按照设计图纸、施工组织设计、施工技术规范、安全操作规程和施工验收规范等要求进行施工。

②材料准备。施工前,做好工程所需材料的材质、产量及价格的调查,按材料供应计划与当地的供货商签订供货合同,保证物资及时到位。对当地匮乏的材料,提前组织进场,保证供应。

进场材料,按规定的地点和指定的方式进行储存堆放,并由专职人员负责。对材料进行检验、试验,并做好详细的记录。

③机械设备准备。依据"性能先进、状态良好、可靠性高、操作灵活、维修方便"的原则,配置机械设备。根据施工安排,先期开工需用的设备及早进场,进行试运转及维修保养,对设备操作人员进行培训。

拟投入的机械设备详见附表一:拟投入本标段的主要施工设备表。

(4)施工现场准备

项目经理部与建设单位、监理单位等有关单位密切联系,及早处理临时用地及水源、电力、通信引入等手续,按照施工总平面图的布置,建造生产、办公、生活、储存等临时用房,修建施工机械设备、材料存放场、施工临时便道等。为我方施工队伍、设备及材料进场作好必要的准备工作。

进场后,及时与设备管理单位联系,共同对地下管线实际情况进行调查,确定实际走向,在设备管理单位监护下按设计图纸进行改移和保护。

4)施工组织机构及管理职责

(1)施工组织机构

为保证优质、安全、快速、经济地完成本合同工程,按照"管理干部职责分明、权限到位、工人一专多能、特殊工种持证上岗"的原则,组建精干高效的项目经理部,接受公司委托履行合同,全面负责本项目工程的实施,见图4-1。

根据工程规模和技术特点,项目经理部配项目经理、项目总工和项目安全总监。下设4部2室:技术质量部、安全环保部、设备物资部、计划财务部、工地试验室和综合办公室。

按工程项目组成,工程集中在一个工区组织施工。工区配置专业施工作业队,接受项目经理部的管理。

图4-1 项目部组织结构图

(2)管理职责分工

项目部管理层对本标段所有工作进行指挥、控制和协调。

①项目经理。主持全面工作,全面履行项目合同,对工程安全、质量、环保、工期和成本控制负全责;负责项目经理部内部行政管理工作,包括人员调配、财务管理和对外协调等;分管综合办公室和计划财务部。

②项目总工。全面负责技术管理,分管技术质量部。主持编制实施性施工组织设计;负责与业主、监理单位、设计单位、质量监督单位的协调工作;组织推广和应用"三新"技术,编写有关成果报告,组织竣工文件的编制及验收交接工作。

③安全总监。主抓项目部安全工作,按照安全体系文件,全面开展各项安全活动,分管安全环保部。

④技术质量部(下设测量组、信息化作业组)。组织设计文件会审,全面掌握施工图、合同技术规范;根据合同要求,编制实施性施工组织设计;负责工程测量、量测、试验、工序检查评定,配合设计、监理的工作;负责技术交底,提供技术指导,组织重点技术项目攻关。

按照质量体系文件,全面开展各项质量活动;负责隐蔽工程的质量检查评定。

⑤计划财务部。根据合同要求,结合实际,编制成本计划和资金使用计划,确定、分解成本控制目标;对支出做好分析预测,寻求挖潜和成本节约的可能性;负责向业主提供按合同文件规定的、必须递交的证明文件,办理工程款的收取、支付;办理验工计价和内部承包核算;负责合同管理,清算资料管理;保障资金调配和使用做到专款专用,严格按照财务管理制度开展工作。

⑥设备物资部。负责材料和设备订货采购、租赁,为施工提供保障;编制材料、设备供应计划,经批准后负责实施;保管好一切材料、机电设备的资料和报告证件等,建立管理台账,做好各项材料消耗和库存统计工作;制订物资设备管理标准和实施办法,对工程使用的材料、机电设备的质量和管理负全责;控制项目成本,制订定(限)额发料标准和机械台班内部租赁收费标准,办理材料、机械成本核算和费用结算。

⑦安全环保部。负责安全环保管理工作,主管安全生产保障计划的编制并检查落实,进行岗前安全教育培训、工作中日常安全检查及事故分析,协助综合办公室做好消防器材的日常检查工作,确保各类消防器材的完好和有效;制订安全、环保等管理细则和保证措施,组织处理安全环保事故。

严格按无锡市相关要求,做好环境保护和现场文明施工工作,对环境保护和文明施工进行有效的管理,确保各类环保指标符合标准要求。

⑧工地试验室。

a. 熟悉工程合同文件,认真贯彻执行有关的技术标准,施工规范和试验规程。负责编制本工程项目的总体实施方案和计划图表。工作中严格执行试验操作规程,提供真实准确的数据。

b. 负责本工程的试验检测工作,各种原材料及半成品的物理力学性能试验。必要时,应进行化学试验。当有特殊请求而仪器设备又不足时,可委托有相应资质的外单位进行。

c. 提供工程所需的各种混合料配合比组成设计,并逐步调整为施工配合比。积极做好优化配合比工作,以利于工程成本的控制。

d. 负责施工过程中的现场试验和检测,实行动态管理,随时指导纠正。试验检测人员必须持证上岗,并积极参与应用、推广"四新"项目相关的试验和检测工作。

e. 根据工程规模及要求,提出试验仪器配置计划,并负责日常使用、维护与保管,按仪器、仪表使用规定周期送检,建立试验台账和器具设备台账。

f. 负责所有试验报告和试验原始记录的整理、签认和归档。整理提供试验检测工作范围的交竣工资料,参加交竣工验收。

g. 在试验工作中,当发现不符合设计要求或有其他问题时,应负责及时报告有关技术领导和质检人员,并提出相应的处置建议。

⑨综合办公室。综合办公室是项目经理部的综合性部门,主要负责项目的界面协调、地盘管理、对外联络、文秘、人事劳资、职工保险、治安保卫、消防、工地食堂以及内部行政事务。

⑩作业队。作业队为直接生产单位,全面承担工程的施工。负责现场施工及机电设备的使用、保管、维修工作。按施工图、合同技术标准、技术交底书、施工计划、成本控制指标组织生产,对现场施工安全、工程质量、计划进度负责,服从项目经理部的统一指挥调度。

2. 施工区段及任务划分

根据本工程段规模大、周边环境复杂以及单位、分部工程组成情况,将本工程集中在一个工区组织施工,任务划分遵循"任务基本均衡、场地综合利用、资源平衡共享、节点主导相对独立、便于施工管理"等原则。

本标段段共设置4个专业施工队,包括1个桥梁及结构施工队、1个道路工程施工队、1个土石方工程施工队以及1个管线施工队。各个队伍名称及任务安排见表4-2。

队伍名称及任务安排   表4-2

序号	队伍名称	施工范围
1	桥梁及结构施工队	负责全线桥涵的施工
2	路面工程施工队	负责全线道路基层及面层的施工
3	路基工程施工队	负责全线路基工程施工
4	管线施工队	负责全线综合管线工程及相关工程施工

第三章　关键施工技术、重点、难点与解决方案

1. 工程特点

(1)雨季时间长,对工程施工不利

由于本标段工程地处锡市气候温和湿润,雨量充沛,属于长江下游季风温湿气候带,给工程施工造成了一定困难,特别是路基工程与桥涵工程在施工中要备足雨季施工机械设备及相应的工程材料。雨季施工中还要完善施工场地的建设,以达到在雨季不影响正常施工进度的目的。

(2)环保要求高

本工程处于太湖新城,对施工环保要求较高,施工前必须对各种环境因素进行全面的识别和评价,确定重要环境因素,并编制切实可行的环境管理方案。严格执行国家、江苏省及无锡市相关的环保法律、法规要求,重点做好噪声、扬尘、污水、固体废物等控制,加强监测,减少干扰,防止污染地下水,确保环境卫生达标。

2. 工程重点与难点的对策

(1)树立全新的建设施工理念

树立全新的项目组织管理理念:改变以往传统的管理模式,在专业特长和科研项目等方面寻找合作伙伴,创新发展。

树立信息化施工理念:使用建设单位指定的软件系统,对现场施工实现信息化管理,并及时与建设、设计、监理等单位沟通。结合工程试验段的各项试验结果,并与设计思路相结

合,改变以往施工设计相分离的弊端,建立信息反馈与动态设计,控制施工全过程。

树立设备全寿命理念:改变以往施工与运营维修相分离的关系,依托我方的ISO9001质量管理体系,建立高效的售后服务机制,建立施工单位在使用寿命期内的责任关系。

树立工厂化生产理念:强化大型机械化施工,依靠先进设备保证产品质量,建立现代的工厂化生产体系。

(2)加强专业培训

加强对项目经理部的主要管理者和骨干工程技术人员的培训,提高创新管理水平。

项目经理部管理人员,除经单位内部培训外还必须经建设单位指定地点培训,合格后方可上岗。

参与本工程建设的员工先培训后上岗,有计划地进行专业培训。

加强技术交流,依托科研机构、大专院校、设计、监理单位专家学者定期培训讲解。

(3)加强施工组织与技术管理

在人员、机械设备、物资和资金上予以优先保证。分专业设立技术专家组,负责本标段的技术指导与咨询工作;优先安排有类似工程施工经验的人员参加本标段的施工,投入先进的施工机具设备;资金使用上设立专款专用账户,并由公司总部给予一定的垫付,保证施工正常进行。

采用系统工程的观念对待工程施工。从原材料检验试验、施工工艺控制、施工过程控制、施工产品检验试验等方面进行系统管理。按照业主的要求,积极运用工程试验段的试验成果,做好工程施工的各项管理工作。

(4)管线保护对策

①进场后详细阅读和熟悉掌握设计、建设单位、管线主管部门提供的地下管线图纸资料,并在工程实施前召开管线单位配合会议,进一步收集管线材料。在此基础上,对影响施工和受施工影响的地下管线开挖必要的样洞(开挖样洞时通知管线单位监护人员到场),核对弄清地下管线的确切情况(包括高程、埋深、走向、规格、容量、用途、性质、完好程度等),做好记录,并填写《公用管线施工配合业务联系单》,双方签字认可,由建设单位见证。

②在编制工程实施性施工组织设计时,把保护地下管线工作列为施工组织设计的主要内容之一,并在施工总平面图上标明影响施工和受施工影响的地下管线。

③工程实施前,向有关管线单位提出监护的书面申请,办妥《地下管线监护交底卡》手续,并与管线主管单位签定安全协议。

④工程实施前,把施工现场地下管线的详细情况和制订的管线保护措施向现场施工技术负责人、工地主管、班组长直至操作人员做层层交底,填写《管线交底卡》,并建立"保护公共事业管线责任制",明确各级人员责任。

⑤工程实施前,落实保护地下管线的组织措施,委派管线保护专职人员负责本工程地下管线的监护和保护工作,施工队和各班组设兼职管线保护负责人,组织成地下管线保护体系,严格按照施工组织设计和经管线单位认可的保护管线措施的要求落实到现场,并设置必要的管线安全标志牌。

⑥工程实施前,对参加本工程施工的全体员工进行关于"保护公用事业管线重要性及损坏公用管线危害性"的宣传教育,并要求职工在施工中严格遵守有关文件规定。

⑦工程实施前,对受施工影响的地下管线设置若干数量的位移、沉降观测点,工程实施

时,定期观测管线位移、沉降量,及时向建设单位和管线单位现场监护人提供观测点布置图与观测资料。

⑧成立由建设单位、各管线单位和施工单位有关人员参加的现场管线保护领导小组,定期开展活动,检查管线保护措施的落实情况及保护措施的可靠性,研究施工中出现的新情况、新问题及时完善保护方案。

⑨工程实施时,严格按照施工组织设计和地下管线保护技术措施的要求进行施工,各级管线保护负责人深入施工现场监护地下管线,督促操作人员遵守技术规程,制止违章操作、违章指挥和违章施工。

⑩施工过程中发现管线现状与交底内容、样洞资料不符或出现直接危及管线安全等异常情况时,立即通知建设单位和有关管线单位到场研究,商议补救措施,在未作出统一结论前,不擅自处理或继续施工。

第四章 施工场地平面布置和临时设施、临时道路布置

1. 施工总平面布置原则

场地布置的总原则为:总体布局,方便施工组织,办公、生活与生产区域分开,少占道路,工整规范,经济合理,同时满足业主对安全、文明施工及环境保护要求的相关规定。

临时工程以满足施工生产和现场管理办公为主,做到紧凑、美观、安全、防火,并减少对周围环境和公共交通的影响。

2. 施工总平面布置图

临时设施占地面积约 9 000 m^2,占地时间为整个施工期间。

3. 主要临时工程布置说明

1)施工便道

新建便道设计浇筑 7m 宽(困难段不小于 4m)、20cm 厚、配双向 $\phi16@250$ 钢筋、采用 C20 混凝土浇筑,下铺 20cm 厚碎石。

道路两侧设"进入施工现场,请减速慢行"标牌(0.6m×0.6m),5km/h 限速牌,以及道路危险路段"危险地段,注意安全"(0.6m×0.6m)警示标志;道路及时消除泥泞,洒水清洗,工地内任何情况下不允许出现扬尘。

2)临时房屋

生产、生活房屋本着安全适用、布局合理、标准统一的原则进行建设布置,并满足职工生产、生活及监理工程师、业主、设计代表驻地建设的要求。办公及生活用房选用可重复拆装的双层活动房屋,生产房屋采用彩钢板结构的房屋,并按防火要求配备消防设施和器材。根据无锡市夏季炎热高温的特点,对各个驻地办公室与宿舍安装空调一台。

办公室、会议室按照要求挂各种图表和职责分配表。

3)通信

本工程配置程控电话及多部手提电话,现场施工指挥、协调则采用对讲机联系。主要管理人员配备手机,要求每天 24 小时开机,随时与施工现场保持联系,以解决可能出现的突发事情。

业主代表办公室、监理办公室、项目经理办公室、总工办公室以及各主要部门均配备电脑,配备上网装置,实现办公网络化和现代化。

4)施工供水、供电、供风消防设施

(1)施工供水及生活供水

生活用水采用自来水,向自来水公司提出申请,从附近接口接入,引至生产、生活区域,管道每100m设置一阀门。

施工用水采用φ32供水管路,每50m设置一阀门供生产用水,并按规定配置消防栓及消防箱,另根据施工要求,在施工用水压力不足时,可在适当地点增设增压泵,以满足施工要求。

生活用水以φ32供水管为主管路、φ25供水管为支线管路引入生活区和办公区。

管道平、顺、直,接头严密,安稳支牢,弯少成钝角。

(2)施工供电

现场施工照明按以下方案实施:

①变电站址牢固,靠近施工负荷中心,周围用2.5m高铁丝网或围墙围起,施工用电管线沿道路布置,按消防要求配备足够的干粉灭火器。

②道路沿线每30m设置一个灯塔,保证照明。

(3)消防设施

在各生产和生活场地按规定配备足够的消防灭火器及其他消防工具。同时,与当地消防部门联系,取得市政部门的检查认可,并坚持消防经常自检,确保设施经常处于良好状态,随时可满足消防要求,施工中消防设施不得挪用。

5)排污及环保

(1)排污

根据本工程施工总体方案部署和现有施工用地状况,每个施工面作为一个相对独立的区域。排污系统独立布置,自成体系。

污水排放系统设施包括排水沟、截水沟、沉淀池和洗车槽等。

排水沟截面尺寸为0.4m×0.3m(宽×深),采用砖砌结构,流水面用水泥砂浆抹面,穿越道路段埋管或加盖板,排水沟沿围挡四周连续设置,排水顺坡坡度为0.3%,排水沟设置二级沉淀池,每30m设置一座,尺寸为1m×0.6m×0.4m(长×宽×深)。污水经排水沟汇集于三级沉淀池,经沉淀后排入市政污水管道。三级沉淀池尺寸为1.8m×0.9m×0.8m(长×宽×深)。沉淀池采用砖砌结构,内部砂浆批荡,各级沉淀池间设隔墙,并在其上加盖板。

(2)环保

①施工废水应经过预处理后排放,采用专用的运输车进行废水运输,施工现场设置连续畅通的排水系统,合理组织排水。

②建筑垃圾集中堆放并加以覆盖,防止扬尘,控制运输车装载,加以遮盖,安排专人对工地内周边的道路清扫,及时清扫洒落的尘土砂石。

③将施工现场的固定噪声、振动源相对集中布置,发电机、空压机等噪声较大的设备设置隔挡噪声墙,并合理安排各施工作业、重型运输车辆运行的时间,减少噪声敏感时间、地段,尽量在高噪声背景下进行高噪声、高振动的施工作业。

④合理布置施工场地,生产、办公设施布置在征地红线以内,施工时应尽量不占用或少占用两侧地块,对那些运营性质的建筑物尽量给予避让,尽量不破坏工程范围外的原有植

被,保护自然环境。

6)围挡及排水设施

由于本标段施工范围两侧分布有沿线的厂房及居民住宅区,在工程实施期间,我公司将对施工区域进行围护。围护将按照安全、可靠,满足厂区、居民车辆、行人以及施工车辆通行的原则进行。具体的方法是:

(1)围护将采用彩钢板护栏。其中彩钢板护栏每2m设一铸铁底座和小型钢立柱,立柱间用小型钢上下相连,其余部分为彩钢板。在围护期间,采用底部螺钉固定在水泥地上,在护栏内侧用铁丝作缆风,对护栏进行加固,拆除时解除固定和加固措施。高度为2.2m,具有使用方便、搬运快捷等特点。

(2)现场排水采用$\phi500$排水管沿工程四周暗敷,间隔20m设窨井,经废水处理池集中处理后,排入城市管网。

7)工地试验、测量

本工程的混凝土采用商品混凝土。在项目部内设一个工地试验室,配备各种现场必需的仪器和设备,负责试件制作、养生和常规检测。另外,在施工现场场地内设一标养室,主要负责商品混凝土试件的养护。

工地试验室配备的主要仪器、设备及测量、质检仪器配备情况见附表二《拟配备本标段的试验和检测仪器设备表》。

第五章 施工方案与技术措施

1. 施工准备

1)施工前的准备工作

(1)做好施工前"三通一平"工作及临时设施的搭建。

(2)项目经理部人员及时到位,并调集处内的骨干力量,加强对现场施工的管理。

(3)正式施工前,由项目经理部的技术组及处技术质量科配合,采用全站仪、红外线测距仪、DS3水准仪,根据设计图纸、交桩记录、复核设计院提供的中线及水准点,在沿线每隔200m左右坚硬不沉降、不易受施工干扰的地点,设置临时水准点,并需经过闭合测量及监理检验后方可使用。对平面曲线和桥位点,道路中桩进行测设,建立控制网。各主控点应引出路基外适宜之处,设保护桩,严格保护,并请监理验收。

(4)技术负责人员向施工人员交底,了解图纸要求,阐述施工方法及质量要求。

2)施工准备

(1)技术准备

编制实施性施工组织设计,进行图纸会审和技术交底,组织测量人员进行导线和水准点复测,试验人员对土源、石灰及施工用原材料进行取样试验,技术人员做好施工技术交底和开工报告的编制,确保工程全面开工。

(2)现场准备

①场地清理。人工配合机械清除路基范围内的树木、杂草、房基、路基,并且外运。

②施工临时排水系统。本路段处于多雨地区,为确保施工过程中各种地面、地下水能顺畅、及时排除,施工时结合雨水管的施工,在路基低洼积水处人工开挖引水沟,将水引入雨水

管,确保路基范围内无积水,为雨后快速复工创造条件,基坑转角处开挖积水井,设水泵随时抽出积水,确保坑内无积水。

2. 施工测量

本工程测量工作主要是桥梁线性和高程测量控制。项目经理部设立测量组,负责全线测量检测及导线复核工作。下设两个桥梁施工队测量组、路基施工队测量组、路面施工队测量组、管线施工队测量组。项目经理部测量组负责整个项目的测量控制和管理工作。

1)测量人员、设备及管理

(1)测量人员

项目经理部测量组配备测量工程师2名,桥梁施工队各测量组配备测量工程师1名,测量员3~4名,路基施工队测量组配备测量工程师1名,测量员3名,路面施工队测量组配备测量工程师1名,测量员3名,管线施工队配备测量工程师、测量员各1名。

(2)测量设备

项目经理部测量科配备便携式计算机1台,拓普康高精度全站仪1台。各桥梁施工处测量组配备PC电脑1台,托普康高精度全站仪2台,水准仪2台以及塔尺等测量设备2套,并给所有测量员每人配备多功能计算器1部。

(3)测量管理

①由项目总工程师负责,在项目经理部内部建立完整的测设方案—数据计算与复核—施工现场测量—技术科对测设数据审核,并报告监理工程师最终审核的测量审查制度。

②与设计、监理及业主密切联系。除对业主提供的控制点按要求复核并及时办理交接手续外,还将定期对各工程部位的方位、高程控制点进行复核,检查结果上报业主,监理工程师,以便随时掌握施工情况。

③工程控制网及工程各部位的施测成果,在上报监理工程师并得到批复确认后,进行下一道工序。

④加强对测量人员的思想作风教育和技能培训工作,保证定岗人员的稳定,防止出现人员更替造成的交接疏漏。

⑤定期检测测量设备,保证仪器不带病工作。

⑥建立由计算机管理的工程测量数据库,实行数据共享。

2)控制网的复测和加密

(1)业主移交的控制网复测在进行此项工作前,项目部将完成对仪器进场前的校核工作,采用全站仪对业主移交的控制网点(导线点、路线中心点、曲线转角点等)进行同等级复测,用水准仪对移交的高程控制水准基点按照施工规范或监理工程师的要求进行复核,并将上述两项复核测量的数据经过内业处理后形成测量成果,上报监理工程师,批复确认后,进行网点加密工作。

(2)控制网点的加密网点加密前,项目部技术人员将认真审查施工设计图纸并察看施工场地,在确保符合以下基本条件后方可进行方案的拟定和控制网点的加密工作。

①桥梁测量控制网应为四边形,且满足$45°<\alpha<135°$的转角要求。

②加密后的各控制点不能因桥梁或路基的施工而造成视线的不通视。

③所有的加密控制点避开低湿的软基或可能因施工影响造成沉降或偏移的位置。在满

足以上要求后,按同等级进行控制网点的加密。利用计算机进行平差计算,形成加密控制网点的测设成果,将成果上报监理工程师。

3)桥梁工程施工测量(略)

4)施工测量的质量保证措施

施工测量时按照设计图纸及相关技术规范、标准规定的技术要求进行,满足规定的精度要求。本公司将健全项目部的测量质量保证体系,加强管理,明确职责。施工测量人员在施工测量放线前,首先熟悉与测量放线有关的图纸及说明,并对施工图给出的数据认真复核,确认无误后,方可用于施工测量放线。加强双检、复核制。做到放样数据要复核,放样点位有人进行复测,确保放样结果准确无误。各项测量严格健全测量记录,现场测量按统一格式和表式进行记录和计算,做到记录清晰、签署齐全,原始记录不得涂擦更改。

测量所用仪器定期进行校验。测量仪器的校验及保管按照我单位质量体系程序文件的有关规定进行。每次测量放线工作完成后,及时按照监理组规定的报验表式和程序进行报验和签认。做好各项测量成果资料的整理、保管和归档。

3. 桥梁拆除施工(略)

4. 桥涵工程施工(略)

5. 新老路基拼接施工

规划通园路—五湖大道新建道路中心在老路中心左侧3.5m,所以新建机动车道右半幅完全利用老路,新建机动车道左半幅进行老路拓宽利用;五湖大道—信成道新建道路中心在老路中心左侧1.0m,所以新建机动车道进行两侧老路拓宽利用。路基拓宽方案如下。

1)清表准备

拼接路堤的清表分以下两部分:

(1)原路堤隔离栅以外的新征地范围,清除表面杂草、树根、种植土,清理深度根据耕植土厚度决定,清出的种植土应集中堆放。填方地段在清理完地表后,应整平压实到规定要求,才可进行填方作业。

(2)原路堤隔离栅以外的清表,包括清除表面杂草、树根、边沟拆除、隔离栅支墩拆除、老路堤防护砌石拆除、坡面清理,清表深度控制在30cm。拆除的防护片石,集中在线外堆放,将来作为新路堤排水沟或隔离栅基础使用。严禁将土和石块混合后作为填料回填新路堤。

2)拼接路堤的台阶开挖

拼接路堤的台阶是提高路堤拼接强度的重要保证。

(1)一般台阶尺寸为60cm×90cm,保证台阶水平宽度不小于90cm,最上层台阶100cm×150cm(由老路路肩边缘算起)。

(2)台阶立面要求机械开挖时预留10cm,用人工手提式内燃铲修整,台阶坡面向老路堤倾斜,坡比控制在10:1,以利于接缝处压实。

(3)台阶自下而上随填土进度逐层开挖,暴露台阶时间一般不超过3~4d完成最后一层填土。

(4)台阶内侧重型压路机碾压不到的接缝部位,须采用小型振动夯机压密实。

(5)台阶开始时若老路堤出现渗水,须及时报告监理,采取处理措施后才可继续施工。

(6)台阶最上层土和新路堤同时翻松20cm,拌和,与新路堤同步整平压实。

6. 土方工程施工

1)场地清理

(1)清理场地

①施工前砍伐或移植拓宽用地范围内及原路堤范围内的树木、灌木丛等。砍伐后的树木及时运至指定地点。需移植的树木事先与监理工程师联系,妥善处理。

②清除拓宽用地范围内的垃圾、有机物残渣及原地面(包括老路堤的边坡坡面)以下至少 10~20cm 内的草皮、农作物根系和表土,并运至弃土场。清理完毕后整平压实,并达到规定的压实度要求。

③挖除拓宽用地范围及原路堤范围内的树根,并填平夯实坑穴。

(2)拆除与挖掘

①拆除拓宽用地范围内的所有不允许保留(不含需拼宽的结构物)的旧桥梁、旧涵洞、旧路面和其他障碍物以及不能利用的老路堤两侧的浆砌边沟、护坡、挡土墙等。旧边沟拆除前,按图纸要求在两侧挖临时土边沟,以保障路基排水畅通。正在使用的旧桥梁、旧涵洞、旧路面及其他排水结构物,在对其正常交通和排水作出妥善的安排后,才进行拆除。

②所有指定可利用的材料(如浆砌边沟的片、块石等),拆除运至监理工程师指定的地点。

2)特殊路基处理

(1)河塘段

排水清淤后,边坡挖成不小于 1m 宽的台阶,回填 50cm 片石后再以 5% 石灰处治土回台南至原地面(高路堤填筑)或路床顶面以下 60cm(非机动车道 40cm)(低路堤路段),分层压实,压实度不小于 90%,其上同一般路段路基处理,并在原地面(高路堤路段)或路床底部(低路堤路段)设置一层土工格栅,土工格栅伸入新路基宽度不小于 2m。河塘段路基正常放坡至塘边原地面后向外超宽回填 5m 素土(可采用耕植土)。

(2)软土路段

K2+690~K2+815 软土路段排水清淤后,边坡挖成不小于 1m 宽的台阶,台阶坡度内侧 3%,回填 80cm 片石(嵌入软土 50cm),碾压至表面无明显沉降及弹簧现象,再以 5% 石灰处治土回填至原地面或路床顶面以下 h(机动车道 $h=0.6m$,非机动车道 $h=0.4m$,人行道 $h=0.4m$),分层压实,压实度不小于 90%,其上同一般路段路基处理,并在原地面或路床底部设置一层土工格栅,土工格栅伸入新路基宽度不小于 2m。

3)挖路基土方

(1)施工方法

恢复定线,放出边线桩。

路基土方开挖采用机械化施工方法:土方运距在 100m 左右,选用推土机挖运;运距在 500m 以内,使用拖式铲运机挖运;运距在 1km 以内,采用自行式大铲运机挖运;大体积的土方挖运,宜用挖装机械配合自卸汽车施工。

路基开工前,应考虑排水系统的布设,防止在施工中线路外的水流入线内,并将线路内的水(包括地面积水、雨水、地下渗水)迅速排出路基,保证施工的顺利进行。

对设计中拟定的纵横向排水系统,要随着路基的开挖,适时组织施工,保证雨季不积水,并及时安排边沟、边坡的修整和防护,确保边坡稳定。

路槽达到设计高程后,用平地机整平,刮出路拱,并预留压实量,最后用压路压实,检查压实度。

(2)机械设备

机械设备有推土机、挖土机、装载机、平地机、压路机、自卸汽车。

4)挖除淤泥

用机械挖除淤泥,再用汽车配合清运疏掏。在清运淤泥时,立即派人将道路上散落的土方清扫干净,保持环境的清洁。

5)石灰土填筑

(1)施工前的准备工作

①做好施工前"三通一平"工作及临时设施的搭建。

②项目经理部人员及时到位,并调集处内的骨干力量,加强对现场施工的管理。

③正式施工前,由项目经理部的技术组及处技术质量科配合,采用全站仪、红外线测距仪、DS3水准仪,根据设计图纸、交桩记录、复核设计院提供的中线及水准点,在沿线每隔200m左右坚硬不沉降、不易受施工干扰的地点,设置临时水准点,并经过闭合测量及监理检验后方可使用。对平面曲线和桥位点、道路中桩进行测设,建立控制网,各主控点应引出路基外适宜之处,设保护桩,严格保护,并请监理验收。

④技术负责人员向施工人员交底,了解图纸要求,阐述施工方法及质量要求。

(2)施工工艺

施工工艺见图4-2。

图4-2 灰土填筑施工工艺图

(3)施工方法

①材料要求。土、灰除满足规范要求外,施工中控制点为:

a. 石灰应符合Ⅲ级以上标准,石灰在使用前10d充分消解并过筛(10mm筛孔)。

b. 消石灰存放时间宜控制在2个月以内。

c. 一个作业段内采用土质相同的土(击实标准和灰剂量相同),以便对压实度进行准确控制。

②准备下承层。

a. 石灰土施工前,应对路槽进行严格验收,验收内容除包括压实度、宽度、高程、横坡度、平整度等项目外,还必须进行碾压检验,即在各项指标都合格的路槽上,用 18~21t 压路机连续碾压两遍。碾压过程中,若发现土过干、表层松散现象,应适当洒水继续碾压;若发现土过湿、发生翻浆、软弹现象,应采用挖开晾晒、换土、外掺剂等措施处理。路基必须达到表面平整、坚实,没有松散和软弱点,边沿顺直,路肩平整、整齐。

b. 按要求设置底基层施工控制桩。

③备土、铺土。用于石灰土的土必须符合规范要求,不含树皮、草根等杂物。备土、铺土分两种方法:

a. 用汽车直接堆方备土。按照每平方米的松土用量及每车的运土量,用石灰粉标出每车的卸土位置(划出方格),直接整齐地卸土于场地上。但须注意备土时纵向必须成行,每车的运土量要基本准确,同一作业段内土质基本均匀一致。该方法有利于机械化施工,但备土数量不易准确控制。铺土时,先用推土机大致推土,然后放样用平地机整平,清余补缺,保证厚度一致、表面平整。

b. 码条备土。用拖拉机等小型机械备土可采用此方法。

按照每延米的松土用量,分两条成梯形状均匀地码条于场地上,用卡尺逐段验收备土数量。

备土时应在备土位置用石灰粉标出两条标线(码条的边沿位置),保证备土顺直,码条应均匀、数量准确。铺土时可直接用平地机均匀地将土铺开,保证表面平整、厚度一致。此备土法数量控制准确、摊土方便。

④备灰、铺灰。

a. 备灰前,用压路机对铺开的松土碾压 1~2 遍,保证备灰时不产生大的车辙,严禁重车在作业段内掉头。

b. 备灰前应根据灰剂量、不同含水率情况下的石灰松方干重度及石灰土最大干重度计算每延米的石灰用量。

c. 根据计算出的每延米石灰的松方用量,分两条成梯形状均匀地码条备灰,并用卡尺逐段验收数量,不准用汽车直接大堆备灰。

d. 备灰前应事先在灰条位置标出两条灰线,以确保灰条顺直。

e. 铺灰前应在灰土的边沿打出标线,然后将石灰均匀地铺撒在标线范围内,铺灰应用人工撒铺。

⑤拌和。采用灰土拌和机拌和,铧犁作为辅助设备配合拌和。

a. 土的含水率小,应首先用铧犁翻拌一遍,使石灰置于中、下层,然后洒水补充水分,并用铧犁继续翻拌,使水分分布均匀。考虑拌和、整平过程中的水分损失,含水率适当大些(根据气候及拌和整平时间长短确定),土的含水率过大,用铧犁进行翻拌晾晒。

b. 水分合适后,用平地机粗平一遍,然后用灰土拌和机拌和第一遍。拌和时,要指派专人跟机进行挖验,每间隔 5~10m 挖验一处,检查拌和是否到底。对于拌和不到底的段落,及时提醒拌和机司机返回重新拌和。

⑥土用大吨位自卸汽车运到工地现场,按照压实度计算每平米的松散灰土用量及每车的运土量,用石灰粉标出每车的卸土位置(划出方格),直接整齐地卸土于场地上。注意倒土时,纵向必须成行,每车的运土量要基本准确。

先用推土机大致推土,然后放样用平地机整平,结合少量人工整平,清余补缺,保证厚度一致、表面平整。

a. 用平地机粗平一遍,消除拌和产生的土坎、波浪、沟槽等,使表面大致平整。

b. 用振动压路机或轮胎压路机稳压 1~2 遍。

c. 利用控制桩用水平仪或挂线放样,石灰粉作出标记,样点分布密度视平地机司机水平确定。

d. 平地机由外侧起向内侧进行刮平。

e. 重复步骤 c、d,直至高程和平整度满足要求为止。灰土接头、桥头、边沿等平地机无法正常作业的地方,应由人工完成清理、平整工作。

f. 整平时多余的灰土不准废弃于边坡上。

g. 要点提示:最后一遍整平前,宜用洒水车喷洒一遍水,以补充表层水分,有利于表层碾压成型;最后一遍整平时平地机应"带土"作业。切忌薄层找补。备土、备灰要适当考虑富余量,整平时宁刮勿补。

⑦碾压。碾压采用振动式压路机和 18~21t 三轮静态压路机联合完成。

a. 整平完成后,首先用振动压路机由路边沿起向路中心碾压(超高段自内侧向外层碾压),有超高段落由内侧起向外侧碾压,碾压采用大摆轴法,即全轮错位,搭接 15~20cm,用此法振压 6~8 遍,下层压实度满足要求后,改用三轮压路机低速 1/2 错轮碾压 2~3 遍,消除轮迹,达到表面平整、光洁、边沿顺直。路肩要同路面一起碾压。

b. 要点提示:碾压必须连续完成,中途不得停顿;压路机应足量,以减少碾压成型时间,合理配备为振动压路机 1~2 台,三轮压路机 2~3 台;碾压过程中应行走顺直,低速行驶。

⑧检验。

a. 试验员应在施工现场,完成碾压遍数后,立即取样检验压实度(要及时拿出试验结果),压实不足要立即补压,直到满足压实要求为止。

b. 成型后的两日内完成平整度、高程、横坡度、宽度、厚度检验,检验不合格要求采取措施予以处理。

c. 要点提示:翻浆、轮迹明显、表面松散、起皮严重、土块超标等有外观缺陷的不准验收,应彻底处理;高程不合适的,高出部分用平地机刮除,低下的部分不准贴补,高程合格率不低于 85%,实行左中右三条线控制高程。

压实度、强度必须全部满足要求,否则应返工处理。

⑨接头处理。碾压完毕的石灰土的端头应立即将拌和不均,或高程误差大,或平整度不好的部分挂线垂直切除,保持接头处顺直、整齐。下一作业段与之衔接处,铺土及拌和应空出 2m,待整平时再按松铺厚度整平。

⑩养生。不能及时覆盖上层结构层的灰土,养生期不少于 7d,采用洒水养生法,养生期

间要保持灰土表面经常湿润。养生期内应封闭交通,除洒水车外禁止一切车辆通行。有条件的,对 7d 强度确有把握的,灰土完成后经验收合格,即可进行下道工序施工,可缩短养生期。但一旦发现灰土强度不合格,则需返工处理。

6)素土回填

(1)施工准备

①交接线路中桩,复核 GPS 点,进行路线贯通测量,内容包括导线、中线及高程的复测,水平点的复查与增设,横断面的测量与绘制等。然后送交监理工程师核查,核对无误后进行现场放样测量,放出路基中桩、边桩,并标注路基挖填高度,以及取土坑、借土场、弃土场等的具体位置,并提交监理工程师检查批准。

②填料试验:取土场的填料取有代表性的土样进行试验,试验方法按《公路土工试验规程》(JTG E40—2007)执行。

把调查和试验结果以书面形式报告监理工程师备案。如果所调查和试验的结果与图纸资料不符,提出解决方案报监理工程师审批。

③调查施工范围内的地质、水文、障碍物、文物古迹的详细情况。

④调查沿线电缆、光缆及管线位置、埋深,按设计要求进行改移或埋设明显标志。

⑤修建临时排水设施,做到永临结合,以保证施工场地处于良好的排水状态。

⑥场地清理:施工前将路基用地范围内的树木、灌木、垃圾、有机物残渣及原地面以下 10~20cm 内的草皮和表土清除。对妨碍视线、影响行车的树木、灌木丛等进行砍伐或移植及清理。将树根全部挖除,清除的垃圾由装载机配备汽车运至指定堆放区,场地清除完后全面进行填前碾压,使密实度达到设计要求。

⑦规划作业程序、机械作业路线,做好土石方调配方案。

(2)铺筑试验段

开工前,在熟悉设计文件的基础上,进行现场核对和施工调查,按照有关规定进行试验后,把试验结果以书面的形式报告监理工程师。待监理工程师审批后,按照监理工程师给定的各种土质参数,如松铺系数、压实厚度等,根据不同的地质条件,分别选择有代表性的路段,铺筑面积不小于 20m×20m,作为试验段。试验时,记录:压实设备的类型、最佳组合方式;碾压遍数及碾压速度、工序;每层材料的含水率等。绘制填料厚度、含水率、压实方法、压实遍数与设计指标相关的规律曲线,确定施工最佳参数。在现场试验时,直到该种填料达到规定的压实度,各种质量检查达到标准为止。将试验结果报监理工程师批准后,确定标准化施工工艺以指导施工。施工过程中如填料、压实机械发生变化时,重新做试验,取得准确参数。

(3)施工方法

施工时,按照《公路路基施工技术规范》(JTG F10—2006)组织安排。施工原则:

①路基施工,集中力量连续快速施工,分段完成。

②冬季施工时,不安排路基填筑施工,雨季尽量不进行路基填筑施工。

③做好截防排水措施,填筑面横向设置 3% 左右的流水坡度,雨前碾压,路堤两侧做好排水沟及坡面防护。

④对施工用水、生活用水严格管理,防止地表水渗入和冲刷边坡。

(4)路堤填筑

①填土路基

施工中采取横断面全宽、纵向分层填筑的方法施工。填料采用挖掘机配合自卸汽车运输,推土机、平地机进行摊铺,分层填筑,振动压路机碾压。按"四区段、八流程"作业法组织各项作业均衡进行,合理安排施工顺序、工序进度和关键工序的作业循环,做到挖、装、运、卸、压实等工序紧密衔接连续作业,尽量避免施工干扰,做到路基施工的正规化、标准化,详见路基填筑施工工艺框图。

a. 填方路基按路基平行线分同层控制填土高程,分层进行平行摊铺,保证路基压实度。每层填料铺设的宽度每侧超出路堤设计宽度的30cm,以保证修整路基边坡后的路堤边缘有足够的压实度。不同土质的填料分层填筑,且尽量减少层数,路堤填筑至路床顶面最后一层的压实层厚度不小于10cm。

b. 路基填土高度小于80cm(包括零填)时,对于原地清理与挖除之后的土质基底,将表面翻松深30cm,然后整平压实,其压实度不小于96%。路基填土高度(不包括路面厚度)大于80cm时,路堤基底整平处理并在填筑前进行碾压,其压实度不小于94%。

c. 地面自然横坡或纵坡陡于1:5时,将原地面挖成台阶,台阶宽度不小于1m,用小型夯实机具加以夯实。台阶顶做成2%的内倾斜坡,且台阶保持无水。

d. 路基填筑分几个作业段施工时,两个相邻段交接处不在同一时间填筑,则先填段按1:1坡度分层留台阶;如两段同时施工,则分层相互交叠衔接,其搭接长度不小于2m。

e. 用透水性较小的土填筑路堤时,将含水率控制在最佳含水率±2%的范围内。当填筑路堤下层时,其顶部做成4%的双向横坡,填筑上层时,不覆盖在由透水性较好的土质所填筑的下层边坡上。

f. 路基填土要求洒水至最佳含水率碾压,对路基填土的土质严格按设计要求取用,对土质不满足CBR值要求的进行换填,在指定的取土场取土进行路基填筑。

g. 填高 H 为 0~8m 路段路基一律不设平台,采用植草防护;填高 H 为 8~10m 的路段在土路肩下200cm处设一级平台,平台沟以下采取植物草防护;填高 H 为 10~20m 的路基设二级平台,第一级平台设平台沟,二级平台以下采用门式拱或其他骨架护坡,拱内植草;填高超过20m的路基需进行稳定验算。

h. 雨季填筑路堤时,保证随挖、随运、随填、随压,每层填土表面筑成2%~3%的横坡,并在雨前和收工前将铺填的松土碾压密实。

i. 零填顶面以下 0~30cm 范围内的压密度,不小于96%。如果不符合要求,翻松再压实,使压实度达到规定的要求。

②结构物处的回填施工

a. 进行结构物处回填施工时,配备专职质检人员,增加自检频率,确保工程质量。

b. 结构物处的回填,回填时圬工强度的具体要求及回填时间,按《公路桥涵施工技术规范》(JTJ 041—2000)有关规定执行。

c. 涵背填土顺线路方向长度,顶部距翼墙尾端不小于台高加2m,底部距基础内缘不小于2m,涵洞填土长度每侧不小于2倍孔径。

d. 结构物处的填土分层填筑:每层松铺厚度不超过 15cm。结构物处的压实度从填方基底或涵洞顶部至路床顶面均为 96%。

e. 当工作面较大时,用重型机械按规范操作碾压,局部区域辅助小型夯实机具进行压实。结构物处回填土分层压实后随机抽检压实度,压实度不低于本项目施工技术规范中规定值 96%。

f. 台背回填时,派专人负责,使用专门的机具挂牌划线施工,每层填筑进行照相,并附检测资料存档。

(5)路基整修

a. 按设计图纸要求检查路基的中线位置、宽度、纵坡、横坡、边坡及相应的高程。

b. 土质路基用机械刮土补土,人工配合机械碾压的方法整修成型,深路堑边坡整修按设计要求的坡度自上而下进行刷坡,严禁在边坡上以土贴补。

c. 在整修需加固的坡面时,预留出加固位置,对填土不足或边坡受雨水冲刷形成小冲沟的地段,采取边坡挖台阶、分层填补、仔细夯实的方法处理。

d. 填土路基两侧超填的宽度予以切除,边坡缺土时,要挖成台阶,分层填补夯实。

e. 挂线进行边沟整修,路基整修完毕后,堆于路基范围的废弃土料弃置指定的弃土场。

(6)路基土方压实

路基压实是保证路基质量的重要环节,路堤、路堑和路堤基底均应进行压实。

a. 铺筑试验路段确定路基压实的最佳方案。

影响路基压实的主要因素有土的力学性质和压实功能、土的含水率、铺层厚度、土的级配以及底层的强度和压实度。路基碾压时,并不是这些因素独立起作用,而是这些因素共同起作用。因此,在进行路基施工时,应用不同的施工方案做试验路段,从中选出路基压实的最佳方案。

通过试验段的铺筑及有关数据的检测,写出试验报告,最后确定土的适宜铺筑厚度、所需压实遍数及填土的实际含水率,以利于施工中掌握控制。

b. 根据土壤性质,选择确定压实机械。

土壤的性质不同,有效的压实机械也不同。在正常情况下,碾压砂性土采用振动压路机效果最好,夯击式压路机次之,光轮压路机最差;碾压黏性土采用捣实式和夯击式最好,振动式稍差。各种压路机都有其特点,可以根据土质情况合理选用。对于高速道路路基填土压实宜采用振动压路机或 35~50t 轮胎压路机进行。

c. 含水率的检测与控制。

强度与稳定性主要是通过压实得以提高,压实度受含水率的制约,保证压实最佳的含水率才能取得最大干密度,即在有效地控制含水率后,才能可靠地压实到压实度标准。使土的含水率控制在高于压实最佳含水率,碾压是确保正常施工的条件,但不能超过最佳含水率 1%,这时所得效果最好。施工中当需要对土采用人工加水达到最佳含水率时,可将土运至路堤上后,用水车均匀适量地浇洒在土中,并用拌和设备拌和均匀。

d. 压实施工。

通过上述的准备工作,在确定了所采用的压实机械、需要的压实遍数、最佳含水率后,即可对路基进行压实施工。

碾压开始时宜用慢速,最大速度不宜超过 4km/h;碾压时直线段由两边向中间,小半径曲线段由内侧向外侧、纵向进退式进行;横向接头对振动压路机一般重叠 0.4~0.5m,对三轮压路机一般重叠后轮宽的 1/2,前后相邻两区段(碾压区段之前的平整预压区段与其后的检验区段)宜纵向重叠 1.0~1.5m,应达到无漏压、无死角,确保碾压均匀。采用振动压路机碾压时,第一遍应不振动静压,然后先慢后快,由弱振至强振。

7. 道路工程施工

1)工程概况

本合同段道路工程主要项目有:12% 灰土,水泥稳定碎石,沥青下封层,沥青混凝土 AC-13C,沥青混凝土 AC-16C,沥青混凝土 AC-20C,级配碎石,人行道透水砖,侧平石等。

2)施工方案

(1)石灰稳定土

a. 材料要求。土、灰除满足规范要求外,施工中控制点为:

a)石灰应符合Ⅲ级以上标准,石灰在使用前 10d 充分消解并过筛(10mm 筛孔)。

b)消石灰存放时间宜控制在 2 个月以内。

c)一个作业段内采用土质相同的土(击实标准和灰剂量相同),以便对压实度进行准确控制。

b. 准备下承层。

a)石灰土施工前,应对路槽进行严格验收,验收内容除包括压实度、宽度、高程、横坡度、平整度等项目外,还必须进行碾压检验,即在各项指标都合格的路槽上,用 18~21t 压路机连续碾压两遍。碾压过程中,若发现土过干、表层松散现象,应适当洒水继续碾压;若发现土过湿、发生翻浆、软弹现象,应采用挖开晾晒、换土、外掺剂等措施处理。路基必须达到表面平整、坚实,没有松散和软弱点,边沿顺直,路肩平整、整齐。

b)按要求设置路面施工控制桩。

c. 备土、铺土。

用于石灰土的土必须符合规范要求,不含树皮、草根等杂物。备土、铺土分两种方法。

a)用汽车直接堆方备土。按照每平方米的松土用量及每车的运土量,用石灰粉标出每车的卸土位置(划出方格),直接整齐地卸土于场地上。但须注意备土时纵向必须成行,每车的运土量要基本准确,同一作业段内土质基本均匀一致。该方法有利于机械化施工,但备土数量不易准确控制。铺土时,先用推土机大致推土,然后放样用平地机整平,清余补缺,保证厚度一致、表面平整。

b)码条备土。用拖拉机等小型机械备土可采用此方法。

按照每延米的松土用量,分两条成梯形状均匀地码条于场地上,用卡尺逐段验收备土数量。

备土时应在备土位置用石灰粉标出两条标线(码条的边沿位置),保证备土顺直,码条应均匀、数量准确。铺土时可直接用平地机均匀地将土铺开,保证表面平整、厚度一致。此备土法数量控制准确、摊土方便。

d. 备灰、铺灰。

备灰前,用压路机对铺开的松土碾压 1~2 遍,保证备灰时不产生大的车辙,严禁重车在作业段内掉头。

备灰前应根据灰剂量、不同含水率情况下的石灰松方干重度及石灰土最大干重度计算每延米的石灰用量。

根据计算出的每延米石灰的松方用量,分两条成梯形状均匀地码条备灰,并用卡尺逐段验收数量,不准用汽车直接大堆备灰。

备灰前应事先在灰条位置标出两条灰线,以确保灰条顺直。

铺灰前应在灰土的边沿打出标线,然后将石灰均匀地铺撒在标线范围内,铺灰应用人工撒铺。

e. 拌和。

采用灰土拌和机拌和,铧犁作为辅助设备配合拌和。

a)土的含水率小,应首先用铧犁翻拌一遍,使石灰置于中、下层,然后洒水补充水分,并用铧犁继续翻拌,使水分分布均匀。考虑拌和、整平过程中的水分损失,含水率适当大些(根据气候及拌和整平时间长短确定),土的含水率过大,用铧犁进行翻拌晾晒。

b)水分合适后,用平地机粗平一遍,然后用灰土拌和机拌和第一遍。拌和时,要指派专人跟机进行挖验,每间隔 5~10m 挖验一处,检查拌和是否到底。对于拌和不到底的段落,及时提醒拌和机司机返回重新拌和。

c)桥头两端在备土时应留出 2m 空间,将土摊入附近,拌和时先横向拌和两个单程,再进行纵向拌和,以确保桥头处灰土拌和均匀。第二遍拌和前,宜用平地机粗平一遍,然后进行第二遍拌和。若土的塑性指数高,土块不易拌碎,应增加拌和遍数,并注意下一次拌和前要对已拌和过的灰土进行粗平和压实,然后拌和,以达到拌和均匀、满足规范要求为准。压实的密度愈大,对土块的破碎效果愈好,采用此法可达到事半功倍的目的。否则,即使再多增加拌和遍数,也收效甚微。拌和时拌和机各行程间的搭接宽度不小于 10cm。

f. 土用大吨位自卸汽车运到工地现场,按照压实度计算每平方米的松散灰土用量及每车的运土量,用石灰粉标出每车的卸土位置(划出方格),直接整齐地卸土于场地上。注意倒土时纵向必须成行,每车的运土量要基本准确。

先用推土机大致推土,然后放样用平地机整平,结合少量人工整平,清余补缺,保证厚度一致、表面平整。

a)用平地机粗平一遍,消除拌和产生的土坎、波浪、沟槽等,使表面大致平整。

b)用振动压路机或轮胎压路机稳压 1~2 遍。

c)利用控制桩用水平仪或挂线放样,石灰粉作出标记,样点分布密度视平地机司机水平确定。

d)平地机由外侧起向内侧进行刮平。

e)重复步骤③~④直至高程和平整度满足要求为止。灰土接头、桥头、边沿等平地机无法正常作业的地方,应由人工完成清理、平整工作。

f)整平时多余的灰土不准废弃于边坡上。

g)要点提示:最后一遍整平前,宜用洒水车喷洒一遍水,以补充表层水分,有利于表层碾压成型;最后一遍整平时平地机应"带土"作业;切忌薄层找补;备土、备灰要适当考虑富余量,整平时宁刮勿补。

g. 碾压。

碾压采用振动式压路机和 18～21t 三轮静态压路机联合完成。

a)整平完成后,首先用振动压路机由路边沿起向路中心碾压(超高段自内侧向外层碾压),有超高段落由内侧起向外侧碾压,碾压采用大摆轴法,即全轮错位,搭接 15～20cm,用此法震压 6～8 遍,下层压实度满足要求后,改用三轮压路机低速 1/2 错轮碾压 2～3 遍,消除轮迹,达到表面平整、光洁、边沿顺直。路肩要同路面一起碾压。

b)要点提示:碾压必须连续完成,中途不得停顿;压路机应足量,以减少碾压成型时间,合理配备为振动压路机 1～2 台,三轮压路机 2～3 台;碾压过程中应行走顺直,低速行驶;桥头处 10m 范围内横向碾压。

h. 检验。

a)试验员应在施工现场,完成碾压遍数后,立即取样检验压实度(要及时拿出试验结果),压实不足要立即补压,直到满足压实要求为止。

b)成型后的两日内完成平整度、高程、横坡度、宽度、厚度检验,检验不合格要求采取措施予以处理。

c)要点提示:翻浆、轮迹明显、表面松散、起皮严重、土块超标等有外观缺陷的不准验收,应彻底处理;高程不合适的,高出部分用平地机刮除,低下的部分不准贴补,高程合格率不低于 85%,实行左中右三条线控制高程;压实度、强度必须全部满足要求,否则应返工处理。

i. 接头处理。

碾压完毕的石灰土的端头应立即将拌和不均,或高程误差大,或平整度不好的部分挂线垂直切除,保持接头处顺直、整齐。下一作业段与之衔接处,铺土及拌和应空出 2m,待整平时再按松铺厚度整平。

桥头处亦按上述方法处理,铺土及拌和应空出 2m,先横拌 2 遍再纵拌,待整平时再按松铺厚度整平。

j. 养生。

不能及时覆盖上层结构层的灰土,养生期不少于 7d,采用洒水养生法,养生期间要保持灰土表面经常湿润。养生期内应封闭交通,除洒水车外禁止一切车辆通行。有条件的,对 7d 强度确有把握的,灰土完成后经验收合格,即可进行下道工序施工,可缩短养生期。一旦发现灰土强度不合格,则需返工处理。

(2)水稳碎石

水稳碎石基层层厚 34cm 的,按两层摊铺碾压;水稳碎石基层层厚 15cm 的,分一层摊铺碾压,采用厂拌、运输到现场摊铺、碾压的施工方法。水稳碎石基层基层必须在石灰粉煤灰稳定土底基层的高程、路拱、平整度、密实度、弯沉测试合格后进行。

①施工准备:在底基层上恢复中线和边桩,并引进高程控制网,对底基层进行复检,不合格地段重新进行整形及整修,然后清扫底基层并适当湿润后,用钢丝挂线并控制高程和横坡度,对厂拌设备进行认真调试拌和计量系统,测定砂石含水率调整配合比,以保证混合料配比及含水率准确。

②拌和:水稳碎石采用厂拌,严格按配合比控制各种材料的级配和数量,含水率大于最佳含水率,做到拌和均匀,随拌随用。

要由一台符合要求的拌和能力的拌和设备为一个摊铺作业点供料,才准许开工生产。

a. 拌和设备配料、计量功能齐全、有效,料仓或拌缸前应有剔除超粒径石料的筛子。

b. 配料准确、拌和均匀。若为 0~31.5mm 的混合料,上料时必须码成大堆掺和均匀后上料,不准有明显的离析现象,随时对集料进行筛分,及时调整材料的配比。

c. 拌和现场必须有一名试验员控制拌和时的含水率和各种材料的配比,随时抽查配比情况并记录。

d. 各料斗应配备 1~2 名工作人员,时刻监视下料状况,并人为帮助料斗下料,不准出现卡堵现象,否则应及时停拌。

e. 拌和时的含水率应较最佳含水率大 1%~2%。

③运输、摊铺及碾压:混合料拌和后,用装载机装车、自卸汽车运到施工现场、水稳碎石摊铺机进行摊铺。如运至现场的混合料有离析现象,则必须采用人工或机械补充拌均后才可使用,摊铺完毕后进行整形、碾压,其碾压成型方法同石灰土底基层施工,直至符合设计和规范要求。

a. 用自卸汽车运料至摊铺现场。

b. 摊铺前应使下承层保持湿润(用水车洒水)。

c. 使用自动找平且具有振捣夯击功能的大功率摊铺机摊铺。

d. 两侧均设基准线,控制高程。

e. 摊铺速度要均匀,摊铺应连续,尽量避免停机现象,否则将大大影响平整度。

f. 设一名测量员随时检测摊铺后的高程,发现异常马上采取补救措施。

g. 派专人用拌和好的小粒径水稳碎石,对摊铺后表面粗料集中的部位人工找补,使表面均匀。局部水分不合适的要挖除换填合适材料。宜配备振动压路机 1~2 台、18~21t 静态压路机 2~3 台、轮胎式压路机 1 台。

h. 首先用振动式压路机静态碾压一遍,然后振动碾压至压实度(通过试验段确定合理的碾压遍数),18~21t 静态压路机碾压 2~3 遍,达到表面密度无轮迹。

i. 碾压应连续完成,碾压完规定的遍数后,试验员及时取样检测压实度,压实不足及时补压。

j. 路肩一同碾压。拌和至碾压成型的时间控制在 6h 内(要求压实度检验一定要及时)。

④养生:水稳碎石铺筑完成后,进行洒水养生和交通管制工作,并在 7d 后进行平整度、路拱、密实度、高程、钻芯、弯沉测试工作。

在雨季施工时,注意做好路面的排水和随铺随压,石灰料场尽量保持一定量的储量,并用篷布盖好,以免雨淋失效。粉煤灰、砂石材料必须符合规范要求,拌和时经常检测其含水率的变化,以合理调整配合比。

⑤施工注意事项。

a. 选用符合设计要求的水泥。

b. 水泥、碎石的用量按设计要求控制准确。

c. 水稳碎石采用厂拌,摊铺机摊铺。

d. 当混合料处于最佳含水率时,用重型压路机碾压至要求的密实度。

e. 即时拌和、即时摊铺、即时碾压成型、即时养生。

f. 保湿养生,防止表面因水分蒸发而开裂。

g. 施工接茬处要平整稳定,表面平整密实,无坑洼。

h. 施工路段必须实行交通管制。洒水养生期为7d,该期间内除洒水车外禁止一切车辆通行,要有可靠的断交措施。处于养生期间的路段,必须设置明显的标志牌。

i. 接头一律为垂直衔接,或用方木进行端头处理,或碾压后挂线直接挖除至标准断面,用三米直尺进行检验,以确认接头处理是否到位。

(3)下封层

①材料。

a. 沥青:封层沥青采用乳化沥青。制作乳化沥青的沥青材料要求:凡在施工现场生产乳化沥青的,其沥青材料一律采用同底面层相同的沥青(即进口70号沥青);场外生产的一律采用100号石油沥青。

b. 集料:采用粗集料,其质量应满足封层粗集料技术规范要求。

②施工要求。

a. 封层施工前,基层顶面应彻底清扫干净,尤其是通道面上,一定要清除灰浆等各种杂物,保持清洁,并保持适宜湿度,经监理检查合格并签认评测后进行。清扫最好用清扫机完成,局部要用水冲洗干净。高程的合格率不低于85%,平整度满足要求。

b. 气候条件:洒布沥青材料的气温不能低于15℃,且是稳定而上升的温度,风速适度,有雾或下雨不应施工。

c. 洒油率及碎石用量:用沥青洒布车一台(性能良好、洒布均匀、洒布量准确),按规定的量洒布沥青,石料宜用撒料机撒布。第一次喷洒浓度为35%的乳化沥青,以加强渗透,乳化沥青用量$1.0 \sim 1.2 kg/m^2$;第二次洒铺浓度50%的乳化沥青,用量$1.0 \sim 1.2 kg/m^2$。两次间隔时间以第一次洒布的乳化沥青破乳不黏轮胎为宜,第二次洒布乳化沥青破乳后应立即撒铺碎石,碎石用量$4 \sim 5 m^3/1000 m^2$,碎石覆盖率在80%左右,其粒径$3 \sim 8 mm$,并用轻型压路机碾压$1 \sim 2$遍,乳化沥青洒布温度应不低于50℃。第一次洒布后,应严格控制一切车辆的通行,第二次及撒铺碎石后,应严格按照《沥青路面施工技术规范》(JTG F40—2004)的要求执行。水稳碎石处于7d养生期内,则禁止一切车辆通行,即使超出7d养生期也应控制交通,禁止非施工车辆通行,同时保证不对封层造成各种污染。

③质量检查和验收。

水稳碎石施工完成后,应立即组织质量检查和验收,处理质量缺陷。对合格的水稳碎石基层可在施工完毕的$2 \sim 5d$内进行封层的施工,完成封层的水稳碎石基层可停止洒水养生。

(4)沥青面层施工

①组成设计。

a. 目标配合比设计阶段。首先计算出各种材料的用量比例,配合成符合要求的矿料级配范围。

然后,遵照试验规程《公路沥青及沥青混合料试验规程》(JTJ 052—2000)和模拟生产实际情况,以6个不同的沥青用量(间隔0.5%),采用实验室小型沥青混合料拌和机与矿料进行混合料拌和成型,马列歇尔试验(包括浸水马歇尔试验)测定的各项指标应符合热拌沥青混合料马歇尔试验技术标准的要求,确定最佳期沥青用量。该阶段极为重要,应由技术过硬的试验工程师在总工的指导下完成,要保证试验方法正确、结果可靠。以此矿料级配及沥青用量作为目标配合比,以确定各冷料仓向拌和机的供料比例、进料速率及试拌使用。该项工作是技术与经验的反映,为保险起见,应作平行试验。

b. 生产配比设计阶段。必须从筛分后进入拌和机冷、热料仓的各种材料的进行取样筛分试验、调整,使生产时的各种材料满足目标配比的要求,以确定各热料仓的材料比例,供拌和机控制室使用,同时反复调整冷料仓进料比例,以达到供料平衡,并取目标配合比设计的最佳沥青用量、最佳沥青用量 ± 0.3% 等三个沥青用量进行马歇尔试验,确定生产配合比的最佳沥青用量。根据高速道路车辆渠化的要求,中、下面层的最佳沥青用量宜低于中值 0.2% ~ 0.3%,但不低于目标配合比所定沥青用量的底限。

c. 生产配比验证阶段。拌和机采用生产配合比进行试拌并铺筑试验段,并用拌和的沥青混合料及路上钻取的芯样进行马歇尔试验和矿料筛分、沥青用量检验,检验生产产品的质量符合程度,由此确定生产用的标准配合比,作为生产控制的依据和质量检验的标准。标准配合比的矿料级配至少应包括 0.074mm、2.36mm、4.75mm 三档的筛孔通过率接近要求级配的中值。满足要求后,即作为生产配合比,施工过程中,不得随意更改,保证各项指标符合要求并相对稳定,标准偏差尽可能小。

② 准备下承层。

a. 沥青面层施工前要对基层进行一次认真的检验,特别是要重点检查:高程是否符合要求(高出的部分必须用铣刨机刨除);表面有无松散(局部小面积松散要彻底挖除,用沥青混凝土补充夯实,出现大面积松散要彻底返工处理);平整度是否满足要求,不达标段应进行处理。以上检验要有检验报告单及处理措施和最终质量报告单。

b. 做下封层。

③ 施工要求。

a. 施工设备。

a) 拌和厂应在其设计、协调配合和操作方面,都能使生产的混合料符合生产配合比设计要求。拌和厂必须配备足够试验设备的实验室,并能及时提供使工程师满意的试验资料。

b) 热拌沥青混凝土宜采用间歇式有自动控制性能的拌和机拌制,能够对集料进行二次筛分,能准确地控制温度、拌和均匀度,计量准确、稳定、设备完好率高,拌和机的生产能力不低于 200t/h。拌和机均应有防止矿粉飞扬散失的密封性能及除尘设备,并有检测拌和温度的装置。拌和设备要有成品储料仓。

c) 拌和楼应具有自记设备,在拌和过程中能逐盘显示沥青及各种矿料的用量及拌和温度。

d) 拌和机热矿料二次筛分用的振动筛筛孔应根据矿料级配要求选用,其安装角度应根据材料的可筛分性、振动能力等由试验确定。

e) 拌和设备的生产能力应和摊铺机进度相匹配,在安装完成后应按批准的配合比进行试拌调试,直到其偏差值符合表 4-3 所示的要求。

热拌沥青混凝土检测标准表　　　　表4-3

序号	检测项目	规定值或允许偏差
1	大于4.75mm的筛余集料	±6%,且不超出标准级配范围
2	通过4.75mm集料	±4%,且不超出标准级配范围
3	通过2.36mm的集料	±2%
4	通过0.075mm的粉料	±1%
5	沥青用量(油石化)	±0.2%
6	空隙率	±0.5%
7	饱和度	±5%
8	稳定度、流值	按表"热拌沥青混合料马歇尔试验技术标准规定"

f)要具有500t的沥青储存能力(散装沥青),要配备脱桶设备(能力要和拌和能力相适应);沥青材料应采用导热油加温。

g)计量装置应由计量部门进行检验和核正准确。

h)应注意高速拌和楼振动筛筛孔,使每层筛网余石料大致相等,避免溢料和待料影响产量。

b. 运输设备。

a)应采用干净有金属底板的载质量大于12t的自卸翻斗车辆运送混合料,车槽内不得黏有机物质。为了防止尘埃污染和热量过分损失,运输车辆应备有覆盖设备,车槽四角应密封坚固。

b)沥青混合料运输车的运量应较拌和能力或摊铺速度有所富余,施工过程中摊铺机,前方应有料车处于等待卸料状态,保证连续摊铺。

c. 摊铺及压实设备。

a)用1~2台摊铺机一次性整幅摊铺。摊铺机应具有自动找平功能,具有振捣夯击功能,且精度要高,能够铺出高质量的沥青层。整平板在需要时可以自动加热,能按照规定的典型横断面和图纸所示的厚度在车道宽度内摊铺。

b)摊铺混合料时,摊铺机前进速度应与供料速度协调,底面层、表面层的摊铺速度分别按1.7m/min、2.5m/min控制。

c)摊铺机应配备整平板自控装置,其一侧或双侧装有传感器,可通过基准线和基准点控制高程和平整度,使摊铺机能铺筑出理想的纵横坡度。传感器应由参考线或滑橇式基准板操作。

d)横坡控制器应能让整平板保持理想的坡度,精度在±0.1%范围内。

e)压实设备应配有振动压路机2台、轮胎压路机2台,能按合理的压实工艺进行组合压实。

f)底面层摊铺机应用"走钢丝"参考线的方式控制高程,表面层摊铺机应用浮动基准梁(滑橇)的方式控制厚度。

d. 混合料的拌和。粗、细集料应分类堆放和供料,取自不同料源的集料应分开堆放,应对每个料源的材料进行抽样试验,并应经工程师批准。

每种规格的集料、矿粉和沥青都必须分别按要求的比例进行配料。

沥青材料应采用导热油加热,加热温度应在160～170℃范围内,矿料加热温度为170～180℃,沥青与矿料的加热温度应调节到能使拌和的沥青混凝土出厂温度在150～165℃,不准有花白料、超温料;混合料超过200℃者应废弃,并应保证运到施工现场的温度不低于140～150℃。沥青混合料的施工温度见表4-4。

沥青混合料的施工温度表(单位:℃)　　　　表4-4

沥青加热温度		160～170
矿料温度		170～180
混合料出厂温度		正常范围150～165 超过200废弃
混合料运输到现场温度		不低于140～150
摊铺温度	正常施工	不低于130～140,不超过165
	低温施工	不低于140～150,不超过175
碾压温度	正常施工	130～140 不低于120
	低温施工	140～150 不低于130
碾压终了温度		不低于70

热料筛分用最大筛孔应合适选定,避免产生超尺寸颗粒。

沥青混合料的拌和时间应以混合料拌和均匀、所有矿料颗料全部裹覆沥青结合料为度,并经试拌确定,间歇式拌和机每锅拌和时间宜为30～50s(其中干拌时间不得小于5s)。

拌好的沥青混合料应均匀一致,无花白料,无结团成块或严重的粗料分离现,不符合要求时不得使用,并应及时调整。

出厂的沥青混合料应按现行试验方法测量运料车中混合料的温度。

拌好的沥青混合料不立即铺筑时,可放成品储料仓储存,储料仓无保温设备时,允许的储存时间应符合摊铺温度要求,有保温设备的储料仓储料时间不宜超过6h。

e. 混合料的运输。从拌和机向运料车上放料时,应每卸一斗混合料挪动一下汽车位置,以减少粗细集料的离析现象,尽量缩小储料仓下落的落距。

当运输时间在半小时以上或气温低于10℃时,运料车应用篷布覆盖。

连续摊铺过程中,运料车应在摊铺机前10～30cm处停住,不得撞击摊铺机。卸料过程中运料车应挂空挡,靠摊铺机推动前进。

已经离析或结成不能压碎的硬壳、团块或运料车辆卸料时留于车上的混合料,以及低于规定铺筑温度或被雨淋湿的混合料都应废弃,不得用于本工程。

除非运来的材料可以在白天铺完并压实,或者在铺筑现场备有足够和可靠的照明设施,当天或当班不能完成压实的混合料不得运往现场。否则,多余的混合料不得用于本工程。

f. 混合料的摊铺。在铺筑混合料之前,必须对下层进行检查,特别应注意下层的污染情况,不符合要求的要进行处理,否则不准铺筑沥青混凝土。

为消除纵缝,应采用两台摊铺机组成梯队联合摊铺的方法摊铺,以保证摊铺的纵向搭接处严密,无明显缝隙。两台摊铺机的距离以前面摊铺的混合料尚未冷却为度,一般为5～10m。相邻两幅的摊铺应有5～10cm左右宽度的摊铺重叠。

正常施工,摊铺温度不低于130～140°C,不超过165°C;在10°C气温时施工不低于140°C,不超过175°C。摊铺前要对每车的沥青混合料进行检验,发现超温料、花白料、不合格材料,要拒绝摊铺,退回废弃。

摊铺机一定要保持摊铺的连续性,有专人指挥,一车卸完下一车要立即跟上,应以均匀的速度行驶,以保证混合料均匀、不间断地摊铺。摊铺机前要经常保持3辆车以上,摊铺过程中不得随意变换速度,避免中途停顿,影响施工质量。摊铺室内料要饱料,送料应均匀。

摊铺机的操作应不使混合料沿着受料斗的两侧堆积,任何原因使冷却到规定温度以下的混合料应予除去。

对外形不规则路面、厚度不同、空间受到限制等摊铺机无法工作的地方,经工程师批准可以采用人工铺筑混合料。

在雨天或表面存有积水、施工气温低于10℃时,都不得摊铺混料。

混合料遇到水,一定不能使用,必须报废,雨季施工时要特别注意。底面层摊铺要在左右侧各设一条基准线,控制高程,其准线设置一定要满足精度要求,支座要牢固,测量要准确(应两台水准仪,同时观测)。中面层、表面层采用浮动基准梁摊铺(不具备该条件的不准摊铺)。

g. 混合料的压实。在混合料完成摊铺和刮平后,应立即对路面进行检查,对不规则之处及时用人工进行调整,随后进行充分均匀地压实。

压实工作应按试验路确定的压实设备的组合及程序进行,并应备有经工程师认可的小型振动压路机或手扶振动夯具,以用于在窄狭地点及停机造成的接缝横向压实或修补工程。

压实分初压、复压和终压三个阶段。压路机应以均匀速度行驶,压路机速度应符合表4-5的规定。

压路机碾压速度表(单位:km/h)   表4-5

碾压阶段 压路机类型	初压	复压	终压
钢筒式压路机	1.5～2.0	3.0	3.0
轮胎压路机	…	4.0	…
振动压路机	不振1.5～2.0	振动4～5	不振2.0～3.0

初压:摊铺之后立即进行(高温碾压),用静态二轮压路机完成(2遍),初压温度控制在130～140℃。初压应采用轻型钢筒式压路机或关闭振动的振动压路机碾压,碾压时应将驱动轮面向摊铺机。碾压路线及碾压方向不应突然改变而导致混合料产生推移。初压后检查平整度和路拱,必要时应予以修整。

复压:复压紧接在初压后进行,复压用振动压路机和轮胎压路机完成,一般是先用振动压路机碾压3~4遍,再用轮胎压路机碾压4~6遍,使其达到压实度。

终压:终压紧接在复压后进行,终压应采用双轮钢筒式压路机或关闭振动的振动压路机碾压,消除轮迹(终了温度大于80℃)。

初压和振动碾压要低速进行,以免对热料产生推移、发裂。碾压应尽量在摊铺后较高温度下进行,一般初压不得低于130℃,温度越高,越容易提高路面的平整度和压实度。要改变等到混合料温度降低到110°C才开始碾压的习惯。

碾压工作应按试验路确定的试验结果进行。

在碾压期间,压路机不得中途停留、转向或制动。

压路机不得停留在温度高于70℃的已经压过的混合料上,同时,应采取有效措施,防止油料、润滑脂、汽油或其他有机杂质在压路机操作或停放期间洒落在路面上。

在压实时,如接缝处(包括纵缝、横缝或因其他原因而形成的施工缝)的混合料温度不能满足压实温度要求,应采用加热器提高混合料的温度,以达到要求的压实温度,再压实到无缝迹为止。否则,必须垂直切割混合料并重新铺筑,立即共同碾压到无缝为止。

摊铺和碾压过程中,要组织专人进行质量检测控制和缺陷修复。压实度检查要及时进行,发现不够时在规定的温度内及时补压,在压路机压不到的其他地方,应采用手夯或机夯把混合料充分压实。已经完成碾压的路面,不得修补表皮。施工压实度检测可采用灌砂法或核子密度仪法。

h. 接缝的处理。铺筑工作的安排应使纵、横向两种接缝都保持在最小数量。接缝的方法及设备,应取得工程师批准,在接缝处的密度和表面修饰与其他部分相同。

纵向接缝应该采用一种自动控制接缝机装置,以控制相邻行程间的高程,并做到相邻行程间可靠结合。纵向接缝应是热接缝,并应是连续和平行的,缝边应垂直并形成直线。

在纵缝上的混合料,应在摊铺机的后面立即有一台静力钢轮压路机,以静力进行碾压。碾压工作应连续进行,直至接缝平顺而密实。

纵向接缝上下层间的错位至少应为15cm。

由于工作中断,摊铺材料的末端已经冷却,或者在第二天恢复工作时,就应做成一道横缝。横缝应与铺筑方向大致成直角,严禁使用斜接缝。横缝在相邻的层次和相邻的行程间均应至少错开1m。横缝应有一条垂直经碾压成良好的边缘。在下次行程摊铺前,应在上次行程的末端涂刷适量黏层沥青,并注意设置整平板的高度,为碾压留出适当预留量。

i. 质量要求。沥青面层施工过程中工程质量检查的内容和要求见表4-6。

沥青面层施工过程中工程质量检查的内容和要求表 表4-6

序号	检查项目		检查频率	试验方法
1	外观		随时	目测
2	接缝		随时	目测、用3m直尺测量
3	施工温度	出场温度	1次/车	温度计测量
		摊铺温度	1次/车	
		碾压温度	随时	

续上表

序号	检查项目	检查频率	试验方法
4	石料级配:与生产设计标准级配的差 ≥4.75mm <2.36mm <0.075mm	每台拌和机 2 次/d(上、下午各 1 次)	拌和厂取样,用抽取后的矿料筛分,应至少检查 0.075mm、2.36mm、4.75mm、最大集料粒径及中间粒径 5 个筛孔。中间粒径宜为:中粒式 9.5mm;粗粒式 13.2mm
5	沥青用量	每台拌和机 2 次/d(上、下午各 1 次)	拌和厂取样,离心法抽提(用射线法沥青含量测定仪随时检查)
6	马歇尔试验稳定度、流值密度、空隙率	每台拌和机 1 次/d,每次 6 个试件	拌和厂取样成型试验
7	浸水马歇尔试验	必要时	拌和厂取样成型试验

施工过程中材料质量检查的内容与频率应符合表 4-7 的规定。在完工的沥青混凝土面层上,单幅每 300m 随机钻取芯样 1 处,检验压实度、厚度和施工孔隙率。所有取样和检验均应按照工程师的要求办理。承包人应在取样后 3d 内将试验结果提交给工程师检查。当试验结果表明需要作任何调整时,应在工程师的同意下进行。沥青混凝土面层的压实度应以马歇尔稳定度击实成型标准为准。

施工过程中材料质量检查的内容与频率表 表 4-7

序号	材料	检查项目	检查频率
1	粗集料	外观(石料品种、扁、平细长颗粒、含泥量等)	随时
		颗粒组成、压碎值、磨光值、洛杉矶磨耗损失	必要时
		含水率、松方单位质量	施工需要时
2	细集料	颗粒组成	必要时
		含水率、松方单位	施工需要时
3	矿粉	外观	随时
		含水率、小于 0.075mm 含量	必要时
4	石油沥青	针入度、软化点、延度	每 100t 一次
		含蜡量	必要时

实测项目:沥青混凝土面层的允许偏差及检查方法应符合表 4-8 的规定。

沥青混凝土面层检测标准表 表 4-8

序号	检查项目		规定值或允许偏差	检查频率
1	压实度(%)		≥97% 代表值 ≥96% 极值	每 100 不少于 1 处
2	平整度(mm)	标准差 σ	底面层:1.5mm 以内; 中面层:1.0mm 以内; 表面层:0.7mm 以内	平整度仪:全线连续按每 100m 计算 σ,半幅往返各 1 次(超车道和外侧的行车道)
3	弯沉值(0.01mm)		不大于允许值	用 5.4m 弯沉仪

续上表

序号	检查项目		规定值或允许偏差	检查频率
4	抗滑	摩擦系数	符合设计	摆式仪每100m测1处或摩擦系数测定车测试
		构造深度(mm)	构造深度>0.5	砂铺法:每1 000m测1处
5	厚度(mm)	代表值	总厚度-8 上层-4	每100m测1处
		极值	总厚度-15 上面层-8	
6	中线平面偏位(mm)		20	经纬仪:每100m不少于4个
7	纵断高程(mm)		±10	水准仪:每100m不少于4个
8	宽度(mm)		±20	尺量:每100m不少于4个
9	横坡度(%)		±0.2	水准仪:每100米不少于4个断面(每断面3点)
10	施工孔隙率		≤7%	钻芯取样,每300m1处
11	油石比		±0.2%	拌和厂取样,离心法抽取,每台拌和机2次/d

注:弯沉值、抗滑检测项目仅限于表面层。

外观鉴定:

a)表面平整密实,不应有泛油、松散、裂缝、粗细集料集中等现象。存在缺陷的面积不得超过受检面积的0.03%。

b)接茬应紧密平顺,烫缝不得枯焦。

c)面层与路缘石及其他构筑物应顺接,不得有积水现象。

d)表面无明显碾压轮迹。

j. 施工过程中的注意事项。随时检测高程。对局部出现的离析要人工筛料弥补。对碾压产生的推拥现象,人工用夯夯除。3m直尺逐段丈量平整度,尤其是接头,摊铺机停机、压路机换向部位要作为检测控制的重点。要采取横向碾压等方式,使平整度满足要求。表面层原则上不准人工修补、处理,摊铺时发现混合料有问题需要将混合料彻底清除。

所以,表面层施工一定要精益求精。我们要求在表面层摊铺前,要对中面层进行彻底检查(主要是平整度,对平整度明显不好的部位采取洗刨、打磨、挖除找补等方法彻底处理,在中面层上处理掉一切问题)。要有完整的检测记录或检测报告,经监理工程师批准后方可铺筑表面层。

表面层一定要做到:表面平整均匀、色泽一致、构造深度、摩擦系数符合要求。

对平整度的要求是:底面层 $\sigma<1.5$,中面层 $\sigma<1.0$,表面层 $\sigma<0.7$。我们将实施奖励政策,优质优价。

要点提示:

a)沥青混凝土面层是工程的精华部分,我们一定要高度重视,从设备选型、技术准备、施工工艺、保证措施等各方面做好充分的准备,这是精品工程成败的关键,也是衡量各单位技术能力、水平高低、信誉攸关的事情。所以要算大账,既算经济账,又算政治账,要舍得投入(设备、技术)。

b)设备要足量、性能良好(我方拌和能力480t/h,摊铺机至少两台)。

c) 原材料一定要符合要求,严格把好进料关,不合格的料要坚决不进、坚决不用、坚决清除出场,万万不可放松。

d) 确保配比准确。

e) 底面层严格控制好高程。

f) 中、表面层严格控制厚度、平整度。

g) 施工压实度应派专人进行现场跟踪检测。

h) 表面层铺筑前要完成除标线外的一切工程,要对中面层进行平整度检测,尤其是桥头、接头等部位,凡满足不了平整度标准要求的或行车有明显感觉的要进行处理,直到达到要求为止。不准对表面层带来任何污染。

i) 沥青废料不准抛撒到边坡、路肩、中央分隔带上。

j) 接缝一律采取垂直搭接,用切割机切割,用3m直尺检查,确保切割断面处于标准断面,接缝处搭接时要涂热沥青。

k) 路缘石安装在水泥碎石基层完成后即可砌筑,但必须在表面层铺筑之前完成,并注意在碾压沥青底、中面层时不得将路缘石撞坏或错位。

(5) 级配碎石

本工程人行道基层为20cm级配碎石,级配碎石施工工艺流程为:底层验收→拌和→运输→摊铺→碾压→检测→修整。

①级配碎石拌和、运输。

各种集料从料斗出料口出来后,经输送皮带传送至拌和缸。经搅拌缸拌制后的成品经传输皮带传至成品料仓。为尽量减轻成品料的下料时产生离析,成品料仓的放料门采用气泵定时控制开关,定时卸入车斗内(而非一次性直接卸入车斗内)。配料时用2~4台装载机同时上料,通过现场摊铺条件及天气情况而调整储水缸出口的阀门,以控制加水量。整个进料拌和出料过程为连续作业,通过配电箱和电脑进行操控,基本为机械化操作。级配碎石成品经成口料仓放料门出来后,直接卸入运输车车斗内。为减轻在运输过程中产生的离析,自卸汽车运输时采用慢速行驶。

拌和好的级配碎石要尽快运输至现场进行摊铺碾压。用平地机进行摊铺混合料的,根据运输车的运输能力,计算每车混合料的摊铺面积,等距离堆放成堆;用摊铺机进行摊铺的,则与摊铺机的摊铺能力相互协调,尽量减少停机待料时间。

②级配碎石摊铺、碾压。

人行道级配碎石的摊铺因工作场面均较小,推土机和平地机工作不方便,均采用人工进行摊铺平整。根据分层填筑高程控制每层的填筑长度与宽度,确保级配碎石填筑尺寸符合设计要求。台后大型压路机不能直接碾压到位的地方,其分层填筑厚度可以跟台后路堤填筑厚度相同。大型压路机不能直接碾压到位的地方,用小型压路机进行分层填筑碾压。

级配碎石的施工含水率是控制能否碾压密实的关键。根据实际碾压效果经验总结,施工碾压含水率在4.5%~5.5%时,最易达到压实标准。对大型压路机能直接碾压至位的地方,一般碾压4~6遍即可;用小型压路机碾压的部位,一般要8~10遍才能达到压实标准。

③人工修整。

施工完毕后,难免有局部凹坑,需用人工进行补平。补坑时,不能掺2~4cm碎石和1~3cm碎石,只用0.5~2cm碎石、0.5~1cm碎石和石粉按适当比例拌和后由人工用铁锹抛撒补平。

(6)侧平石、人行道

侧石:在水稳碎石施工结束后,用经纬仪按设计边线准确放线钉桩(含方向控制和高程控制)。钉桩在直线部分桩距10m,弯道部分5m。安砌时卧底细石混凝土虚厚6cm,侧石内侧上角挂线,让线5cm,缝宽1cm,勾缝砂浆饱满,后背混凝土浇筑牢靠,填土夯实。

细石混凝土、砂浆材料应均符合规范的各项规定,混凝土平、侧石在现场预制,彩色人行道板应具有出厂合格证和试验报告,同时通过监理工程师的验收。

砂浆采用砂浆拌和机拌和,细石混凝土采用机拌混凝土,配合比按设计规范执行,拌和应严格配料,同时控制拌和遍数。混凝土、砂浆采用人工摊铺,先用刮板进行初平,后用平板式振动器振实,再用刮板刮平,应做到平整、密实;然后铺设平、侧石、混凝土砖,混凝土砖在铺砌时要轻拿轻放,用皮锤敲实。

铺设时应精确拉线、弹线,做到横缝、纵缝顺直、缝宽一致,同时严格控制人行道板铺设高程,保证相邻道板之间的高差不超过规范要求。

铺设完成后,应沿线检查平整度,发现有位移、不稳、缺角、与相邻板不平等现象,应立即修正,最后用砂浆将缝隙填满。

8. 雨水管的施工方案和方法

1)工程概况

雨水管主要工程量详见清单部分。

2)施工方案和施工方法

(1)施工方案

①管道施工时对原有管线和构筑物的保护。本工程管道主要包括雨水管道。管道施工前,组织相关单位对原有地下管线管径、走向和埋深以及临近建筑物、构筑物(含文物保护建筑)、古树名木等情况进行交底,特别是现场施工人员要做到熟稔于胸,明确职责,强化对上述对象的保护工作。实际施工时,必须要在管线维护人员和施工员都到场的情况下才能动工,对有条件机械操作的可采用机械施工,不具备条件的一律采用人工操作。

②管道施工期间交通组织。对于车辆出入必须保留原有的路口时,先施工一半,待回填后再施工另一半;对于人员通行的路口,在厂家、居民路口用10cm厚木板铺设2.5m宽的临时便道,并优先回填。

(2)雨水管施工工艺及方法

两侧管道施工时,原路中机动车道范围不动,留作临时通道以及供施工车辆和社会车辆的通行。管道工艺流程:沟槽开挖→支平基模板→浇平基混凝土→下管→安管→支管座模板→浇管座混凝土→接口→养护→回填。

①沟槽开挖。

雨水沟槽开挖采用$1m^3$挖机挖掘,按1:0.33放坡,开挖沟槽底宽等于基础结构宽加两侧工作面宽度。基础下如遇老河道淤质土,则应及时上报监理,请甲方、设计、监理具体处理,具体工作量请监理签证。遇有现状沟渠、管道,及时采取保护措施。土方质量不够理想或条件限制须采用支撑,支撑形式采用连续式垂直支撑,挡土板垂直放置,然后每侧上下各水平放置横方木一根用撑木顶紧,再用木锲锲紧。

挖机开挖前,向司机详细交底,交底内容包括挖槽断面、堆土位置、现有地下管线情况施工技术、安全要求等,并应指定专人与司机配合,其配合人员及时测槽底高程和宽度,防止超挖。开挖时设计槽底高程以上保留20cm左右一层不挖,用人工清底(机挖人清)。

②沟槽排水。

为使沟槽底不受积水浸泡,加至梅雨季节的降临,在沟槽一侧人工开出土水沟,排水至井位或集水坑,用水泵排至附近雨水管或直接排入附近河浜内,以保证槽底基本无水的情况,进行混凝土基础施工。

③平基浇筑。

验槽合格后,应及时浇筑平基混凝土,减少地基扰动的可能,应严格控制平基顶面高程,不能高于设计高程,低于设计高程不超过10mm,平基终凝前不得泡水,终凝后进行养护。

模板制作应考虑混凝土的浇筑和振捣从高度上分层,拼装高度可以大于混凝土浇筑高度,接缝应有防漏浆措施。支模时面板对准给定的基础边线垂直竖立,内外打撑钉牢,内侧打钢钉固定,配和浇筑进行拼装,在面板内侧弹线控制混凝土浇筑高度。

④管道施工。

D500以下管径采用人工下管,D500以上管径采用机械下管,下管前可在平基面上弹线,以控制安管中心线。下管安管前应检查下管安全措施、沟槽的槽底、地基、堆土以及管材外观检查。采用吊车下管时,事先应与起重人员或吊车司机一起踏勘现场,根据沟槽情况,确定吊车距沟槽边的距离、管材存放位置及其他配合事宜。吊车进出路线应事先进行平整,清除障碍。吊车下管应有专人指挥交通,吊装过程中,指挥人员应集中精神,吊车在进行各种动作之前,指挥人员必须检查操作环境情况,确认安全后方可向司机发出信号。绑管子应找好重心,以便起吊平稳,管子起吊速均匀、回转平稳、下落低速轻放,不得忽快忽慢或突然制动。

管子安好后应用垫块塞紧,及时套橡胶圈及刷胶水。检测管道中心线及管底内壁高程。控制安管中心与高程可采用边线和高程桩线控制安管中心。在槽底给定的中心桩一侧钉边线铁钎,上挂边线。边线高度应与管中心高度一致,边线距管中的距离等于管外径的1/2加上一常数。在槽帮两侧的适当位置打入高程桩,其间距10m左右一对,并施测上高程钉,连接槽两帮高程桩上的高程钉,在连线上挂纵向高程线,用眼串线看有无折点,是否正常(线必须拉紧查看)。根据给定的高程下反数,在高程尺上量好尺寸,刻写上标记,经校合无误,再进行安管。

⑤钢筋混凝土承插。

管子安好后应用垫块塞紧,及时套橡胶圈及刷胶水,用卷扬机拉紧。钢筋混凝土平接口管安放后及时施工管座和抹带。检测管道中心线及管底内壁高程,符合设计规定时灌筑混凝土管座。灌筑混凝土管座前须将原基础混凝土冲洗干净并凿毛,浇注时应两边同时进行,用插入式振动棒反复振捣,直至管底充实方可。抹带前应将管口及抹带宽度范围内的管外壁洗刷干净,并刷水泥浆一道,在抹卧底砂浆时,应压实使之与管壁黏结牢固,在表面画线槽,以利于与第二层结合。初凝后抹带第二层,用弧形抹子压成型,初疑后再用抹子压光密实。抹好后,铺以草袋,并及时洒水养生。

⑥UPVC管。

安管采用人工用柔性悬带或绳带将管道轻轻放入沟槽,严禁抛入沟槽,以免撞坏管材,连接前套好橡胶圈,接口处涂抹好润滑油,用铁锤敲击垫在管头的木板,直至管道连接到位。

⑦窨井砌筑。

窨井砌筑前应仔细丈量井间距离,确保两井之间管子数为整数,避免凿管工作量。窨井底混凝土基础应在无水状况下浇筑,并放置钢筋网,基础混凝土采用现场拌和机拌和,混凝土熟料场内运输200m。

窨井砌筑时应在井底混凝土基础上画圆进行,并随时掌握直径尺寸。为保证圆形正确,可加工四分之一圆弧样板进行井筒砌筑,收口正确、顺畅,砌井用砖使用前应润湿,井室砌筑砂浆饱满,预留踏步在安装前刷防锈漆。砌砖时砂浆埋固,不可砌后凿洞安装,雨水支管接出处应预留管口位置,用砖封闭,待接管时拆除接入支管。检查井砌筑应砌完一段及时回填一段,回填分层夯实,每层高不宜超过30cm,无法夯实的用100号混凝土或填钢渣处理。

⑧沟槽回填。

采用6%灰土,胸腔及管顶50cm范围内分层用电动夯夯实,回填时不带水回填,沟槽两侧应同时回填夯实,以防管道位移。沟槽回填顺序,应按沟槽排水方向由高向低分层进行。回填每层厚度不大于20cm,管顶上50cm可用轻型压路机碾压,土方利用开挖出的土方。

⑨雨水井及连接管施工。

D225UPVC雨水井连接管应在灰土完成后进行反挖,雨水支管排好后,挂线砌雨水井,井深应比排水管低20cm,砌筑灰浆,支管管口周围应注意砌浆密实,伸出管口锯平与井内壁齐。井内壁应砌一段粉一段。砌筑时,应注意雨水井方正,以及与侧石线相对位置,确保砌筑一次成功。严格按图纸放线,确定开槽断面。槽底宽度:一般情况下不小于60cm,槽见底前应按高程桩进行清底,且槽底必须是原土,如槽底有砖头、石块等坚硬物时,应清除换成细土或沙子,厚度不小于15cm。连接管采用UPVC管,检查槽底高程,应符合设计要求,方向位置,UPVC管放下后,应用砂覆盖100mm以上,用来保护管道,管道的端部,必须用麻布堵好,防止进水、进土。

回填土前应该核测管道高程和位置,无误后并作记录。管道以上50cm范围内,回填砂护管,管顶上50cm按设计要求进行夯实。

9. 电力管的施工方案和方法

1)工程概况

电力管主要工程量详见清单部分。

2)施工方案

(1)开挖基坑和沟槽

开挖采用人机混合,机械开挖90%,人工开挖10%,开挖出的土方外运,挖机挖槽,应确保槽底土壤结构不被扰动或破坏,开挖时应预留10%人工开挖清底。沟槽开挖采用1m³挖机挖掘,按1:0.33放坡,开挖沟槽底宽等于基础结构宽度加两侧工作面宽度。基础下如遇老河道淤质土及不良地质情况,影响施工应及时上报监理与设计,采取技术措施处理,具体工作量请监理签证。遇有现状沟渠、管道,及时采取保护措施。

挖机开挖前,向司机详细交底,交底内容包括挖槽断面、现有地下管线情况、施工技术、安全要求等,并应指定专人与司机配合,其配合人员及时检测槽底高程和宽度,防止超挖。开挖时设计槽底高程以上保留20cm左右一层不挖,用人工清底(机挖人清)。

(2)供电井

①测量放样。

在已浇筑混凝土垫层上进行底板及井体的放样。

②钢筋工程。

所使用的钢筋型号、直径必须符合设计图纸,严禁任意代换。

钢筋表面洁净,浮皮、铁锈、油漆等污垢均应在使用前清除干净。在焊接前,焊接处的水锈应清除干净,钢筋应顺直,无局部曲折。

进入现场的钢筋必须有质保书,并分批量试验合格后方可使用。

钢筋的焊接采用闪光对焊,焊工必须持证上岗,并将焊工的资质复印件放入资料中,以备查。钢筋的焊接必须按规范取样,做拉伸与弯曲试验。

所有钢筋的交叉点均应绑扎,严禁跳扎、漏扎。底板双层钢筋间设置D16"A"形通长马蹬钢筋,间距为1.0m。墙体双排钢筋之间设置D8"S"形拉结钢筋,双向间距为0.8m,以确保两层钢筋之间净距。另外,钢筋与模板间设置足够数量强度不低于构件设计强度的砂浆垫块,确保钢筋保护层的净厚度。

钢筋绑扎完后,应由班组自检,再由技术员检验,最后质检员质检,合格后报监理验收,同时做好隐蔽工程记录。

③模板工程。

模板采用钢模板,局部使用木模板,模板拼缝应紧密,接缝处铺垫泡沫垫纸,保证不漏浆。

底板模板按照要求,严格控制各部尺寸,同时为安装井体的模板创造条件。底板侧模板采取在基坑四周打设钢管桩的措施来支撑及固定。

为防止井体模板胀模,采取穿墙螺栓固定模板,穿墙螺栓采用D14钢筋。上、下、左、右间距为0.6m。为防止对拉螺栓处渗水,螺栓中间加焊钢止水环(双面满焊,并去浮渣)。施工完成后,墙体外露出螺栓钢筋从根部凿除,再用高强度等级水泥砂浆抹平。

为保证墙体厚度不变,在墙体模板间,对拉螺栓上加焊纤维钢板。

钢模板使用前应进行整修、清理,并涂隔离剂。

凡是预埋件预留孔洞埋设,必须有专人负责设置。预埋件可点焊在钢筋或模板上,以防预埋件移位。

预埋件与预留洞必须经安装单位及监理等验收合格后,方可进行混凝土浇筑。

井体模板的拆除应待混凝土强度达到设计强度的约25%之后方可拆除,并保证井体表面及棱角不因拆除模板而损坏。

④混凝土工程。

混凝土采用现拌混凝土,一次浇筑到位。

按 C25S6 混凝土要求,由实验室决定混凝土的配合比。

混凝土浇筑时应分层下料,分层捣实,掌握好振捣延续时间,应使混凝土表面呈现浮浆和不再下沉。同时,按实际情况控制好混凝土二次回振的时间,及时做好混凝土二次回振。混凝土浇筑完毕后,应根据现场气温及时覆盖和洒水养护,养护期不小于5d。

最后,施工井盖。混凝土井壁洒水保养至设计强度80%,即可脱模。

(3)供电管沟施工

清除供电管沟槽内积水,槽底经过验收后,立模板浇筑混凝土基础,用平板振动器振捣密实,草袋洒水养生,达到一定强度后,开始用预制好的混凝土隔离块来安装管道。每隔1.5m放置一道隔离块,用铁丝绑紧固定好,再绑扎钢筋骨架。然后开始立模浇筑混凝土,采用插入式振动器,务必使混凝土充满各管道间隙,振捣密实,成型后洒水草袋养生,达到设计强度的70%即可脱模。人行道内用素土回填,车行道内回填按6%灰土回填至结构层底,再做结构层。

(4)附属设施施工

供电井内预埋螺栓需在浇筑时预埋,接地支架在浇筑混凝土前打入土中,铸铁井盖或钢筋混凝土井盖安装视井所处位置来定,铸铁井盖用于车行道,钢筋混凝土井盖用于绿化带或人行道。所有预埋件位置准确安装牢固,不会因混凝土浇筑而预埋件脱落、变形。

10. 井周路面加固工程

井周路面加固工程方案如下:

①在井口两侧铺设卸荷板,卸荷板厚度与上基层相同,反开挖施工,板底基层应平整、密实。

②卸荷板与面层之间设置幅宽1m的土工格栅。

③卸荷板浇筑时预留四对 ϕ12mm 孔。

④井身砌筑至路面结构层底,采用同口径钢板覆盖,然后摊铺基层,便于基层碾压及防治筑路材料掉落井内。当前基层施工完后,加高井身,钢板覆盖后施工上一级基层,依此类推。沥青下封层施工时井口同样已钢板覆盖,摊铺完后移除钢板,井口沥青修边后安装井盖,摊铺沥青上面层。

11. 挡墙施工方案

本标段仙河苑二号桥台后设置挡墙。挡墙施工方案如下:

1)清理场地、基底处理

施工前先将路基范围内的树根、草皮、腐殖土全部挖除。加筋挡土墙基槽(坑)底整平夯实,在砌筑挡土墙前,对基础底面的地基土(岩)进行承载力检测。当达不到设计值时,采用换填法进行处理,直到达到设计值,才可进行基础 C30 混凝土施工。

2)施工方法

(1)模板工程

模板的设计、制作和安装应保证模板的结构有足够的强度和刚度,能承受混凝土浇筑、振捣的侧向压力和振动力,防止产生位移,并有足够的密封性,以避免漏浆,确保混凝土结构尺寸准确,外表美观。

①模板安装。

本工程挡墙施工模板采用竹胶板,模板在每次使用前应清洗干净,为拆模方便,保证混凝土表面平整美观,模面板应涂刷脱模剂,不得涂刷废机油等污染混凝土的油剂,不得影响混凝土的质量。模板安装要稳固,保证施工过程中不变形。具体程序为:测放平面控制线和控制点高程→模板拼装初步固定→模板整体调整加固。施工过程中确保模板接缝不错位,最后检查模板的平整度、垂直度等。

②模板拆除。

模板拆除在混凝土强度达到 3.5MPa 时进行,拆除时应轻撬、轻放,保证不破坏混凝土构件的表面及棱角。

(2)混凝土工程

①混凝土浇筑。

混凝土正式施工前,必须进行试验室配合比设计试验,其试验方法应按《水工混凝土试验规程》(SL 352—2006)有关规定执行,试验结果必须报监理工程师批准。

混凝土浇筑开仓前 8h(隐蔽工程 12h),对拟浇筑的部位报请监理工程师验收,验收合格后方可开仓浇筑。

混凝土采用人工入仓,插入式振捣器振捣密实。振捣过程中,振捣器不得碰及模板,注意观察模板的变形情况,依次振捣。混凝土浇筑必须要连续,严禁出现冷缝现象,确保混凝土内部密实、外表美观。

浇筑混凝土时,严禁在仓内加水,如发现混凝土和易性较差,采取加强振捣措施,以保证混凝土密实。

在混凝土浇筑过程中,在浇筑现场进行混凝土取样试验,试验报告报监理工程师审核。

②混凝土的养护。

混凝土浇筑完毕 12~18h 起开始浇水养护,减少混凝土表面的水分蒸发,保持混凝土表面湿润,养护期应不少于 14d,高温、干燥气候条件下,养护时间应不少于 28d。

第六章 质量管理体系与措施

1. 质量目标

(1)单位工程竣工一次交验合格率达 100%。

(2)部位检查合格率为 100%。

(3)主要工序检查项目合格率达到 100%。

(4)合同履约率达 100%,顾客满意率达 85%。

2. 工程质量承诺

我方将采取有效措施保证桥梁工程尺寸准确,线形流畅、内实外美。

3. 施工质量管理体系

1)成立工程创优组织机构

成立工程创优组织机构,组长:项目经理;副组长:项目总工、质量管理部长;组员:各队专职质检工程员、技术员、工班质检员、试验员等,见图4-3。

图4-3 质量管理组织机构框图

2)质量责任制

建立各级工程质量责任制。各级行政领导、技术负责人员层层签订《质量包保责任书》,对其主管或分管的工程质量终生负责。如发生工程质量事故,追究相应的责任,确保各项工程质量一次成优。

项目经理部设质量管理部,负责本合同段工程质量的检查和监督;各施工队设专职质量检查工程师1~2名,对工程实施自检、互检和交接检,保证每道工序均在严格的控制下进行;各工班设兼职质检员1~2名,保证每道工序施工过程中的质量控制。

3)工程质量检查制

工程质量检查制主要包括:监理工程师检查签证制、施工过程"三检"制、专业人员检查评审制、工程质量定期检查评分制。

①监理工程师检查签证制:单位、分项工程开工有报告,完工与转序必须检查签认,隐蔽工程不经检查不能自行覆盖。

②施工过程"三检"制:在施工过程中通过施工操作人员和班组进行自检、互检、交接检,做到不合格的活不出手、不出班组,上道工序不合格,下道工序不施工,达到取长补短、互相促进、共同提高的目的。

③专业人员检查评审制:专业人员通过测量、试验、计量等检测手段,对工程位置、几何尺寸、原材料、施工质量进行检验控制。

④工程质量定期检查评比制:项目经理每月、工程队每旬定期组织一次质量大检查,质量大检查以检查实物工程量为主,同时检查施工方法、现场文明施工、质量记录、文整资料以及质量管理的情况。对质量检查的结果和评定情况及时通报。

4. 质量保证体系

大力开展质量宣传教育活动,提高全体人员的质量意识和素质,使全体参建人员牢固树立"百年大计、质量第一"的思想。推行全面质量管理,实现全员、全过程的质量管理,运用PDCA质量管理方法,提高质量管理水平,确保质量目标的实现。

从质量策划,合同评审,供应商的评审,采购验证,施工过程控制,检验、测量和试验设备的控制,不合格品的控制,文件和资料的控制到质量记录的控制等,在整个施工过程中,形成一个有序可控的质量保证体系。

5. 质量保证措施

1)保证工程质量方案

(1)本单位范围内调集具有丰富施工经验及曾创样板、出精品的队伍,选派优秀经理及高素质的管理人员参加管理和施工,以一流的队伍、一流的管理,争创一流质量目标的实现。

(2)做到工程质量"全过程、全方位、全体人员"监控,定期检查,奖优罚劣。

(3)积极配合监理工程师对工程质量进行监督检查,提高施工质量。

(4)严格按照施工规范、施工操作程序、施工工艺进行施工,对重点、难点工程定出切实可行的施工方案,坚决杜绝违章违规蛮干的现象发生。

(5)材料采购的质量保证措施:原材料采购须制订采购计划。采购计划按技术部门提出的施工总进度计划、施工图纸和技术要求制订。工程材料(包括施工用料)和设施的采购包括以下的内容:项目名称、工程使用部位、规格、数量、时间及价格要求;施工合同规定的质量保证规范、标准;工程招标技术规范的要求;运输和交货条件;质量鉴定和检测方法。

2)常见工程质量通病的防治措施

成立由项目经理任组长,总工任副组长,各专业技术人员、工人技师等参加的"质量通病攻克QC小组"组织攻关,并具体落实防治措施。

施工常见通病有:基坑开挖边坡不够,基底处理不认真;混凝土工程蜂窝麻面、跑模、漏浆。

防治措施:严格按技术要求开挖到位,防止坍塌;基底处理符合设计要求,经监理检查见证后,方可进行下道工序施工。严格控制混凝土质量,分层振捣密实,严防漏振;模板清洗干净,脱模剂涂刷均匀,模板拼装牢固和平顺,模板缝密实。

3)争创合格工程

(1)公司和项目经理部制订的质量等级和质量目标

严格执行国家现行相关的工程技术规范、规程以及业主编制的技术规范、监理程序,精心组织施工,确保单位工程质量达到合格工程标准。为实现这一质量目标,项目经理和项目技术负责人由总经理直接委派,把项目委托其组织管理,构成由领导层、职能专业组、基层作业施工队(作业班组)三梯级的工程施工管理机构框架。管理机构的运作程序是工程项目经理部根据业主的指示精神或现场监理工程师的意见,作出决策发出指令,视情况各异直接工通过有关职能专业组下达到施工队作业层,而作业层的有关信息则通过相应渠道反馈到项目经理部。

(2)项目质量计划和创优过程

我公司根据该工程特点,专门编制了项目质量计划,明确了我公司在该工程中要达到的质量等级和质量目标,规定了项目部各级管理部门负责人的质量责任,并从合同变更、文件和资料、原材料采购、顾客提供产品、施工过程、产品标志和可追溯性等19个要素进行控制,贯彻到施工产品。

第七章 安全管理体系与措施

1. 安全管理体系及安全保证措施

1)安全目标

严格按照无锡市有关建筑工程施工现场标准化管理规定组织施工和现场安全文明施工,确保安全重大事故为零,消防安全事故为零,无死亡事故。

2)安全管理组织机构

为了加强施工安全管理工作,成立以项目经理为组长,安全部长为副组长,项目经理部各职能部门负责人、各作业队队长为成员的安全管理领导小组,并层层签订安全生产责任状。项目经理部设安全生产部,设安全部长1名,专职安全员2名,负责全标段的安全工作;各施工队设专职安全员1~2名,负责本队的施工安全工作;各工班设兼职安全员1~2名,负责本工班施工现场的安全工作。安全管理组织机构见图4-4。

图4-4 安全管理组织机构框图

3)安全保证措施

(1)建立安全岗位责任制

中标后,在与业主签订施工合同的同时,一起签订《安全生产合同》。项目经理部逐级签订《安全生产包保责任状》,把安全生产纳入承包考核内容。建立健全各级人员安全岗位责任制,明确各自职责。

(2)抓好安全教育

在开工前对全体参战人员进行《安全生产法》、《劳动法》及其他有关安全法律、法规的学习教育,提高大家的安全意识,同时对担负重点项目和重要岗位的专业技术人员进行重点培训,坚持持证上岗。

(3)加大检查力度

项目经理部每月组织一次安全检查,各队每旬组织一次安全检查,工班天天检查。对重点工程的安全检查工作,应加大力度和检查次数。

(4)加强现场安全管理

以建设安全标准工地为载体,强化施工现场作业控制。各施工队要结合工程类别和施工工地特点,制订出各项工序的施工安全标准。结合本工程特点,现场安全管理瞄准高空作业的管理,以钻孔桩施工、汽车运输和消防安全为重点。尤其是确保立柱、箱梁施工的高空作业人员的人身和机械设备安全;在汽车运输工程中,要防止车辆、人身伤亡事故等。在施工现场要设置安全警示牌、警告牌和宣传牌等。非施工人员不得进入施工现场,进入施工现场的人员必须穿防滑鞋、戴安全帽等。

4) 各分项工程安全保证措施

(1) 土方工程

① 挖土中发现管道、电缆及其他埋设物时应及时报告,不得擅自处理。

② 挖土时要注意土壁的稳定性,发现有裂缝及倾坍的可能时,人员要立即离开并及时报告处理。

③ 每日或雨后必须检查土壁及支撑稳定情况,在确保安全的情况下继续工作。

④ 机械不得在输电线路下工作,在输电线路一侧工作,不论在任何情况下,机械的任何部位与架空输电线路的最近距离要符合安全操作规程要求。

⑤ 机械应停在坚实的地基上,如基础过差,则采取走道板等加固措施,在与挖空的基坑 2m 以内,挖土机不能停驶。运土汽车不宜靠近基坑平行行驶,防止坍方翻车。

⑥ 电缆两侧 1.5m 范围内应采用人工挖掘。

⑦ 基坑四周设置 1.5m 高护栏,并设置临时施工楼梯。

(2) 模板工程

① 支模、拆模时不使用腐烂、裂、暗伤的木质脚手板。

② 拆模必须一次拆清,不得留下无撑模板。

③ 离地 2m 以上撑、拆模板时,不能用斜撑与平撑代替作为扶梯上下,以防撑头脱落、断裂跌下伤人。在拆除较重模板时,先把模板扒开,系好绳索,轻拆轻放,防止拆下的模板冲断脚手板。拆模时,严禁乱抛模板。

④ 高空作业时材料工具堆放应稳妥、可靠,使用时工具随时装入袋内,防止坠落伤人,严禁向高空操作人员抛送工具、物件。

(3) 钢筋工程

① 钢筋断料、配料、弯料等工作应在地面进行,尽量避免在高空操作。

② 搬运钢筋要注意附近有无障碍物,架空电线和其他临时电气设备,防止碰撞或发生触电事故。

③ 绑扎立柱钢筋时,不准站在箍筋上绑扎,必须搭设操作架。

④ 在雷雨时暂时停止露天操作,预防雷击钢筋伤人。

⑤ 在安装成品钢筋时,经常检查模板脚手架是否安全。

⑥ 焊机必须搭铁,以保证操作人员安全。对于接焊导线及焊钳连接导线处,都应有可靠的绝缘。

⑦ 大量焊接时,焊接变压器不得超负荷,升温不得超过 60℃。为此,要特别注意遵守焊机负载规定,以免过分发热而损坏。

⑧ 焊工必须穿戴防护衣具。电焊工操作要戴防护面罩,应立在干木垫或其他绝缘垫上。

(4) 混凝土工程

① 离地 2m 以上浇捣混凝土应事先搭设好操作平台。

② 泵车送料时,平台上避免过量堆放,严防平台超载而倒塌伤人。

③使用振动器应先检查电源线路是否良好,机械运转是否正常。移动振动器时,不能硬拉电线,更不能在钢筋和其他锐利物上拖拉,防止割破、拉断电线而造成触电事故。使用振动器时,必须戴好绝缘手套,防止触电伤人。

(5)支架搭设与拆除

①支架的搭设与拆除施工做到事先编制施工方案,经上级主管总工程师批准后实施。

②支架搭设的材质、规格、数量由项目部专职技术员、材料员检验确认后使用。

③搭设、拆除支架的施工人员由经过培训考试合格持证上岗的架子工担任。

④支架搭设和组装完毕,在投入使用前,应逐层、逐流水段由主管工长、架子班组长和专职安技人员一起组织验收,并填写验收单、挂牌验收合格后才能投入使用。

⑤支架拆除时划分作业区,周围设绳绑围栏或竖立警戒标志;地面设专人指挥,非作业人员不得入内。

⑥搭、拆支架的高处作业人员戴好安全帽,系好安全带,穿软底鞋上架作业。

⑦支架拆除的顺序按先外后内、后搭的先拆、先搭的后拆,并按一步一清的原则依次进行,严禁上下同时进行拆除作业。

⑧拆除时严禁碰撞脚手架附近的电源线,防止事故发生。

⑨支架拆除人员由一人统一指挥,上下呼应,动作协调。拆除工作中途调换人员时,应作详细的交底方可离开。

⑩支架拆除至每日收工时,要使没拆除部分仍具备必要的临边防护措施,横向的稳固,不留散边、散头等。

(6)起重机械使用

①各类吊机司机必须经过有关部门培训考试合格后持证上岗操作,严禁无证操作。司机要严格执行安全操作规程,按章作业,严禁在多人或无人指挥下进行吊装作业。

②各类起重机械制订安全操作制度、定期检查维修保养制度,保持机械整洁完好状态,严禁带病运转及超负荷起吊作业。

③各类起重机械符合国家有关规定的要求,设置各种安全控制的装置;升降极限器、倒退报警装置、风级风速报警器等,起重机械的吊索工具做到符合安全要求。

④各类起重机司机和司索工必须执行岗位安全责任制,安全轮训制、工作交接班制等。

⑤起重机械应标明吨位,严格执行"十不吊"制度。

⑥起重机械操作人员必须按期做好特种工种复审工作,自觉遵守劳动纪律和作业纪律,正确使用劳防用品,做到不违章,不简化作业程序,不贪图方便尽责尽职确保施工生产安全。

(7)施工现场安全用电措施

①按《建筑施工安全检查标准》(JGJ 59—2011)计划布置检查本工程的施工和生活用电。

②按经报批审定的《临时施工用电组织设计》进行施工。

③现场施工用电线路按三相五线制进行铺设,选用国家认可的标准电箱,所有电箱全部编号、加锁。

④做好施工现场临时施工用电的安全保护工作,遵照《施工现场临时用电安全技术规范》(JGJ 46—2005),结合施工现场电气设备具体情况,选用好 TT 系统或 TN 系统。

⑤电缆穿越建筑物、构筑物等易受机械损伤的场所时加设防护套管,橡皮电缆架空敷设时采用沿墙壁或电杆设置,且严禁用金属裸线作绑线,电缆的最大弧垂距地距离大于 2.5m。

⑥配电箱内的开关电器与配电线路一一对应配合,作分路设置,以实现专路专控。总开关电器与分路开关电器的额定值、动作整定值相适应,以保护在故障情况下能分级动作。

⑦开关箱与用电设备之间实行"一机一闸"制,禁止"一闸多机",且开关箱的开关电器的额定值与用电设备额定值相适应。

⑧所有配电箱、开关箱在其箱门处标注其编号、名称,用途和分路情况。

⑨所有配电箱、开关箱、电气线路、用电设备和保护设施进行检查处置均由电气专业人员完成。

⑩检查、维修周期每周至少一次,每次检查均按规定做好专门的台账记录。

2. 文明施工措施

1)现场文明施工措施

(1)现场文明施工管理

①加强对施工人员的文明施工宣传,加强教育,统一思想,使广大干部职工认识到文明施工是企业形象、队伍素质的反映,是安全生产的保证,增强现场管理和全体员工文明施工的自觉性。

②积极开展文明施工窗口达标活动,做到"两通、三无、五必须"。

两通:施工现场人行道通;工地沿线的单位、居民出入道路通。

三无:施工中无管线事故;无重大伤亡事故;无交通事故。

五必须:施工区域和非施工区域必须分开;所有员工必须佩戴上岗证;工地现场施工材料必须堆放整齐;施工区、办公区、生活区必须清洁文明;必须开展文明施工的宣传工作。

③在场地的主要出入口设置施工标牌,标明以下主要内容:

a. 工程建设名称、工地四周范围和面积、工程结构、开、竣工日期和监督电话。

b. 建设、设计、监理和施工单位的名称及工程项目负责人姓名。

c. 安全和管线保护方面重大事故的统计表。

d. 现场平面布置图。

④按照无锡市有关政府部门和业主针对本工程制订的有关文明施工的规定的要求执行,同时无条件遵守针对本工程施工方面的其他临时规定。

(2)各管理区文明施工措施

①现场文明施工措施

a. 生产、办公、生活区划分明显,布局合理、环境整洁;场区内车到人到的地方必须硬化,其他目光所及处必须进行绿化。

b. 场地四周设置连续、密闭的围栏,不低于 2.0m,并在围界处提供足够的照明。

围栏的设置符合无锡建筑企业文明施工管理中的要求和有关政府部门的相关规定,优先采用彩钢板、砖砌围墙。根据业主及政府主管部门的要求,架设其他所需的围板、栏墙、闸门、廊道、人行道、过道、临时围墙及栏栅的改动、加建、维修及拆搬。围墙要求美观、大方、安全。围场的外观墙面按业主的统一要求,外侧粉刷,上有压顶装饰线,下有勒脚装饰线,彩钢板必须采用锚钉与骨架固定,严禁采用铁丝固定。每个场地内设不少于 6 个能够反映本施工企业特色的文化墙。管理、技术人员戴红色安全帽,标记企业名称清晰。

c. 出入口设置牢固、开启方便的大门,门面平整,不平整度每米小于 3mm,门面喷绘施工企业标志,标志清晰、大小适度,有门卫和门卫制度,进入现场佩戴工作卡,大门及出入口保持整洁、美观;各出入口设洗车槽,并配高压冲洗设施。

d. 门柱设标段项目部标记牌。大门左右两侧按照要求喷绘业主的建设指导方针、施工企业简介、工程效果图、安全质量方针等。其他墙面喷绘能够反映无锡地方特色的山水风景画、人文故事画或广告设计。

e. 围墙顶预留彩旗插口、场地内主便道两侧留彩旗插口,并配足量的彩旗供重大活动时使用。

f. 办公、生活区停车场采用轻型钢架屋顶,并设标牌。

②办公区文明施工措施

a. 办公区搭建采二层钢板房,满足安全、卫生、保温、通风、绿化要求。

b. 设黑板报、读报栏、消防平面图、现场平面布置图,正面和两侧固定式红底黄字标语宣传横幅。

c. 办公区人到的地方必须硬化,其他目光所及处必须进行绿化,并设置国旗,有条件设简易体育场,院内适当种植花草;办公区周围设排水沟,排水畅通,不积水。

d. 办公区每栋房配备 1 只干粉灭火器,挂于墙上 1.5m 高的位置处。

e. 会议室按三间板房标准设置,底楼铺地砖。会议室挂工程概况、行政组织机构图、施工形象进度图、安全、质量、环保保证体系图,质量目标、环境目标、职业健康安全目标、三标体系职能分配表。

f. 各科室挂科室职责、三标方针、目标牌(0.8m×0.55m)。

③生活区文明施工措施

a. 生活区选址合理,采用彩钢板,为双层结构,并满足安全、卫生、保温、通风、绿化等要求。

b. 宿舍统一设置床铺和储物柜,通风照明良好,室内整洁;宿舍用电无私拉乱接线情况,有保温、消暑、防蚊虫叮咬措施;配备冷暖空调。

c. 生活区具备饮水、洗浴、学习、娱乐等条件。主要生活区建具备满足员工生活的食堂,食堂设置应符合食品卫生法规的要求,做到位置适当、环境整洁,并取得卫生行政主管部门发放的卫生许可证,炊事员定期体检,持健康证上岗,职工膳食、饮水供应等应符合卫生要求。

d. 生活区挂卫生责任区域牌(0.6m×0.6m),设卫生保洁员。

e. 食堂、住宿区、办公区设置垃圾桶(垃圾池),按可回收无害垃圾、不可回收无害垃圾、有害垃圾分类存放、及时清理。

  f. 宿舍区每栋房设 4kg 干粉灭火器 1 只,挂于便道旁 1.5m 高处,消防责任牌、"安全用电、注意防火"、"严禁乱倒乱扔垃圾,保护自然生态环境"警示牌(0.6m×0.6m)挂于醒目位置。

  g. 生活污水设沉淀池集中排放。分设男女厕所,厕所结构要稳定、牢固、防雨、防风,并及时清扫,以保持清洁,不得污染环境,具备冲刷和清运条件,及时消毒和清理,防止蚊蝇滋生,保障正常使用。

  ④施工道路文明施工措施

  a. 进入现场,路边设"进入施工现场,请减速慢行"标牌(0.6m×0.6m)和 5km/h 限速牌,道路危险段有"危险地段,注意安全"(0.6m×0.6m)的警示标志。

  b. 道路及时消除泥泞,洒水清洗,工地内任何情况下不允许出现扬尘。

  (3)施工内业文明管理

  加强内业资料管理。工程文明施工的重要内容之一是内业资料的管理,内业资料由专人分类管理做到各类资料分类合理、齐全,使施工资料和工程进度同步到位,资料编制规范,字迹端正,内容详实,手续完整。

  办公室、会议室布置管理人员职责标牌、施工管理图表、工程形象进度图(计划进度、实际进度图和实际与计划比照图)、施工场地布置图、文明施工网络图等。

  (4)其他文明施工措施

  ①工地设职工活动室、图书室,丰富职工业余生活,提高职工整体素质。

  ②定期与不定期检查文明施工措施落实情况,组织班组开展"创文明班组"竞赛活动,经常征求建设单位和施工监理对文明施工的批评意见,及时采取整改措施,切实搞好文明施工。

  ③落实"防台"、"防汛"和"雨季防涝"措施,配备"三防"器材和值班人员,做好"三防"工作。

  ④施工期间定时对施工场地进行整理、打扫,以保持工地清洁,施工场地经常洒水以控制扬尘。

  ⑤施工场地布置合理,各类材料、设备、预制构件做到有序堆放,堆放方法按标准化要求管理、挂牌标志,不侵占车行道、人行道。

  ⑥在施工的路段设置保证车辆通行宽度的车道、人行道和沿街居民出行的安全便道。施工道路的交叉路口,按规定设置交通标志,夜间设置警灯及照明灯,便于车辆通行。遇到台风、暴雨季节派专人值班,确保安全。

  2)施工现场环保措施

  (1)环境保护目标

  预防和消除施工造成的环境污染,控制排污,控制扬尘,降低噪声,减少大气污染,施工排污达标率为 100%,创环保达标工地。

  (2)综合环保措施

  ①强化环保宣传和思想教育工作,开工前组织对全体干部职工进行生态资源环境保护知识学习,增强环保意识,使环保意识全面深入人心,真正认识到环保的重要作用。采取有

效的措施,使施工过程对生态环境的损害程度降到最低。

②成立以项目经理为组长的环境保护领导小组,建立与质量安全保证体系并行的环境保护保证体系,配备相应的环保设施和技术力量,与当地政府和环保部门联合协作,全面控制施工污染,减少污水、空气粉尘及噪声污染,达到国家环保标准。

③把环保作为文明施工的首要工作来抓,抓措施、抓设施、抓落实,制订施工现场环境保护的目标责任书,定岗定责,责任到人。

④制订施工方案的同时要有环保防范措施,以保护现场环境,避免由于施工方法不当引起对环境的污染和破坏。

⑤施工期间,不影响当地道路和交通设施的使用,不干扰群众的通行方便,不影响群众的生活和工作。施工中采取有效的措施,保护环境,施工通道经常洒水处理。

⑥加强对地表沉陷监测、地表水连通性监测及对当地居民房屋监测。

3)针对性环境保护措施

(1)污水管理措施

施工期间,应当采取临时排水措施。各类施工作业临时排水中有沉淀物和污泥,足以造成排水设施堵塞或者损坏,必须严格按二次沉淀后再排放。在施工期间,如发现排水不畅或污水冒溢的情况,应及时向施工所在地的排水公司通报。由排水公司及时维修、疏通或者采取有效措施,以确保排水设施的畅通无堵。

①施工过程中禁止的损害排水设施的行为

a. 堵塞排水管道。

b. 擅自占压、拆卸、移动排水设施。

c. 向排水管道倾倒垃圾、粪便。

d. 向排水管道倾倒渣土、施工泥浆、污水处理后的污泥等废物。

e. 擅自向排水设施排放污水。

②施工废水的控制措施

a. 施工排水系统。根据施工现场排放废水的情况,采用以明沟、集水池为主的临时三级排放系统。

一级排放系统:生活用水(食堂、浴室、洗手地等)较清洁,可直接排入市政污水管,主要布置在生活、办公区。

二级排放系统:以排放雨水为主,水中含泥量较少,可直接排入市政污水管,但必须在出口端设置集水井,拦截水中垃圾。

排放含泥量较多的水应流入布置在施工便道旁的沉淀池内,必须经过二次沉淀处理后排入市政污水管,严禁直接排入市政污水管。

b. 生活污水。本项目在现场均应建立厕所收集粪便污水。固定式厕所应设立化粪池;移动式厕所也应设置收集装置,同时派专人维护厕所的清洁,并定期消毒。

厕所定期由当地环卫部门上门抽清。

c. 运输车辆清洗废水。各类土方、建筑材料运输车辆在离开施工现场时,为保持车容应清洗车辆轮胎及车厢,清洗废水应接入施工现场的临时排水系统。

d. 其他施工废水。散料堆场四周应设置防冲墙,防止散料被雨水冲刷流失而堵塞下水道或污染附近水体及土壤。

e. 排水设施维护。环境保护领导小组定期组织对临时排水设置进行疏通工作。

(2)扬尘、噪声管理措施

①对施工现场和运输便道等易产生粉尘的地段定时进行洒水降尘,勤洗施工机械车辆,使产生的粉尘危害减至最小程度。严禁在施工现场焚烧有毒、有害物质,避免有毒、有害气体污染大气。

②对易松散和易飞扬的各种建筑材料用彩条布、篷布等严密覆盖。

③严格按《建筑施工场界环境噪声排放标准》(GB 12523—2011)中的有关规定和要求进行施工。对于噪声影响大的施工,合理安排施工组织计划,避免夜间施工扰民,尽量减少施工对当地居民的不利影响。

④进行地面机械防噪处理,设置消声装置。

⑤注意机械设备检查和操作,加强施工机械设备的维护保养,减少噪声和污染。另外,适当选择机械的配置地点,防止振动对周围环境造成影响。

⑥在声源的配置方面进行详细的研究,选择合理的机械设备。

⑦噪声较大的机械应设置隔声房或隔声设施,必要时利用地下施工现场安置机械,以减少噪声污染。

(3)防汛、防台措施

①台风期间每天不少于2人专项值班,发现险情及时上报,并组织力量及时抢救。加强对电线、脚手架、活动房等的加固。

②雷雨天气,应停止高空露天操作,防止雷击伤人。

③严禁乱拖乱拉电线,使用电焊、气割设备及动用明火应有明火证,严禁违章。每天收工时,必须有专人负责切割电源,严禁不懂机电的人员乱开、乱动机械设备,严格遵守"十不烧"规定。

④遇六级以上的大风时,应暂停室外的高空作业。雪霜雨后应先清扫施工现场,待略干不滑时再进行工作。

(4)消防管理措施

①消防工作遵循"预防为主、消防结合"的方针,实行消防工作责任制,现场组建以项目经理为第一责任人的防火领导小组和义务消防队员、班组防火员,消防干部持证下岗。

②层层签订消防责任书,消防责任书落实到重点防火班组、重点工作岗位。

③施工现场配备足够的消防器材,统一由消防干部负责维护、管理、定期更新、保证完整、临警好用,并做好书面记录。

④划分动火区域,现场的动火作业必须执行审批制度,并明确一、二、三级动火作业手续,落实好防火监护人员。

⑤气割作业场所必须清除易燃物品,乙炔气和氧气存在距离不得小于5m,使用时两者的距离不得少于10m。

⑥施工现场配置独立的4寸消防水管和独立电源的消防水泵。

⑦每季度按消防应急预案进行消防演习,聘请消防部门指导。

第八章　环境保护管理体系与措施

1. 创建目标和组织网络

1）创建目标

争创省级文明工地,并在为民服务、施工环保方面达到同行业先进水平,树立良好的企业形象。

2）组织网络

(1)项目部成立文明施工领导小组,由项目经理任组长,成员由项目部有关人员组成,负责工地文明施工的领导。

(2)成立文明施工专业小分队,负责工地文明施工的检查、设施维护保养和平时文明施工的督促。

(3)设立文明施工督察员。由公司有关人员担任,对工地文明施工进行定期检查和不定期的抽查。发现问题,开出整改意见单,督促项目部完成整改,并进行验证。

(4)聘请当地居委会、村委会等有关单位和居民担任文明施工监督员,对工地文明施工进行监督,提出意见和建议,由项目部负责及时整改。

(5)按照施工区域的划分,把文明施工也分成几个管理区,每个区选派一个专人负责,重点管理监督,项目部内部也要进行评优竞争,实行经济奖惩。

2. 场容场貌

(1)按施工组织设计的平面图搭设临时设施,且符合标准。

(2)工地主要出入口悬挂施工铭牌,项目施工铭牌内容为:工地名称及范围、建设单位、监理单位、开竣工日期、工地(项目)负责人、监督电话。施工铭牌尺寸不小于 $1.2m \times 1.8m$,字体为印刷体,材料为白贴塑面复合板。尤其是在交通要道位置,需要设立醒目的交通指示牌,车辆减速标志,确保交通通畅与安全。

(3)土方或材料运输不抛、撒、滴、漏,车辆出入要进行冲洗。

(4)土方及材料堆放整齐,不占道。应保证车辆、行人安全通行,道路通畅。

(5)有警示牌,安全挂图整洁、美观、适用。临时办公室应有施工图、进度表及其他图表。

(6)未全封闭道路沟槽开挖要逐段施工。

3. 工地卫生

(1)有卫生管理制度和卫生值日制度,有专人打扫卫生。

(2)工地临时办公用房、职工宿舍整洁。工人居住区有厕所及洗手设施,不得随地大小便。

(3)工地食堂符合食品卫生要求,生熟分开,有消毒、除四害等设施,无四害。

(4)落实施工临时排水措施,施工产生的泥浆水、水泥浆水不能直接排入下水道和河道,避免造成地面积水,污染水源。

(5)派专人打扫道路,减少浮尘,彩钢板大门内侧设置洗车池,土方车及施工车辆不污染既有道路。

4. 环境保护

环境保护是我国的一项基本国策,在桥梁建设中,应做好桥梁建设的环境保护工作,减轻因桥梁建设导致的环境污染,从而保护自然,维护生态平衡,保障人体健康。

施工中执行《中华人民共和国环境保护法》,将严格遵守国家和无锡控制环境污染的法律和法规,采取必要的措施防止施工中的燃料、油、化学物、污水、废料和垃圾以及土方等有害物质对河流、池塘的污染,防止灰尘、噪声和汽油等物质对大气层的污染。采取规范化的施工,把施工对环境、附近财产和居民生活的影响减少到最低限度。项目部将积极主动地与当地环保部门联系,定期向他们汇报工作,取得当地环保部门的支持和对我们工作的指导,加强对全体职工、民工的环保思想教育,重视环保的文明施工,尊重与遵守当地民俗与习惯,搞好工民关系。经理经理全权负责本标段文明施工工作,同时配备专职环保管理人员,经常对所属工地进行检查、评比、奖优罚劣,把环保工作和文明施工当做一项重要的、经常性的工作来抓。

1）水污染

（1）开工前选择适当地方建立废水处理设施,并完善工地排水建设,做到现场无积水、排水不外溢、不堵塞、水质达标。

（2）临时性的水冲刷和水污染控制和本合同规定的永久性防治工程相结合,以便在施工期内和运营期间有效、经济、持续地控制水冲刷和水污染。

（3）冲洗集料的水或其他施工废水,在排入城市排污管线以前应经过过滤,沉淀或其他有效方法处理,以减少对城市排污管线的污染和发生堵塞的可能性。

（4）对挖出的临时土方将统一堆放、整平,做好排水设施,避免冲刷水土流失。

（5）跨河段桥梁施工完成后,清理填土平台,恢复河道。

2）固体废弃物

（1）施工和生活中的废物集中放置,及时处理或运至当地环保部门同意的地点放置,如无法及时处理或运走,则必须加以掩盖以防散失。

（2）保证回填土质量,不得将有毒有害物质和其他工地废料、垃圾用于回填。

（3）教育施工人员养成良好的卫生习惯,不随地乱丢垃圾、杂物,保持工作和生活环境的整洁。

3）大气污染

（1）加强对材料运输车辆的管理,载松散材料不准高出货箱顶部。

（2）当运输易飞扬的材料时,应加以覆盖和洒水,以防止尘土飞扬,储存松散和易飞扬材料地点应位于避风处。

（3）运输时尽量避开室外人群活动密集时段。

（4）随时清理施工现场,安排专人、专车加强对所需施工道、便道的清扫养护。在干燥季节进行桥体施工时,应拌以洒水,以保证材料潮湿,避免尘土飞扬。

（5）水泥等易飞扬细颗粒散体物料安排库内存放,堆土场、散装物料露天堆放场要压实、覆盖。

4）噪声

按照《建筑施工场界噪声限值》(GB 12523—90)要求控制噪声公害。施工时间控制在7:00~12:00,14:00~22:00,在沿线人群居住密集区附近尽量避免夜间施工。加强机械维修保养,货场、材料仓库、碎石和振动设备的位置远离居民区,一切非施工噪声都应尽量避免,通过有效的管理和技术手段将施工噪声降低到最低程度。

5. 成品保护

做好对工程的成品保护工作,项目经理部成立成品保护督查组,加强对已完成的分项工程的成品外观检查及保护工作。采取有效措施对桥梁墩台、护拦墙等加以防护,防止损伤结构物、污染桥面等一切事故发生,最终向业主移交一个内坚外美、桥面洁净的精品工程。

第九章 工程进度计划与措施

1. 编制原则

(1)积极响应招标文件对工期的要求,根据本工程施工筹划,通过合理组织与安排,确保本工程施工满足招标文件中总工期目标的实现。满足交通疏导要求,最大限度地减少对城市交通和周边环境的干扰和各工程项目间的内部施工干扰。

(2)各作业区段、各作业工序尽量平行作业,达到紧凑、合理,充分缩减工期。

(3)选择先进、合理、可靠的施工方案,使重点工程、关键部位尽量避免在冬、雨季施工。

(4)施工进度指标及总体进度计划以各工序的循环作业时间、配套设备和劳动力的生产能力为基础,以类似工程经验作参考。

2. 施工进度计划

本工程计划工期235日历天,计划开工日期为2010年9月6日,计划竣工日期为2011年4月28日,施工进度计划详见表4-9。

计划开、竣工日期和施工进度网络图　　　　表4-9

序号	项目名称	工期(d)	2010年9月	2010年10月	2010年11月	2010年12月	2011年1月	2011年2月	2011年3月	2011年4月
1	施工准备	10	—							
2	路基处理	31	—	—						
3	管线迁移	46	—	—	—					
4	路基挖方	77		—	—	—				
5	填方	107			—	—	—	—		
6	道路底基层	62						—	—	
7	道路基层	61							—	—
8	道路面层	44								—
9	雨水、电力管线	76	—	—	—					
10	桥梁基础	76		—	—	—				
11	下部结构	77				—	—	—		
12	上部结构	90					—	—	—	
13	桥面混凝土铺装	31							—	
14	其他附属工程	28								—

3. 工期保证措施

1）技术保证措施

(1)精心安排施组,强化管理,在深入调查,在研究透设计意图的基础上,编制实施性施工组织设计,分级负责,认真实施,并在实践中不断优化。施组的实现关键在于强化管理上,要高起点、高质量、严要求。

(2)抓施工的程序化作业、标准化施工,通过合理的组织与正确的施工方法,尽快形成生产能力,提高施工进度,保持稳产、高产。

(3)根据总进度的要求,编制年、季、月、旬施工计划,实施中对照检查,查找差距,分析原因,完善管理,促进施工,确保"关键工期节点"按期实现。

(4)充分利用网络技术,搞好工程的统筹、网络计划工作,做到技术超前。施工时制订周密的网络计划,牢牢抓住关键工序的管理与施工,控制循环作业时间,缩短工序转换和工序衔接时间,提高施工效率;对施工计划实行动态管理,及时进行信息反馈,不断把实际进度与计划进度相比较,找差距,找原因,及时调整。同时,进度计划安排充分考虑现场的各种因素,进度安排留有余地。

2）制度保证措施

(1)建立健全工期保证岗位责任制,层层签订工期包保责任状。

(2)加强和完善计划的考核制度,编制周密、详尽的施工生产计划,以天保旬,以旬保月,实行月评比、季考核的生产计划考核制度,将施工队伍的工资直接与计划考核挂钩,落实兑现。

(3)完善奖惩制度,落实好按劳分配的原则。根据工程各项目的具体情况实行不同形式的计件工资、计时工资、承包工资,充分利用经济杠杆的原理,发挥施工人员的积极性和主动性,提前工期有奖,延误工期受罚。

(4)在各参施工队开展"劳动竞赛",每月评比一次,对优胜者颁发竞赛活动的"流动红旗",并在经济上予以表彰奖励。

3）组织保证措施

(1)组建"精干、高效、权威"的公司项目经理部,代表公司全权负责组织、管理本工程。在本工程范围内,公司经理部有人事、调动物质资金、机械设备和作业队伍指挥和调度权,从组织上确保经理部的权威性和政令畅通。

(2)在接到中标通知书后,根据本工程的工程情况和投标书的承诺,调集与本工程相适应的具有多年市政施工经验的施工队伍进场,在人、材、物、机上确保本工程的顺利实施。

(3)担任各级生产组织机构主要部门的负责人,按投标书商务部分中安排的人员名单及时到位,确保各项工作有条不紊地开展。

(4)加强对参战人员的思想动员和教育,树立一个"干"字,立足一个"抢"字,确保一个"好"字,好中求省、好中求快。树立时间就是效益、进度就是信誉的思想。

(5)坚持"确保重点,兼顾一般"的原则,均衡组织生产,在资源配置上加强重点工程、技术和人力、机械配置,充分满足工程进度的需要,在确保重点的原则下合理安排和组织其他项目的实施。

4)设备物资保证措施

(1)抓关键、保重点,加强宏观控制。针对本标段的特点,从设备配备上和队伍的选择上,都要严格挑选。在人员、资金、物资、机械上,要优先保证,做到尽快施工。

(2)调动足够的机械设备,保证工程施工进度的需要。

(3)做好设备的选型及配件供应工作,设备的选型力求实用、多效、耐用的原则,防止待机误工,在施工中要备足易损件,做到随坏随修。

(4)抓好材料的采购、储备和供应工作,确保进度和季节性施工需要,同时合理安排施工顺序,坚决杜绝返工和窝工现象的出现。

5)后勤保证措施

(1)项目部安排专职人员负责后勤工作,使施工人员有一个健康舒适的环境,使之能够得到充分的休息,能够在工作中始终保持旺盛的精力,提高出工率。

(2)加强与地方政府和人民群众的联系,取得他们的理解和支持,搞好征地拆迁工作,不留后遗症。在交通干扰、车辆通行等方面,采取有效的措施,为工程开工和施工创造一个良好的外部环境,保证施工顺利进行。

(3)搞好后勤保障工作,改善职工生活,加强治安管理,使参战职工消除后顾之忧。

6)制订合理的生产计划

建立生产季度、月、周生产进度计划制度。在总工期的指导下合理安排各工序的施工;制订计划时,应紧密结合施工现场的工程情况。

生产计划与劳动力、材料、机具设备供应计划相协调,且必须保证满足进度计划实现的要求。

进度计划在顺序安排上符合逻辑,符合施工程序的要求。

加强现场计划管理工作,将每月的计划层层落实到每一个时段和每一个人。

7)签订相关合同

按照合同要求,在接到监理工程师的开工通知书后,按照项目经理部的统一部署,在合理可能的条件下尽快开工。施工进度计划要满足施工合同所规定的施工进度计划的要求。严格按合同施工进度计划的要求,接受监理工程师的监督和检查,积极组织施工。制订切实可行的内部合同管理制度,提高施工人员的工作积极性。提前做好材料与机械设备配件的购买合同的签订工作,保证施工材料供应充足,机械设备及配件完好。

8)加强工程项目管理

进行详细的施工调查、测量、复测、临时工程的规划和设计。人员、材料、机具设备迅速进场,施工图纸、电力尽快到位。生产、生活设施齐头并进,尽早安排开工,尽量缩短施工准备期。

对钻孔桩机使用及维修保养人员进行培训,经考试合格后持证上岗,实行岗位责任制,实现"二定"、"三包",即定人、定岗,包保管、包使用、包保养。

加强现场施工组织指挥,做到指挥正确,工作高效、应变能力强。委派管理经验和施工经验丰富的人员担任工区主任,专门负责工程的组织、指挥,在项目经理部领导下决策重大施工问题,确定重大施工方案,分析施工进度。当实际进度落后施工组织设计要求时,提出加快施工进度的措施。

制订切实可行的施工方案和施工组织设计。

精心安排施组,强化管理,在深入调查、吃透设计意图的基础上,编制实施性施工组织设计,分级负责,认真实施,并在实践中不断优化,施组的实现关键在于强化管理,要高起点、高质量、严要求。

深化改革、完善项目管理模式,完善竞争机制和激励机制,实行全员风险承包,任务层层落实。把工期效率和职工个人的经济利益挂钩,兑现奖罚,充分调动全体职工的积极性。

注重依靠科技和技术进步,采用新技术,对影响施工进度的施工技术难题,开展QC小组活动,组织攻关,充分听取各方面的合理化建议和开展小改小革活动,提高施工进度。

抓施工的程序化作业、标准化施工,通过合理的组织与正确的施工方法,尽快形成生产能力,提高施工进度,保持稳定高产。

认真做好工程的统筹、网络计划工作,科学组织,合理安排、均衡生产。牢牢抓住关键工序的管理与施工,控制循环作业时间,减少工序搭接时间,提高施工效率。

全面提高人员整体素质。加强技术培训,提高施工人员的操作熟练程度,工区的骨干要深入学习管理知识,规范操作行为,同时抓好后勤保障工作,一切为生产服务,关心职工的物质、文化生活,充分激发广大职工的生产积极性。

9) 搞好现场施工调度

督促检查好施工项目的施工准备工作;检查和协调好各作业队、各班组之间的配合协作关系;检查和调节好施工中劳动力、机具和物资供应的不平衡情况;及时掌握施工进度情况,检查和推动生产中薄弱环节的改进和加强;掌握水文、气象的变化情况,督促各有关单位在意外洪水及突变气象情况下,采取防范和抢险措施;果断处理好现场突然发生的紧急事故。

10) 针对本工程特点的进度控制措施

(1) 增加工作面:由于该工程沿线厂房企业多,协调工作量大,地下管线多,因此中标后应立即组织人员配合拆迁工作,对现场的管线、建筑物等进行详细的调研,尽可能为工程的早开工、多点开工创造条件。

(2) 采用节点控制工期:将整个工程分成几个节点控制工期,保证节点工期亦即保证总工期。各区的下部结构完成时间作为各区的下部结构工期控制节点,各区最后一联箱梁完成时间作为上部结构的工期控制节点。

(3) 制订详细的施工节点计划,特别是需要按照节点计划保证材料、设备的供应。立柱的周转模板应提前加工,一旦具备条件立即开始施工。

(4) 实行工期动态管理,及时调整施工计划,坚持召开每周进度、质量例会,特别强调在保证质量的前提下按期完工。

(5) 组织好交通运输工作,特别是社会车辆的运行。

(6) 确保施工质量和施工安全,不因工程质量和安全而影响工期。严格按照设计要求、技术规范组织施工,推行全面质量管理,针对技术和质量问题,开展QC小组攻关活动。全面实行"自检、互检、专检"的质量"三检"制度,杜绝质量事故,避免工程返工,保证各项工程、各个工序按工期要求,有条不紊地进行。

4. 工期保证体系

工期保证体系见图4-5。

图 4-5　工期保证体系图

第十章　资源配备计划

1. 劳动力计划

1) 劳动力配置说明

因本工程工作量较大, 质量要求高, 各工作面展开前后衔接要求高, 故配置的劳动力应有针对性、技术性和计划性。在施工过程中, 应根据工程施工进度, 陆续地有计划组织相应劳动力进场施工。

2) 施工队伍设置及任务划分

(1) 施工队伍设置

本标段施工队伍设置施工处4个。

(2) 施工任务安排

各施工处在项目经理部的统一协调组织指挥下, 分工协作、独立施工, 确保工程按期优质完成, 各施工处的施工任务安排如下:

桥涵施工处：负责本标段各桥涵工程施工，下设桩基施工队、下部结构施工队、上部结构施工队。

路面施工处：负责全线道路基层、面层的施工。

管线施工处：负责全线管线工程的施工。

路基施工处：负责全线路基的施工。

3）劳动力资源说明（表 4-10）

劳动力计划表（单位：人） 表 4-10

工种	按工程施工阶段投入劳动力情况							
	10年9月	10年10月	10年11月	10年12月	11年1月	11年2月	11年3月	11年4月
试验	10	10	10	10	10	10	10	10
木工	15	15	15	15	15	15	15	15
钢筋工	10	10	15	15	15	15	15	15
混凝土工	5	10	15	15	15	15	15	15
架子工	10	10	10	10	10	10	10	10
驾驶员	20	30	35	35	35	35	35	30
机械操作工	20	20	30	30	30	30	30	10
修理工	10	10	15	15	15	15	15	10
电工	8	10	10	10	10	10	10	8
普工	40	30	50	50	50	50	50	20
炊事员	8	8	8	8	8	8	8	8

本工程桥梁工程施工的人员主要由我公司的技术工人组成，辅助施工的普工由与我公司签订长期合作协议的劳务公司提供。因本工程工作量大、时间长，必须保证节假日和农忙期间正常施工，对此项目部将采取以下措施保证施工劳动力充足：

（1）采取激励措施，对施工人员节假日和农忙期间施工发放奖金和补贴，以确保施工劳动力。

（2）加强职工的思想教育、激励其集体荣誉感，同时严格管理，增强其纪律性和组织性。

2．主要机械设备投入计划

1）机械（设备）配置原则

机械设备配备遵循原则：以能力配套、高效适用、满足需要为标准，绩效优先为目的，规避能力不衡进行设备配置，在满足使用的前提下，尽量减少规格种类，以便于共同备用和必要时抽调。

根据单项施工技术要求和施工作业条件进行设备选型，考虑通用性进行调配；按照施工进度计划指标配备设备台数，确保生产能力留有余地，同时考虑突发性事件所需的工程抢险应急设备。

2）拟投入的主要机械

拟投入的主要机械见表 4-11。

拟投入本标段的主要施工设备表 表 4-11

序号	机械或设备名称	型号规格	数量	产地	制造年份	额定功率	生产能力	用于施工部位	备注
1	挖掘机	320	5	美国	2004年	292kW	—	路基	开工时
2	推土机	T160A	2	中国（上海）	2003年	120kW	—	路基	开工时
3	平地机	T160A	2	加拿大	2002年	120kW	—	路基	开工时
4	装载机	ZL50D	6	中国（柳州）	2002~2003年	154kW	—	路基	开工时
5	振动压路机	W1803	2	中国（湘潭）	2006年	18t	—	碾压	开工时
6	三轮压路机	3Y18/21	6	中国（徐州）	2003年	21t	—	碾压	开工时
7	中拖	SH50	6	中国（上海）	2006年	39kW	—	路基	开工时
8	自卸汽车	WDQ3180	15	中国（济南）	2005年	10t	—	路基	开工时
9	洒水车	NJT5100	2	中国（随州）	2004年	8 500L	—	路基	开工时
10	稳定土拌和机	BOMAG	1	德国	2003年	228kW	—	灰土	开工时
11	稳定土厂拌设备	WDB600	1	中国（山东）	2009年	140kW	600t	水稳碎石	开工时
12	智能型沥青洒布车	SX5190GLQ	1	中国（西安）	2004年	105kW	8000L	下封	开工时
13	集料撒布机	SS3000	1	中国（西安）	2004年	—	3m	下封	开工时
14	沥青混凝土拌和楼	ACP4000	1	英国	2005年	600kW	320t	沥青混凝土	开工时
15	摊铺机	ABG423	3	德国	2000~2003年	126kW	12m	水稳碎石及沥青	开工时
16	自动找平装置	BK公司	2	美国	—	16m	—	摊铺	开工时
17	振动压路机	BW202-2	1	德国	2004年	10~18t	—	路面碾压	开工时
18	轮胎压路机	XP261	1	中国（徐州）	2002年	26t	—	路面碾压	开工时
19	轮胎压路机	PT240R	1	美国	2002年	24t	—	路面碾压	开工时
20	轮胎压路机	YL9/16	1	中国（徐州）	2003年	9~16t	—	路面碾压	开工时
21	自卸汽车	T815	30	捷克	2002年	17t	—	运输	开工时
22	自卸汽车	1491/K29	10	中国（济南）	2000年	20t	—	运输	开工时
23	小翻斗	FC-1A	6	中国（镇江）	2003年	1t	—	运输	开工时
24	全站仪	GTS-311	1	日本	2001年	—	—	测量	开工时
25	水准仪	DS3 DZS3-1	2	中国（苏州）	2000年	—	—	测量	开工时
26	循环钻机	GPS-15	8	中国（上海）	2006年	30kW	—	桩基	开工时
27	发电机组	120GF	4	中国（山东）	2006年	120kW	—	桥梁	开工时
28	泥浆泵	3/4PNL	8	中国（浙江）	2006年	15kW	—	桩基	开工时
29	汽车吊	QY25H	1	中国（徐州）	2007年	175kW (r/min)	25t	桥梁	开工时

续上表

序号	机械或设备名称	型号规格	数量	产地	制造年份	额定功率	生产能力	用于施工部位	备注
30	汽车吊	QY16	1	中国	2007年	62kW (r/min)	16t	桥梁	开工时
31	履带吊	QUY50t	1	日本	2006年	115kW	50t	桥梁	开工时
32	振动锤	DIJ90	1	中国(浙江)	2006年	20kW	—	桥梁	开工时
33	钢筋切断机	CQ40F	5	中国(西安)	2007年	4.4kW		桥梁	开工时
34	钢筋弯曲机	QT4/10	5	中国(西安)	2007年	5.5kW		桥梁	开工时
35	对焊机	UN100	5	中国(西安)	2008年	120kW		桥梁	开工时
36	木工圆盘锯	MJW-104	5	中国	2008年	—		桥梁	开工时
37	灰浆拌和机	UBJ-2	3	中国	2006年	—		桥梁	开工时
38	压浆泵	KBY/50-70	3	中国(厦门)	2007年	3.5kW		桥梁	开工时
39	插入式振动棒	50mm	25	中国(重庆)	2008年			桥梁	开工时
40	插入式振动棒	30mm	20	中国(重庆)	2008年			桥梁	开工时
41	电动空压机	L-20/7-X	10	中国(重庆)	2006年	20m³/min		桥梁	开工时
42	潜水泵	—	10	中国(重庆)	2007年	2.2kW		桥梁	开工时
43	交流电焊机	BX-500	5	中国(重庆)	2007年	42kVA		桥梁	开工时
44	压路机	YZ18C	2	中国(湖南)	2006年	133kW		桥梁	开工时

3. 材料计划

为了保证工程按期竣工,在物资供应方面,时间上立足一个"早"字,品种上抓一个"全"字。在施工准备期间,做好供货合同的订立和完善。为了减少材料存放场的占地面积,降低临时设施的费用,在施工组织上加大管理力度,根据施工进度安排好材料供应计划,并在开工前做好材料的月计划、周计划,既保证施工,又不积压材料,以便保证施工有序地进行。在材料运输方面,根据材料计划安排,组织相应能力的运输车辆,及时供应。

4. 主要材料试验、测量、质检仪器设备配置计划

我们将在本合同配置精良、齐全的检测设备(表4-12),以保证各项检测结果真实、准确,充分重视测量和试验在施工中的重要作用,加强测量和试验在施工中监控和检查力度。

拟配备本标段的试验和检测仪器设备表　　表4-12

序号	仪器设备名称	型号规格	数量	产地	制造年份	已使用台时数	用途	备注
1	万能试验机	WE—100	1套	中国(济南)	2007年		试验	
2	全站仪	TCL170	2台	德国	2005年		测量	
3	经纬仪	TDJ2	2台	中国(苏州)	2006年		测量	

续上表

序号	仪器设备名称	型号规格	数量	产地	制造年份	已使用台时数	用途	备注
4	水准仪	NA2	4台	中国(苏州)	2006年		测量	
5	温、湿度测定仪	−20~100°C	2台	中国(北京)	2008年		试验	
6	电子天平	0.1g	3台	中国(上海)	2008年		试验	
7	混凝土抗压试模	150m×150m×150m	60组	中国(河北)	2008年		试验	
8	砂浆抗压试模	70.7m×70.7m×70.7m	10组	中国(河北)	2008年		试验	
9	砂浆稠度仪	SG145	1台	中国(天津)	2006年		试验	
10	超声波检测仪	CTS−23	1台	中国(苏州)	2007年		桩基检测	
11	灌注桩检测系统	JJC−1A	1台	中国(上海)	2007年		桩基检测	
12	标准养护箱	BY−350A	1台	中国(上海)	2008年		养护	
13	管线探测仪	Subsite700型	1台	中国(上海)	2005年		探测	

第十一章 已有设施、管线的加固、保护等特殊情况下的施工措施

1. 地下管线、地上设施、周围建筑物保护措施

1)地下管线保护措施

中标进场后,将结合地质情况和周围环境综合分析,进一步收集施工影响范围内的所有管线图纸和管线竣工资料,对本工程施工范围内地下情况进行补充调查。如发现有未查明的管线,主动与市政相关管理部门取得联系,协商解决方案;如有在施工中遇见未知管线时,及时向业主及监理汇报,在业主的指导下,积极与有关单位取得联系,并进行建设性的磋商,取得尽快处理的效果。

①施工前挖样沟或样洞,探明管线的类别、位置、埋深等具体情况,并在管线位置附近树立醒目的提示标志,以引起现场施工注意保护。

②加强对现场管理和作业人员管线技术交底,提高现场人员对管线保护和重视意识。

2)地上设施、周边建筑保护措施

(1)施工前保护措施

①施工前组织专门的建(构)筑物和管线调查小组,配备管线探测仪进行地下管线探测校查及调查工作,配备相机、测量仪器对周边建筑物进行调查及评估。

②主动与市政相关施工单位及管理部门取得联系,进一步收集施工影响范围内的所有管线图纸和管线竣工资料。必要时,到现场进行人工挖槽探测。主动与周边建筑物业主联系,进一步收集施工影响范围内的建筑物地基情况、基础类型及深度、建筑物结构形式等资料。

③查清各类管线的允许变形量,并与有关单位协商确定,报监理工程师备案。

④在施工中遇见未知管线时,及时向业主及监理汇报。在业主的指导下,积极与有关单位取得联系,并进行建设性的磋商,取得尽快处理的效果。

⑤施工前制订相关应急预案及详细保护方案,做到有备无患。

⑥工程施工前,落实保护本工程建筑物和管线的组织措施,委派建筑物和管线保护专职人员负责本工程建筑物和管线的监护和保护工作,项目部、施工队和各班组设兼职建筑物和管线保护负责人,组织成建筑物和管线监护体系,严格按照上级主管部门审定批准的施工组织设计和建筑物和管线单位认定的保护技术措施的要求落实到现场,并设置必要的安全标志牌,悬挂"无重大管线事故标牌"和保护建筑物和管线的"十个不准"。

⑦工程实施前,对受施工影响的地下管线设置若干数量的沉降测点。工程实施时,定期观测管线的沉降量,及时向建设单位和管线管理单位提供观测点布置图与沉降观测资料。

⑧由业主、管线单位和施工单位的有关人员组成的现场建筑物和管线保护领导小组,定期开展活动,检查建筑物和管线保护措施和落实情况,研究施工中出现的新情况、新问题,及时采取措施完善保护方案。

(2)施工过程控制措施

①加强施工管线监控,根据不同的管线建立各类管线的管理基准值,通过监控量测及时掌握管线变形状况,调整施工工艺,确保管线保护管理在可控状态的有效运行。

②规范作业,合理组织现场施工生产,加快施工进度。

③实行信息化施工管理,加强对日常监测数据的收集、分析及反馈,制订专项应急预案,及时根据情况的变化采取相应的应对处理措施。

2. 冬、雨季施工措施

1)冬季施工措施

(1)加强与气象部门的联系,及时掌握天气变化,提前做好防寒准备。

(2)组织参加冬季施工的施工班组学习施工方案,以提高冬季施工的质量意识。

(3)当工地昼夜平均气温低于+5℃或最低气温低于-3℃时,应按冬季施工办理。

(4)要切实做好机械防寒、防冻工作,按照机械管理规定要求换季保养。

2)雨季施工措施

(1)防洪准备

①成立以项目经理为组长的领导小组和防洪抢险队伍,抢险队由身体健壮、反应敏捷的青年人组成。

②定期检查排水管网及抽水设备的可靠性,提高快速反应能力。

③工地预备足够的防洪物资及设备,如草袋、大功率抽水机等,并严禁挪用。

④配备一定的自发电能力,以确保汛期突然停电情况下的防排水需要。

注意气象部门的天气预报,暴雨来临之前做好以下工作

(2)暴雨前准备工作

①停止受暴雨影响较大的土石方开挖、做好善后安排,以策安全。

②采用可靠的手段围蔽水泥库,变配电设备等。

③施工机械设备停放在地形较高、排水顺畅的地方。
④疏通排水沟,增加排泄水通道。按预报雨量的大小,必要时增设临时排水沟槽。

(3)降雨时采取的措施

降雨过程中,拟采用以下措施减少其影响:
①停止露天作业,设专人巡回检查。
②疏通施工道路、料库、机修区段、生活区内明沟暗渠,引水至水塘或河道。
③低洼处用大功率抽水机随时抽至排水管网。
④必要时,用沙袋围蔽受洪水影响较大的地区。
⑤在配电设备和防雷装置处设专人看守,对异常情况及时汇报、抢修。

3. 管线迁改措施

1)总体原则

在施工期间须采取强有力的组织保证措施,以确保不发生管线损坏事故,达到 ISO14000 系列标准,符合城市安全、环保要求。管线迁改及管线保护须遵循以下原则。

(1)先探测、再施工

在施工前集中力量对本工程范围内所有地下管线、设施进行探测,采用探坑、探孔和地质雷达辅助探测等方法,形成完整的地下管线分布现状明细表,为施工和对地下管线的迁改、保护提供可靠的依据,同时避免边施工、边探测、边保护的被动局面。

(2)针对不同管线,采取相应的保护和加固措施

对影响建筑物施工的地下管线进行必要的改移、改迁;对不影响基础施工的地下管线加以保护;对架空的管线根据其架空高度,分不同情况进行改迁,改为地下管线或增加架空高度;对不影响施工作业的架空管线,原则上采取妥善的保护措施。

2)管线保护组织保证措施

(1)管线保护领导小组

项目部成立以项目经理为组长,项目部安全总监为副组长,有丰富市政工程施工经验的工程师任专职管线保护员,由组长、副组长、专职管线保护员组成管线保护领导小组;施工班组设兼职管线保护员。

(2)管线保护领导小组职责

组长:全面负责管线迁改、保护方案的决策,负责资源配置。

副组长:负责管线迁改、保护工作的指导和检查工作,督促管线保护工作的落实,以及外部协调。

专职管线保护员:负责管线迁改、保护方案的编制,并负责对各专业班组进行管线保护交底。

3)管线保护针对性措施

(1)管线的迁移由业主委托专业队伍进行施工。施工时我部派专人进行跟踪,发解原状和现有管线的位置、埋深及管材情况,并分析施工过程中对管线的影响,为保护管线方案提供依据,见图4-6。

(2)针对不同管线的特性和施工对管线的影响程度,采取不同的管线保护措施,并上报相关单位进行审批。

(3)了解各种管线的走向、阀门及应急抢修电话和应急措施,在发生危险时能够及时上报相关单位,并及时采取措施,减小对工程和周边环境的影响。

图 4-6　管线保护工作流程图

(4)迁移以后,在施工过程中必须对所有管线进行监测,如发现问题,必须及时报告、及时处理。

(5)对未迁移的管线,在施工过程中必须进行保护,做到先保护再施工,施工时还要派专人对管线进行监测。

4. 防止污染措施及方案

施工现场内道路平整、顺畅、排水良好。临时设施均按标准硬化地面。工作场所不得将污水、油污、化工产品废料排入河道,污染水源。作业场地及运输车辆及时清扫、冲洗,保证场地及车辆的清洁。严禁在场地内燃烧各种垃圾及废弃物。

减少粉尘措施及方案:运输可能产生粉尘的车辆配备挡板及篷布,防止粉尘飞落。作业场地及运输车辆应及时清扫、冲洗,保证场地及车辆的清洁。运输道路要定时洒水防尘,严禁在场地内燃烧各种垃圾及废弃物。

5. 噪声控制措施及方案

合理分布动力机械的工作场所,尽量避免同处运行较多的动力机械设备。对空压机、发电机等噪声超标的机械设备,采用装消声器来降低噪声。对于行驶的机动车辆,现场只许按低音喇叭,场外行驶严禁鸣笛。

6. 废水、废气的防治措施及方案

生产和生活锅炉选择燃烧效率高的燃油锅炉或电热锅炉,以减少废气的排放,避免炉渣的排放。配备的各类机械设备,其污染物必须是达到国家排放标准的、较为先进的环保型产品,使之在施工生产中达到"零"排放,或经过处理后污染物排放达到《大气污染物综合排放标准》(GB 16297—1996)标准。对机械设备运转过程中的废油水进行油水分离,废油经再生后重复利用。修建沉淀池处理废水(包括生活污水),经过滤沉淀池处理后可用作冲洗厕所或排入适当地点。

载装易污染物的车辆,在运输完毕后,不得在水体直接冲洗。冲洗后的废水必须经过妥善处理,达到国家和地方排放标准后方准排放。

防止施工现场火灾、爆炸的发生,以避免由此造成的环境污染。

7. 交通保畅措施

1)交通疏导总体原则

在施工过程中,交通疏导是一项重要工作。在本标段施工期间,交通疏导的遵循"服从指挥、合理安排、科学疏导、适当分流、专人负责、确保畅通"的原则,切实做好交通疏导工作,保证施工期间的交通通畅。

2)交通疏导组织保证措施

(1)交通疏导领导小组

项目部成立以项目经理为组长,项目部安全总监为副组长,有丰富市政工程施工经验的工程技术人员任专职交通疏导员,由组长、副组长、专职交通疏导员组成交通疏导领导小组,见图4-7。

(2)交通疏导领导小组职责

组长:全面负责交通疏导方案的决策,负责资源配置。

副组长:负责交通疏导工作的指导和检查工作,督促交通疏导工作的落实以及承担外部协调工作。

专职交通疏导员:负责交通疏导方案的编制、交通疏导方案的技术交底,并负责交通疏导小组的日常工作安排。

图4-7 交通疏导工作流程图

3)交通疏导针对性措施

(1)管理保证措施

①根据本工程特点,特此制订符合交通组织要求、减小公共交通道路影响的施工方案和总平面布置图;交通组织的原则是渣土及大件运输安排在夜间进行,避开主干道交通繁忙时间。

②工程实施前,主动与交通部门联系,介绍工程概况、施工方案、总平面布置及工程材料、渣土数量的运输量和运输计划及拟通过道路等情况,请交通部门改进、完善并制订可行实施细则。

③工地采用全封闭措施,在各个出入口设置交通指令标志和警示灯,保证车辆和行人安全。

④进出工地的车辆和人员遵守无锡市交通法规,服从交通管理部门的指挥和管理。

⑤设立专职安全文明施工样板工地的"交通纠察岗",负责指挥车辆进出工地,维持交通秩序。

⑥接受交通管理部门和建设单位的监督检查,发现问题,立即进行整改。

⑦建立以安全检查工程师为首的交通疏解组织小组,设立责任心强、工作能力强的交通指挥员,上、下班高峰期在施工场地大门外指挥交通;对进出工地的车辆进行指挥管理,以保证施工场地影响范围内的交通安全畅通。

⑧运输有可能污染道路的货物时,车门要关闭牢固,并对货物进行覆盖,运渣车辆出门前对车辆进行冲洗,防止污染道路。

⑨与当地交通管理部门取得联系,征求他们对交通疏解组织方案的意见,以便方案更加合理可行。

⑩在交通疏解处设安全标志牌和警示灯,夜间开启安全警示灯,确保夜间行车安全。

(2)技术保证措施

①在主要路口或地段设立醒目、符合要求的交通标志,本工程交通标志设置内容主要有:道路分界线、横道线、道路箭头、文字标记、预告标记、柱式标杆、固定支架、标志板、中央隔离护栏及机非隔离护栏等。

②双向道路无隔离位置处地面画冷漆实线,设置中央隔离护栏,机动车道间及机非车道间地面画冷漆分界虚线,机非车道间并设置机非隔离护栏。在前方有人行道处地面画冷漆预告标记。

③在路口30~50m范围内车道内地面上画道路冷漆箭头及文字标记,注明车道的不同通行方向,每段路口箭头数量为2~3个。

④在每个路口的各个方向需设置冷漆横道线,不同车道及非机动车道、人行道的标志板,标志板采用柱式标杆形式。

⑤在临近施工区和道路转弯处等前方设置警告标志板,注明进入施工区域、限速、限高及其他相关通行限制要求。

表4-13为用款计划表。表4-14为临时用地表。

用 款 计 划 表　　　　　　　　　　　　　　　　表4-13

月　份	用款计划(%)	累计百分比(%)
第1月	10	10
第2月	10	20
第3月	12	32
第4月	15	47
第5月	15	62
第6月	16	78
第7月	12	90
第8月	10	100

临 时 用 地 表　　　　　　　　　　　　　　　　表4-14

用　途	面积(m²)	位　置	需用时间
项目部办公区	1 500	见施工总平面图	2010年9月~2011年4月
项目部生活区	2 888	见施工总平面图	2010年9月~2011年4月
配电房	80	见施工总平面图	2010年9月~2011年4月
机械停放场地	1 420	见施工总平面图	2010年9月~2011年4月
材料堆放场地	3 000	见施工总平面图	2010年9月~2011年4月
合计	8 888		

练 习 题

请参照上述城市道路工程施工方案,按照提供的某项目工程资料,编写基本的施工方案,其他参数可自行拟定。

某项目主要工作内容:

一、道路工程工作内容及工程量

1. 道路土方开挖 27 000m³
2. 道路土方回填 56 450m³
3. 整形 27 450m²
4. 18cm 稳定层(4%)18 000m²
5. 25cm 稳定层(6%)17 700m²
6. 15cm 稳定层(4%)9 000m²
7. 20cm 稳定层(6%)8 400m²
8. 24cm 混凝土路面 17 250m²
9. 20cm 混凝土路面 7 500m²
10. 站、卧石安砌 1 600m
11. 人行道石灰土基础(12%)15 000m²
12. 人行道彩色方砖 15 000m²

二、过路管沟工作内容及工程量

1. 沟槽土方 2 091.0m³
2. 5C20 混凝土基础 63.8m³
3. 浆砌块石墙身 500.5m³
4. 模板制作 915.2m²
5. C20 现浇混凝土墙身 187.0m³
6. C25 现浇混凝土台帽 71.5m³
7. 3cm 水泥砂浆抹面 770.00m²
8. 盖板预制、安装 70.4m³
9. 盖板安装、运输 70.4m³
10. 支架制作、安装 660.0m
11. 土方回填夯实 330.0m³

三、顺路管沟工作内容及工程量

1. 挖沟槽土方 13 608.0m³
2. C20 混凝土基础 406.0m³
3. 浆砌块石墙身 3 185.0m³
4. C20 现浇混凝土墙身 1 190.0m³
5. C25 现浇混凝土台帽 455.0m³
6. 3cm 水泥砂浆抹面 4 900.0m²

7. 盖板预制、安装 448.0m³
8. 支架制作安装(L50×5)4200.0m
9. 土方回填夯实 2 646.0m³

四、排水工程工作内容及工程量

1. 人工挖沟槽土方 3 470.6m³
2. D600 管安装 1 340m
3. 跌水井 2.0 座
4. φ1 250 检查井 36.00 座
5. 砌进水井 72.00 座
6. D300 管安装 270.00m
7. 土方回填夯实 2 724.3m³

五、主要施工机具配置:序号、机械或设备名称、型号、数量、用途

1. 液压反铲挖掘机 SK220/2 台;路基土方开挖
2. 推土机 T180/1 台路基填土、整形
3. 推土机 T120/1 台路基填土、整形
4. 振动压路机 YZ14B/1 台路基压实、基础碾压
5. 振动压路机 YZ18/1 台路基压实、基础碾压
6. 自卸汽车 5T2/5 台土方、原材料运输
7. 农用车 3T/20 台稳定层、混凝土熟料运输
8. 强制式搅拌机 JS500/2 部稳定层、混凝土拌和
9. 装载机 ZL50A/1 台路基土方
10. 装载机 ZL30B/1 台拌和熟料
11. 混凝土振捣机 1 套混凝土振捣
12. 混凝土振平器 1 套混凝土振平
13. 混凝土压筋机 1 台传力筋布置
14. 洒水车东风 5000L/1 台养护
15. 混凝土搅拌机 JS350/1 台混凝土构件预制
16. 振动棒 2.2kW/2 台混凝土振捣
17. 自动配料机 1 套混凝土拌和
18. 发电机组 8kW/1 台施工现场照明,振捣设备其他用电设备供电
19. 发电机组 12kW/1 台施工现场砂浆拌和机供电
20. 砂浆拌和机 250L/3 台现场砂浆拌和

第三节 城市道路工程施工管理

一、概述

在城市道路施工管理中,制度建立健全是关键;质量、进度、成本三者关系需要把握和制

衡;安全和环保是工程施工管理的重中之重;资料管理和试验检测是贯穿施工管理的主线。本节主要介绍施工现场管理制度、施工质量、进度与成本控制、安全及环保的管理。针对市政建设的发展要求和特点,对城市道路工程施工中密切相关的工程资料管理、试验检测也做了介绍。

二、施工现场管理制度内容

1. 施工现场考勤制度

(1)工程现场全体工作人员必须每天准时出勤,指纹打卡。工程开工后,工作时间为9小时。

(2)工作人员外出执行任务需要向项目经理请示,填写外勤任务单,获准后方可外出。

(3)项目经理外出需向分管副总汇报。

(4)病假需出示病假证明书。

(5)事假要向项目经理申请,填写请假条,一天以内项目经理批准,两天以内分管副总批准,三天以上董事长批准。获准假后方可休息,并送行政部备案。

(6)因工程进度需要加班时,所有工作人员必须服从。由项目经理填写加班申请表。工作人员加班工资另计,项目经理不计加班工资。工作人员因自身原因不能按时完成自身工作任务,需要加班的,不计加班工资。

(7)无故旷工三次或连续三天者除名。

2. 施工现场例会制度

(1)自工程开工之日起至竣工之日止,坚持每天举行一次碰头会。

(2)每日例会由相关项目经理召集,施工员、养护班长及施工班组负责人参加。工程秘书记录归档。项目经理可根据具体问题扩大参加例会人员范围。

(3)施工中发现的问题必须提交例会讨论,报分管副总批准。例会中作出的决定必须坚决执行。

(4)各班组间协调问题提交日例会解决。例会中及时传达有关作业要求及最新工程动态。

(5)每周例会由分管副总召集,由项目经理、预算员、营销经理参加,工程秘书记录归档。分管副总可根据具体问题,扩大参加人员范围。

(6)各生产部门间的协调问题、甲乙双方的协调问题提交周例会解决。例会传达公司最新工程动态、最新公司文件及精神。

3. 施工现场档案管理制度

(1)工程秘书应严格城建档案管理要求,做好资料档案工作。

(2)做好施工现场每日例会记录、每周例会记录。临时现场会议记录。

(3)现场工作人员登记造册。施工班组人员身份证复印件整理归档。

(4)工程中工程量签证单、工程任务书、设计变更单、施工图纸、工程自检资料的整理归档。

(5)工程中的其他文件、资料、文书往来整理归档。

(6)各类档案资料分类保管,做好备份,不得遗失。同时,建立相关电子文档,便于查阅。

(7)借阅档案资料需办理借阅手续。填写工程资料借阅表,并及时归还。

4. 施工现场仓库管理制度

(1)材料入库必须经项目经理验收签字,不合格材料决不入库,材料员必须及时办理退货手续。

(2)保管员对任何材料必须清点后方可入库,登记进账。填写材料入库单,同时录入电子文档备查。

(3)材料账册必须有日期、入库数、出库数、领用人、存放地点等栏目。

(4)仓库内材料应分类存入堆放整齐、有序,并做好标志管理。同时,留有足够的通道,便于搬运。

(5)油漆、酒精、农药等易燃易爆有毒物品存入危险品仓库,并配备足够的消防器材,不得使用明火。

(6)大宗材料、设备不能入库的,要点清数量,做好遮盖工作,防止雨淋日晒,避免造成损失。

(7)仓库存放的材料必须做好防火、防潮工作。仓库重地严禁闲杂人员入内。

(8)材料出库必须填写领料单,由项目经理签字批准,领料人签名。

(9)工具设备借用,建立借用物品账。严格履行借用手续,并及时催收入库。实行谁领用谁保管的原则,如有损坏,及时通知材料员联系维修或更换。

5. 施工现场文明施工管理制度

(1)施工作业时不准抽烟。

(2)施工现场大小便必须到临时厕所。临时厕所使用后要随时清洗。

(3)材料构件等物品分类码放整齐。领用材料、运输土方、沙石等,不沿途遗洒及时清扫维护。

(4)施工中产生的垃圾必须整理成堆,及时清运,做到工完料清。

(5)现场施工人员的着装必须保持整洁。不得穿拖鞋,不得光着肚皮上班。

(6)工棚必须保持整洁,轮流打扫卫生,生活垃圾、生产废物及时清除。

(7)团结同志,关心他人,严禁酒后上岗,酗酒闹事,打架斗殴,拉帮结伙,恶语伤人,出工不出力。

(8)对施工机械等噪声采取严格控制,最大限度地减少噪声扰民。

6. 施工现场安全生产管理制度

(1)新工人入场,道德接受"安全生产三级教育"。

(2)进入施工现场人员佩戴好安全帽。必须正确使用个人劳保用品,如安全带等。

(3)现场施工人员必须正确使用相关机具设备。上岗前必须检查好一切安全设施是否安全可靠。

(4)特殊工种持证上岗,特殊作业佩戴相应的劳动安全保护用品。

(5)使用砂轮机时,先检查砂轮有无裂纹是否有危险。切割材料时用力均匀,被切割件要夹牢。

(6)高空作业时,要系好安全带。严禁在高空中没有扶手的攀援物上随意走动。

(7)深槽施工保持做到坡度稳定,及时完善护壁加固措施。

(8)危险部位的边缘,坑口要严加拦护、封盖,并设置必要的安全警示灯。

(9)按规定设置足够的通行道路、马道和安全梯。

(10)装卸堆放料具,设备及施工车辆,与坑槽保持安全距离。

(11)大中型施工机械(吊装运输碾压等)指派专职人员指挥。

(12)小型及电动工具由专职人员操作和使用。注意用电安全。

(13)施工人员必须遵守安全施工规章制度,并有权拒绝违反"安全施工管理制度"的操作方法。

(14)施工现场地需挂贴安全施工标牌。

(15)严禁违章指挥和违章操作。

7. 施工现场临时用电管理制度

(1)工地所有临时用电由专业电工(持证上岗)负责,其他人员禁止接驳电源。

(2)施工现场每个层面必须配备具有安全性的各式配电箱。

(3)临时用电,执行三相五线制和三级漏电保护,由专职电工进行检查和维护。

(4)所有临时线路必须使用护套线或海底线。必须架设牢固,一般要架空,不得绑在管道或金属物上。

(5)严禁用花线、铜芯线乱拉乱接,违者将被严厉处罚。

(6)所有插头及插座应保持完好。电气开关不能一擎多用。

(7)所有施工机械和电气设备不得带病运转和超负荷使用。

(8)施工机械和电气设备及施工用金属平台必须要有可靠搭铁。

(9)接驳电源应先切断电源。若带电作业,必须采取防护措施,并有三级以上电工在场监护才能工作。

8. 施工现场保卫管理制度

(1)保卫人员必须忠于职守、坚守岗位、昼夜巡视,保护施工现场财产不受损失。

(2)项目经理应根据现场的实际情况,设置符合标准的挡栏、围栏等,尽可能实行封闭施工。

(3)项目经理应对露天的原材料、成品半成品进行安全检查,必要时增设安全防护设施或派专人看守。

(4)所有施工人员必须佩戴工号牌,外来人员无项目经理许可,不得进入施工现场。

(5)夜间值勤的保卫人员,必须巡视整个施工区域,不得睡觉。

(6)保卫人员现场巡视时,密切注意原材料、成品半成品、机具设备等。发现异常情况,及时向公司汇报。

(7)施工班组自带的所有设备、工具等应进行登记,登记清单由工程秘书保管,以备相关人员查阅。

(8)施工班组离场时,携带的工具、设备出场,必须有项目经理部的批条方可带出。

9. 施工现场消防管理制度

(1)施工现场的每个层面必须配备足够的灭火消防器材。

(2)保卫人员每天必须检查消防器材的完好性,如有损耗应及时补充。

(3)消防器材安放处必须有明显的标记。

(4)消防器材的设置地点以方便使用为原则,不得随意变更消防器材的放置。

(5)工作人员必须熟悉消防器材的使用方法。

(6)漆类等易燃品存放在危险品仓库。油漆工施工时,要避开火源、热源。

(7)施工现场所有使用明火的地方,必须保证有专人值守,做到人走火灭。

(8)保持消防道路通畅,一旦发生火警,应立刻组织人员扑灭,必要时向消防部门报告。

(9)临时工棚等设施支搭符合防盗防火要求。定期进行防盗防火教育,经常进行检查及时消除隐患。

10. 施工现场成本管理制度

1)实行成本考核制

(1)由项目经理首先与上级领导签订责任书,明确自己在工程施工过程中遇到不同情况时所应承担的责任。在明确责任的同时,要确定责任成本(责任成本是指按照责任者的可控程度所归集的应由责任者负责的成本)。在责任成本范围内,如果出现成本人为超耗现象,视具体情况按百分比扣除项目经理奖金;如果成本损耗低于成本预测计划,即工程成本降低了,则按百分比一次性奖励项目经理。

(2)成本控制目标层层分解,层层签订责任书,并与经济利益挂钩,以强化全员经济意识。可将责任书上墙,时刻提醒工程部内成员。

(3)具体考核措施:可以在工程部内部成立一个考核小组,在每道工序完成后,根据工程部内成员责任成本完成情况,进行商议考核。在各自责任成本范围内,成本节约了,则将所节约成本的2%作为奖金奖励给相关人员。如果成本超耗且是人为超耗则按超耗成本的1%扣除奖金。

(4)施工前,做好项目成本预测和计划。

(5)定期召成本分析会。主要分析内容为:

①现场已完工程量,监理已签字工程量。

②人工消耗及费用,未来一周的每日用工计划。

③材料消耗,运输费用,周转材料,修旧利废,材料节超情况及原因,未来一周材料需用种类及数量。

④机械费用发生额,维修折旧费用,未来一周机械需用种类及数量。

⑤对费用控制提出整改措施。

2)强抓材料管理和使用

(1)做好材料采购前的基础工作。

工程开工前,项目经理、施工员必须反复认真的对工程设计图纸进行熟悉和分析,根据工程测定材料实际数量,提出材料申请计划,申请计划应做到准确无误。

(2)各分项工程都要控制住材料的使用。特别是石材材、木材、砂石等严格按定额供应,实行限额领料。

(3)在材料领取、入库出库、投料、用料、补料、退料和废料回收等环节上应引起特别重视,严格管理。

(4)对于材料操作消耗特别大的工序,由项目经理直接负责。具体施工过程中可以按照不同的施工工序,将整个施工过程划分为几个阶段,在工序开始前由施工员分配大型材料使用数量。工序施工过程中如发现材料数量不够,由施工员报请项目经理领料,并说明材料使用数量不够的原因。每一阶段工程完工后,由施工员清点、汇报材料使用和剩余情况,材料消耗或超耗分析原因,并与奖惩挂钩。

(5)对部分材料实行包干使用,节约有奖、超耗则罚的制度。

(6)及时发现和解决材料使用不节约、出入库不计量、生产中超额用料和废品率高等问题。

(7)实行特殊材料以旧换新,领取新料由材料使用人或负责人提交领料原因。材料报废须及时提交报废原因,以便有据可循,作为以后奖惩的依据。

(8)对于周转材料在每项工程中的成本摊销方式,可以采用以下公式进行成本核算:

$$摊销量 = 一次使用量 \times (1 + 损耗率) / 周转次数$$

式中:一次使用量——根据施工图纸进行计算的供申请备料和编制施工作业计划使用量;

周转次数——新的周转性材料从第一次使用,到这部分材料不能再提供使用的使用次数;

损耗率——周转性使用材料,在某项工程中,根据使用的频繁程度、工程对象特征、工期长短等情况,制订的该部分周转性使用材料在该工程中应计取的材料摊销的数量。

3)劳动力资源管理

(1)在施工开始前,不仅要排施工进度计划,也应该根据施工进度计划排出每道工序民工用工计划,依据用工计划计算人工费。在开工前与民工负责人商议此份用工计划,做到民工负责人心中有数。

(2)项目经理根据每道工序民工用工计划事先拟订民工使用成本目标,并提交上级领导审查。根据民工使用成本目标,向生产副总通告人工费拨款计划。工程完工后,人工费在事先拟订的目标基础上降低了,则将节约资金的1%奖励给相关人员。

(3)在工程开工后,要严格控制劳动力定额、出勤率、加班加点等问题;及时发现和解决人员安排不合理,派工不恰当,时紧时松,窝工、停工等问题。每天早晨由施工员指定上岗民工数,指定的人数应与用工计划基本吻合,一天中视具体情况增加民工上岗。这样就可以在一定程度上避免民工闲置情况出现,降低人工成本。

(4)在施工过程中,应增强施工班组负责人的责任意识。有关调配民工、追究责任等问题,直接与班组负责人交涉。

(5)在施工开始前与班组负责人签订责任书及承包书等,明确责任。硬质景观工程可采用各项施工工序由班组承包施工的方法:在保证施工质量、施工进度的前提下,针对不同的施工工序定工期、定质量、定人工量,由民工分段承包施工。这样在一定程度上避免了施工管理中的许多麻烦,减轻了项目经理、施工员的工作量,达到了降低人工成本的目的。

(6)具体的人工费考核标准,先采取以上的管理方式待工程完工后对比几个工地的专人记工数成本和合同成本,分析其中的浮动额,以便于调整合理的人工费定额。

(7)工程部人员也应该合理配置、加强管理。在工程经理向上级领导提交项目承包责任书的同时可以由工程部经理提出工程部人员配置计划,在不影响施工进度满足施工质量的前提下由工程部经理自行安排工程部成员构成。特殊岗位必须有专人负责,其他岗位如果条件允许可以实行一人多岗。

(8)工程部内可引进竞争机制,各岗位负责人定期写工作总结上交项目经理。

(9)定期举行一些小的集体活动,以增进工程部成员之间的感情,锻炼大家的团队精神,使大家能够更好地了解彼此,从而在工作中更好的协作、配合,高质量、高效率的完成工作。

4)机械使用和管理

(1)由施工员每天记录所有机械使用情况。由电工对机械进行及时维修、保养。

(2)对于重要工序所使用的重要机械,在施工工序开始前由项目经理提出机械种类、数量及台班数。

(3)大型机械必须专人指挥,事前控制总台班数量。下达日台班定额。

11. 施工现场质量管理制度

(1)项目经理必须对施工员及施工班组进行每一道工序的技术质量交底。

(2)施工员必须牢固掌握工程的工艺流程及施工技术质量要求。

(3)对景观艺术要一丝不苟、精益求精,要尊重自然规律,贴近自然,达到逼真效果。

(4)认真做好工程前期准备工作,编制切实可行的施工组织设计。针对不同工程特点,制订相应的施工方案,并组织进行技术革新,从而保证施工技术的可行性及先进性。

(5)施工技术的准备。在熟悉施工图纸的基础上,对图纸中的问题进行汇总,结合本公司的施工特点,提出具体的修正方案,报甲方及设计单位共同探讨,以达成一致,使得问题能够在进场施工前得到最大限度的解决。

(6)对原材料进行严格的验收。不合格的原材料坚决不用。

(7)保证技术工人的相对稳定。对技术特别过硬的技术工人实行奖励,同时淘汰技术不合格的民工。

(8)施工工艺是决定工程质量好坏的关键,有好的工艺,能使操作人员在施工过程达到事半功倍的效果。为了保证工艺的先进性及合理性,公司对于不太成熟的工艺安排专人进行试验,将成熟的工艺编制成作业指导书,并下发各施工员。施工员在现场指导生产时则以此为依据对工人进行书面交底,并由班组长签字接收。工艺交底包括工具及材料准备、施工技术要点、质量要求及检查方法、常见问题及预防措施。在施工时,先交底后施工,严格执行工艺要求。

(9)加强专项检查,及时解决问题。

①开展自检、互检活动,培养操作人员的质量意识。各工序完成后由班组长组织本班组人员,对本工序进行自检、互检。自检依据及方法严格执行技术交底,在自检中发现的问题由班组自行处理并填写自检记录,班组自检记录填写完善,自检出的问题已确实修正后方可由施工员进行验收。

②认真开展工序交接活动。上一道工序完成后,在进行下道工序施工前,由施工员组织上、下工序施工班组长进行交接检验,由下道工序班组长检查上道工序质量,对影响本道工序的质量问题提出意见,并填写交接检验记录。施工员督促上道工序人员进行修正后,下道工序人员方可进行施工,从根本上杜绝不合格品的存在。

③专职检查、分清责任。在班组自检基础上,施工员要对各班组长的各道工序进行检查,从严要求,对不合格的要立即处理。在检查时,必须分清产生不合格的原因,是由于工人

操作引起的,还是由于施工材料或施工方法引起的。查清原因后,对于反复发生的问题要制订整改措施及相应的预防措施,防止同类问题再次发生。对于工人操作引起的不合格,要视情况严重程度对工人采取处罚措施,并及时向操作人员讲明处罚的理由。

④定期抽查,总结提高。定期到各项目的工程质量情况进行检查,对发现的问题定期集中分类,定期召开质量分析会,组织施工管理人员对各类问题分析总结。针对特别项目制订纠正预防措施,并贯彻实施,使各施工管理人员在不断解决问题的过程中,提高水平。

⑤做好内部验收。工程完工后,在交付顾客使用前,由景观工程部、营销部及行政部对工程进行全面的验收检查。对于发现的问题,书面通项目经理及时整改。如有必要,则进行二次内验。只有在内部验收通过后,工程才能交付甲方进行验收,从而保证一次性验收合格。

三、施工质量管理

城市道路工程质量关乎政府形象和城市的市容市貌,与市民生活息息相关。畅通的道路,快捷的交通,作为一座城市的窗口,直接反映出城市的管理水平。近年来,随着市政道路等基础设施建设的快速发展,工程质量有了很大的提高,但由于市政道路易受行政干扰、地质情况等因素影响,施工场地狭窄、战线长,地下管线交错复杂,而工期要求紧,此外还要综合考虑城市供热、给水、雨水、污水、燃气、电力、通信、绿化等因索影响,施工难度大,质量难以控制。所以,必须在施工生产全过程中下工夫,把功夫用在平时,用在日常质量管理中。

1. 城市道路施工质量控制难点

市政道路施工质量控制比较困难,具体如下:

①市政道路施工场地狭窄,难以控制人流,交通封闭困难。另外,电力、电信、自来水、煤气、热力和排污管道等各种管线彼此交织、相互干扰,这样就使原来狭窄的场地显得更加拥挤,同时也使质量管理工作变得更加零散,增加了质量控制的难度。

②为了减少工程建设对人们日常生活造成的干扰,所以对施工作业的周期要求非常严格,只能提前完成施工作业,不准推后。施工单位必须根据工期安排工程进度计划,且要有周密性。

③市政道路施工经常遇到与光缆、供热、给水、煤气、电力、电信等管线位置不明的情况,若盲目的施工,极有可能伤害管线,从而造成严重的经济损失以及重大的社会影响,同时也影响道路工程施工进度。

④市政道路工程也受施工现场地质条件的影响,如遇到现场地下水位高、土质差,就需要采取深井降水等措施,待水位降至符合施工条件,才可以组织开挖,保证施工正常,这同时也增加了质量控制的难度。

(1)检查材料时采取相关措施

市政道路工程的质量,与所用的材料密切相关。材料性能如何,在很大程度上决定着工程的使用及寿命。在施工过程中施工材料来源渠道往往变化较大、种类复杂,特别是砂、石的来源变化比较频繁。所有材料在工程验收之前,监管工程师都有权进行检查、抽样测试和复试。对施工单位自行采购的工程材料(水泥、砂、石集料、钢筋等),必须提供"三证",并按有关标准规定抽样检验,执行见证取样制度,不合格的材料一律不得进入施工现场应给予清退。在工程材料检查验收工作中,监管工程师要严格控制材料的供应来源,加强对材料的抽检工作,以保证进场时的质量,对原材料、管构件把好质量关。

(2) 在现场施工中所采取的措施

在经济社会,质量管理理所当然与经济挂钩。但这只是一种手段,而不是真正的目的,在实际操作过程中,千万不能本末倒置。如果不分轻重缓急、敲砸成风,那就必须要好好深思了。所以,应看到问题的另一面,敲、砸和返工证明质量管理没有准备好或者是做过头了。对于质量管理措施,一定要以保证质量、提高质量为前提,对质量追求精益求精,措施一定要合理得当、面面俱到。质量管理措施要强硬有力,不能讲人情,不能拖泥带水。该一票否决就一票否决,没有什么通融的余地,公私分明,往往质量管理搞不下去的原因,就是已形成的指令被人情所溶解了。平时严格要求项目中所有工程技术人员,对质量问题该说到的必须说到,说到的必须做到,做到的必须记录在案,形成一种凡事有人负责、凡事有章可循、凡事有据可查的良好工作习惯,以良好的工作质量保证工程质量,达到建设优质工程的目标。

质量管理不得力的人该换的就换,不得力的施工队该清退的要清退,决不能心慈手软,否则会给工程质量带来隐患。现在的质量管理体制有一个弊病,就是管理质量的人没有真正的否决权,技术和行政相对来讲还是分家的,严格按照规章制度管理。

(3) 市政道路工程质量管理中的质量控制

质量控制是建设工程中最重要的工作之一,是工程建设项目控制的中心目标。施工是形成工程建设项目实体的阶段,同时也是形成最终产品质量的重要阶段。所以,施工阶段的质量控制,是工程建设项目质量控制的关键,也是施工阶段要合理完成的重要因素。市政道路的每道工序完工后,必须由施工单位自检自查,合格后才能填写工序质量报验表,经验收认可方能进入下道工序施工,这是质量控制的关键所在。每道工序检查验收时,严格按照技术规范标准进行该量尺寸的要量尺寸。该检测试验数据的要检测试验数据,要按所要求的检查频率见证取样。同时,在把好施工工序施工质量关时,要排除外界一切干扰,特别是在工期紧迫的时候,工序质量的检验更加不能放松,要把好施工工序及质量关。

总之,市政道路工程项目建设牵涉到国家和社会方方面面,工程项目质量好,才会使国家经济实力增强,也会给人民带来实惠和利益。如果施工质量不好,就会带来大量资源的损失和浪费。参与工程建设各方应明确各自的质量责任,规范业主的某些行为,加强设计质量管理,加强监理单位的科学监理。通过科学管理,使建设项目科学决策、精心设计、精心施工,共同提高市政道路工程的质量,保证投资目标的实现,完善市政道路施工,提高质量。

2. 城市道路工程施工质量管理

城市道路工程是多功能工程,不仅要具备足够的承载能力,而且应具有路面平整、线条流畅等特点,还应考虑到经济性、路容的美观性,体现出良好的社会效益。城市道路工程的质量问题关系到方方面面,必须引起各方面的高度重视。

近年来,城市道路工程在质量方面有了质的飞跃,得到了各级领导的高度重视,但要从根本上解决问题还有大量的工作要做。影响城市道路工程的质量因素很多,较难控制,大多数城市(特别是中、小城市)道路工程在质量方面仍然存在着不小的差距。

1) 城市道路工程施工质量差距的表现

(1) 变:表现为长官意志,项目随意变更;考虑不周不得不变。投资变(主要是资金不确定所致),工期任意变,施工过程中变更多,决策失误更得变。变是必然的,但变得太多太快,带来的损失必然是巨大的。

(2)差:主要是质量意识差,施工人员素质差,施工方法、工艺差,机械设备差,检测手段差,路面平整度差,外部环境差等。

(3)粗:表现为立项粗,设计粗,图纸粗,施工前的准备粗,管理过程粗,施工程序粗,检测数据粗,验收粗等。

(4)漏:设计漏项,施工漏做,工序之间漏检,监理、施工方面管理中疏漏等。

(5)裂:因工期紧,管网沟槽回填较深又无时效期而造成下沉断裂;路基压实、养护不够造成开裂,沥青抗老化能力差,造成路面网裂等。

这些差距若不尽早根除,差距将越来越大,势必损害城市的形象和政府在市民中的形象。

2)质量问题的成因

(1)开工急:由于急于开工,造成匆忙设计,匆忙选择施工队伍;施工队伍又不得不匆忙进场,有些工程甚至边设计边施工,忙中出错在所难免,使得施工工序、工程质量很难得到保证。

(2)工期紧:一般来说城市道路工程的工期都很紧,这是城市道路施工的最大特点。城市道路工程的另一特点是绝大部分工程都要经历雨季施工,而这个时期又正是各种管道铺设或路基施工的阶段,管道沟槽回填后难以压实,路基含水率大,其密实度和强度很难保证。由于工期太紧,又不能不施工,存在质量问题是可以想见的。

(3)作业面狭窄:城市道路工程施工场地都很难闭交通,人流难以控制,加之诸如电力、电信、热力、有线电视、煤气、自来水、排污管道等各种管线相互交织、彼此干扰,使得原本狭窄的场地显得更为拥挤,同时使得质量管理工作更为零散,连续性差,增加了质量管理的难度。

(4)扯皮多:城市道路工程施工中情况十分复杂,关系到方方面面。

(5)施工工段细小:为平衡关系,把工程化整为零,造成工程衔接处质量难以控制。

(6)利低料减:由于市场竞争激烈,某些施工单位为了取得工程,故意压低竞标价格。当获得项目进行施工时,又因利润太低,加之资金到位率较差,偷工减料、以次充好、以小代大、以粗代细等现象时有发生,质量较差的问题也就不可避免了。

(7)建设、监理、施工部门各自责任不到位带来的质量问题。

①建设单位协调工作不到位,未能为施工单位营造一个良好的外部环境,造成工程的先松后紧。另外,对一些施工素质差的队伍,措施不得力,势必给工程质量带来隐患。

②监理部门"监、帮、促"处理不到位,不能充分发挥质量管理部门的积极作用。再者少数监理人员自身素质不高,监理工作浮于表面,缺乏深度和广度,对工程质量的影响是很大的。

③某些施工单位人员素质较差,加之施工人员以民工为主(这些人员的技术素质一般较低),加大了质量管理工作的难度;施工机械设备陈旧,工程中使用的材料与原送检的材料差距较大;工艺流程落后等都易于造成质量问题。

3)提高城市道路工程质量的措施

提高城市道路工程的质量需要各方都将工程质量问题放在首位,共同解决好与工程相关的各种问题。提高城市道路工程质量的主要措施为:

(1)做好工程前期规划论证和设计工作,是提高工程质量的先决条件之一。

(2)做好开工前的拆迁工作,尽力做好施工前的"三通一平"工作,为施工营造一个良好的外部环境,保证施工的连续性,为提高工程质量奠定基础。

(3)在施工队伍的选择上,切实做到择优选取施工队伍,除应考虑竞标报价,还应实地考察施工队伍的实际状况。

(4)建设、监理、施工各方应履行好自己的职责,以工程的高质量为首要前提,发挥各自的优势,密切合作,协调管理,从根本上确保工程的高质量。

①建设单位应切实做好协调服务工作,尽可能为施工创造有利条件,同时要严格执法,督促施工单位严格按照施工组织方案进行施工,对施工不力的队伍,采取果断措施,保证工程质量工作落到实处。

②监理部门应做到"秉公执法、热情服务",把监理工作贯串于施工的全过程;同时改变那种只监理、不管其他的方式,应帮助施工单位出谋划策,协助施工单位改进施工方法和工艺,为工程的高质量保驾护航。

③施工单位应认真完善和落实自身的质量保证体系,从组织、制度、措施等方面严把每个环节的质量关,切实做到预防为主、积极主动、严格控制、细化管理。既要管结果,更要抓过程,将质量第一的精神落实到每个人、每道工序,只有这样,才能多创优质工程,多建市民满意的精品工程。

总之,影响城市道路工程施工质量的因素是多方面的,需动员各方力量,实行综合管理,以确保城市道路工程的高质量。若达此目标,则城市道路工程质量较差的难题将得到圆满的解决,同时必然取得令人满意的经济效益和社会效益。

四、施工安全管理与检查

随着国家基建投资的不断加大,建筑企业准入政策的调整,使得施工企业数量不断增加,施工队伍不断扩大。建筑工程企业的施工,多数情况是露天高空作业,而且现场情况多变,又是多工种的立体交叉作业,劳动条件差,从业人员的构成不确定性及流动性大,建设管理水平参差不齐,安全生产的管理和职工安全教育滞后,因而当前建设系统的安全形势非常严峻。

1. 推行现代企业安全管理的必要性

科学的安全管理需要安全理论作为基础,为了实现安全生产,必须研究安全的科学理论,揭示安全的科学规律,运用科学的管理方式提高安全管理工作水平。

以往安全管理工作大多采用传统安全管理模式,与现代化科学管理方法相比存在明显的不足。传统安全管理工作的着眼点主要放在系统运行阶段,一般是事故发生了,调查事故发生的原因,根据调查结果修正系统。这种模式称为"事后处理"模式。由于存在许多弊端,致使事故不断发生。而科学化安全管理工作的着眼点是预先对危险进行识别、分析和控制,变"事后处理"为"事先控制",预防为主,关口前移,防患于未然。

安全管理虽然是极其艰巨的一项工作,但是只要坚持用唯物辩证法指导,不断研究探讨和把握安全管理的规律,就能掌握工作的主动权。许多事故的发生是由于人们缺乏必要的教育培训和科学知识造成的。面对先进的技术装备,如果没有相应的科学知识,不但不能很好地驾驭、使用它,完好的装备也可能遭到破坏。每一名职工如果掌握了科学文化知识,就会减少盲目性,再复杂的装置也能掌握。有的同志在多年的工作中始终保持良好的安全状态,一个重要的原因就是他们运用了科学的知识和方法。因此,科学管理对做好安全工作来讲是极其必要的。

2. 影响施工安全的因素

(1)安全管理组织机构不健全。安全生产管理体制其中一条是企业负责。企业负责的关键在于企业法定代表人是安全生产第一责任人。企业法人在整个经营管理中,要对本企业的安全生产全面负责。企业经营管理的目的在于提高经济效益,提高经济效益的前提就必须做到安全生产。要做到安全生产,首先就要建立健全各种安全管理机构。安全管理机构是企业各项安全生产规章制度的具体执行落实者,对安全生产负有重要责任。

个体私营企业中许多都没有安全管理组织机构,专职安全员一般也是挂名的,平时根本不到现场,最多只是应付上级的检查。工地的现场主管既是施工员,又是技术员,还是安全员,一兼多职。安全生产制度无法落实,施工管理混乱,安全生产没有切实的保障。

国有企业安全组织机构虽然比较健全,也有必要的安全管理制度,但是公司安全部门的管理权限不够,只有建议权,没有决策权。现场安全员发现安全隐患不能直接安排人员整改,要先报告,能否落实还得看施工队或者项目经理对安全工作的重视程度。遇到施工进度与安全发生矛盾时,总是难以摆正关系。

(2)安全管理制度不落实,首先,是现场操作工人的管理严重脱节。随着建筑市场的开放,大量农民工进城从事建筑施工。国有企业施工现场一般管理人员和少数工种是正式工,操作工人都是临时招聘的农民,主要管理方式是和民工队的"飞机头"签订单项工程承包合同,以包工不包料的形式明确双方责、权、利,安全全部由自己负责,企业只是片面追求产值利润。在施工中抢速度、拼体力、拼设备,只注重一时的利益。其次,是安全教育严重滞后。按照规定,新工人进厂必须进行安全生产"三级教育"。教育的主要内容包括劳动技能和安全知识两个方面,经考核合格后才能上岗。但大多数企业招收的农民工都没有进行教育,致使这些人严重缺乏安全生产科学知识,安全操作水平低下,安全意识淡薄,自我防护能力极差。再次,是安全工作思想认识不足,措施不力。在施工进度、质量、效益、安全几方面发生冲突时,往往忽视安全生产,注重进度和效益。安全技术措施专用资金不足,有些连必要的安全防护用品、保证措施都不愿花钱,盲目追求利润最大化。这些在个体、私营企业中表现尤为突出。

(3)施工环境对施工安全的不利影响。由于单位承揽的工程的特点,施工任务和环境的经常变化,容易导致施工人员心理素质不适应。一是经常变化的施工任务和环境对施工安全有不利影响;二是在外施工生活比较艰苦,业余生活单调,加之施工经常抢时间、抢进度,劳动强度大,尤其是夜间施工人们更易发困、疲劳和精神恍惚;三是施工中经常发生的工作矛盾,利益纠纷和外围环境干扰,容易造成施工人员思想波动、情绪不稳定、心理急躁。

3. 如何做好施工安全管理工作

(1)树立"安全第一的思想"。安全管理工作搞不好,往往在于认识不到位。现代安全管理要求的基础就是正确认识安全管理,处理好施工安全和经济效益关系。一些单位在施工时,存在不在乎的态度,因小洞不补,以致酿成大事故发生的后果。因此,应通过开展多种形式的安全宣传教育活动,提高职工和临用民工的思想认识,增强政治责任感和社会责任感,增强工程项目经理负责抓安全生产管理的紧迫意识,使广大施工人员深刻认识到,安全问题不单纯是一个经济问题,还有着重大的政治影响和社会影响。施工安全问题解决不好,无论是对社会还是对单位都会造成不良后果和负效应。没有安全保障,提高经济效益就只能是一句空话。因此,只有解决思想认识问题,广大施工人员才能真正树立安全第一、安全就是效益的思想观念,从而有效地预防事故的发生。

(2)加强安全组织机构建设。各施工单位安全管理机构要加强自身建设,提高自身战斗力。各单位领导要关心支持他们的工作,切实为他们解决实际问题,多听他们的汇报,及时掌握新动向,解决新问题。同时,还要加强安全机构的组织建设,做到层层有人抓、有人管、一级抓一级,要选配政治业务素质好、责任心强的干部充实到建筑企业工程安全管理队伍中来,将责、权、利充分落实到位,以充分调动其工作积极性,进一步促进安全管理工作走向正规化、规范化、法制化的轨道。

(3)坚持"预防为主",强化各项安全管理措施。首先要提高对安全教育的认识,真正把安全教育摆到重点位置。既要通过安全培训、常规性安全教育,又要充分发挥安全会议、安全讨论、安全活动、厂报、黑板报的作用,在安全教育的形式和内容上要丰富多彩、推陈出新,使安全教育具有知识性、趣味性,寓教于乐,广大职工在参与活动中受到教育和熏陶,在潜移默化中强化安全意识,逐步形成"人人讲安全,事事讲安全,时时讲安全"的氛围,使广大职工逐步实现从"要我安全"到"我要安全"的思想转变,并通过切合实际的安全知识和安全技能的培训进一步升华到"我会安全"的境界,全面强化安全工作,创造良好的安全生产氛围。坚持预防为主,确保防范措施到位。

一是要强化各项管理措施。

①通过单位内部小立法,建章立制,如安全检查、教育培训、奖惩制度等,使安全管理工作规范化、制度化。

②坚持严字当头,使各项制度真正落实到实处,将安全任务分解落实到每个施工人员,并按时兑现奖惩。

二是强化各项保障措施。

①坚持车辆日常维修和定期保养制度,保障车车状况完好,严格检查,做到车有故障不放行,尤其是临用农民车辆更要严格把关。

②科学调度,合理安排施工作业,在工地开展健康有益的文化活动,丰富职工业余文化生活,并帮助职工解决工作和生活中的困难,解除他们的后顾之忧。只有这样,施工安全才能得到有效遏制,减少事故机率。

③保障驾驶员情绪稳定、身体良好、精力充沛,做到人有情绪不驾车。加强对驾驶员的业务技术教育和培训,保障他们技术知识及时得到更新,以适应新的工作要求,做到技术不合格,不准上岗操作。

④对施工人员须进行先培训后上岗,抓好方方面面的施工环节,发现不安全因素及时整改。

安全管理是一门科学,也是一项专业性、政策性、群众性、综合性非常强的工作。现在需要应用科学的现代企业安全管理方式,不断提高安全管理水平,真正把安全管理工作做好。我们必须运用科学的管理手段、管理方法,提高职工的安全执行力,只有这样,才能真正使安全管理水平上一个新台阶。

附:工伤事故处理制度

总　　则

为使公司员工在工作中遭受事故和职业病伤害后获得及时医疗救治、经济补偿和职业康复的权利,并对事故及时准确的进行调查处理,根据北京市人民政府令第48号《北京市企业劳动者工伤保险规定》,制订本制度。

(1)本制度适用于与公司形成劳动关系的员工以及退休返聘人员,以及为公司建筑施工并签订安全协议的施工队职工。

(2)由于下列情形之一,负伤致残、死亡的应当认定为工伤:

①从事本单位日常生产工作或者本单位负责人临时指定的工作的;在紧急情况下,虽未经本单位负责人指定但从事直接关系本单位重大利益的工作的。

②经本单位负责人安排或者同意,从事与本单位有关的科学试验、发明创造和技术改进工作的。

③在生产工作环境中接触职业性有害因素造成职业病的。

④在生产工作的时间和区域内,由于不安全因素造成意外伤害的或者由于工作紧张突发疾病造成死亡或者经第一次抢救治疗后全部丧失劳动能力的。

⑤因履行职责遭致人身伤害的。

⑥从事抢险、救灾、救火等维护国家、社会和公众利益的活动的。

⑦因公、因战致残的军人复员转业到企业工作后旧伤复发的。

⑧因公外出期间,由于工作原因,遭受交通事故或其他意外事故造成伤害或者失踪的,或因突发疾病造成死亡或者经第一次抢救治疗后全部丧失劳动能力的。

⑨在上下班的规定时间和必经路线发生无本人责任或者非本人主要责任的道路交通机动车事故的。

⑩国家规定的其他情形。

(3)由于下列情形之一造成负伤、致残、死亡的,不应认定为工伤:

①犯罪或者违法。

②自杀或者自残。

③斗殴。

④酗酒。

⑤蓄意违章。

⑥法律、法规规定的其他情形。

(4)发生伤亡事故后,按下列程序处理:

①抢救受伤人员,保护事故现场。

②立即报告本单位领导和安全员。单位领导或安全员应在一小时内报资产运营部。

③事故单位在主管安全部门的配合下,轻伤事故在48小时内完成调查、分析、处理工作,并由事故单位于3日内填写"伤亡事故登记表"报资产运营部。

④发生重伤事故,安全主管部门接到事故单位报告后要立即上报区劳动安全监察部门、机电控股公司(厂)技安处(科)、机电控股公司(厂)工会。安全主管部门和发生事故单位协助劳动安全监察部门完成事故的调查、分析、处理,并于10日内上交《职工死亡、重伤事故调查报告书》。事故单位于5日内填报"伤亡事故登记表"报资产运营部;

⑤发生死亡事故,安全主管部门接到事故单位报告后要立即上报市区劳动安全监察部门、市区工会、区检察院、区公安局、机电控股公司(厂)技安处(科)工会。安全主管部门与发生事故单位应积极配合与上级单位共同完成对事故的调查、取证、分析、处理工作,并于25日内上交《职工死亡、重伤事故调查报告书》,事故单位于10日内填报"伤亡事故登记表"报资产运营部。

(5)发生员工伤亡事故调查处理程序:

①事故单位负责人、公司主管安全部门人员应及时赶到现场,了解受伤人员的伤势,保护事故现场,必要时作出标记。了解事故发生的经过,做好详细记录。重伤以上的工伤事故应进行现场勘查、测绘、拍照或录像。目击者应出具旁证材料。

②召开事故分析会,查找事故原因,确定事故的性质和责任,制订防止事故重复发生的具体措施,严格做到"三不放过"。

③事故单位应召开工伤事故现场会,向员工介绍事故发生的原因,使广大员工能吸取教训。

④事故单位提出对责任者的意见并报主管安全部门。

⑤各类工伤事故必须在24小时内上报安全主管部门,不得隐瞒,超过时限不补报。

(6)伤亡事故现场的清理

①轻伤事故现场由公司、主管安全部门批准方可清理。

②重伤事故现场由区劳动安全监察部门批准方可清理。

③死亡事故现场由市劳动安全监察部门批准方可清理。

(7)伤亡事故的结案

①轻伤事故由公司主管安全部门会同事故单位领导批准结案。

②重伤、死亡事故由区、市劳动安全监察部门分别批准结。

五、施工进度与成本控制

1. 施工进度、质量与成本控制的协调

我国施工项目成本管理存在着制度不健全,管理策略不恰当等问题,同时项目成本管理已经不再局限于编制计划和进度报表,施工项目管理的主要控制环节在于进度、质量和成本的协调。

(1)进度与成本控制的相互作用机制

①进度与成本控制的关系。工程项目工期和成本是施工管理中的两个重要方面,在工程项目管理中有着至关重要的作用。通常情况下,工程项目工期及进度安排都会影响到施工成本。就某一施工项目而言,各工序之间存在着严格承继关系,工期变化将会导致相应费

用发生变化,从而影响到施工总成本。因此,运用网络优化的方法,压缩关键线路上一些工序的持续时间,可以达到降低成本的目的。各子项目之间的不同工期安排也会影响施工成本的发生。那些工期比较长,又包含许多子项工程,由于对各子项工程的工期安排不同,往往会导致不同的成本结果。

从进度与直接成本的关系来看,无论采用什么方法加快施工进度,工程的直接成本一般都将增加。间接费用随工期的延长而增加,按照间接费随时间序列是否变化,将其分成两类:不变间接费和可变间接费。

不变间接费是指随着工期的延长,匀速增加或者每单位时间内发生的数额相等或近似相等的间接费用。可变间接费是指随着工期的延长并非匀速增加,或者每单位时间内发生的数额不等的间接费用。这类间接费用的变化曲线工程间接费是各类间接费用的总和,对不变间接费和可变间接费时间序列曲线进行叠加,可以得到间接费时间序列曲线。

工期过短或过长都会加大工程成本;合理工期对应合理成本,合理成本保证合理工期;工期和成本是对应统一的;成本增加,可缩短工期;成本减少,工期则延长。工期、成本目标之间存在着对立统一的关系,并在一定条件下可以相互转化。如果项目进度计划制订得科学合理,则会使工程工期具有连续性、均衡性,工期得以缩短,进而对工程成本施以控制。

②进度与成本控制的协调。加快工程项目的施工进度,合理缩短工期,可以控制成本,早日发挥投资效益。但是,在特定工程造价内,提前完成工程项目是一项复杂的工作。盲目地缩短施工工期,加快施工进度,只能是增加更多的人力、物力和财力,加大工程项目成本。因此,合理确定工期必须考虑直接成本和间接成本的支出。

在实际工作中,我们必须结合施工项目的具体情况,采用先进合理的施工技术、施工工艺,采取技术组织措施,优化配置生产要素,做到既缩短工期,又不增加成本。在施工过程中,要及时准确地进行经济核算,对施工过程进行适时的控制,调动广大职工的积极性和主动性,保证工期目标的实现。

当然,如果必须要通过增加资源缩短施工工期时,就要进行经济比较,才能决策。一般情况下,缩短工期基于以下两种情况:一是接受新的施工项目,如果经过比较分析,新项目创造的效益将大于老项目增加的成本,可采取加快施工进度策略;二是业主愿意增加项目投资,加快施工进度。

工期与成本的控制依据在一定的条件下,可以相互转化。如果工程项目使用科学先进的控制技术,采取有效的控制措施,使得工期目标提前实现,项目提前投入使用,尽早收回投资,提前实现投资效益,这时,工期控制已转化为成本控制。

(2)质量与成本控制的相互作用机制

①质量与成本控制的相互作用。工程项目的质量和成本之间也有对立统一的关系。如果项目业主对工程质量有较高的要求,那么就需要投入较多的资金;如果业主过分地减少成本,工程质量就无法保证。同时,如果工程项目的成本计划制订得科学合理,使工程进展具有连续性、均衡性,就有利于获得较好的工程质量。许多工程项目,如大型体育设施等,要求项目建设必须在某一特定时间完成,这类项目投资和质量成为可以选择的决策变量。有些施工企业为谋求利润而使用劣质材料,或者偷工减料,导致工程质量下降,进而返工停工,也会加大施工成本。

由此可见,对于一个具体的工程项目,只有有了合理的成本,工程项目的质量才能得到良好的控制。

②质量与成本控制的协调。根据工程项目成本和质量之间的关系,在确定其中一个目标值时,都会对另一个目标产生影响,因此,需要对质量与成本目标进行协调。协调的目的是为了在两者之间寻求一种平衡,做到目标系统最优。协调质量、成本之间的关系应注意以下几点:一是提高所有施工人员的技术水平,加强职工的质量教育、造价管理、施工管理及业务技能的培训,树立质量意识;二是建立责任制,把质量目标进行逐项、逐层分解,将质量目标落实到每个人头上;三是确定恰当的质量成本,不要因质量要求过剩而增加支出,也不要因为质量问题导致返工等增加工程成本。总之,施工企业在组织施工时,应该在确保质量的基础上,合理进行资源配置,科学安排施工工序,加强成本的动态控制,从而实现成本控制目标。

(3) 进度、质量与成本控制的协调

工程项目成本控制是通过有效的程序和措施,在满足进度和质量要求的前提下,使得工程施工成本最低。如果仅仅关注成本目标,工程管理人员往往陷入在成本目标分解的各个层次上,顾及不到外界环境的变化。当发现实际成本超支时,通过盲目删除工程内容或者降低设计标准,进而导致工程的功能丧失或下降。

进度、质量和成本控制是施工项目的核心要素。要保证这三个要素的正常协调,必须处理好业主、施工单位、监理三方的关系。在工程实施总承包管理的情况下,业主既要为自己的工程把好质量关,又要为承建商的经济效益着想;施工单位不仅要提高自己的经济效益,还要提高工程质量。工期、质量、成本控制将要达到的最终目标就是降低工程成本和提高工程质量,提高经济效益和社会效益,创建高质量、高效益的精品工程。

2. 建筑工程进度控制措施

(1) 目标

确保在合同规定的日期内完成任务,力争提前竣工。

(2) 进度控制的方法

①按施工阶段分解,突出控制节点。控制点,在不同施工阶段确定重点控制对象,制订施工细则,达到保证控制节点的实现。

②按施工单位分解,明确分部目标。以总进度计划为依据,明确各个单位的分包目标,通过合同责任书落实分包责任,以分头实现各自的分部目标确保总目标的实现。

③按专业工种分解,确定交接时间。在不同专业和不同工种任务之间,要进行综合平衡,并强调相互间衔接配合,确定相互交接的日期,强化工期的严肃性,保证工程进度不在本工序造成延误。通过对各道工序完成的质量与时间的控制达到保证各分部工程进度的目的。

④按总进度计划的时间要求,将施工总进度计划分解为年度、季度、月度和旬期进度计划。

3. 强化进度计划管理

(1) 工程开工前,必须严格根据施工招标书的工期要求,提出工程总进度计划,并在对其是否科学、合理,能否满足合同规定工期要求等问题上,进行认真细致论证。

(2)在工程施工总进度计划的控制下,施工过程,坚持月(周)编制出具体的工程施工计划执行过程,并对其科学性、可行性进行认真的推敲。

(3)工程计划执行过程,如发现未能按期完成工程计划,必须及时检查分析原因,立即调整计划和采取补救措施,以保证工程施工总进度计划的实现。

4. 施工进度的控制

施工进度计划的控制是一个循环渐进的动态控制过程,施工现场的条件和情况千变万化,要及时了解和掌握与施工进度有关的各种信息,不断将实际进度与计划进度进行比较。一旦发现进度拖后,要分析原因,并系统分析对后续工作会产生的影响,由工程施工管理经验丰富的人员担任,并针对技术、质量、安全、文明施工、后勤保障工作配置项目副经理主抓分项工作。

(1)建立严格的《工序施工日记》制度,逐日详细记录工程进度、质量、设计修改、工地洽商和现场拆迁等问题,以及工程施工过程必须记录的有关问题。

(2)坚持每周定期召开一次,由工程施工总负责人主持,各专业工程施工负责人参加的工程工协调会议,听取关于工程施工进度的问题的汇报,协调工程施工外部关系,解决工程施工内部矛盾,对其中有关施工进度的问题,提出明确的计划调整意见。

(3)各级领导必须"干一观二计划三",提前为下道工序施工,做好人力、物力和机械设备的准备,确保工程一环扣一环地紧凑施工。对于影响工程施工总进度的关键项目、关键工序,主要领导和有关管理人员必须跟班作业。必要时,组织有效力量,加班加点突破难点,以确保工程总进度计划的实现。

5. 保证工期的技术措施

在施工生产中影响进度的因素纷繁复杂,如设计变更、技术、资金、机械、材料、人力、水电供应、气候、组织协调等。要保证目标总工期的实现,就必须采取各种措施预防和克服上述影响进度诸多因素,其中从技术措施入手是最直接有效的途径之一。

(1)设计变更因素

设计变更是进度执行中最大干扰因素,其中包括改变部分工程的功能引起大量变更施工工作量,以及因设计图纸本身欠缺而变更或补充造成的增量、返工,打乱施工流水节奏,致使施工减速、延期,甚至停顿。针对这些现象,项目经理部要通过理解图纸与业主意图,进行自审、会审和与设计院交流,采取主动姿态,最大限度地实现事前预控,把影响降到最低。

(2)保证资金资源配置

①劳力配置:在保证劳动力的条件下,优化工人的技术等级和思想、身体素质的配备与管理。以均衡流水为主,对关键工序、关键环节和必要工作,根据施工条件及时组织抢工期,实行双班作业。

②材料配置:按照施工进度计划要求及时进货,做到既满足施工要求,又要使现场无太多的积压,以便有更多的场地安排施工。公司建立有效的材料市场调查和采购、供应部门。

③机械配置:为保证本工程的按期完成,配备足够的中小型施工机械,不仅满足正常使用,还要保证有效备用。另外,要做好施工机械的定期检查和日常维修,保证施工机械处于良好的状态。

④资金配备:根据施工实际情况编制月进度报表,根据合同条款申请工程款,并将预付

款、工程款合理分配于人工费、材料费等各个方面,使施工能顺利进行。

⑤后勤保障:后勤服务人员要做好生活服务供应工作,重占抓好吃、住两大难题,工地食堂的饭菜要保证品种多、味道好,同时开饭时间要随时根据施工进度进行调整。

(3)技术因素

①实行工种流水交叉、循序跟进的施工程序,抢工期间昼夜分两班作业。

②发扬技术力量雄厚的优势,大力应用、推广"三新项目"(新材料、新技术、新工艺),运用1S9002国际标准、TQC网络计划、计算机等现化的管理手段或工具为本程的施工服务。

6. 我国建设工程成本控制存在问题的原因及对策

改革开放后,随着社会主义市场经济体制的逐步完善,成本控制方法在我国取得了很大的发展,但是很多建筑企业依然采用传统项目管理模式,这种管理模式有许多不足之处。

1)建设工程项目施工成本控制的现状分析

(1)控制成本缺乏长期性和战略性

①重结果,轻监控。成本控制战略既应重视过程监控,也应要重视结果,因为结果是过程监控的最终体现,两者不可有所偏倚。但是,目前我国大多数建筑施工企业只是重视最终的成本控制目标是否达到,轻视甚至根本不考虑控制过程如何实施,如何对其进行有效监控。如果没有过程监控,项目整个施工过程中获得的有益经验就不能得到有效的总结和推广,项目执行过程中出现的问题及其解决办法也得不到很好的总结和吸收,这样的做法对以后的成本控制管理根本没有任何作用。

②重制订,轻执行。建筑类企业一般都比较重视成本控制战略的制订,这一方面是为了满足企业管理程序与形式的要求,另一方面是因为成本费用控制战略对费用的控制也确实有一定程度的指导作用。但是,成本控制战略重在执行,优秀的成本控制战略如果不能得到切实有效的实施,也只是一纸空文。

(2)成本控制方法不科学合理

在传统的项目成本控制中存在着一种现象十分严重,即经济分析与技术分析脱节。长期以来,投标报价没有把组织设计考虑进去,并且忽视不同技术方案的技术经济评估,不考虑施工方案,因此使项目成本管理失掉了技术支撑。同时,在传统的成本管理模式中,在制订项目报价时,都是依据政府提供的各种取费系数和市场价格来计算。但是对于政府提高的各种取费系数是否准确,是否需要调整,报价人员并不关心,因此使报价往往忽略市场因素,缺乏竞争力。在竞争激烈的市场经济环境下,这种模式必然被淘汰。

(3)成本控制制度存在漏洞

在社会主义市场经济中,建筑施工企业正常运行的基本条件有两个:制度和文化。制度建设是根本,文化建设是有益补充。目前,我国类建筑施工企业都普遍存在这样三个问题问题:

①成本控制制度建设不到位,制度不完善。

②制订项目成本控制制度时考虑不全面,没有包含成本控制的各个方面。

③考虑制度内容时只是从如何规范成本控制行为的角度出发,很少考虑,甚至不考虑成本控制制度的可行性。

2)建设项目成本控制存在问题的原因分析

(1)尚未形成合理的成本控制体系

根据经济责任制的要求,目标成本要得到有效控制,必须坚持责权利三者相结合的原则。项目经理在整个成本控制体系中享有崇高的权力,但同时对项目成本和项目效益也负有很大的责任,只有在享有权力的同时赋予一定的责任,才能更好地完成自己应承担的责任。此外,项目经理要定期对各部门员工在成本控制中的表现与业绩进行检查和考评,把员工业绩与工资、奖金挂钩,做到奖罚分明。但是,目前建筑企业的项目成本控制体系还不完善,没有把责、权、利三者很好的结合起来,仅仅依靠项目经理和财务管理人员对成本进行控制,其他员工都缺乏项目成本控制的意识和责任。其实,成本控制本身对每个员工来说既是一种权力,也是一种义务,在成本控制过程中,各个部门领导和员工都认真履行自己所承担的责任。

(2)缺乏全过程的成本控制

①管理控制程序施工企业应当建立项目施工成本管理的评审程序和评审组织,评审组织根据评审程序,定期检查成本控制人员在成本管理过程中的管理行为是否按照已建立的评审程序和方法进行。如果在检查过程中发现问题,要及时分析并采取有效措施纠正错误。

②指标控制程序施工企业应当确定施工项目成本目标及月度成本目标,搜集项目成本信息,监控成本形成过程,同时要分析偏差原因,到底是客观原因,还是人为之故,及时制定对策并予以纠正,保证项目成本没有超出预算。用成本指标考核管理行为,用管理行为来保证成本指标。

3)建设工程施工项目成本控制的对策分析

(1)建立健全控制制度

成本费用管理由成本预测、决策、预算、核算、控制、分析与考评等环节组成。在项目施工过程中,如果成本出现偏差,通过对其进行分析和评价,把成本控制与项目实施、技术及经营管理各方面结合起来进行综合系统分析,就能清楚了解项目成本发生偏差的原因。在此基础之上,总结成本控制方面各种经验和教训,逐步掌握成本变化的规律,为管理者正确作出成本决策、制订切实可行的成本控制措施提供参考,达到有效控制项目成本、提高经济效益的目的。因而,必须构建完善的建筑施工项目成本控制分析评价制度、预算制度和超预算审批制度,并且要建立基于实际工作量的分析与评价体系,同时要加强施工项目成本控制意识的培训。

(2)制订成套系统的定额管理工作

定额是指在项目实施过程中,在一定生产技术水平,人力、物力和财力的消耗所应达到的数量限额。定额管理是成本控制基础工作的核心,但在建筑项目施工管理过程中,许多员工甚至是部门领导对定额管理认识不足,不重视定额管理和内部定额的制订。在日常工作中,项目管理者在对外劳务分包中定价不合理,没有认清定额管理工作是成本控制的重要环节和关键工程,从而影响成本控制的目标。完备定额管理工作,对于项目部甚至真个施工企业来说是至关重要的。

(3)强化施工成本的过程控制

成本管理制度和过程控制制度是规范建筑企业施工项目成本费用发生行为和进行有效过程控制的基础。根据施工项目的整体流程和成本费用的形成过程,把成本费用以责任成本的形式分解落实到各个部门,然后建立责权匹配的成本费用责任制,是强化成本费用过程控制的组织结构与程序保证。在成本费用过程控制过程中,施工企业同样应注重对人工费、材料费和施工机械使用费的控制。其中,材料费的控制主要包括对材料数量和单价的控制。同时,还需要加强企业内部控制,因为有效的内部控制是防止员工徇私舞弊、提高项目资金利用率、回避风险和实现项目目标的重要手段。

(4)加强工程变更后期的成本控制

原成本计划指标是成本控制的依据,但在项目实际施工过程中项目计划成本经常会发生变动。在项目施工过程中工程经常发生变化,它是不以人的意志为转移的,工程变更必然会导致到施工单位和施工方法随之改变,从而也必然会造成项目成本费用的变动。在项目实施过程中,项目总工、项目技术人员和安全质量检查人员应认真核实施工图纸,精确掌握项目施工的每个环节。如有变动,必须广泛收集原始数据提供变更依据和提出设计变更理由。施工单位要邀请项目设计人员、监理和顾客代表到施工现场勘察,如果在施工过程中出现的突发状况,需要采取紧急处理措施的,必须由监理、设计人员和业主代表一起讨论,集思广益作出最终决定,同时要记录会议纪要。施工单位要按合同条款和业主的要求编制设计变更资料,资料内容要齐全,装订要工整美观,并按规定报送有关各方。最后,要切实抓好变更设计的关键环节,确保变更设计方案能够顺利实施。

六、文明施工与环境保护

在现代化建设中,建立现代企业制度,节约能源,文明施工,保护人类生存环境,是保证社会和企业可持续发展的需要。人类社会即将面临环境污染和能源危机的挑战,为了保护子孙后代赖以生存的环境条件,每个公民和企业都有责任和义务来保护环境。良好的环境和生存条件,也是企业发展的基础和动力。文明施工就是要保持施工现场良好的作业环境、卫生环境和工作秩序。文明施工主要包括以下几个方面:规范施工现场的场容,保持作业环境的整洁卫生;科学组织施工,使生产有序进行;减少施工对周围居民和环境的影响;保证职工的安全和身体健康。近年来,伴随着道路的高速发展,道路施工对周边环境影响的问题也大量涌现出来。道路建设是基础设施建设,道路施工的特点在于开挖土基,且数量大。在土方挖、运、填的过程中会造成大量的粉尘污染。在山区道路施工中,要开炸山体,粉尘、硝烟等对环境的污染更加严重。在长距离土石方运输施工中,运土车辆会产生土方洒落、扬尘,道路建设会破坏自然环境,尤其是道路经过旅游区时,如果处理不当,不仅会破坏原来自然景观的和谐与平衡,还会影响到沿线旅游区的开发、利用。道路建设必须占用土地,需要开挖土方,对生态环境有重大影响。

七、城市道路工程施工资料管理

城市道路工程是城市交通运输的重要组成部分。完整、真实的市政道路工程资料是市政工程实体质量的见证,是城市基础设施管理、使用、改建和扩建的依据,也是城市建设档案的重要组成部分。

城市道路工程施工资料应按照《市政基础设施工程资料管理规程》(DBJ 01 - 71 - 2003)为依据,按照最新颁布的《市政工程质量等级评定规定》的要求进行编写。为加强市政道路工程资料规范化管理,提高工程管理水平,工程资料实行分级管理,工程资料的收集、整理和归档工作要求由各参建单位的资料员分别负责管理,并分别建立各自的资料表格编号体系和组卷编号体系。

市政道路工程的基建文件:基本建设决策立项文件、建设规划用地、征地、拆迁文件、勘察测绘、设计文件、工程招投标及承包合同文件、工程开工文件、商务文件、工程竣工备案文件、其他文件。

施工质量检查验收资料归档要求:施工前的材料与设备检查资料、铺筑试验路段资料、施工过程中质量管理与检查资料、交工验收阶段的工程质量检查与验收资料、施工总结、竣工验收暂行规定、有关竣工技术资料及归档要求、市政工程质量等级评定规定及补充规定。

城市道路要保证一流的工程质量,其内涵也包括一流的竣工资料质量。而竣工资料质量形成又直接受到施工管理工作质量高低的直接和间接因素的控制和制约。本部分主要介绍城市道路工程竣工资料的管理。

城市道路工程竣工资料主要有:施工综合管理文件、工程验收资料、质量保证资料、竣工图、合同结算及财务决算资料。

1. 市政道路工程竣工资料质量控制现状

竣工原始文件因施工管理工作不到位、不规范造成的质量问题,大体有以下几种:

(1)施工综合管理文件原件不齐全。
(2)工程质量验收签证资料不齐全。
(3)竣工图文件编制不够规范。
(4)施工验收原始签证资料格式不规范。
(5)施工原始资料书写不规范。
(6)施工原始验收签证资料填写不规范。

2. 做好城市道路工程竣工资料管理工作的建议

(1)加强竣工文件编制的管理,分工明确、责任到人。根据现场施工需要,项目部应进行明确分工,将施工资料管理的职责落实到人,建立明确的规定和制度,并严格遵照执行。

(2)加强资料管理相关人员的学习和培训,认真学习了解道路工程施工竣工资料的填写、收集渠道和要求,了解城建档案馆的要求和工程竣工资料编写要求,做到心中有数。

(3)增强时间观念,在合同要求和施工过程中,同步收集,填写相关资料,并及时归档。

城市道路工程施工资料管理重在从工程开始直至竣工的全过程控制、实施,是工程顺利进行的必要保障。具体内容参见工程资料管理相关规范和资料。

八、城市道路工程施工合同管理

工程合同管理,是指各级工商行政管理机关、建设行政主管部门和金融机构,以及业主、承包商、监理单位依据法律和行政法规、规章制度,采取法律、行政的手段,对建设工程合同关系进行组织、指导、协调及监督,保护工程合同当事人的合法权益,处理工程合同纠纷,防止和制裁违法行为,保证工程合同的贯彻实施等一系列活动。

工程合同管理从合同订立之前就已经开始,直至合同履行完毕,主要包括合同订立阶段的管理和合同履行阶段的管理两个方面。工程施工合同管理贯穿工程实施所有环节,在法律的框架下,在规定的时间按照规定的程序,完成规定的任务就是工程合同管理的具体内涵。

工程施工合同管理具体内容参见施工合同管理的相关规定和资料。

九、城市道路工程的试验和检测

我国目前正进行着历史上最大规模的市政工程建设,城市道路工程施工质量和建成后的使用安全的保障,在很大程度上取决于工程施工过程中的试验检测工作。试验检测工作是城市道路工程施工技术管理中的一个极为重要的环节,也是市政道路工程质量控制和竣工验收评定中必不可少的重要组成部分。

1. 城市道路工程试验检测工作的必要性和重要性

通常来说,判定一项市政道路工程的质量是否符合现行的相关技术标准的依据就是城市道路工程的试验检测。试验检测工作对于提高城市道路质量、加快工程进度、降低工程成本等方面起到十分重要的作用。

2. 常见城市道路工程试验方法规定及检测技术

城市道路工程的试验检测主要依据《城镇道路工程施工与质量验收规范》(CJJ 1—2008)、《公路土工试验规程》(JTG E40—2007)等规范的相关规定和特定工程项目的技术规范要求。在检测频率、数量和方法上严格按有关规定执行,并收集、填写相关的试验检测记录,妥善保管。建立健全试验检测仪器、设备的检校和保管、使用,并对试验检测人员加强培训和管理,做到持证上岗。

①材料、成品、半成品的试验检测:检查数量按照进场品种、批次等进行试验检测,检测次数按规定执行。检验方法主要是检查产品出厂合格证、出厂检验报告和进场复检报告。

②路基、路面常用检验检测项目:压实度,宽度,中线偏位,纵、横断面高程,平整度;路床还包括回弹弯沉、沉降差等。

③路基、路面常用检验检测方法:观察、现场取样、查施工记录、查检验报告、环刀法、灌水法、灌砂法、弯沉仪检测等。

本 章 练 习

1. 施工项目质量计划应由( )主持编制。
   A. 项目总工　　　　　　　　　B. 项目部
   C. 项目经理　　　　　　　　　D. 项目技术负责人
2. 项目质量计划对外是( )。
   A. 企业信誉　　　　　　　　　B. 质量的保证
   C. 质量的依据　　　　　　　　D. 质量控制标志
3. 以下( )是项目质量计划应包括的内容之一。
   A. 工程条件
   B. 项目环境
   C. 确定关键工序的施工技术方案
   D. 确定关键工序和特殊过程及作业的指导书

4. 项目质量计划除体现工序、分项工程、分部工程及单位工程的过程控制外,还应体现( )。
   A. 质量第一的原则
   B. 预防为主的原则
   C. 从资源投入到工程通过最终检验的全过程控制
   D. 质量目标

5. 道路工程前期气象调查中收集主导风向及频率、每年大风时间及天数等资料,为( )提供依据。
   A. 布置临时设施
   B. 确定风力发电机型号
   C. 制订高空作业措施
   D. 制订风能利用措施
   E. 制订吊装措施

6. 道路工程前期水文地质调查时,了解附近江河湖泊及其与施工地点的距离,洪水、枯水的时期及水质分析,确定( )。
   A. 临时供水方案
   B. 施工防洪措施
   C. 确定施工道路
   D. 降低地下水位方法
   E. 临时排水方案

7. 城市道路工程前期工作包括( )。
   A. 道路工程前期地质调查
   B. 自然资源调查
   C. 施工资源调查
   D. 道路工程前期水文调查
   E. 道路环境与资源调查

8. 对道路沿线施工影响范围内的环境进行调查,包括( )等。
   A. 地形、地貌、地上地下构造物与建筑物
   B. 社会状况、人文状况、现有交通状况
   C. 洪汛及防洪防汛状况
   D. 文物保护、环境治理状况
   E. 地方材料资源分布和生产能力及价格

9. 对道路沿线施工影响范围内的地形与地貌调查包括( ),为布置施工平面图、规划临时设施提供依据。
   A. 收集工程所在区域的地形图、规划图、工程位置图、控制桩、水准点等资料
   B. 收集钻孔布置图、地质剖面图
   C. 调查地上地下障碍物的位置和数量
   D. 收集各层土类别及厚度、地基土强度、地质稳定性等资料
   E. 特别重点调查道路沿线大桥、隧道、附属加工场、工程困难地段

10. 筑路材料调查主要调查( )等情况。
    A. 外购材料的供应及发货地点、规格、单价、供应数量、运输方式、运输距离及运费
    B. 地方材料的产地、质量、单价、数量、运输方式、运输距离及运费
    C. 施工单位自办运输及当地可能提供的运输能力
    D. 自采加工材料的料场、加工场的位置、可开采的数量及运输距离

E. 主要筑路材料的运输途径、转运情况和运杂费

11. 地方施工能力调查主要包括( )。
    A. 当地钢筋混凝土预制构件厂的生产能力
    B. 当地木材加工厂、采石厂的生产能力
    C. 当地可提供的施工临时用房的面积、地点,以及房屋结构、设备情况
    D. 当地混凝土搅拌站生产能力
    E. 这些企业满足道路施工需求的可能性和数量

12. 道路工程前期自然资源调查包括( )。
    A. 气象资料
    B. 地形与地貌
    C. 地质
    D. 水文地质
    E. 劳动力及生活设施

13. 组建道路施工组织机构应( )。
    A. 挑选精干、高效、具有实践经验的项目经理
    B. 由项目经理选择具有事业心、责任感、懂生产、会经营、善管理的成员
    C. 制订各级岗位责任制
    D. 成立项目经理部
    E. 建立生产劳动组织

14. 设计文件是工程施工最重要的依据,组织技术人员熟悉和了解设计文件,首先是为了( )。
    A. 明确设计者的设计意图
    B. 编制施工组织设计(施工方案)
    C. 掌握图纸、资料的主要内容
    D. 施工技术交底
    E. 掌握有关的原始资料

15. 道路施工方案的确定应综合考虑以下原则( )。
    A. 各施工项目(工序)之间客观上存在的工艺顺序必须遵守
    B. 采用的施工方法、工程机械必须与施工顺序协调一致
    C. 满足施工质量和施工安全的基本要求
    D. 应考虑工艺间隔和季节性施工的要求
    E. 土基工程的施工顺序

16. 项目质量计划应包括的内容中有( )。
    A. 项目概况
    B. 计划检查
    C. 质量目标
    D. 组织机构
    E. 更改和完善质量计划的程序

17. 在沥青混合料各项指标中,对其性能影响最大的是哪一个指标?为什么?
    参考答案:空隙率。因为即使是Ⅰ型沥青混凝土,其破坏的主要表现形式是水损害和抗车辙能力差,而空隙率的大小能显著改变沥青混合料抗水损害能力以及抗车辙能力。

18. 水泥稳定碎石在验收时,应试验检测哪些内容?有哪些检测方法?
    参考答案:应检测压实度、平整度、厚度、强度等。压实度:灌砂法;平整度:3m直尺;厚度:钻芯;强度:7d无侧限抗压强度(可查施工自检报告)。

19. 分部工程质量等级如何评定？

参考答案：所属各分项工程全部合格，其加权平均分不小于85分，且所含主要分项工程全部评为优良时，则该分部工程评为优良；如分项工程全部合格，但加权平均分小于85分，或加权平均分虽不小于85分，但主要分项工程未全部达到优良标准时，则该分部工程评为合格。如分项工程未全部达到合格标准时，则该分部工程为不合格。

20. 简要叙述普通沥青混合料配合比设计流程。

参考答案：
(1) 根据沥青混合料类型选择规范规定的矿料级配范围。
(2) 确定工程设计级配范围。
(3) 材料选择取样、试验。
(4) 在工程设计级配范围优选1~3组不同的矿料级配。
(5) 对设计级配，初选5组沥青用量，拌和混合料，制作马歇尔试件。
(6) 确定理论最大相对密度、测定试件毛体积相对密度进行马歇尔试验。
(7) 技术经济分析确定1组设计级配及最佳沥青用量。
(8) 进行车辙试验、浸水马歇尔试验、冻融劈裂试验、矿渣膨胀试验等。
(9) 完成配合比设计，提交材料品种、配比、矿料级配、最佳沥青用量。

21. 某基层水泥稳定土混合料配合比设计，设计强度为3.0MPa，简要叙述配合比设计步骤。

参考答案：
(1) 材料试验。
(2) 按五种水泥剂量配制同一种样品不同水泥剂量混合料，按3%、4%、5%、6%、7%。
(3) 确定各种混合料的最佳含水率和最大干密度，至少进行3个不同剂量混合料的击实试验，即最小剂量、中间剂量、最大剂量。
(4) 按规定压实度分别计算不同剂量试件应有的干密度。
(5) 按最佳含水率和计算得的干密度制备试件。
(6) 在规定温度下保湿养生6d，浸水24h后，进行无侧限抗压强度试验。
(7) 计算平均值和偏差系数。
(8) 选定合适的水泥剂量，此剂量$R \geq R_d(1 - Z_a C_v)$。
(9) 工地实际采用水泥剂量应比室内试验确定剂量多0.5%~1%。
(10) 选定水泥剂量。

22. 某高速公路水泥稳定碎石基层，已知设计抗压强度$R_d = 3.1$MPa，现测得某段的无侧限抗压强度数值如下：3.85，4.01，3.53，3.96，4.00，3.73，3.86，3.97，3.93，4.05，3.52，3.83。对该段强度结果进行评定，并计算其得分值(规定分为20分，保证率为95%，$Z_a = 1.645$)。

参考答案：$R = 3.85$ $C_v = 0.046$

$R_d/(1 - Z_a C_v) = 3.1/(1 - 1.645 \times 0.046) = 3.35$ $R > R_d/(1 - Z_a C_v)$合格，得满分20分。

23. 某一级公路沥青路面总厚度检测值(cm)分别为：15.1，14.3，14.5，14.4，14.7，15.0，15.3，14.8，14.5，14.3，14.6，14.4，14.9，14.5，15.2，14.7。按保证率95%，计算其厚度代表值(已知$t_{0.95}/\sqrt{16} = 0.438$)。

参考答案：$X=14.7$，$S=0.34$，$X_L = X - t_{0.95} \cdot S/\sqrt{16} = 14.7 - 0.34 \times 0.438 = 14.6$ 其厚度代表值为14.6cm

24. 分项工程质量等级如何评定？

参考答案：分项工程质量评定得分不少于85分者评为优良，低于85分且高于70分者评为合格；评为不合格的分项工程，经加固、补强整修合格后，可以重新评定质量等级，但只能评为合格。

25. 简要叙述SMA改性沥青混合料配比设计流程。

参考答案：

（1）材料选择、试验。

（2）选择初始级配，以4.75mm（公称最大粒径≤9.5mm时为2.36mm）通过率为关键性筛孔，选用中值及中值±4%三个档次，设计三组配合比。

（3）选择初始沥青用量，制作马歇尔试件。

（4）分析VMA、VCA，确定设计级配。

（5）对设计级配变化沥青用量作马歇尔试件。

（6）分析VV、VFA等，确定最佳沥青用量。

（7）进行马歇尔试验，检验稳定度值、流值。

（8）进行各种配合比设计检验。

（9）确定配合比、沥青用量。

26. 石灰土底基层在验收时，应试验检测哪些内容及检测方法？

参考答案：压实度：灌砂法；平整度：3m直尺；厚度：钻芯；强度：7d抗压强度试验（可查试验记录）

27. 水泥稳定土含水率测试与普通含水率测试有何不同？

参考答案：由于水泥与水发生水化作用，在较高温度下水化作用加快。如果将水泥稳定土放在烘箱升温，则在升温过程中水泥与水水化比较快，烘干又不能除去已与水泥发生水化作用的水，这样得出的含水率会偏小，因此，应提前将烘箱升温到110℃，使放入的水泥土一开始就能在105~110℃的环境中烘干。

28. 简要叙述沥青混合料中沥青含量有哪些测定方法及各适用于什么条件。

参考答案：射线法：测定用黏稠石油沥青拌制的热拌沥青混合料中沥青用量，适用于沥青路面施工时沥青用量检测，以快速评定拌和厂工作质量。

离心分离法：适用于热拌热铺沥青路面施工时的沥青用量检测，以评定拌和厂产品质量，也适用于旧路调查时检测沥青混合料的沥青用量。

回流式抽提仪法：适用于沥青路面施工的沥青用量检测使用，以评定施工质量，也适用于旧路调查中检测沥青路面的沥青用量，但对煤沥青路面，需有煤沥青的游离碳含量的原始测定数据。

脂肪抽提器法：适用于热拌热铺沥青混合料路面施工时的沥青用量检测，以评定拌和厂产品质量，也适用于旧路调查时检测沥青混合料的沥青用量。

附录1　建设工程质量管理条例

（2000年1月10日国务院第25次常务会议通过 2000年1月30日中华人民共和国国务院令第279号公布 自公布之日起施行）

目　　录

第一章　总则
第二章　建设单位的质量责任和义务
第三章　勘察、设计单位的质量责任和义务
第四章　施工单位的质量责任和义务
第五章　工程监理单位的质量责任和义务
第六章　建设工程质量保修
第七章　监督管理
第八章　罚则
第九章　附则

第一章　总　　则

第一条　为了加强对建设工程质量的管理，保证建设工程质量，保护人民生命和财产安全，根据《中华人民共和国建筑法》，制定本条例。

第二条　凡在中华人民共和国境内从事建设工程的新建、扩建、改建等有关活动及实施对建设工程质量监督管理的，必须遵守本条例。

本条例所称建设工程，是指土木工程、建筑工程、线路管道和设备安装工程及装修工程。

第三条　建设单位、勘察单位、设计单位、施工单位、工程监理单位依法对建设工程质量负责。

第四条　县级以上人民政府建设行政主管部门和其他有关部门应当加强对建设工程质量的监督管理。

第五条　从事建设工程活动，必须严格执行基本建设程序，坚持先勘察、后设计、再施工的原则。

县级以上人民政府及其有关部门不得超越权限审批建设项目或者擅自简化基本建设程序。

第六条　国家鼓励采用先进的科学技术和管理方法，提高建设工程质量。

第二章 建设单位的质量责任和义务

第七条 建设单位应当将工程发包给具有相应资质等级的单位。

建设单位不得将建设工程肢解发包。

第八条 建设单位应当依法对工程建设项目的勘察、设计、施工、监理以及与工程建设有关的重要设备、材料等的采购进行招标。

第九条 建设单位必须向有关的勘察、设计、施工、工程监理等单位提供与建设工程有关的原始资料。

原始资料必须真实、准确、齐全。

第十条 建设工程发包单位不得迫使承包方以低于成本的价格竞标,不得任意压缩合理工期。

建设单位不得明示或者暗示设计单位或者施工单位违反工程建设强制性标准,降低建设工程质量。

第十一条 建设单位应当将施工图设计文件报县级以上人民政府建设行政主管部门或者其他有关部门审查。施工图设计文件审查的具体办法,由国务院建设行政主管部门会同国务院其他有关部门制定。

施工图设计文件未经审查批准的,不得使用。

第十二条 实行监理的建设工程,建设单位应当委托具有相应资质等级的工程监理单位进行监理,也可以委托具有工程监理相应资质等级并与被监理工程的施工承包单位没有隶属关系或者其他利害关系的该工程的设计单位进行监理。

下列建设工程必须实行监理:

(一)国家重点建设工程;

(二)大中型公用事业工程;

(三)成片开发建设的住宅小区工程;

(四)利用外国政府或者国际组织贷款、援助资金的工程;

(五)国家规定必须实行监理的其他工程。

第十三条 建设单位在领取施工许可证或者开工报告前,应当按照国家有关规定办理工程质量监督手续。

第十四条 按照合同约定,由建设单位采购建筑材料、建筑构配件和设备的,建设单位应当保证建筑材料、建筑构配件和设备符合设计文件和合同要求。

建设单位不得明示或者暗示施工单位使用不合格的建筑材料、建筑构配件和设备。

第十五条 涉及建筑主体和承重结构变动的装修工程,建设单位应当在施工前委托原设计单位或者具有相应资质等级的设计单位提出设计方案;没有设计方案的,不得施工。

房屋建筑使用者在装修过程中,不得擅自变动房屋建筑主体和承重结构。

第十六条 建设单位收到建设工程竣工报告后,应当组织设计、施工、工程监理等有关单位进行竣工验收。

建设工程竣工验收应当具备下列条件:

(一)完成建设工程设计和合同约定的各项内容;

（二）有完整的技术档案和施工管理资料；
（三）有工程使用的主要建筑材料、建筑构配件和设备的进场试验报告；
（四）有勘察、设计、施工、工程监理等单位分别签署的质量合格文件；
（五）有施工单位签署的工程保修书。

建设工程经验收合格的，方可交付使用。

第十七条 建设单位应当严格按照国家有关档案管理的规定，及时收集、整理建设项目各环节的文件资料，建立、健全建设项目档案，并在建设工程竣工验收后，及时向建设行政主管部门或者其他有关部门移交建设项目档案。

第三章 勘察、设计单位的质量责任和义务

第十八条 从事建设工程勘察、设计的单位应当依法取得相应等级的资质证书，并在其资质等级许可的范围内承揽工程。

禁止勘察、设计单位超越其资质等级许可的范围或者以其他勘察、设计单位的名义承揽工程。禁止勘察、设计单位允许其他单位或者个人以本单位的名义承揽工程。

勘察、设计单位不得转包或者违法分包所承揽的工程。

第十九条 勘察、设计单位必须按照工程建设强制性标准进行勘察、设计，并对其勘察、设计的质量负责。

注册建筑师、注册结构工程师等注册执业人员应当在设计文件上签字，对设计文件负责。

第二十条 勘察单位提供的地质、测量、水文等勘察成果必须真实、准确。

第二十一条 设计单位应当根据勘察成果文件进行建设工程设计。

设计文件应当符合国家规定的设计深度要求，注明工程合理使用年限。

第二十二条 设计单位在设计文件中选用的建筑材料、建筑构配件和设备，应当注明规格、型号、性能等技术指标，其质量要求必须符合国家规定的标准。

除有特殊要求的建筑材料、专用设备、工艺生产线等外，设计单位不得指定生产厂、供应商。

第二十三条 设计单位应当就审查合格的施工图设计文件向施工单位作出详细说明。

第二十四条 设计单位应当参与建设工程质量事故分析，并对因设计造成的质量事故，提出相应的技术处理方案。

第四章 施工单位的质量责任和义务

第二十五条 施工单位应当依法取得相应等级的资质证书，并在其资质等级许可的范围内承揽工程。

禁止施工单位超越本单位资质等级许可的业务范围或者以其他施工单位的名义承揽工程。禁止施工单位允许其他单位或者个人以本单位的名义承揽工程。

施工单位不得转包或者违法分包工程。

第二十六条 施工单位对建设工程的施工质量负责。

施工单位应当建立质量责任制,确定工程项目的项目经理、技术负责人和施工管理负责人。

建设工程实行总承包的,总承包单位应当对全部建设工程质量负责;建设工程勘察、设计、施工、设备采购的一项或者多项实行总承包的,总承包单位应当对其承包的建设工程或者采购的设备的质量负责。

第二十七条 总承包单位依法将建设工程分包给其他单位的,分包单位应当按照分包合同的约定对其分包工程的质量向总承包单位负责,总承包单位与分包单位对分包工程的质量承担连带责任。

第二十八条 施工单位必须按照工程设计图纸和施工技术标准施工,不得擅自修改工程设计,不得偷工减料。

施工单位在施工过程中发现设计文件和图纸有差错的,应当及时提出意见和建议。

第二十九条 施工单位必须按照工程设计要求、施工技术标准和合同约定,对建筑材料、建筑构配件、设备和商品混凝土进行检验,检验应当有书面记录和专人签字;未经检验或者检验不合格的,不得使用。

第三十条 施工单位必须建立、健全施工质量的检验制度,严格工序管理,做好隐蔽工程的质量检查和记录。隐蔽工程在隐蔽前,施工单位应当通知建设单位和建设工程质量监督机构。

第三十一条 施工人员对涉及结构安全的试块、试件以及有关材料,应当在建设单位或者工程监理单位监督下现场取样,并送具有相应资质等级的质量检测单位进行检测。

第三十二条 施工单位对施工中出现质量问题的建设工程或者竣工验收不合格的建设工程,应当负责返修。

第三十三条 施工单位应当建立、健全教育培训制度,加强对职工的教育培训;未经教育培训或者考核不合格的人员,不得上岗作业。

第五章 工程监理单位的质量责任和义务

第三十四条 工程监理单位应当依法取得相应等级的资质证书,并在其资质等级许可的范围内承担工程监理业务。

禁止工程监理单位超越本单位资质等级许可的范围或者以其他工程监理单位的名义承担工程监理业务。禁止工程监理单位允许其他单位或者个人以本单位的名义承担工程监理业务。

工程监理单位不得转让工程监理业务。

第三十五条 工程监理单位与被监理工程的施工承包单位以及建筑材料、建筑构配件和设备供应单位有隶属关系或者其他利害关系的,不得承担该项建设工程的监理业务。

第三十六条 工程监理单位应当依照法律、法规以及有关技术标准、设计文件和建设工程承包合同,代表建设单位对施工质量实施监理,并对施工质量承担监理责任。

第三十七条 工程监理单位应当选派具备相应资格的总监理工程师和监理工程师进驻

施工现场。

未经监理工程师签字,建筑材料、建筑构配件和设备不得在工程上使用或者安装,施工单位不得进行下一道工序的施工。未经总监理工程师签字,建设单位不拨付工程款,不进行竣工验收。

第三十八条 监理工程师应当按照工程监理规范的要求,采取旁站、巡视和平行检验等形式,对建设工程实施监理。

第六章 建设工程质量保修

第三十九条 建设工程实行质量保修制度。

建设工程承包单位在向建设单位提交工程竣工验收报告时,应当向建设单位出具质量保修书。质量保修书中应当明确建设工程的保修范围、保修期限和保修责任等。

第四十条 在正常使用条件下,建设工程的最低保修期限为:

(一)基础设施工程、房屋建筑的地基基础工程和主体结构工程,为设计文件规定的该工程的合理使用年限;

(二)屋面防水工程、有防水要求的卫生间、房间和外墙面的防渗漏,为5年;

(三)供热与供冷系统,为两个采暖期、供冷期;

(四)电气管线、给排水管道、设备安装和装修工程,为2年。

其他项目的保修期限由发包方与承包方约定。

建设工程的保修期,自竣工验收合格之日起计算。

第四十一条 建设工程在保修范围和保修期限内发生质量问题的,施工单位应当履行保修义务,并对造成的损失承担赔偿责任。

第四十二条 建设工程在超过合理使用年限后需要继续使用的,产权所有人应当委托具有相应资质等级的勘察、设计单位鉴定,并根据鉴定结果采取加固、维修等措施,重新界定使用期。

第七章 监督管理

第四十三条 国家实行建设工程质量监督管理制度。

国务院建设行政主管部门对全国的建设工程质量实施统一监督管理。国务院铁路、交通、水利等有关部门按照国务院规定的职责分工,负责对全国的有关专业建设工程质量的监督管理。

县级以上地方人民政府建设行政主管部门对本行政区域内的建设工程质量实施监督管理。县级以上地方人民政府交通、水利等有关部门在各自的职责范围内,负责对本行政区域内的专业建设工程质量的监督管理。

第四十四条 国务院建设行政主管部门和国务院铁路、交通、水利等有关部门应当加强对有关建设工程质量的法律、法规和强制性标准执行情况的监督检查。

第四十五条 国务院发展计划部门按照国务院规定的职责,组织稽察特派员,对国家出资的重大建设项目实施监督检查。

国务院经济贸易主管部门按照国务院规定的职责,对国家重大技术改造项目实施监督检查。

第四十六条 建设工程质量监督管理,可以由建设行政主管部门或者其他有关部门委托的建设工程质量监督机构具体实施。

从事房屋建筑工程和市政基础设施工程质量监督的机构,必须按照国家有关规定经国务院建设行政主管部门或者省、自治区、直辖市人民政府建设行政主管部门考核;从事专业建设工程质量监督的机构,必须按照国家有关规定经国务院有关部门或者省、自治区、直辖市人民政府有关部门考核。经考核合格后,方可实施质量监督。

第四十七条 县级以上地方人民政府建设行政主管部门和其他有关部门应当加强对有关建设工程质量的法律、法规和强制性标准执行情况的监督检查。

第四十八条 县级以上人民政府建设行政主管部门和其他有关部门履行监督检查职责时,有权采取下列措施:

(一)要求被检查的单位提供有关工程质量的文件和资料;

(二)进入被检查单位的施工现场进行检查;

(三)发现有影响工程质量的问题时,责令改正。

第四十九条 建设单位应当自建设工程竣工验收合格之日起15日内,将建设工程竣工验收报告和规划、公安消防、环保等部门出具的认可文件或者准许使用文件报建设行政主管部门或者其他有关部门备案。

建设行政主管部门或者其他有关部门发现建设单位在竣工验收过程中有违反国家有关建设工程质量管理规定行为的,责令停止使用,重新组织竣工验收。

第五十条 有关单位和个人对县级以上人民政府建设行政主管部门和其他有关部门进行的监督检查应当支持与配合,不得拒绝或者阻碍建设工程质量监督检查人员依法执行职务。

第五十一条 供水、供电、供气、公安消防等部门或者单位不得明示或者暗示建设单位、施工单位购买其指定的生产供应单位的建筑材料、建筑构配件和设备。

第五十二条 建设工程发生质量事故,有关单位应当在24小时内向当地建设行政主管部门和其他有关部门报告。对重大质量事故,事故发生地的建设行政主管部门和其他有关部门应当按照事故类别和等级向当地人民政府和上级建设行政主管部门和其他有关部门报告。

特别重大质量事故的调查程序按照国务院有关规定办理。

第五十三条 任何单位和个人对建设工程的质量事故、质量缺陷都有权检举、控告、投诉。

第八章 罚 则

第五十四条 违反本条例规定,建设单位将建设工程发包给不具有相应资质等级的勘察、设计、施工单位或者委托给不具有相应资质等级的工程监理单位的,责令改正,处50万元以上100万元以下的罚款。

第五十五条 违反本条例规定,建设单位将建设工程肢解发包的,责令改正,处工程合同价款百分之零点五以上百分之一以下的罚款;对全部或者部分使用国有资金的项目,并可以暂停项目执行或者暂停资金拨付。

第五十六条 违反本条例规定,建设单位有下列行为之一的,责令改正,处20万元以上50万元以下的罚款:

(一)迫使承包方以低于成本的价格竞标的;

(二)任意压缩合理工期的;

(三)明示或者暗示设计单位或者施工单位违反工程建设强制性标准,降低工程质量的;

(四)施工图设计文件未经审查或者审查不合格,擅自施工的;

(五)建设项目必须实行工程监理而未实行工程监理的;

(六)未按照国家规定办理工程质量监督手续的;

(七)明示或者暗示施工单位使用不合格的建筑材料、建筑构配件和设备的;

(八)未按照国家规定将竣工验收报告、有关认可文件或者准许使用文件报送备案的。

第五十七条 违反本条例规定,建设单位未取得施工许可证或者开工报告未经批准,擅自施工的,责令停止施工,限期改正,处工程合同价款百分之一以上百分之二以下的罚款。

第五十八条 违反本条例规定,建设单位有下列行为之一的,责令改正,处工程合同价款百分之二以上百分之四以下的罚款;造成损失的,依法承担赔偿责任:

(一)未组织竣工验收,擅自交付使用的;

(二)验收不合格,擅自交付使用的;

(三)对不合格的建设工程按照合格工程验收的。

第五十九条 违反本条例规定,建设工程竣工验收后,建设单位未向建设行政主管部门或者其他有关部门移交建设项目档案的,责令改正,处1万元以上10万元以下的罚款。

第六十条 违反本条例规定,勘察、设计、施工、工程监理单位超越本单位资质等级承揽工程的,责令停止违法行为,对勘察、设计单位或者工程监理单位处合同约定的勘察费、设计费或者监理酬金1倍以上2倍以下的罚款;对施工单位处工程合同价款百分之二以上百分之四以下的罚款,可以责令停业整顿,降低资质等级;情节严重的,吊销资质证书;有违法所得的,予以没收。

未取得资质证书承揽工程的,予以取缔,依照前款规定处以罚款;有违法所得的,予以没收。

以欺骗手段取得资质证书承揽工程的,吊销资质证书,依照本条第一款规定处以罚款;有违法所得的,予以没收。

第六十一条 违反本条例规定,勘察、设计、施工、工程监理单位允许其他单位或者个人以本单位名义承揽工程的,责令改正,没收违法所得,对勘察、设计单位和工程监理单位处合同约定的勘察费、设计费和监理酬金1倍以上2倍以下的罚款;对施工单位处工程合同价款百分之二以上百分之四以下的罚款;可以责令停业整顿,降低资质等级;情节严重的,吊销资质证书。

第六十二条 违反本条例规定,承包单位将承包的工程转包或者违法分包的,责令改正,没收违法所得,对勘察、设计单位处合同约定的勘察费、设计费百分之二十五以上百分之五十以下的罚款;对施工单位处工程合同价款百分之零点五以上百分之一以下的罚款;可以责令停业整顿,降低资质等级;情节严重的,吊销资质证书。

工程监理单位转让工程监理业务的,责令改正,没收违法所得,处合同约定的监理酬金百分之二十五以上百分之五十以下的罚款;可以责令停业整顿,降低资质等级;情节严重的,吊销资质证书。

第六十三条 违反本条例规定,有下列行为之一的,责令改正,处10万元以上30万元以下的罚款:

(一)勘察单位未按照工程建设强制性标准进行勘察的;
(二)设计单位未根据勘察成果文件进行工程设计的;
(三)设计单位指定建筑材料、建筑构配件的生产厂、供应商的;
(四)设计单位未按照工程建设强制性标准进行设计的。

有前款所列行为,造成工程质量事故的,责令停业整顿,降低资质等级;情节严重的,吊销资质证书;造成损失的,依法承担赔偿责任。

第六十四条 违反本条例规定,施工单位在施工中偷工减料的,使用不合格的建筑材料、建筑构配件和设备的,或者有不按照工程设计图纸或者施工技术标准施工的其他行为的,责令改正,处工程合同价款百分之二以上百分之四以下的罚款;造成建设工程质量不符合规定的质量标准的,负责返工、修理,并赔偿因此造成的损失;情节严重的,责令停业整顿,降低资质等级或者吊销资质证书。

第六十五条 违反本条例规定,施工单位未对建筑材料、建筑构配件、设备和商品混凝土进行检验,或者未对涉及结构安全的试块、试件以及有关材料取样检测的,责令改正,处10万元以上20万元以下的罚款;情节严重的,责令停业整顿,降低资质等级或者吊销资质证书;造成损失的,依法承担赔偿责任。

第六十六条 违反本条例规定,施工单位不履行保修义务或者拖延履行保修义务的,责令改正,处10万元以上20万元以下的罚款,并对在保修期内因质量缺陷造成的损失承担赔偿责任。

第六十七条 工程监理单位有下列行为之一的,责令改正,处50万元以上100万元以下的罚款,降低资质等级或者吊销资质证书;有违法所得的,予以没收;造成损失的,承担连带赔偿责任:

(一)与建设单位或者施工单位串通,弄虚作假、降低工程质量的;
(二)将不合格的建设工程、建筑材料、建筑构配件和设备按照合格签字的。

第六十八条 违反本条例规定,工程监理单位与被监理工程的施工承包单位以及建筑材料、建筑构配件和设备供应单位有隶属关系或者其他利害关系承担该项建设工程的监理业务的,责令改正,处5万元以上10万元以下的罚款,降低资质等级或者吊销资质证书;有违法所得的,予以没收。

第六十九条 违反本条例规定,涉及建筑主体或者承重结构变动的装修工程,没有设计方案擅自施工的,责令改正,处 50 万元以上 100 万元以下的罚款;房屋建筑使用者在装修过程中擅自变动房屋建筑主体和承重结构的,责令改正,处 5 万元以上 10 万元以下的罚款。

有前款所列行为,造成损失的,依法承担赔偿责任。

第七十条 发生重大工程质量事故隐瞒不报、谎报或者拖延报告期限的,对直接负责的主管人员和其他责任人员依法给予行政处分。

第七十一条 违反本条例规定,供水、供电、供气、公安消防等部门或者单位明示或者暗示建设单位或者施工单位购买其指定的生产供应单位的建筑材料、建筑构配件和设备的,责令改正。

第七十二条 违反本条例规定,注册建筑师、注册结构工程师、监理工程师等注册执业人员因过错造成质量事故的,责令停止执业 1 年;造成重大质量事故的,吊销执业资格证书,5 年以内不予注册;情节特别恶劣的,终身不予注册。

第七十三条 依照本条例规定,给予单位罚款处罚的,对单位直接负责的主管人员和其他直接责任人员处单位罚款数额百分之五以上百分之十以下的罚款。

第七十四条 建设单位、设计单位、施工单位、工程监理单位违反国家规定,降低工程质量标准,造成重大安全事故,构成犯罪的,对直接责任人员依法追究刑事责任。

第七十五条 本条例规定的责令停业整顿,降低资质等级和吊销资质证书的行政处罚,由颁发资质证书的机关决定;其他行政处罚,由建设行政主管部门或者其他有关部门依照法定职权决定。

依照本条例规定被吊销资质证书的,由工商行政管理部门吊销其营业执照。

第七十六条 国家机关工作人员在建设工程质量监督管理工作中玩忽职守、滥用职权、徇私舞弊,构成犯罪的,依法追究刑事责任;尚不构成犯罪的,依法给予行政处分。

第七十七条 建设、勘察、设计、施工、工程监理单位的工作人员因调动工作、退休等原因离开该单位后,被发现在该单位工作期间违反国家有关建设工程质量管理规定,造成重大工程质量事故的,仍应当依法追究法律责任。

第九章 附 则

第七十八条 本条例所称肢解发包,是指建设单位将应当由一个承包单位完成的建设工程分解成若干部分发包给不同的承包单位的行为。

本条例所称违法分包,是指下列行为:

(一)总承包单位将建设工程分包给不具备相应资质条件的单位的;

(二)建设工程总承包合同中未有约定,又未经建设单位认可,承包单位将其承包的部分建设工程交由其他单位完成的;

(三)施工总承包单位将建设工程主体结构的施工分包给其他单位的;

(四)分包单位将其承包的建设工程再分包的。

本条例所称转包,是指承包单位承包建设工程后,不履行合同约定的责任和义务,将其承包的全部建设工程转给他人或者将其承包的全部建设工程肢解以后以分包的名义分别转给其他单位承包的行为。

第七十九条 本条例规定的罚款和没收的违法所得,必须全部上缴国库。

第八十条 抢险救灾及其他临时性房屋建筑和农民自建低层住宅的建设活动,不适用本条例。

第八十一条 军事建设工程的管理,按照中央军事委员会的有关规定执行。

第八十二条 本条例自发布之日起施行。

附:刑法有关条款

第一百三十七条 建设单位、设计单位、施工单位、工程监理单位违反国家规定,降低工程质量标准,造成重大安全事故的,对直接责任人员处五年以下有期徒刑或者拘役,并处罚金;后果特别严重的,处五年以上十年以下有期徒刑,并处罚金。

附录2 房屋建筑工程和市政基础设施工程竣工验收暂行规定

第一条 为规范房屋建筑工程和市政基础设施工程的竣工验收,保证工程质量,根据《中华人民共和国建筑法》和《建筑工程质量管理条例》制订本规定。

第二条 凡在中华人民共和国境内新建、扩建、改建的各类房屋和市政基础设施工程的竣工验收(以下简称工程竣工验收),应当遵守本规定。

第三条 国务院建设行政主管部门负责全国工程竣工验收的监督管理工作。县级以上地方人民政府建设行政主管部门负责本行政区域内工程竣工验收的监督管理工作。

第四条 工程竣工验收工作,由建设单位负责组织实施。县级以上地方人民政府建设行政主管部门应当委托工程质量监督机构对工程竣工验收实施监督。

第五条 工程符合下列要求方可进行竣工验收:

(一)完成工程设计和合同约定的各项内容。

(二)施工单位在工程完工后对工程质量进行了检查,确认工程质量符合有关法律、法规和工程建设强制性标准,符合设计文件及合同要求,并提出工程竣工报告。工程竣工报告应经项目经理和施工单位有关负责人审核签字。

(三)对于委托监理的工程项目,监理单位对工程进行了质量评估,具有完整的监理资料,并提出工程质量评估报告。工程质量评估报告应经总监理工程监理单位有关负责人审核签字。

(四)勘察、设计单位对勘察、设计文件及施工过程中由设计单位签署的设计变更通知书进行了检查,并提出质量检查报告。质量检查报告应经该项目勘察、设计负责人和勘察、设计单位有关负责人审核签字。

(五)有完整的技术档案和施工管理资料。

(六)有工程使用权的主要建筑材料、建筑构配件和设备的进场试验报告。

(七)建设单位已按合同约定支付工程款。

(八)有施工单位签署的工程质量保修书。

(九)城乡规划行政主管部门对工程是否符合规划设计要求进行检查,并出具认可文件。

(十)有公安消防、环保等部门出具的认可文件或者准许使用文件。

(十一)建设行政主管部门及其委托的工程质量监督机构等有关部门责令整改的问题全部整改完毕。

第六条 工程竣工验收应当按以下程序进行:

(一)工程完工后,施工单位向建设单位提交工程竣工报告,申请工程竣工验收。实行监理的工程竣工报告须经总监理工程师签署意见。

(二)建设单位收到工程竣工报告后,对符合竣工验收要求的工程,组织勘察、设计、施工、监理等单位和其他有关方面的专家组成验收组,制订验收方案。

（三）建设单位应当在工程竣工验收 7 个工作日前将验收的时间、地点及验收组名单书面通知负责监督该工程的工程质量监督机构。

（四）建设单位组织工程竣工验收。

1. 建设、勘察、设计、施工、监理单位分别汇报工程合同履约情况和在工程建设各个环节执行法律、法规和工程建设强制性标准的情况。

2. 审阅建设、勘察、设计、施工、监理单位的工程档案资料。

3. 实地查验工程质量。

4. 对工程勘察、设计、施工、设备安装质量和各管理环节等方面作出全面评价,形成经验收组人员签署的工程竣工验收意见。

参与工程竣工验收的建设、勘察、设计、施工、监理等各方不能形成一致意见时,应当协商提出解决的方法,等意见一致后,重新组织工程竣工验收。

第七条 工程竣工验收合格后,建设单位应当及时提出工程竣工验收报告。工程竣工验收报告主要包括工程概况,建设单位执行基本建设程序情况,对工程勘察、设计、施工、监理等方面的评价,工程竣工验收时间、程序、内容和组织形式,工程竣工验收意见等内容。工程竣工验收报告还应附有下列文件：

（一）施工许可证。

（二）施工图设计文件审查意见。

（三）本规定第五条（二）、（三）、（四）、（九）、（十）项规定的文件。

（四）验收组人员签署的工程竣工验收意见。

（五）市政基础设施工程应附有质量检测和功能性试验资料。

（六）施工单位签署的工程质量保修书。

（七）法规、规章规定的其他有关文件。

第八条 负责监督该工程的工程质量监督机构应当对工程竣工验收的组织形式、验收程序、执行验收标准等情况进行现场监督,发现有违反建设工程质量管理规定行为的,责令改正,并将对工程竣工验收的监督情况作为工程质量监督报告的重要内容。

第九条 建设单位应当自工程竣工验收合格之日起 15 日内,依照《房屋建筑工程和市政基础设施工程竣工验收备案管理暂行办法》的规定,向工程所在地的县级以上地方人民政府建设行政主管部门备案。

第十条 抢险救灾工程临时性房屋建设工程和农民自建低层住宅工程,不适用本规定。

第十一条 军事建设工程的管理,按照中央军事委员会的有关规定执行。

第十二条 省、自治区、直辖市人民政府建设行政主管部门可以根据本规定制订实施细则。

第十三条 本规定由国务院建设行政主管部门负责解释。

第十四条 本规定自发布之日起施行。

附录3 房屋建筑工程和市政基础设施工程竣工验收备案管理暂行办法

中华人民共和国建设部令第78号

第一条 为了加强房屋建筑工程和市政基础设施工程质量的管理,根据《建设工程质量管理条例》,制订本办法。

第二条 在中华人民共和国境内新建、扩建、改建各类房屋建筑工程和市政基础设施工程的竣工验收备案,适用本办法。

第三条 国务院建设行政主管部门负责全国房屋建筑工程和市政基础设施工程(以下统称工程)的竣工验收备案管理工作。

县级以上地方人民政府建设行政主管部门负责本行政区域内工程的竣工验收备案管理工作。

第四条 建设单位应当自工程竣工验收合格之日起15日内,依照本办法规定,向工程所在地的县级以上地方人民政府建设行政主管部门(以下简称备案机关)备案。

第五条 建设单位办理工程竣工验收备案应当提交下列文件:

一、工程竣工验收备案表。

二、工程竣工验收报告。竣工验收报告应当包括工程报建日期,施工许可证号,施工图设计文件审查意见,勘察、设计、施工、工程监理等单位分别签署的质量合格文件及验收人员签署的竣工验收原始文件,市政基础设施的有关质量检测和功能性试验资料以及备案机关认为需要提供的有关资料。

三、法律、行政法规规定应当由规划、公安消防、环保等部门出具的认可文件或者准许使用文件。

四、施工单位签署的工程质量保修书。

五、法规、规章规定必须提供的其他文件。

商品住宅还应当提交《住宅质量保证书》和《住宅使用说明书》。

第六条 备案机关收到建设单位报送的竣工验收备案文件,验证文件齐全后,应当在工程竣工验收备案表上签署文件收讫。

工程竣工验收备案表一式二份,一份由建设单位保存,一份留备案机关存档。

第七条 工程质量监督机构应当在工程竣工验收之日起5日内,向备案机关提交工程质量监督报告。

第八条 备案机关发现建设单位在竣工验收过程中有违反国家有关建设工程质量管理规定行为的,应当在收讫竣工验收备案文件15日内,责令停止使用,重新组织竣工验收。

第九条 建设单位在工程竣工验收合格之日起15日内未办理工程竣工验收备案的,备案机关责令限期改正,处20万元以上30万元以下罚款。

第十条 建设单位将备案机关决定重新组织竣工验收的工程,在重新组织竣工验收前,擅自使用的,备案机关责令停止使用,处工程合同价款2%以上4%以下罚款。

第十一条 建设单位采用虚假证明文件办理工程竣工验收备案的,工程竣工验收无效,备案机关责令停止使用,重新组织竣工验收,处20万元以上50万元以下罚款;构成犯罪的,依法追究刑事责任。

第十二条 备案机关决定重新组织竣工验收并责令停止使用的工程,建设单位在备案之前已投入使用或者建设单位擅自继续使用造成使用人损失的,由建设单位依法承担赔偿责任。

第十三条 竣工验收备案文件齐全,备案机关及其工作人员不办理备案手续的,由有关机关责令改正,对直接责任人员给予行政处分。

第十四条 抢险救灾工程、临时性房屋建筑工程和农民自建低层住宅工程,不适用本办法。

第十五条 军用房屋建筑工程竣工验收备案,按照中央军事委员会的有关规定执行。

第十六条 省、自治区、直辖市人民政府建设行政主管部门可以根据本办法制订实施细则。

第十七条 本办法由国务院建设行政主管部门负责解释。

第十八条 本办法自发布之日起施行。

附录4　城市道路工程所涉及的主要规范标准

1. 城市道路设计规范．CJJ 37—2012　中国建筑工业出版社
2. 城市道路交通规划设计规范．GB 50220—95　中国建筑工业出版社
3. 城镇道路工程施工与质量验收规范．CJJ 1—2008　中国建筑工业出版社
4. 城市道路路基工程施工及验收规范．CJJ 44—91　中国建筑工业出版社
5. 道路工程术语标准．GBJ 124—88　中国建筑工业出版社
6. 道路工程制图标准．GB 50162—92　中国建筑工业出版社
7. 给水排水构筑物施工及验收规范．GB 50141—2008　中国建筑工业出版社
8. 给排水管道工程施工及验收规范．GB 50268—2008　中国建筑工业出版社
9. 市政排水管渠工程质量检验评定标准．CJJ 3—90　中国建筑工业出版社
10. 沥青路面施工及验收规范．GB 50092—96　中国建筑工业出版社
11. 预应力混凝土路面工程技术规范．GB 50422—2007　中国建筑工业出版社
12. 热拌再生沥青混合料路面施工及验收规程．CJJ 43—91　中国建筑工业出版社
13. 路面稀浆封层施工规程．CJJ 66—2011　中国建筑工业出版社
14. 水泥混凝土路面施工及验收规范．GBJ 97—87　中国建筑工业出版社
15. 联锁型路面砖路面施工及验收规程．CJJ 79—98　中国建筑工业出版社
16. 粉煤灰石灰类道路基层施工及验收规程．CJJ 4—97　中国建筑工业出版社
17. 钢渣石灰类道路基层施工及验收规范．CJJ 35—90　中国建筑工业出版社
18. 固化类路面基层和底基层技术规程．CJJ/T 80—98　中国建筑工业出版社
19. 工程测量规范．GB 50026—2007　中国建筑工业出版社

附录5　城市道路挖掘工程审批程序

1. 制订城市道路挖掘工程施工计划。每年三月一日前通过《大连日报》通知各挖掘道路施工单位申报当年道路挖掘工程计划。申报的道路挖掘计划统一由设施管理科整理后通过新闻媒体实行对社会公示,自觉接受新闻媒体和广大市民的监督。在此基础上由设施管理科负责编制当年城市道路挖掘工程施工计划,结合城市道路大修和养护维修工作对全年道路挖掘工程综合协调作出合理安排,保证道路桥梁设施的管理和维修工作的有序进行。

2. 受理城市道路挖掘工程或开设临时出入道口的申请,经现场勘察,市交通管理部门备案,手续齐全,符合条件的,当日发给挖掘道路工程许可证,并按照规定收取道路挖掘修复费。对不符合规定的,向申请人解释清楚。

3. 凡挖掘城市主要干道、繁华地区、旅游景点地段,长度在200延长米以上、工期超过10天的大型工程,施工单位必须在《大连日报》上实行工程公示,说明施工原因、建设单位、施工单位、工程位置、施工期限、工程负责人和联系电话,公示内容见报后发给道路挖掘施工许可证。

4. 挖掘城市道路长度在200延长米以上的大型工程,审批前由设施管理科组织有建设单位、施工单位、管理单位参加的施工现场交底,并做好工程交底记录,确定施工方案后方可开工。挖掘道路施工现场明显位置必须设置工程公示牌,公示牌为蓝底白字,应详细注明工程名称、位置、建设单位、施工单位、施工期限、项目负责人和联系电话。公示牌由设施管理科统一制作、安放。

5. 审批道路挖掘工程时,按规定要求施工单位租用安全护栏、警示带等安全警示标志。安全警示标志的租用必须在挖掘工程审批同时办理,收取租用费后发放道路挖掘施工许可证。凡未按规定领取、安放安全警示标志的施工单位,不得发给道路挖掘施工许可证。施工现场未按规定摆放安全警示标志的,各管理所有权停止施工单位施工。

6. 电业、路灯、电信等单位申请挖掘城市道路铺设地下电缆,设施管理科应与管理所共同现场审查环网箱、交接箱、配电箱的位置。原则上在绿地、空闲地带设置,严格禁止占用人行步道或在交叉路口设置环网箱、交接箱、配电箱。

7. 申请人行步道改造铺装异型地砖的单位和个人,首先写出书面承诺,在城市道路规划改造和挖掘道路铺设各类地下管道时,必须无条件服从,否则不予办理。

8. 申请利用人行步道设置临时停车场、台阶、广告、灯箱等需要占用城市道路的单位和个人,持市政府行政审批服务中心批准的临时占用城市道路许可证,按规定程序办理挖掘道路施工许可证。

9. 申请临时占用城市道路用作施工工地的单位或个人,持市政府行政审批服务中心批准的临时占用城市道路许可证,到我处缴纳道路损坏赔偿保证金,设施管理科通知相关管理所后方可施工。

10. 申请废除城市市政设施的开发建设单位或个人,持市规划管理部门批复的开发建设批文、红线位置图,经市交通管理部门备案,按规定程序办理废除城市市政设施许可证。

11. 开发建设单位或个人需要挖掘城市道路对新建小区、建筑物等进行煤气、自来水、供热、排水等工程配套,设施管理科必须就有关开发建设区域外的市政设施配套工程建设,新开发建设区域内的市政设施建成后的移交、管理等方面和开发单位达成协议后,方可办理配套工程道路挖掘施工许可证。

12. 非市政道路的挖掘审批,审批前设施管理科必须进行现场查看,确定维修方案后方可审批。无主管单位的非市政道路,按正常管理程序申请、收费、发放许可证。有主管单位的非市政道路,挖掘道路施工单位必须与道路产权单位达成维修协议,在我处预交维修道路保证金后方可施工。维修道路保证金在道路维修完成后退回。各区管理所要认真加强监督,确保非市政道路挖掘工程及时修复。

13. 未经批准擅自挖掘城市道路的违章单位或个人,管理人员发现后,首先停止施工,发出书面违章通知书,通知违章单位或个人到设施管理科按规定程序补办道路挖掘许可证。办理许可证,同时按照收费标准加倍缴纳道路挖掘修复费。对拒不办理许可证又不缴纳挖掘修复费的单位或个人,设施管理科应将该单位记录在案,在以后的审批中追查违章单位或与市政府行政审批服务中心协作,联合采取措施制裁,也可以通过司法程序申请诉讼解决。

14. 挖掘道路施工许可证设施管理科在当日内下传相关区管理所。主干路横向道路挖掘工程设施管理科在当日16时前通知区管理所和道路维修单位;街巷路横向道路挖掘工程所在区管理所在当日16时前通知设施管理科和道路维修单位,并对管理工作作具体交接说明。特殊情况设施管理科和各区管理所随时沟通。

附录6 油榨街、小碧城市道路工程初步设计调整概算案例分析

在工程项目建设中采用限额设计是我国工程建设领域控制投资支出、有效使用建设资金的有力措施。按照批准的设计任务书及投资估算控制初步设计，按照批准的初步设计总概算控制施工图设计。将上阶段设计审定的投资额和工程量先分解到各专业，再进一步分解到各单位工程和分部工程。通过限额设计，严格控制技术设计和施工图设计的不合理变更，以保证总投资额不被突破。批准的初步设计概算作为投资控制的最高限额，更好地处理了技术与经济对立的关系，提高了设计质量，扭转了投资失控的现象，在道路工程投资控制中发挥了至关重要的作用。但对已完工或部分完工的政府投资项目投资情况调查发现，多数市政建设项目都不同程度地存在超概算的现象，这已成为政府投资项目的一大顽疾。现就贵阳市"油小线"城市道路工程初步设计调整概算的评审为例，作一些探讨。

一、项目概况及背景资料

"油小线"位于贵阳市东南地区，呈东南走向，线路西起油榨街、市南路和宝山南路交叉点，经油榨街，采用隧道穿越森林公园，在市委党校北侧出隧道，然后上跨鱼梁河，沿规划的兴政路通过龙洞堡片区，与小碧乡境内正在扩建的西南环线相接，路线长度约7.04km。同时，实施本工程与见龙洞路连接的联络道，长度为543m。工程于2008年6月进场，2008年7月正式开工。由于在原批复的初步设计基础上，本工程的规模、标准发生一些重大的设计变更，重大施工方案进行了调整，工程数量发生很大变化，使得工程费用增加。本次评审内容即为"油小线"初步设计调整概算。

二、项目评审情况

1. 评审中发现的主要问题

第一部分 建筑安装工程费

(1)道路工程

①路基土石方工程、排水边沟及截水槽、浆砌块石挡土墙及护坡、植草护坡、翻挖老路、新建机动车黑色道路、彩色人行道板、侧平石及路边石、园林路改建各项工程因增加费用不大，故未作调整，暂按报审金额计入本次概算。

②碎石桩(MK3+600~MK3+740)各分项工程工程量均比设计图纸实际工程量高出一倍，审查核减。

③预应力锚索抗滑桩(MLK3+430~MLK3+560)工程中部分分项工程如人工挖孔桩护臂C20混凝土、灌注桩C30混凝土、现浇C30混凝土挡墙及相应钢筋制作安装、毛石混凝土基础、声测管等工程量计算错误，零星工程费不计，经审查核减。

④新建 K4+627.5 跨线桥(4×30mT 梁)工程中,灌注桩 C30 混凝土及钢筋制安、柱式墩台身泵送 C40 混凝土等分项工程工程量计算错误,部分材料,如泵送商品混凝土、人行道板等单价偏高,零星工程费不计,经审查核减。

⑤台后处理工程中,分项工程桥台台后换二灰土比例石灰:粉煤灰:土(12:35:53)20cm厚工程量计算错误,粉煤灰及混凝土单价偏高,零星工程费不予计算,审查核减。

(2)桥涵及地道工程

①箱涵 4×3、K4+340 跨线桥(预应力空心板梁)因增加费用不大,故未作调整,暂按报审金额计入本次概算。

②人行地道报审金额 1 050.00 万元、车行地道报审金额 634.60 万元为设计估算价,暂按估算金额计入本次概算。

③鱼梁河主桥、引桥及主线高架桥 30m 预应力混凝土箱梁工程中,部分材料如混凝土、钢筋等单价偏高,零星工程费不计,审查核减。

(3)隧道工程

①隧道过渡段、洞口、明洞、配电间、人行横洞、车行横洞、隧道内路面、隧道内环控、隧道内给排水消防、地质超前预报、隧道内外监控量测因增加费用不大,故未作调整,暂按报审金额计入本次概算。

②围岩等级变化及溶洞等地质处理报审金额 1 800.00 万元、隧道内装修报审金额 3089.60 万元为设计估算价,暂按估算金额计入本次概算。

③隧道主洞分项工程无纺布及防水卷材单价偏高,主材型钢单价 3 800 元/kg 应改为 3.8 元/kg,零星工程费不计,审查核减。

(4)立交工程

①宝山路立交工程中,路基土石方工程、浆砌块石挡土墙、新建机动车黑色道路、彩色人行道板、侧平石、翻挖老路、标志标线、护栏因增加费用不大,故未作调整,暂按报审金额计入本次概算。

②西南环路立交工程中,彩色人行道板、侧平石、翻挖老路因增加费用不大,故未作调整,暂按报审金额计入本次概算。标志标线 51.50 万元、信号灯 150 万元、行人护栏 51.50 万元为设计估算价,暂按估算金额计入本次概算。

③宝山路立交高架桥 30m 预应力混凝土箱梁、西南环路立交路基土石方工程,桥梁及台后处理工程中部分材料,如钢筋等单价偏高,零星工程费不计,审查核减。

(5)人行天桥

因增加费用不大,对概算总投资影响较小,故未作调整,暂按报审金额计入本次概算。

(6)排水管道工程及人行地道泵站工程

①地道泵站因增加费用不大,未作调整,暂按报审金额计入本次概算。

②雨水管道及污水管道工程中,土石方挖填及外运不平衡、PE 钢带波纹管套项错误、部分材料单价偏高,零星工程费不计,审查核减。

(7)附属设施

该项目未作调整,暂按报审金额计入本次概算。

(8)临时工程

该项目仍按原概算批复金额报审,故未作调整,暂按原批复金额计入本次概算。

第二部分　其他基本建设费用

(1)设计费审查核减,相应施工图预算编制费、竣工图编制费、施工图审查费审查核减。

(2)根据《贵阳市油小线工程建设指挥部会议纪要》([2009]02号),勘察费暂按勘察监理审核的15 417 397.59元计算。

(3)监理费及建设单位管理费经审查核减。

2. 评审结论

油榨街—小碧城市道路工程初步设计调整概算送审金额1 597 268 800元(大写:壹拾伍亿玖仟柒佰贰拾陆万捌仟捌佰元),评审概算金额为1 510 947 300元(大写:壹拾伍亿壹仟零玖拾肆万柒仟叁佰元),核减金额86 321 500元(大写:捌仟陆佰叁拾贰万壹仟伍佰元)。

三、问题总结

(1)设计变更手续不完善,工程造价的变更较随意。在油小线调概项目中,部分项目,如桥涵及地道工程中人行地道及车行地道、隧道内装修、街面外立面改造等项目,仅有工程变更会议纪要,无设计单位出具的设计变更通知及相关设计资料,工程变更较随意,未按规定程序进行,因而造成投资超概严重。

(2)项目报审资料不完善,概算编制不准确。在油小线调概项目中,部分项目,如隧道工程、排水管道工程等项目,未按审查要求报审资料,设计图纸不完善,许多分项工程工程量无法依据图纸进行核查。另外,隧道工程围岩等级变化及溶洞等地质处理及附属设施声屏障等项目无概算编制明细,造成对该部分项目费用无法进行评审,只能以设计暂估价计入概算,使得该部分费用不能进行有效控制。

(3)编制的概算中虚报工程量,人为增大项目概算。目前,设计费计取方式所采用的是以设计概算额为基数,按一定的百分比计取设计费,这就导致设计单位为谋取更高的经济利益而有意高算工程量,如油小线调概项目中,道路工程碎石桩、预应力锚索抗滑桩及新建K4+627.5跨线桥,工程量均比设计图纸实际工程量偏高,碎石桩各分项工程甚至高出一倍。

(4)项目前期工作准备不足,设计方案论证及比选不够充分。初步设计审查往往以会议的形式代替,不能对设计方案及概算进行严密的审查和客观全面的评价,未能及时有效的完善初步设计方案。在油小线调概项目中,道路路改桥新建K4+627.5跨线工程中,主桥概算金额为3 594万元,而其台后处理因设计为高桥台台后80m路基分层回填粉煤灰及石灰混合土,使概算金额高达2 124万元。

四、意见和建议

(1)严格基本建设程序,控制设计变更。严把变更关,对必须发生的设计变更,尤其是涉及费用增减较大的设计变更应由具备相应资质的咨询机构或设计单位对变更的必要性及方案的技术先进性、经济合理性进行论证,并由建设行政主管部门批复后才能进行变更。

(2)项目相关单位应完善报审资料,按规范编制概算。资料报审单位应按照贵阳市财政局《关于规范贵阳市财政性投资建设项目工程概、预、结、决算送审资料的通知》报送资料,由于市政项目普遍建设规模较大、施工工艺复杂、完整且规范的项目报审资料可以使项目评审高效、客观公正地进行。

(3)加强对设计及造价咨询等执业机构的监管,加强执业人员的职业道德教育、业务素质的培训和考核,并将投资控制作为一项重要指标进行考核;实行设计的奖惩制度,并引入市场竞争机制,推行工程设计招标及设计监理,充分发挥设计单位等中介机构在造价控制方面应有的作用。

(4)以设计阶段为重点,加强项目前期工作,把好图纸设计关。首先,通过对工程的设计招标,多个方案的比较,取优弃劣,使工程的设计更具科学性、完整性、适用性、经济性。其次,要对中标的设计方案进行优化,在满足使用功能的前提下,最大限度地节约投资。

道路工程具有建设规模大、工程结构复杂、建设工期长等特点,决定了道路工程造价管理是一个动态管理的过程。任何一个工程从决策到竣工交付使用,都有一个较长的建设周期。在预计工期内,许多影响工程造价的动态因素会发生变化。例如,由于工程地质条件的复杂性,工程建设变更量也开始增大;还有设计新理念、技术标准、规范变化等因素导致费用的变化。另外,由于项目资本金不足,建设期延长导致贷款利息增加;还有一些国家政策性调整,如征地拆迁补偿标准的变化、贷款利率的调整,这些因素使得工程造价在整个建设期中处于不确定状态,直到竣工决算后才能最终确定工程的实际造价。因此,为加强对道路工程建设项目的静态控制、动态管理、真实反映建设项目的投资控制,有必要对建设项目初步设计概算进行调整。而只有规范了概算调整行为,明确了概算调整范围、调整方法、调整时段及审查批复程序,才能使项目概算更加合理地反映建设工程造价,从而加强对工程初步设计概算的执行与管理工作,以及对道路工程建设项目的造价管理和投资控制。

附录7　城市道路工程质量通病预防措施

一、概述

道路工程质量通病是指在道路工程中经常发生、较为普遍的质量问题,这些问题对工程的使用品质与寿命将产生不同程度的影响,甚至严重的后果。由于道路工程量大面广,因此其危害性更大,更应予以重视。

本章主要叙述在道路建设与营运过程中质量通病的现象、原因与防治方法。道路是露天结构,它受气候、水文、地质等自然条件的影响,因此不同的地域有不同的特点。本文以上海地区城市道路与道路的实践为基础,对基层、面层及道路附属设施诸方面做了比较全面的阐述。

道路工程质量通病受设计、施工、材料以及交通、环境等因素的影响,而没有严格按规范进行选料与施工是当前的主要原因。在防治方法上虽已有很多成功经验,但在反射裂缝防治及混凝土路面修复等诸多问题上尚缺乏有效、耐久、实用的解决方法,因此更应精心设计与施工,以消除或延缓病害的发生。

二、底基层和基层

1. 路拌石灰土、石灰粉煤灰土底基层和基层

此处的"土",仅指细粒土。

石灰土又称石灰稳定土,石灰粉煤灰土又称石灰粉煤灰稳定土,简称二灰土。

(1)混合料不均匀

现象:混合料出现花料,灰、土分布不匀。

原因分析:翻松与拌和机具功率不足,齿深不够,路槽上未充分翻深、翻松。直径大于15mm 的土块未先粉碎或剔除。土的塑性指数较大,容易结团,拌和困难。

防治措施:应选用合适的机具进行路拌法施工,保证有足够的翻拌深度和打碎能力,通常宜选用专用的稳定土拌和机;在没有专用拌和机械的情况下,也可用农用旋耕机与多铧犁相结合,用多铧犁将上翻松,旋耕机拌和,再用多铧犁将底部料翻起,旋耕机再拌和,如此反复5~6遍;在翻拌过程中,应随时检查调整翻犁的深度,务必使稳定土层全部翻透。土块应尽可能粉碎,最大尺寸不应超过15mm,对于超尺寸土块应予剔除。对于塑性指数较大的土,应用专用机械加强粉碎。在用石灰稳定时,可采用两次拌和法,第一次加部分石灰拌和后,闷料一夜,再加入其余石灰,进行第二次拌和。

(2)混合料强度达不到要求

现象:混合料取样送实验室做标准强度试验,强度不能达到规范或设计要求。

原因分析:混合料配合比确定不当或现场未按规范或设计要求的配合比施工。石灰质

量未达到规范要求,或因存放时间过长,品质下降,造成混合料强度达不到要求。混合料拌和不匀,强度波动大,使混合料强度代表值达不到要求。

防治措施:以工地实际使用的材料,重新检验或修改配合比。检查工地实际配合比,检查投料、计算、计量是否有误;需要注意的是,工地施工时实际采用的石灰剂量应比室内试验确定的剂量多0.5%~1.0%。石灰过多或过少都会造成混合料强度不足,所以应避免局部地段石灰过多或过少,并充分拌和均匀。

(3)压实度不足

现象:石灰土、二灰土压实后,表面轮迹明显,经检测,压实度未达到要求。

原因分析:压实机具选用不当或碾压层太厚。碾压遍数不够。含水率过多或过少。下卧层软弱。

防治措施:石灰土和二灰土基层应选用12t以上的压路机或振动压路机碾压。压实厚度在15cm以下时,可选用12~15t的压路机碾压;压实厚度在15~20cm时,应采用18~30t的三轮压路机碾压;压实厚度超过上述时,应分层碾压;压实机具应轻、重配备,碾压时注意先轻后重。

混合料摊铺后应在1~2d内充分碾压完毕,并保证一定的碾压次数,直至碾压到要求的密实度为止,同时表面无明显轮迹。一般需碾压6~7遍;路面的两侧应多压2~3遍。

当含水率过高或过低时,应采取措施,在达到最佳含水率(或略高,但不超过2%)时才碾压。

石灰或二灰稳定土施工前,应对其下卧层进行严格检查,确保质量达到规范要求,否则易引起许多不良后果。

(4)碾压时弹簧

现象:在碾压过程中,混合料出现弹簧现象。

原因分析:碾压时,混合料含水率过高。下卧层过软,压实度不足或弹簧。

防治措施:混合料拌和时应控制原材料的含水率,如土壤过湿应先行翻晒,并宜采用生石灰粉,以缩短晾晒时间,降低混合料的含水率;如粉煤灰过湿,应先堆高沥干,一般二三天即可。

施工时应注意气象情况,摊铺后应及时碾压,避免摊铺后碾压前的间断期间遭雨袭击,造成含水率过高以致无法碾压或勉强碾压引起弹簧。

当石灰土和二灰土过干时,可洒水闷料后再进行碾压,水量应予控制并力求均匀,避免局部地方水量过多造成弹簧。

碾压时,应遵循先轻后重的原则。

混合料摊铺前,应对下卧层的质量进行检查,保证下卧层的压实度。若有"弹簧"现象,应先处理后再做上层。

(5)碾压时发生龟裂

现象:石灰土、二灰土在碾压或养护过程中出现局部或大面积龟裂。

原因分析:石灰土或二灰土含水率严重不足。土块未充分粉碎或拌和不匀。下卧层软弱,在压实机械碾压下出现弹簧。养生期间,有重车通过,引起结构层破坏。

防治措施:混合料在拌和碾压过程中,应经常检查含水率。含水率不足时,应及时洒水。

应使混合料的含水率等于或略大于最佳值时进行碾压。加强混合料粉碎和拌和,对不易粉碎的黏土宜采用专用机械,并可采用二次拌和法。对超尺寸土块,予以剔除。

无论石灰土或二灰土基层,均应保证下卧层的充分压实,对土基不论路堤或路堑,必须用 10～15t 三轮压路机或等效的碾压机械进行碾压检验(压 3～4 遍)。在碾压过程中,如发现土过干或表层松散,应适当加水;如土过湿,发生"弹簧"现象,应采用挖开晾晒、换土、掺石灰或粒料等措施进行处理。养生期间,应禁止重型车辆通行。

(6)未结成整体

现象:混合料经碾压养生一定时间后,仍较松散,未结成板体。

原因分析:石灰质量差或掺加量不足。压实度不足。冬季(气温低 5℃)施工,气温偏低,强度增长缓慢。

防治措施:施工前,应对石灰质量进行检验,避免使用存放时间过长的石灰或劣质石灰,消解石灰应在两周内用完。进行充分压实,达到规定的压实度。冬季施工应尽量避免。必须施工时应注意养护,防止冰冻,并封闭交通。一般在气候转暖后,强度会继续增长。必要时可选用外掺剂,以提高早期强度;或采用塑料薄膜或沥青膜等覆盖措施养生,保持一定湿度,加速强度增长。

(7)横向裂缝

现象:石灰土、二灰土结构层在上层铺筑前后出现横向裂缝。

原因分析:结构层由于干缩和温缩而产生横向裂缝。混合料碾压含水率越大,越易开裂。有重车通行。未筑上层的石灰土、二灰土基层,不能承担重车荷载的作用。当重车通过时,易造成损坏,产生裂缝,尤其是当下卧层的强度不足和在养生期间更易产生强度性裂缝。横向施工接缝,包括结构层成型后再开挖横沟所发生的接缝,是最易产生横向裂缝的薄弱面。

防治措施:工过程中应严格控制混合料的碾压含水率,使其接近于最佳含水率,以减少结构层干缩。混合料碾压完毕后,应及时养生,并保持一定的湿度,不应过干、过湿或忽干忽湿。养生期一般不少于 7d,有条件时可采用塑料膜覆盖。混合料施工完毕后,应尽早铺筑上层。在铺筑上层之前,应封闭交通,严禁重车通行。延长施工段落,减少接缝数量。做好接缝处理,使新旧混合料相互密贴。缩短接缝两侧新旧混合料铺筑的时间间隔。产生横向裂缝时,通常不做处理。缝宽时,可用沥青封缝,以防渗水和恶化。

(8)表面起皮松散

现象:灰土结构层施工完毕后,表面起皮,呈松散状。

原因分析:碾压时含水率不足。碾压时,为弥补厚度或高程不足,采用薄层贴补。碾压完毕,未及时养护即遇雨雪天气,表面受冰冻。

防治措施:施工时应在最佳含水率左右碾压,表面干燥时,应适量洒水。禁止薄层贴补,局部低洼之处,应留待修筑上层结构时解决;如在初始碾压后发现高低不平,可将高处铲去,低处翻松(须 10cm 以上)、补料摊平、再压实。碾压过程中有起皮现象,应及时翻开重新拌和碾压。灰土施工时,应密切注意天气情况,避免在雨雪、霜冻较严重的气候条件下施工。灰土表面发生起皮现象后,应予铲除,其厚度或高程不足部分,可留待修筑上层结构时解决。

(9)平整度不符合要求

现象: 灰土基层施工完毕后,经平整度检测,不能达到规范或设计要求。

原因分析: 下卧层平整度不好,造成灰土基层松铺厚度不匀,影响平整度。摊铺碾压过程中,未采取适当措施,提高平整度。接缝未处理好。

防治措施: 灰土结构层施工前,应对下卧层的平整度进行检验。平整度很差时,可先用部分灰土罩平,然后进行灰土结构层施工。摊铺可采用平地机或人工摊铺。平地机摊铺应有熟练工操作,控制好平整度。人工摊铺时应拉线,仔细整平。如采用场外拌和供料,应控制卸料地点和数量。料堆处应彻底翻松、整平。边碾压边整平。轻型初压以后,应及时检测与整平。卸料和碾压时应避免在碾压层上停车或急转弯。终压以后,可将局部高出部分铲平,低洼处不可采用薄层罩面办法提高平整度。两个工作段的搭接部分,应采用对接形式。前一段拌和后,留 5~8m 不碾压;后一段施工时,将前段预留未压部分翻松后一起再进行碾压。

(10)回弹弯沉达不到设计要求

现象: 灰土结构层施工完毕经过一定龄期后,进行弯沉检验,达不到规范或设计要求。

原因分析: 下卧层强度差。灰土基层未充分碾压密实,强度、厚度不足。低温或雨季,强度增长缓慢。

防治措施: 灰土结构层施工前,一定要对下卧层的施工质量进行检查,确保下卧层的施工质量。混合料配合比和压实度要严格掌握,确保质量。低温和雨季,灰土结构层强度增长缓慢,一旦温度回暖或雨季过后,强度会恢复增长,但需要一定的养护。

2. 石灰粉煤灰稳定粒料

(1)混合料配合比不稳定

现象: 厂拌混合料的"骨灰比",二灰比及含水率变化大,其偏差常超出允许范围。混合料的色泽不一,含水率多变。在现场碾压 2~3 遍后,出现表面粗糙,石料露骨或过分光滑。现场取样的试件强度离散大。

原因分析: 采石厂供应的碎石级配不准确,料源不稳定;料堆不同部位的碎石由于离析而粗细分布不均,影响了配比、外观及强度。消解石灰含水率过大、粉煤灰含水率受料源(池灰)及气候影响,灰堆与灰顶含水率不一,都影响了混合料含水率和拌和的均匀性。拌和场混合料配合比控制不准,含水率变化对质量影响未正确估算;计量系统不准确或仅凭经验按体积比放料,甚至连续进料和出料,使混合料配合比波动。混合料放到堆场时,由于落差太高造成离析;出厂又未翻拌,加剧了配合比变化。现场摊铺时,由于人工或机械原因造成粗细分离。

预防措施: 骨料级配必须满足设计要求,采购时应按规定采购,进料时进行抽检,符合要求后使用。拌和场应设堆料棚,棚四周要有排水设施,使粉煤灰内水分充分排走。消介石灰的含水率应控制在 30% 左右,呈粉状使用。混合料拌和场,必须配备计量斗,对各种原材料按规定的质量比计量;要求不高时也可按材料堆积密度折算成体积比,进行计量控制。每种原材料的数量应控制在其使用量的 ±5% 误差范围内。当含水率变化时,要随时调整计量,或调整体积比保证进料比准确。混合料拌制时,拌和机应具备联锁装置,即进料门和出料门不能同时开启,以防连续出料,造成配合比失控。堆场混合料有离析时,在出厂前必须用装载机(铲车)进行翻堆,使堆料上下翻拌均匀。装车时铲斗不要过高,以免混合料离析。加强混合料配比抽检,凡超出质量标准范围,必须重新拌制,达到质量要求后才能出场。

治理方法:发现现场的混合料粗细料分离,应在现场重新翻拌均匀后再摊铺或者退料。局部范围出现露骨或过分光滑,可局部翻松10cm厚度以上,撒入预拌好的石灰粉煤灰细料或粗骨料,拌匀后,再重新碾压。掺加量视具体情况而定。

(2)混合料含水率波动大

现象:送至工地的混合料含水率不均匀、忽高忽低,无法正常摊铺、碾压,给施工时的放样,松铺系数的确定,摊铺、碾压带来困难,影响设计高程、平整度、压实度的有效控制。

原因分析:消石灰、粉煤灰含水率偏大或偏小,失去控制。混合料拌制时,加水过多,混合料堆置时间过长而造成混合料过干。混合料出厂时,未经翻堆而造成含水率不均匀。

预防措施:混合料的出厂含水率应控制在混合料的最佳含水率上浮2%~5%的范围内,根据天气情况(气温、晴雨)取值。供料单位应搭建石灰、粉煤灰防雨棚,以利于含水率控制。面积一般不小于500m^2,按1:2比例分隔。当露天堆放的石灰粉煤灰含水率偏大时,棚内材料可作备用。混合料堆放时间不应超过规定的时间(如24h),若遇雨,料堆应有遮盖物,并停止生产。

治理方法:出厂的混合料,应随气候和季节,以及摊铺方式(机铺或人工摊铺)控制含水率。气温高,摊铺速度慢,含水率可取偏高值。混合料料堆出厂前,必须进行翻堆,使混合料的含水率表里一致、色泽均匀。送至工地的混合料,摊铺前若发现含水率低于允许碾压含水率范围时,在现场路床外将混合料加水复拌,或者退至供料单位重新拌和后再用,但必须在两天内。送至工地的混合料若含水率偏大,应在天气晴好时方能摊铺,以利蒸发,但不应超过两天。

(3)混合料离析

现象:混合料粗细料分布不匀,局部骨料或细料比较集中,骨料表面无细料黏附或黏附不好。混合料离析会造成平整度不好和结构强度不均匀等病害。

原因分析:混合料拌和时含水率控制不好,过干或过湿。混合料机拌时间不足,粗细料未充分拌匀。混合料直接用铲车翻拌。拌和质量得不到保证.皮带运输机高度高,送出来的混合料落入料堆时发生离析,大粒径骨料滚至底部和两侧,偏细料集于中间,而出厂时又未进行翻堆。混合料未按规定配比进行拌和或者石料级配不好。

预防措施:混合料在拌和时应控制好含水率,石灰、粉煤灰的含水率应控制在规定的范围内。拌和时间应不小于30s,以混合料拌和均匀为度。皮带运输机高度应小于3m,以减少离析。控制好石料的级配,若级配稍有偏差,应通过试验进行调整。

治理方法:出厂前发现混合料离析,应采用铲车翻堆将混合料拌匀后再出厂。混合料由于集料级配不好或配合比控制不当而造成的离析,则应通过增加细料或粒料进行复拌,以消除离析现象。进入施工现场的混合料有离析现象时,应在现场路床外拌匀后再摊铺,或者退料。

(4)混合料摊铺时离析

现象:用摊铺机摊铺后,摊铺机两侧骨料明显偏多,压实后,表面呈现带状露骨现象。人工摊铺后,混合料局部离析,粗细料局部集中。

原因分析：出厂混合料不均匀，或者运输与倾卸过程中产生离析。摊铺机的摊铺过程中，大粒径石料被搅到两侧而二灰集中在中间。摊铺宽度愈宽，混合料含水率越小，粗细料分离越明显。人工摊铺时，摊铺工具使用不当，如用钉耙等，使粗细料集中于表面，细料沉于下部，形成离析。

预防措施：进混合料前，应先对供料单位原材料质量情况进行实地考查，并对混合料的配合比、拌和工艺进行试拌、复验，保证出厂混合料均匀、含水率合适。摊铺机摊铺时，分料器内始终充满混合料，以保证分料器转动时混合料均匀搅动。根据摊铺机的机型以及配合比中细料的多少，通过试铺确定摊铺的最大宽度，一般应控制在机器最大摊铺宽度的2/3。摊铺速度不大于4m/min。非机铺时，进入现场的混合料应按摊铺厚度来估算卸料堆放距离。卸车时宜采用拖卸，即车边走边卸，以减少翻卸造成离析，严禁使用钉耙摊铺混合料和铁锹高抛混合料。

治理方法：机摊完毕后，先初压一遍，基层表面局部出现离析。露骨松散时，应及时扫嵌事前拌和均匀的石灰粉煤灰。扫嵌后，应适当洒水并及时碾压。基层表面出现小范围细料集中，应及时进行翻挖，挖深10cm以上。洒上适量的碎石，洒水、拌匀、摊子、碾压，并于周边接顺。离析严重，涉及范围大，应挖除、重铺。

（5）混合料碾压时弹簧

现象：混合料碾压时不稳定，随着碾轮隆起，脚踩上去如橡皮土。

原因：土基或下卧层弹簧，基础承载力不足。混合料含水率偏大，细料过多。

预防措施：铺筑混合料前，必须对土基或下卧层进行检测，达到质量要求后才能铺筑。否则，应进行处理或加固。混合料中的二灰用量及含水率，应符合设计。如摊铺时，发现个别料车含水率过高，应另行堆放，集中处理，不应混摊在一起。

治理方法：产生弹簧的地方，必须将混合料翻挖掉。若土路基"弹簧"，应将"弹簧"上清除，在该处进行换土或加固后，重新铺筑。铺筑时，应将周边混合料刨松，与新铺的成为一体，再进行压实。此项处理应在一周之内完成，以利新老结构连接。混合料过湿造成"弹簧"，则应停止碾压，并进行翻松晾干至接近最佳含水率时进行碾压。

（6）基层表面灰浆过厚

现象：基层表面灰浆过多，雨天泥泞，晴天尘土飞扬。

原因：混合料中二次用量过多。混合料含水率偏大，碾压时二灰浆翻至表面。碾压时，人为地浇水、提浆，造成表面二灰过多。

防治措施：在拌制混合料时，应严格按照规定的配合比进行拌制，尤其是应控制二灰的用量。严格控制混合料的出厂含水率，送至工地混合料的含水率应控制在较最佳含水率大2%~5%范围内，具体应根据天气情况确定。以摊铺完毕后混合料能接近最佳含水率为度。在接近最佳含水率（+2%~-1%）时，进行碾压。碾压时，先轻后重，先静后振，尤其是在进行振动碾压时应注意混合料有否冒浆。若有，应采用静压，以防止过多的二灰冒至表面。严禁采用浇水提浆碾压。当摊铺好的混合料过于时，可适当洒水，但不允许浇水，并用轻压路机普压一遍，然后用振动压路机先静后振，直至压实。不能边浇水边振压，使二灰浆水大量冒出。

（7）基层压实度不足

现象：压实度不合格或合格率低。开挖样洞可看到骨料松散、不密实。

原因分析：碾压时，压路机吨位与碾压遍数不够。碾压厚度过厚，超过施工规范规定的碾压厚度。下卧层软弱，或混合料含水率过高或过低无法充分压实。混合料配合比不准，石料偏少、偏细，二灰偏多。混合料的实际配合比及使用的原材料同确定最大干密度时的配比及材料有较大差异。

防治措施：碾压时，压路机应按规定的碾压工艺要求进行，一般先用轻型压路机(8~12t)稳压三遍，再用重型压路机(12~16t)复压6~8遍，最后用轻型压路机打光，至少两遍。严格控制压实厚度，一般不大于20cm，最大不超过25cm。严格控制好混合料的配比和混合料的均匀性，以及混合料的碾压含水率。对送至工地的混合料，应抽样进行标准密度的试验，通过试验来确定或修正混合料标准密度。下卧层软弱或发生"弹簧"时，必须进行处理或加固。加强现场检验，发现压实度不足，应及时分析原因，采取对策。

(8) 施工接缝不顺

现象：基层表面拼缝不顺直，或在拼缝处有明显高低不平。

原因分析：先铺的混合料压至边端时，由于推挤原因，造成"低头"现象。而在拼缝时未作翻松，直接加新料，由于压缩系数不同，使该处升高。先铺的边端部分碾压时未压，后摊铺时部分接下去摊铺，虽然松方高程一致，但先摊铺部分含水率较低，压缩性较小，碾压后形成高带。摊铺机摊铺时，纵向拼缝未搭接好。先铺段边缘的成型密度较低；后铺段搭接时抛高又未控制好，碾压后形成接缝不顺直，或高或低。

防治措施：精心组织施工，尽可能减少施工段落和纵向拼缝，减少接缝。在分段碾压时，拼缝一端应预留一部分(3~5m)不压，以防止推移，影响压实，同时又利于拼接。摊铺前，应将拼缝处已压实的一端先翻松(长度0.5~1m)至松铺厚度，连同未压部分及新铺材料一起整平碾压，使之成为一体。对横向接缝压路机可以横向碾压以利端部压实。人工摊铺时，尽可能整个路幅摊铺，以消除纵向拼缝。摊铺机摊铺时，应考虑新铺的一端要与已摊好的结构层有0.5m左右的搭接，发现接缝局部漏料应随即修整。待第二幅摊好后，再开始第一幅的碾压，以防止碾压时的横向推移。

(9) 施工平整度不好

现象：压实后表面平整度不好，不符合质量验收标准。

原因分析：人工摊铺时没有按方格网控制平整度，只靠肉眼在小面积内控制平整，大面积就无法控制。机铺时不能均匀行驶、连续供料，停机点往往成为不平点。由于分料器容易将粗料往两边送，压实后形成"集料窝"，影响平整度。混合料系由几家单位供应放级配区别较大，影响松铺系数和压实系数；混合料的含水率不均匀，混合料离析，粗细不匀，均对平整度产生不良影响。下卧层不平，混合料摊铺时虽表面平整，但压缩量不均匀，产生高低不平。

预防措施：非机铺时，在基层两侧及中间设立高程控制桩，纵向每5m设一个断面，形成网格，并计算混合料摊铺量，以此作为控制摊铺的基准和卸料的依据。机铺时要保证连续供料，匀速摊铺，分料器中的料应始终保持在分料器高度的2/3以上。类同或同一厂家的料铺在同一段上，不要混杂；不同厂家的料松铺系数应由试验确定；混合料配比应稳定，含水率均匀，以减少供料离析程度。下卧层的平整度应达到验收要求。卸料后宜及时摊铺，若堆放时间较长,摊铺时,应将料堆彻底翻松,使混合料松浦系数均匀一致。用铲车、推土机摊铺时,其行驶路线应该均匀,不应随意加铺混合料,以防松紧不一。摊铺好以后,应进行摊铺层平整度修整。然后进行碾压。

治理方法:先进行初压。初压后,若发现局部平整度不好,超高部分凿平,低凹部分可将其至少翻松至10cm以上,再加混合料,摊平碾压密实。严禁贴薄层。

(10)表面起尘松散

现象:基层表面局部有松散石子或灰料,干燥时尘土飞扬,雨天时泥浆四溅。

原因分析:混合料级配灰量多,特别是在高温季节表面干燥快,养护不及时使表面二灰松散。碾压时洒水多,表面冒浆干燥后导致起壳松散。混合料养护期不足、强度未充分形成就通车,将表面压坏使二灰和石料松散。施工中为了保证表面平整,有意在表面撒一层灰,此层灰无法形成整体而松散。摊铺不均匀,骨料集中处有松散现象。

预防措施:混合料摊铺要均匀,不得有粗细料集中现象。混合料在最佳含水率时碾压,碾压时不得有意提浆和表面洒灰。碾压成型的混合料必须及时洒水养护或洒透层沥青或作沥青封层,保持混合料表面处于湿润状态。养护期不得少于两周。混合料在养护期要封锁交通,强度形成后应严格控制重车通过。若要少量通车,应作沥青封层或表面处治。

治理方法:在摊铺上层前将表面松散部分扫清,露出骨料,必要时可用水冲净。

(11)混合料不结硬和弯沉值达不到要求

现象:养生期满后,混合料不结成板体,有松软现象,基层弯沉值超过设计规定。

原因分析:采用了劣质石灰或石灰堆放时间较长,游离氧化钙含量少,或石灰未充分消解、遇水后膨胀,造成局部松散。冬季施工,气温低或经受冰冻,影响了强度的发展。混合料碾压时,含水率过小,碾压时不成型,影响了强度增长。混合料碾压时,发生"弹簧",甚至产生龟裂,压实度不足使混合料不结硬或强度低下。

防治措施:在拌和混合料之前,应检查所用消解石灰的质量,高等级道路及需提前开放交通的道路,应采用三级以上的块灰,充分消解,石灰的质量标准见附录。一般道路可采用石灰下脚发或化工厂的电石渣,但禁止使用游离氧化钙含量低于30%的石灰。石灰应先消解先用,后消解后用,以防止石灰堆放时间过长而失效。一般不宜超过半个月。混合料施工气温应在5℃以上。若冬季施工时,应掺加早强剂,以提高其早期强度。混合料辗时,含水率应严格控制在允许范围内,避免过干或过湿,并确保达到应有的压实度。若弯沉值虽未达设计要求,但有一定的强度,则可延长养护时间,进一步观测。一般来说,冬季混合料强度增长比较缓慢,但天气转暖后强度会迅速增长。现现场挖取样品,做室内标准状态下无侧限饱水抗压强度试验。若抗压强度明显低于规范要求,应进行具体分析。如无特殊施工原因,则应翻掉置换。

(12)横向裂缝

现象:碾压成型的混合料经过几个月或一两年后在基层表面或沥青面层上出现横向裂缝,缝宽可达几毫米甚至更宽,深度不一。缝距一般为10～30m,缝长可为部分路幅或全路幅。裂缝数量和宽度随路龄而增长。

原因分析:施工接缝衔接不好产生的收缩缝。接缝前后二段混合料摊铺间隔时间越长,越易裂;基层结硬后再开挖沟槽修复,两侧亦易拉裂。干缩裂缝。由于混合料中水分蒸发后,干燥收缩、产生裂缝。含水率越大,收缩越严重。温缩裂缝。碾压后的混合料,在低温季节由于冷缩而产生温缩裂缝。混合料未充分压实,强度不足或厚度不够在外荷载下产生强度裂缝。全基施工时沟槽填浜处理不好,当混合料成型后,下层发生沉降使基层产生裂缝。软基沉降不均匀,有时会使基层产生裂缝,如桥头搭板端部处。

预防措施:混合料应在接近最佳含水率的状态下碾压,严禁随意浇水、提浆,以减少于缩;要防止碾压含水率过小,压实度和强度不足,造成强度裂缝。对分段施工的基层,在碾压时,应预留3~5m混合料暂缓碾压,待下段混合料摊铺后再碾压,以利衔接。前后段施工时间不要间隔太长。对于分层碾压的基层,上下层的接头应错开3~5m,以减少出现裂缝的机会。合理选择混合料的配比,控制细料数量;重视结构层的养护,经常晒水,防止水分过快损失,及早铺筑上层或进行封层,以利减少干缩。对于基层下的横向沟槽,必须采取措施填实,防止下沉,如采用灰土、砂砾或其他水稳性好的不易压缩的材料。30cm一层土15cm一层碎石间隔回填土,对减少沉陷也有效果。采用加厚石灰、粉煤灰碎石基层厚度对防止沉陷性裂缝也有一定的效果。

治理方法:在基层上或沥青面层铺筑后出现横向裂缝时,可在裂缝内灌浇乳化沥青或填缝料进行修补,以减少水分的渗入。裂缝比较严重时,可以将面层挖除,在裂缝处加铺上工布、塑料网格等隔裂材料,然后铺沥青面层,此法可延缓裂缝的反射。

3. 其他工业废渣基层

其他工业废渣基层有石灰水淬渣混合料、石及煤渣混合料、石灰粉煤灰钢渣混合料、石灰粉煤灰热焖钢渣混合料和石灰粉煤灰高炉矿渣混合料等基层。其中,石灰水淬渣混合料和石灰煤渣混合料中的水淬渣和煤渣分别起石灰粉煤灰粒料混合料中粉煤灰的作用,它们都具有一定的火山灰活性,能与石灰起胶凝作用。而石灰粉煤灰钢渣混合料、石灰粉煤灰热焖钢渣混合料和石灰粉煤灰高炉矿渣混合料中的骨料起代替石灰粉煤灰粒料混合料中的碎石作用,但本身有一定的活性。这些骨料应具有化学稳定性。粒径规格应与碎石一致。

水淬渣是由高炉或化铁炉排放的液态融渣冲入水池经水淬骤冷而形成的表面多孔状、质地轻脆,具有活性的细粒状残渣,其干密度一般为$0.7 \sim 1.2 t/m^3$。煤渣则为锅炉燃烧块状或粒状原煤所排放的残渣,其颗粒疏松多孔,也是低活性的火山灰质材料。钢渣一般指经陈放半年以上通过自然风化分解、性能稳定不含镁砖炉村等杂质材料的转炉、平炉和电炉渣。热焖钢渣则指经热焖工艺处理形成的钢渣,即将融渣浇水冷却至400℃后倒入大型钢罐,密封加水热焖20~24h出渣,经筛分、磁选、轧制形成一定粒径规格的钢渣。所有工业废渣基层也具有与石灰粉煤灰混合料基层相类似的特征,也会产生与石灰粉煤灰混合料基层相类似的病害。除此之外,根据不同工业废渣的特性,还会出现各自特有的病害,现分别简述如下。

(1)网状开裂

现象:石灰煤渣混合料基层和石灰水淬渣混合料基层有时会出现2~3m纵横间距的网状开裂,裂缝呈平行和垂直道路中线方向,但并不像沥青路面面层龟裂状,且裂缝多处于机动车道部位,有时发生在沟槽回填部位。

原因分析:网状裂缝形成的原因常因煤渣质量欠佳而引起。煤渣材料性质不良,如煤渣燃烧不充分,含碳量过高,煤渣中含杂质过多、活性低,造成石灰煤渣混合料虽能结成板体,但强度不足,在车辆通行后就会造成网状裂缝。水淬渣质量不好也会造成网状裂缝,特别是水淬渣在进行水淬处理工艺时,如融渣温度过低、杂质多,水渣活性就很低,不能产生较高强度。采用质量差的石灰也是造成基层出现网状裂缝的原因之一,特别是当石灰中游离氧化钙含量低时,就会使混合料的强度大大降低。

预防措施: 在原材料备料时,对煤渣的质量必须严格控制,做到煤渣的材性均匀,对未烧透的煤块、煤粒和杂质剔除,过大的煤渣块应敲碎。不得采用有生活垃圾和建筑垃圾的煤渣拌制石灰煤灰渣混合料。水淬渣的质量要求是其与石灰混合后能起水硬作用,即用熟石灰20%与水淬渣80%的质量比混合料,压成试件(直径7cm、高7cm的圆柱体试件,成型压力12MPa),65℃恒温24h饱水抗压强度应大于1.8MPa。如达不到上述强度要求,应另选质量好的水淬渣使用。为避免出现网状裂缝,石灰应选用质量符合要求的石灰,施工应避免低温季节。

治理方法: 对于网状裂缝,应将其翻挖掉,重新铺筑新的混合料。若网状裂缝轻微,通过养护有可能愈合,并在其上灌浇乳化沥青后铺筑沥青面层。

(2) 路面隆胀

现象: 钢渣混合料基层有时会出现隆胀。对于有侧缘石的道路,两边倒石也会因此产生侧移或倾斜,隆胀处有时会使面层开裂,有时形成高包。

原因分析: 钢渣、热焖钢渣和高炉干渣材料化学性能不稳定,含有游离石灰颗粒,遇水后体积膨胀。其中,过烧石灰遇水膨胀的持续时间很长。钢渣、热焖钢渣和高炉子热中含有不稳定的铁、锰成分,即硫化亚铁和硫化亚锰,遇水或在空气中长期风化,生成氢氧化铁和氢氧化锰,导致体积膨胀。钢渣、热焖钢渣和高炉干渣中含有硅酸二钙成分,在温度变化时产生晶体转变,造成体积膨胀而导致渣的酥碎分解,最后形成基层隆胀。一般钢渣在处理后,至少需经半年以上陈放时间,以利其分解。

预防措施: 钢渣和高炉干渣在热熔状态下,在未完全冷却凝固成块状前,应进行浇水冷却,以利于骨料的稳定和随后的轧制。不同来源的渣,应严格管理,分别堆置和加工。在筛分过程中应经过多道工序的磁选,然后将符合一定规格的渣子陈放半年以上再进行使用。所有废渣如代替碎石,都应经过稳定性试验(2个大气压高压釜蒸养2h不出现粉化、破碎)、冻融试验和坚固性试验(硫酸钠溶液浸泡法),后合格方可使用。钢渣的组成复杂多变,其稳定性表现形式和程度不一。当用于整体性路面结构中时,事前应进行室内试验和较长期工程性检验,以取得经验。

治理方法: 因工业废渣性质不符合路用要求而造成的路面隆胀,一般只能将损坏部分挖除、修复。

三、沥青混合料面层

1. 沥青混合料面层

(1) 横向裂缝

现象: 裂缝与路中心线基本垂直、缝宽不一。缝长有贯穿整个路幅的,也有部分路幅的。

原因分析: 施工缝未处理好,接缝不紧密,结合不良。沥青未达到适合于本地区气候条件和使用要求的质量标准,致使沥青面层温度收缩或温度疲劳应力(应变)大于沥青混合料的抗拉强度(应变)。半刚性基层收缩裂缝的反射缝。桥梁、涵洞或通道两侧的填土产生固结或地基沉降。

预防措施:合理组织施工,摊铺作业连续进行,减少冷接缝。冷接缝的处理,应先将已摊铺压实的摊铺带边缘切割整齐、清除碎料。然后用热混合料敷贴接缝处,使其预热软化。铲除敷贴料,对缝壁涂刷 $0.3\sim0.6 kg/m^2$ 黏层沥青,再铺筑新混合料。充分压实横向接缝。碾压时,压路机在已压实的横幅上,钢轮伸入新铺层15cm,每压一遍向新铺层移动 $15\sim20cm$,直到压路机全部在新铺层为止,再改为纵向碾压。根据《沥青路面施工及验收规范》(GB 50092—96)要求,按本地区气候条件和道路等级选取适用的沥青类型,以减少或消除沥青面层温度收缩裂缝。采用优质沥青更为有效。桥涵两侧填土充分压实或进行加固处理;工后沉降严重地段事前应进行软土地基处理和合理的路基施工组织。

治理方法:为防止雨水由裂缝渗透至路面结构,对于细裂缝(2~5mm),可用改性乳化沥青灌缝。对大于5mm的粗裂缝,可用改性沥青(如SBS改性沥青)灌缝。灌缝前,须清除缝内、缝边碎粒料、垃圾,并使缝内干燥。灌缝后,表面撒上粗砂或3~5mm石屑。

(2)纵向裂缝

现象:裂缝走向基本与行车方向平行,裂缝长度和宽度不一。

原因分析:前后摊铺幅相接处的冷接缝未按有关规范要求认真处理,结合不紧密而脱开。纵向沟槽回填土压实质量差而发生沉陷。拓宽路段的新老路面交界处沉降不一。

预防措施:采用全路幅一次摊铺,如分幅摊铺时,前后幅应紧跟,避免前摊铺幅混合料冷却后才摊铺后半幅,确保热接缝。如无条件全路幅摊铺时,上、下层的施工纵缝应错开15cm以上。前后幅相接处为冷接缝时,应先将已施工压实完的边缘坍斜部分切除,切线须顺直,侧壁要垂直。清除碎料后,宜用热混合料敷贴接缝处,使之预热软化,然后铲除敷贴料,并对测壁涂刷 $0.3\sim0.6 kg/m^2$ 黏层沥青,再摊铺相邻路幅。摊铺时控制好松铺系数,使压实后的接缝结合紧密、平整。沟槽回填土应分层填筑、压实,压实度必须达到要求。如符合质量要求的回填土来源或压实有困难时,须作特殊处理,如采用黄砂、砾石砂或有自硬性的高钙粉煤灰或热焖钢渣等。拓宽路段的基层厚度和材料须与老路面一致或稍厚。土路基应密实、稳定。铺筑沥青面层前,老路面侧壁应涂刷 $0.3\sim0.6 kg/m^2$ 黏层沥青。沥青面层应充分压实。新老路面接缝宜用热熔铁烫密。

治理方法:2~5mm的裂缝可用改性乳化沥青灌缝,大于5mm的裂缝可用改性沥青(如SBS改性沥青)灌缝。灌缝前,须先清除缝内、缝边碎粒料、垃圾,并保持缝内干燥,灌缝后,表面撒上粗砂或3~5mm石屑。

(3)网状裂缝

现象:裂缝纵横交错,缝宽1mm以上,缝距40cm以下。

原因分析:路面结构中夹有软弱层或泥灰层,粒料层松动,水稳性差。沥青与沥青混合料质量差,延度低,抗裂性差。沥青层厚度不足,层间黏结差,水分渗入,加速裂缝的形成。

预防措施:沥青面层摊铺前,对下卧层应认真检查,及时清除泥灰,处理好软弱层,保证下卧层稳定,并宜喷洒 $0.3\sim0.6 kg/m^2$ 黏层沥青。原材料质量和混合料质量严格按《沥青路面施工及验收规范》(GB 50092—96)的要求进行选定、拌制和施工。沥青面层各层应满足最小施工厚度的要求,保证上下层的良好连接,并从设计施工养护上采取措施,有效地排除雨后结构层内积水。路面结构设计应做好交通量调查和预测工作,使路面结构组合与总体强度满足设计使用期限内交通荷载要求。上基层必须选用水稳定性良好的有粗粒料的石灰、水泥稳定类材料。

治理方法:如有软弱层或不稳定结构层时,应将其铲除;如因结构层积水引起网裂,铲除面层后,需加设将路面渗透水排除至路外的排水设施,然后再铺筑新混合料。如强度满足要求,网状裂缝出自沥青面层厚度不足时,可采用铣削网裂的面层后加铺新料来处理。加铺厚度按现行设计规范计算确定;如在路面上加罩,为减轻反射裂缝。可采取各种"防反"措施进行处理。由于路基不稳定导致路面网裂时,可采用石灰或水泥处理路基,或注浆加固处理,深度可根据具体情况确定,一般为 20~40cm。消石灰用量 5%~10%,或水泥用量 4%~6%。待上路基处理稳定后,再重做基层、面层。由于基层软弱或厚度不足引起路面网裂时,可根据情况,分别采取加厚、调换或综合稳定的措施进行加强。水稳定性好、收缩性小的半刚性材料是首选基层。基层加强后,再铺筑沥青面层。

(4)反射裂缝

现象:基层产生裂缝后,在温度和行车荷载作用下,裂缝将逐渐反射到沥青层表面,路表面裂缝的位置形状与基层裂缝基本相似。对于半刚性基层,以横向裂缝居多,对于在柔性路面上加罩的沥青结构层,裂缝形式不一,取决于下卧层。

原因分析:半刚性基层收缩裂缝的反射裂缝。在旧路面上加罩沥青面层后原路面上已有裂缝包括水泥混凝土路面的接缝的反射。

预防措施:采取有效措施减少半刚性基层收缩裂缝。在旧路面加罩沥青路面结构层前,可铣削原路面后再加罩,或采用铺设立工织物、玻纤网后再加罩,以延缓反射裂缝的形成。

治理方法:缝宽小于 2mm 时,可不作处理。缝宽大于 2mm 时,可采用改性乳化沥青或改性沥青(如 SBS 改性沥青)灌缝。灌缝前须先清除缝内垃圾,缝边碎粒料,并保持缝内干燥。灌缝后撒洒粗砂或 3~5mm 石屑。

(5)翻浆

现象:基层的粉、细料浆水从面层裂缝或从多空隙率面层的空隙处析出,雨后路表面呈淡灰色。

原因分析:基层用料不当,或拌和不匀、细料过多。由于其水稳性差,遇水后软化,在行车作用下浆水上冒。低温季节施工的半刚性基层,强度增长缓慢,而路面开放交通过早,在行车与雨水作用下使基层表面粉化,形成浆水。冰冻地区的基层,冬季水分积聚成冰,春天解冻时翻浆。沥青面层厚度较薄,空隙率较大,未设置下封层和没有采取结构层内排水措施,导致雨水下渗,加速翻浆的形成。表面处治和贯入式面层竣工初期,由于行车作用次数不多,结构层尚未达到应有密实度就遇到雨季,使渗水增多,基层翻浆。

预防措施:采用含粗粒料的水泥、石灰粉煤灰稳定类材料作为高等级道路的上基层。粒料级配应符合要求,细料含量要适当。在低温季节施工时,石灰稳定类材料可掺入早强剂,以提高其早期强度。根据道路等级和交通量要求,选择合适的面层类型和适当厚度。沥青混凝土面层宜采用二层式或三层式,其中一层须采用密级配。当各层均为沥青碎石时,基层表面必须做下封层。设计时,对空隙率较大、易渗水的路面,应考虑设置排除结构层内积水的结构措施。表面处治和贯入式面层经施工压实后,空隙率仍然较大,需要有较长时间借助行车进一步压密成型。因此,这两种类型面层宜在热天或少雨季节施工。

治理方法:采取切实措施,使路面排水顺畅,及时清除雨水进水孔垃圾,避免路面积水和减少雨水下渗。对轻微翻浆路段,将面层挖除后,清除基层表面软弱层,施设下封层后铺筑沥青面层。对严重翻浆路段,将面层、基层挖除,如涉及路基,还要对路基处理之后,铺筑水稳性好、含有粗集料的半刚性材料作基层,用适宜的沥青结构层进行修复,并做好排除路面结构层内积水的技术措施。

2. 车辙

现象:路面在车辆荷载作用下轮迹处下陷,轮迹两侧往往拌有隆起,形成纵向带状凹槽。在实施渠化交通的路段或制动频率较高的路段较易出现。

原因分析:沥青混合料热稳定性不足。矿料级配不好,细集料偏多,集料未形成嵌锁结构;沥青用量偏高;沥青针入度偏大。沥青混合料面层施工时未充分压实,在车辆反复荷载作用下,轮迹处被进一步压密,而出现下陷。基层或下卧层软弱或未充分压实,在行车荷载作用下,继续压密或产生剪切破坏。

预防措施:粗集料应粗糙且有较多的破碎裂面。密级配沥青混凝土中的粗集料应形成良好的骨架作用,细集料充分填充空隙,沥青混合料稳定度及流值等技术指标应满足规范要求,高等级道路应进行车辙试验检验,动稳定度对高速道路和城市快速路不小于800次/mm,对一级道路和城市主干路不小于600次/mm。根据当地气候条件按《沥青路面施工及验收规范》(GB 50092—96)选用合适标号的沥青,针入度不宜过大。施工时,必须按照有关规范要求进行碾压,基层和沥青混合料面层的压实度应分别达到98%和95%或96%。对于通行重车比例较大的道路,或起动、制动频繁、陡坡的路段,必要时可采用改性沥青混合料,提高抗车辙能力。但在选用时,必须兼顾高低温性能。道路结构组合设计时,沥青面层每层的厚度不宜超过混合料集料最大粒径的4倍。否则较易引起车辙。

治理方法:如仅在轮迹处出现下陷,而轮迹两侧未出现隆起时,则可先确定修补范围,一般可目测或将直尺架在凹陷上,与长直尺底面相接的路面处可确定为修补范围的轮廓线,沿轮廓线将5~10cm宽的面层完全凿去或用机械铣削,槽壁与槽底垂直,并将凹陷内的原面层凿毛,清扫干净后,涂刷$0.3 \sim 06 kg/m^2$ 黏层沥青,用于原面层结构相同的材料修补,并充分压实,与路面接平。如在轮迹的两侧同时出现条状隆起,应先将隆起部位凿去或铣削,直至其深度大于原面层材料最大粒径的2倍,槽壁与槽底垂直,将波谷处的原面层凿毛,清扫干净后涂刷$0.3 \sim 06 kg/m^2$ 的黏层沥青,再铺筑与面层相同级配的沥青混合料,并充分压实与路面接平。若因基层强度不足、水稳性不好等原因引起车辙时,则应对基层进行补强或将损坏的基层挖除,重新铺筑。新修补的基层应有足够强度和良好的水稳性,坚实平整;如原为半刚性基层,可采用早期强度较高的水泥稳定碎石修筑,但其层厚不得小于15m。修补时,应注意与周边原基层的良好衔接。对于受条件限制或车辙面积较小的街坊道路,可采用现场冷拌的乳化沥青混合料修补。其矿料级配和沥青用量,可参照《沥青路面施工及验收规范》(GB 50092—96)确定。

3. 拥包

现象:沿行车方向或横向出现局部隆起。拥包较易发生在车辆经常起动、制动的地方,如停车站、交叉口等。

原因分析：沥青混合料的沥青用量偏高或细料偏多，热稳定性不好。在夏季气温较高时，不足以抵抗行车引起的水平力。面层摊铺时，底层未清扫或未喷洒（涂刷）黏层沥青，致使路面上下层黏结不好；沥青混合料摊销不匀，局部细料集中。基层或下面层未经充分压实，强度不足，发生变形位移。在路面日常养护时，局部路段沥青用量过多，集料偏细或摊铺不均匀。陡坡或平整度较差路段，面层沥青混合料容易在行车作用下向低处积聚而形成拥包。

预防措施：在混合料配合比设计时，要控制细集料的用量，细集料不可偏多。选用针入度较低的沥青，并严格控制沥青的用量。在摊铺沥青混合料面层前，下层表面应清扫干净，均匀洒布黏层沥青，确保上下层黏结。人工摊铺时，由于料车卸料容易离析，应做到粗细料均匀分布，避免细料集中。

治理方法：凡由于沥青混合料本身级配偏细，沥青用量偏高，或者上下层黏结不好而形成的拥包，应将其完全铣削掉，并低于原路表，然后待开挖表面干燥后喷洒 $0.3\sim0.6kg/m^2$ 黏层沥青，再铺筑热稳定性符合要求的沥青混合料至与路面平齐。当拥包周边拌有路面下陷时，应将其一共处理。如基层已被推挤应将损坏部分挖除，重新铺筑。修补时，应采用与原路面结构相同或强度较高的材料。如受条件限制，则对于面积较小的修补，可采用现场冷拌的乳化沥青混合料，但应严格控制矿料的级配和沥青用量。

4. 搓板

现象：路表面出现轻微、连续的接近等族离的起伏状，形似洗衣搓板。虽峰谷高差不大，但行车时有明显的频率较高额簸感。

原因分析：沥青混合料的矿料级配偏细，沥青用量偏高。高温季节时，面层材料在车辆水平力作用下，发生位移变形。铺设沥青面层前，未将下层表面清扫干净或未喷洒黏层沥青，致使上层与下层黏结不良，产生滑移。旧路面上原有的搓板病害未认真处理即在其上铺设面层。

预防措施：合理设计与严格控制混合料的级配，在摊铺沥青混合料前，须将下层顶面的浮尘、杂物清扫干净，并均匀喷洒黏层沥青，保证上下层黏结良好。基层、面层应碾压密实，旧路上进行沥青登面前，须先处理原路面上已发生的搓板病害。否则，压路机无法将搓板上新罩的面层均匀碾压密实，新的搓板现象随即就会出现。

治理方法：如属混合料中沥青用量偏多引起的不很严重的搓板时，参照 3.21.7 治理方法处理。因上下面层相对滑动引起的搓板，或搓板较严重、面积较大时，应将面层全部铲除，并低于原路面，其深度应大于用于修补沥青混合料最大集料粒径的 2 倍，槽壁与槽底垂直，清除下层表面的碎屑、杂物及粉尘后，喷洒 $0.3\sim0.6kg/m^2$ 的黏层沥青，重新铺筑沥青面层。在交通量较小的街坊道路上，可采用冷拌的乳化沥青混合料找平或进行小面积的修补。属于基层原因形成的搓板，应对损坏的基层进行修补。

5. 泛油

现象：表面处治和贯入式路面的表面基本上被一薄层沥青覆盖，未见或很少看到集料，路表光滑，容易引起行车滑溜交通事故。

原因分析:表面处治,贯入式使用沥青标号不适当,针入度过大。沥青用量过多或集料撒布量过少。冬天施工,面层成型慢,集料散失过多。

预防措施:施工前,须根据本地区气候条件选定合适的沥青标号。表面处治和贯入式路面选用的沥青标号参照《沥青路面施工及验收规范》(GB 50092—96)。沥青用量和染料规格、微有量可按照规定进行施工。冬天施工时,面层成型仅,集料容易散失,应及时补撒集料,避免低温季节施工。

治理方法:在热天气温较高时进行处理最为有效。如轻微泛油,可撒布3~5(8)mm石屑或粗黄砂,撒布量以车轮不粘沥青为度;如泛油较严重,可先撒布5~10(15)mm集料,经行车碾压稳定后再撒布3~5(8)mm石屑或粗黄砂嵌缝。使用过程中,散失的集料须及时回扫或补撒集料。

6. 凹槽

现象:表层局部松散,形成深度2cm以上的凹槽。在水的侵蚀和行车的作用下,凹槽进一步扩大,或相互连接,形成较大较深坑槽,严重影响行车的安全性和舒适性。

原因分析:面层厚度不够,沥青混合料黏结力不佳,沥青加热温度过高,碾压不密实,在雨水和行车等作用下,面层材料性能日益恶化松散、开裂,逐步形成坑槽。摊铺时,下层表面泥灰、垃圾未彻底清除,使上下层不能有效黏结。路面罩面前,原有的坑槽、松散等病害未完全修复,养护不及时。当路面出现松散、脱皮、网裂等病害时,或被机械行驶刮铲损坏后,未及时养护修复。

预防措施:沥青面层应具有足够的设计厚度,特别是上面层,不应小于施工压实层的最小厚度,以保证在行车荷载作用下有足够的抗力。沥青混合料配合比设计宜选用具有较高黏结力的较密实的级配。若采用空隙率较大的抗滑面层或使用酸性石料时,宜使用改性沥青或在沥青中掺加一定量的抗剥落剂,以改善沥青和石料的黏附性能。沥青混合料拌制过程中,应严格掌握拌和时间、沥青用量及拌和温度,保证混合料的均匀性,严防温度过高沥青焦枯现象发生。在摊铺沥青混合料面层前,下层应清扫干净,并均匀喷洒黏层沥青。面层摊铺后,应按有关规范要求碾压密实。如在老路面上罩面,原路面上坑槽必须先行修补之后,再进行罩面。当路表面出现松散、脱皮、轻微网裂等可能使雨水下渗的病害,或路面被机械刮铲受损,应及时修补以免病害扩展。

治理方法:如路基完好,坑槽深度仅涉及下面层的维修。确定所需修补的坑槽范围,一般可根据路面的情况略大于坑槽的面积。修补范围应方正,并与行车方向平行或垂直。若小面积的坑槽较多或较密时,应将多个小坑槽合并确定修补范围。采用人工或机械的方法将修补范围内的面层削去,槽壁与槽底应垂直。槽底面应坚实,无松动现象,并使周围好的路面不受影响或松动损坏。将槽壁槽底的松动部分、损坏的碎块及杂物清扫干净,然后在槽壁和糟底表面均匀涂刷一层黏层沥青,用量为$0.3~0.6kg/m^2$。将与原面层材料级配基本相同的沥青混合料填入槽内,摊铺平整,并按槽深1.2倍掌握好松铺系数。摊铺时要特别注意将槽壁四周的原沥青面层进线压实铺平。用压实机具在摊铺好的沥青混合料上反复来回碾压至与原路面平齐。如坑槽较深或面积较小,无法用压实机具一次成型时,应分层铺筑,下层可采用人工夯实,上层则应采用机械压实。

如基层已损坏,须先将基层补强或重新铺筑。基层应坚实平整,没有松散和软弱现象。

对于交通量较小的街坊道路,采用热拌沥青混合料材料有困难时,可用冷拌的乳化沥青混合料来修补面层,但须采用较密实的级配,并充分碾压,以防雨水再次下渗。

7. 松散

现象:面层集料之间的黏结力丧失或基本丧失,路表面可观察到成片悬浮的集料或小块混合料,面层的部分区域明显不成整体。干燥季节,在行车作用下可见轮后粉尘飞扬。

原因分析:沥青混凝土中的沥青针入度偏小,黏结性能不良;混合料的沥青用量偏少;矿料潮湿或不洁净,与沥青黏结不牢;拌和时温度偏高,沥青焦枯;沥青老化或与酸性石料间的黏附性能不良,造成路面松散。摊铺施工时,未充分压实,或摊铺时,沥青混凝土温度偏低;雨天摊铺,水膜降低了集料间的黏结力。基层强度不足,或呈湿软状态时摊铺沥青混凝土,在行车作用下可造成面层松散。在沥青路面使用过程中,溶解性油类的泄漏,雨雪水的渗入,降低了沥青的黏结性能。

预防措施:对使用酸性石料拌制沥青混合料时,须在沥青中掺入抗剥落剂或在填料中掺用适量的生石灰粉、干净消石灰、水泥,以提高沥青与酸性石料的黏附性能。在沥青混合料生产过程中,应选用标号合适的沥青和干净的集料,集料的含泥量不得超过规定的要求;集料在进入拌缸前应完全烘干并达到规定的温度;除按规定加入沥青外,还应在拌制过程中随时观察沥青混合料的外观,是否有因沥青含量偏少而呈暗淡无光泽的现象,拌制新的级配的沥青混合料时尤应加强观测;集料烘干加热时的温度一般控制不超过180°C,避免过高,否则会加快沥青中的轻质油分挥发,使沥青过早老化,影响沥青混凝土整体性。沥青混合料运到工地后应及时摊铺,及时碾压。摊铺温度及碾压温度偏低会降低沥青混合料面层的压实质量。摊铺后应及时按照有关施工技术规范要求碾压到规定的压实度,碾压结束时温度应不低于70°C;应避免在气温低于10°C或雨天施工。路面出现脱皮等轻微病害时,应及时修补。

治理方法:将松散的面层清除,重铺沥青混凝土面层。如涉及基层,则应先对基层进行处理。

8. 脱皮

现象:沥青路面上层与下层或旧路上的罩面层与原路面黏结不良,表面层呈成块状或成片状地脱落,其形状、大小不等,严重时可成片。

原因分析:摊铺时,下层表面潮湿或有泥土或灰尘等,降低了上下层之间的黏结力。旧路面上加铺沥青面层时,原路表面未凿毛,未喷洒黏层沥青,造成新面层与原路面黏结不良而脱皮。面层偏薄,厚度小于混合料集料最大粒径的二倍,难以碾压成型。

预防措施:在铺设沥青面层前,应彻底清除下层表面的泥土、杂物、浮尘等,并保持表面干燥,喷洒黏层沥青后,立即摊铺沥青混合料,使上下层黏结良好。在旧路面上加罩沥青面层时,原路面应用风镐或"十"字镐凿毛。有条件时,采用铣削机铣削,经清扫、喷洒黏层沥青后,再加罩面层。单层式或双层式面层的上层压实厚度必须大于集料粒径的二倍,利于压实成型。

治理方法:脱皮较严重的路段,应将沥青面层全部削去,重新铺筑面层,可参照7.松散治理方法进行。脱皮面积较小,且交通量不大的街坊道路,可按7.松散治理方法进行修复。脱皮部位发现下层松软等病害时,可参照 7. 松散治理方法对基层补强后修复。

9. 啃边

现象:路面边缘破损松散、脱落。

原因分析:路边积水,使集料与沥青剥离、松散。路面边缘碾压不足,面层密实度较差。路面边线基层松软,强度不足,承载力差。

预防措施:合理设计路面排水系统,注意日常养护,经常清除雨水口进水孔垃圾,使路面排水畅通。施工时,路面边缘应充分碾压,压实后的沥青层应与缘石齐平、密贴。因此,摊铺时要正确掌握上面层的松铺系数。基层宽度须超出沥青层 20~30cm,以改善路面受力条件。

治理方法:在啃边路段修补范围内,离沥青面层损坏边缘 5~10cm 处画出标线,选择适用机具沿标线将面层材料措除。经清扫后,在底面、侧面涂刷黏层沥青,然后按原路面的结构和材料进行修复,接缝处以热烙铁锈边,使接缝紧密。

10. 光面

现象:路表面光滑,表面看不到粗集料或集料表面棱角已被磨除。阴雨天气易出现行车滑溜交通事故。

原因分析:上面层细集料或沥青用量偏多。集料质地较软,磨耗大,易被汽车轮胎磨损。

预防措施:表面处治和贯入式路面所用的材料、规格和用量应符合规定。集料应具有较好的颗粒形状,较多的棱角。成型期间,集料散失时应及时补撒。沥青路面上面层混合料级配应符合《沥青路面施工及验收规范》(GB 50092—96)规定,小于 2.36mm(圆孔筛 2.5mm)和大于 475mm(圆孔筛 5.0mm)的含量必须严格控制在规范规定的容许范围内,避免细集料过多;道路及主干路、次干路的上面层应采用细粒式或中粒式沥青混凝土。砂粒式沥青混凝土的最大粒径较小,细料较多,易形成光面,一般只用于非机动车道、人行道。

采用具有足够强度、耐磨性好的集料修筑上面层。对于高速道路、一级道路城市和主干路,压碎值不大于 28%,洛杉矶磨耗损失不大于 30%;用于其他等级道路时,压碎值不大于 30%,洛杉矶磨耗损失不大于 40%。

治理方法:对表面处治和贯入式路面,可直接在光面上加罩封层,或用铣削机将表面层刨除,清扫后,进行封层。封层材料按规范要求选择。沥青混凝土路面,上面层经铣刨、清扫后,喷洒 0.3~0.6kg/m² 黏层沥青,然后铺筑细粒式或中粒式沥青混凝土上面层。

11. 道路与收水井、检查井衔接不顺

现象:收水井、检查井盖框高程比路面高或低,汽车通过时有跳车或抖动现象,行车不舒适,路面容易损坏。

原因分析:施工放样不仔细,收水井、检查井盖框高程偏高或偏低,与路面衔接木齐平。收水井、检查井基础下沉。收水井、检查井周边回填土及路面压实不足,交通开放后,逐渐沉陷。井壁及管道接口渗水,使路基软化或淘空,加速下沉。

预防措施:施工前,必须按设计图纸做好放样工作,高程要准确,收水井、检查井中所在位置的高程与道路纵向高程、横坡相协调,避免出现高差。收水井、检查井的基础及墙身结构应合理设计,按规范施工,减少或防止下沉。井周边的回填土、路面结构必须充分压实。

回填土压实有困难时,可采用水稳定性好、压缩性小的粒状材料或稳定类材料进行回填。在铺筑沥青混合料前,须先在井壁涂刷黏层沥青再铺筑面层。压实后,宜用热烙铁烫密封边,以防井壁渗水。

治理方法:当收水井、检查井高出路面时,可吊移盖框,降低井壁至合适高程后,再放上盖框,并处理好周边缝隙。当收水井、检查井低于路面时,可先将盖框吊开,以合适材料调平底座。调平材料达到强度后,放上盖框。盖框安置妥当后,认真做好接缝处理工作,使接缝密封不渗水。

12. 施工接缝明显

现象:接缝歪斜不顺直;前后摊铺幅色差大、外观差;接缝不平整有高差,行车不舒适。

原因分析:在后铺筑沥青层时,未将前施工压实好的路幅边缘切除,或切线不顺直。前后施工的路幅材料有差别,如石料色泽深浅不一或级配不一致。后施工路幅的松铺系数未掌握好,偏大或偏小。接缝处碾压不密实。

防治措施:在同一个路段中,应采用同一料场的集料,避免色泽不一;上面层应采用同一种类型级配,混合料配合比要一致。纵横冷接缝必须按有关施工技术规范处理好。在摊铺新料前,须将已压实的路面边缘塌斜部分用切削机切除,切线顺直,侧壁垂直,清扫碎粒后,涂刷 $0.3 \sim 0.6 kg/m^2$ 黏层沥青,然后再摊铺新料,并掌握好松铺系数。施工中及时用三米直尺检查接缝处平整度,如不符合要求,趁混合料未冷却时进行处理。纵横向接缝须采用合理的碾压工艺。在碾压纵向接缝时,压路机应先在已压实路面上行走,碾压新铺层的 $10 \sim 15cm$,然后压实新铺部分,再伸过已压实路面 $10 \sim 15cm$。接缝须得到充分压实,达到紧密、平顺要求。

13. 压实度不足

现象:压实未达到规范要求。在压实度不足的面层上,用手指甲或细木条对路表面的粒料进行拨挑时,粒料有松动或被挑起的现象发生。

原因分析:碾压速度未掌握好,碾压方法有误。沥青混合料拌和温度过高,有焦枯现象,沥青丧失黏结力,虽经反复碾压,但面层整体性不好,仍呈半松散状态。碾压时面层沥青混合料温度偏低,沥青虽裹覆较好,但已逐渐失去黏性。沥青混合料在压实时呈松散状态,难以压实成型。雨天施工时,沥青混合料内形成的水膜,影响矿料与沥青间黏结以及沥青混合料碾压时,水分蒸发所形成的封闭水汽,影响了路面有效压实。压实厚度过大或过小。

预防措施:在碾压时应按初压、复压、终压三个阶段进行,行进速度须慢而均匀。碾压速度应符合规范规定。碾压时驱动轮面向摊铺机方向前进,驱动轮在前,从动轮在后。沥青混合料拌制时,集料烘干温度要控制在 $160 \sim 180°C$,温度过高会使沥青出现焦相,丧失黏结力,影响沥青混合料压实性和整体性。沥青混合料运到工地后应及时摊铺,及时碾压,碾压温度过低会使沥青的黏度提高,不易压实。应尽量避免气温低于 $10°C$ 或雨季施工。压实层最大厚度不得超过 $10cm$,最小厚度应大于集料最大粒径的 1.5 倍(中、下面层)或 2 倍上面层。压实度应符合规定。

治理方法:压实度不足的面层在使用过程中极易出现各种病害,一般应予铣削后重新铺筑热拌沥青混合料。

四、抗滑表层

1. 构造深度不足

现象： 路表构造深度低于设计规范要求。构造深度是路面粗糙度指标的重要内容。雨天时路表水膜较厚，高速行车时会引起水漂，容易造成滑溜交通事故，并影响后跟车的能见度及行车安全。

原因分析： 抗滑层混合料类型选择不当，空隙率较小。沥青偏软或沥青用量偏多，集料表面沥青膜较厚。

预防措施： 根据道路等级和使用条件按设计规范选定合适的抗滑层类型。上海市暂定，当设计车速为 60~80km/h 时，可采用空隙率为 5% 左右的 LK-15-0 抗滑层。当设计车速大于 80km 小时，可采用空隙率为 7% 左右的 LK-15A 抗滑层。对环境不良地段（陡坡、沿线居民集中）可采用空隙率为 10% 左右的 LK-15B 抗滑层。抗滑层混合料的最佳沥青用量必须通过马歇尔试验确定。实际沥青用量控制在最佳沥青用量 ±0.3% 以内，并参照《沥青路面施工及验收规范》(GB 50092—96) 选用合适的沥青标号。

治理方法： 抗滑层竣工后第一个夏季测定的构造深度（铺砂法测定）如达不到设计要求，必须分析原因，采取必要的措施加以纠正。在路面交付使用后，抗滑层被磨损，或进一步压密，构造深度会减小。当小于某一养护标准时，可采用原路面抗滑层的沥青混合料级配重新铺筑。

2. 摩擦系数不足

现象： 摩擦系数低于设计规范要求。摩擦系数小时汽车制动的滑行距离大，或车轮侧向偏移，容易造成交通事故，甚至翻车。

原因分析： 抗滑层级配不合理。石料磨光值较小，磨耗值较大，容易被车轮磨损。

预防措施： 根据道路等级、环境条件选用合适的抗滑层类型。采用磨光值高且坚韧、耐磨耗的集料用于抗滑层。不用磨光值低于 42 且磨耗率大的集料，上海市 10 年前开始已在高速道路、快速道路修筑抗滑层用的石料磨光值大于 47，洛杉矶磨耗率小于 8%，使用效果良好，抗滑性能衰减也较慢。

治理方法： 路面摩擦系数以摆值或横向力系数表示。当摆值小于 37 或横向力系数小于 0.35 时，雨天快速行车容易出现滑溜交通事故，需重新铺筑或铣削后铺筑合适的抗滑层。

3. 粗细料分布不匀

现象： 路表局部粗集料或细集料较集中，外观色泽深浅不一。

原因分析： 机铺时，摊铺机螺旋送料器横向输出量分布不匀，细料偏于中间，粗料趋于两端，造成粗细料离析。人工摊铺时，扬锹远甩，或刮平时用力轻重不一；反复撒料反复刮平使粗细料离析。

防治措施： 摊铺机作业时，应缓慢、均匀、连续，螺旋送料器须不停地运转，并确保其两端的混合料数量大于送料器高度的 2/3。摊铺后不宜用人工反复修整，尽量做到一次摊铺成型。人工摊铺时，应扣锹放料，刮平时用力应轻重一致，刮 2~3 次达到平整即可。当出现粗细料离析时，将其铲除补上新料。

4. 坑槽

现象:小面积混合料散失,深度可达抗滑层底面,雨天积水,行车不适。

原因分析:铺筑抗滑层时原路表面垃圾、泥土未清除干净造成夹心,使上下层分离,抗滑层松散脱落。抗滑层与中面层的铺筑间隔时间过长,中面层表面被泥灰污染,施工时黏层沥青漏洒或数量不足,导致上下层黏结不良。局部抗滑层厚度不足,小于最小施工压实厚度。柴油、机油滴漏在抗滑层上,沥青被稀释后,黏结力降低,集料失散。抗滑层空隙率较大,路表渗水,缺乏有效措施将其及时排除,加速沥青混合料强度衰减。

预防措施:在铺筑抗滑层前,必须由专人对中面层表面彻底清扫垃圾、铲除泥土,并喷洒 $0.3\sim0.6kg/m^2$ 黏层沥青,避免柴油、机油滴漏到路面上。抗滑层压实厚度要足够,必须大于混合料集料最大粒径的 2.5 倍,如细粒式抗滑层的最小压实厚度应为 4cm。在设计、施工中重视抗滑层渗水的排水设施。

治理方法:在离坑槽边缘 5cm 左右画出边框线,用人工或机械切除,深度要达坑槽底(一般为抗滑层层厚),侧壁须垂直。清除坑槽碎粒料和垃圾后,涂刷黏层沥青,然后铺筑与原抗滑层级配相同的混合料,用小型压实机具充分压实,接缝处宜用热格铁烫密。

参 考 文 献

[1] 徐志强,李梅.试析宜居城市道路设计模式的转型[J].河北建筑工程学院学报,2008,26(3):61-63.
[2] 刘晓青.道路设计对交通安全的影响及改善的必要性[J].山西建筑,2008,34(3):36-37.
[3] 李荣生.公路路线方案影响因素及评价指标研究[J].科技创新导报,2009(7):55-56.
[4] 周小群,朱德宏.以人为本的城市道路设计探讨[J].科技信息.2007,7:216.
[5] 张文伟.浅议城市道路规划设计[J].黑龙江交通科技.2006,9:111-112.
[6] 陈先义,姚翔.关于山区高速道路线形设计的几个问题[J].湖南交通科技,2003,29(1):7-9.
[7] 中华人民共和国交通部公路司.新理念公路设计指南[M].北京:人民交通出版社,2005.
[8] 李清波,符锌砂.道路规划与设计[M].北京:人民交通出版社,2002.
[9] 杨少伟.道路勘测设计[M].2版.北京:人民交通出版社,2004.
[10] 符锌砂,高捷.高速公路纵坡路段货车运行车速预测[J].公路交通科技,2008,06.
[11] 周荣占.城市道路设计[M].北京:人民交通出版社,1988.
[12] 蔡君时.城市轨道交通[M].上海:同济大学出版社,2000.
[13] 朱建豪.关于超高与横坡[J].城市道桥与防洪,2002(1).
[14] 张金水,张延楷.道路勘测设计[M].上海:同济大学出版社,1988.
[15] 吴英.施工企业推行责任成本管理存在的问题及对策[J].河北企业,2008,3:29-30.
[16] 周朝.论加强施工项目的成本控制[J].水利水电施工,2007,105(4):59-62.
[17] 李洁玉.建筑施工企业全面成本管理的研究[J].时代经贸,2008,6(93):161-162.
[18] 侯志宇.浅析优化施工组织设计对工程造价的影响[J].科技信息(科学教研),2008,8:92.
[19] 中华人民共和国行业标准.CJJ① 2008 城镇道路工程施工与质量验收规范[S].北京:中国建筑工业出版社,2008.
[20] 中华人民共和国国家标准.GB 50268—2008 给水排水管道工程施工及验收规范[S] 北京:中国建筑工业出版社,2008.
[21] 丁士昭,商丽萍.市政公用工程管理与实务[M].北京:中国建筑工业出版社,2011.
[22] 冯敬涛.城镇道路工程施工工艺手册[M].北京:机械工业出版社,2011.
[23] 杨转运.公路与市政公用工程管理与实务[M].北京:中国建筑工业出版社,2009.
[24] 边喜龙,张波,邓曼适.市政管道工程施工[M].北京:中国建筑工业出版社,2011.
[25] 白建国,戴安全,吕宏德.市政管道工程施工[M].北京:中国建筑工业出版社,2007.